岸 博実
Kishi Hiromi

盲教育史の手ざわり

「人間の尊厳」を求めて

小さ子社

はじめに

1974年に京都府立盲学校で働き始め、2010年に退職した後も、講師として授業を担当する傍ら、京都盲啞院以来の文書や教具を収めた資料室の業務に携わってきました。学校内外の支援と協力によって、2018年に、京都盲啞院関係資料が国の重要文化財に指定されました。

1878（明治11）年の創業以来、先人の長い努力によって、日本の視覚障害者の教育、福祉、労働、文化に前向きの変化があったことは間違いありません。しかし、21世紀に入ってから「自立・自助」策の下で縮小や後退が生じているようなのが気になります。

盲学校の場合、特別支援教育という新しい枠組みのなかで、校名が変わったり対象障害の複数化がなされたりしてきました。これからの教育や福祉をどうデザインすればいいのでしょうか。史実を豆知識や展示品に止めず、より深く掘り起こし、今後に生きる何かを引き出しておく必要が増しているという思いを強くしています。

本書は、2011年から2019年まで『点字毎日』新聞に執筆・連載した「歴史の手ざわり・もっと！」に加筆したものです。主として、京都盲啞院関係資料の手ざわりを伝え、それらが語りかける言葉に耳を傾けてみるという進め方になるでしょう。他の盲学校や施設で出会った宝石のような史料もご紹介します。2012年に発足した日本盲教育史研究会の取り組みと多くの研究者の業績に学ばせていただきました。

現存しないと考えられてきた出版物、埋もれていた文章も紹介します。明治初期から戦後までをおおよその期間としつつ、できるだけ時空を広げ、あまり脚光を浴びて来なかった人にも焦点を当ててみましょう。目の見えない生徒たちが「手指で、あるいは体全体で、じっくりと触って世界を楽しむ」姿にヒントを得た連載タイトルでした。

さて、次の三つは、それぞれ、いつ、何に書かれたものだとお思いですか？

①「盲啞もまた一般普通の児童と共に、国家の教育を受くるの権利ある」

②「小学校の運動会に招かれ、共同と競争す」

③「共同作業場を設く」

実は、①と②は、1905（同38）年に書かれた文章です。①は『読売新聞』4月12日付に載った東京盲啞学校長・小西信八《のぶはち》の談話の一句。「権利としての教育」を求める努力がすでに始まっていたのです。②の出典は、『京都盲啞院日誌』10月25日付の記事。耳の聞こえない生徒4人が京都市第一高等小学校の運動会に参加したというのです。学校の枠を超えた交流が早くも行われていました。「共同」と「競争」の並列が印象的です。③は、1913（大正2）年の『京都日出新聞』3月14日付の記事。京都市立盲啞院の第二代院長であった鳥居嘉三郎《かさぶろう》が、盲啞保護院を創るというニュースです。「共同作業」という用語も登場します。100年以上も前の言葉たちです。

近年、インクルーシブをめざす検討がなされてきました。「社会モデル」に基づく障害理解、「合理的配慮」の具体化が求められます。その根が、「人間の尊厳」を探し求めた日本盲教育史の歩みの中に有ったことを確かめ直し、地についた方針に編んでほしいと願います。

本書全体の補助線として、近・現代を中心に、我が国の視覚障害教育史をかいつまんでおきましょう。中世期には、琵琶に合わせて平家を物語る盲人集団が活躍し、当道座《とうどうざ》を結成していきます。近世期には、琴・三味線の演奏や鍼灸《しんきゅう》あん摩《ま》に従事する盲人たちが、音楽と医術を発展させました。当道座は徳川幕府から一定の自治権を認められます。塙保己一《はなわほきいち》は『群書類従』を編纂しました。杉山和一《わいち》は、鍼治療を革新して盲人の適職に定着させ、「鍼按《あん》の学校」を開設します。それは、世界初の盲学校とされるパリ訓盲院の発足より約90年も先んじた営みでした。

近代日本の教育制度は、「学制」発布に始まります。障害児のための「廃人学校アルベシ」とはされましたが、国が率先実施することはありませんでした。まず、東京と京都で盲院・唖院の創設が構想されましたが、政府の無理解や財政基盤の乏しさのため、いずれも発足時もしくはその直後に「盲唖併設」型にならざるをえませんでした。それはあくまでも「便宜的な」措置でした。

その後、盲唖学校、盲学校、聾唖学校は、全国各地で、宣教師・クリスチャン、仏教徒、教育者などによって続々と私設されます。学校数は、１９０８（明治41）年に40校を数えました。しかし、１９１２（大正元）年になっても在籍する盲生は全国で１６００人でした。その10年後にも学齢盲・聾児の就学率はわずか12パーセントにとどまっていました。

障害や指導法の違いなどに着目して「盲・唖分離」をめざす全国規模の運動が１９０６（明治39）年に勃興しました。このとき、盲・聾教育の義務制実施も要求されます。１９２３（大正12）年にいわゆる「盲唖教育令」が公布され、「義務化」・「盲と聾唖の分離」規定が盛り込まれたものの、国レベルでの予算は配当されませんでした。長く続いた軍国主義の下、この課題は等閑視され、「義務化」と「分離」が本格的に実施されたのは、敗戦後の１９４８（昭和23）年以降でした。

京都盲唖院も東京盲唖学校も、創立時には点字（Braille）を導入しませんでした。その存在と有意性を知らなかったのです。盲生用の文字としては、凸字《とつじ》を利用しました。１８９０（明治23）年11月1日に、ルイ・ブライユの方式に基づく「日本訓盲点字」が確立されます。

視覚障害教育の対象として、徐々に弱視の子どもたちを加えてきました。幼児教育や大学進学が盛んになるのは戦後です。国際障害者年前後から教育的インクルージョンも広がり、就学先の決定に保護者の要望が反映されるようになってきました。視覚に加えて聴覚、肢体、知的方面などの障害を併せ有する子どもたちに対する教育の歩みも60年を超えます。

新自由主義思潮を背景に、国の障害児教育施策が「特殊教育」から「特別支援教育」に変わりました。それは、学習障害や高機能自閉症などを特別なニーズ教育の対象に加えるとともに、既存の盲・聾・養護学校を「特別支援学校」に再編し、通常校に在籍する「特別なニーズを持つ子ら」への支援も行わせようとするものでした。一部では、視覚障害と他の障害種との再併置も行われました。この新しい状況に対応して、障害への専門的な支援を行う力量を担保する工夫が求められています。文部科学省の統計などによれば、２０２０年６月時点での「盲学校」数は国公私立を合わせて67校です。

ここまでの内容を略年表にまとめておきます。

１６９３年　杉山流鍼治導引稽古所の開設（本所一ツ目弁財天社内）
１７８４年　パリ訓盲院創設
１８２５年　ルイ・ブライユが6点点字を考案
１８７１年　明治政府が盲人の職能団体・当道座を廃止
１８７２年　学制発布（廃人学校）
１８７８年　京都盲唖院の開業
１８８０年　楽善会《らくぜんかい》訓盲院の開業
１８９０年　日本点字の翻案・制定
１９０６年　点字新聞『あけぼの』創刊、日本盲人会設立、文部大臣に対して「盲・唖分離、義務教育化」の上申
１９２２年　点字新聞『点字大阪毎日』の創刊

１９２３年　盲学校及聾唖学校令発布
１９２５年　衆議院議員選挙法で点字投票を公認
１９３３年　東京の南山小学校に弱視学級を設置
１９４０年　全国盲人大会を開催
１９４８年　教育基本法・学校教育法の制定による「盲・聾分離と義務教育制度」の実施
１９７９年　養護学校義務化の実施
２００７年　特別支援教育制度への移行

教育の進歩が視覚障害者の発達を支え、点字の獲得が成長発達と社会参加の基盤となり、当事者のつながりや運動、出版活動などの広がりをもたらしてきました。本書を通して、時代にコミットし、社会に参画しようと、懸命に歴史を生き抜いてきた視覚障害者たちの「ダイナミックな熱気」に触れていただければ幸いです。キーワードは、「人間の尊厳」をどう実現するかでした。

目次

凡例

・引用史料・書名の旧漢字は原則として新漢字に改め、適宜ルビを付した。
・点字史料については、墨字訳して示した。
・本文中に〔＊1〕のように示した箇所は、巻末の「典拠史料、引用・参考文献」の番号を表す。
・本文中に【源流80頁】のように示した箇所は、岸博実著『視覚障害教育の源流をたどる　京都盲唖院モノがたり』（明石書店、2019年）に写真や詳細な説明を掲載している頁を表す。

盲教育史の手ざわり

――「人間の尊厳」を求めて――

1 凸字から点字へ

1 凸字《とつじ》版『小学生徒心得』

盲生用の凸字教科書の原本をさぐる

日本にまだ点字が無かった頃、東京の楽善会《らくぜんかい》訓盲啞院は大蔵省の協力を得て凸字で書かれた教科書の製造に取り組みました。文字の形を凸出したもので、点字に比べると読みにくいものでしたが、苦心と努力が続けられました。

最初にできたのは、同会の山尾庸三《ようぞう》が工部省の宇都宮三郎に依頼して1879（明治12）年ごろに作った盲生用の凸字教科書『小学生徒心得』（以下、「凸字版」）でした（＊1）。

その「心得」について感じてきた疑問と新たに見つかった謎を取り上げましょう。

疑問だったのは、この凸字版の原本は何かということ。全くのオリジナルだったのか、何かに基づいて書かれたものか、説明できる資料が見つからなかったのです。

本文の第一条は、「学文《ガクモン》ヲ為スハ他ナシ知ヲ開キ身ヲ修メ才芸ヲ長シ人ニ頼ラズシテ自営ノ道ヲ立ツルニアリ」の書き出しで始まります。学問をすることは、まさに知識を開いて、行いを正しくし、才能や技芸を磨いて、人に頼らず、自営の道を実現するためだというのです。

墨字《すみじ》（点字ではない文字の総称）版のそれまでの「心得」にはどんなことが書かれているか。最古の「心得」は1873（同6）年に師範学校がまとめたもの（＊2）で、文部省正定《せいてい》として刊行されています。第一条は「毎朝早ク起キ顔ト手ヲ洗ヒ」で始まり、続く内容も凸字版と全く異なります。

72（同5）年の学制発布を受けて、近代的な学校制度のもとで、学校生活などの日常規範を教科書として定める動きが広がりました。国立国会図書館のデジタルコレクションを利用すれば、自治体や個人が発行した「心得」約40種類をインターネットで読めます。

このうち、東京府が78（同11）年7月に出した『学校読本小学生徒心得』（＊3）（以下、東京版）に注目してみましょう。第1条から第23条まで、凸字版と同じ構成で、文面も一致します。

東京版と凸字版には、大別して三つの違いがあります。一つは使用文字など表記の違いです。前者は漢字と平仮名で書かれていますが、後者は漢字と片仮名を用いています。東京版では漢字にルビが振られているのに対し、凸字版にはありません。小さなルビを触って察するのは難しかったためでしょう。二つ目は巻数です。東京版は1巻ですが、凸字版は2巻に分冊されています。内容面での違いもあります。東京版では1ページ目に「富貴は勉強より生ず」と記されていますが、凸字版には見当たりません。学校生活を描いた挿絵も凸字版にはありません。

これらの違いはあるものの、本文の内容を見る限り凸字版は東京版に基づいて書かれたといえるでしょう。東京の楽善会が、東京府の編さんした「心得」を下敷きに凸字版を作ったのは自然な流れです。

凸字版の特徴

日本の学校における「生徒心得」の類は、「修身科」と密接な関係を持って変化していきました（＊4）。初期は、学校での過ごし方に関する注意事項が項目に並びましたが、教育勅語の制定などを背景に国家主義の傾向を強めていきました。「忠君」「愛国」「奉公」が強調されるようになるのです。その点、凸字版はまだ牧歌的な要素に満ちた「心得集」だといえます。盛り込まれているのは、「礼儀」「食事」「遅刻時の対処」「障子《しょうじ》の開閉」「安全な通学」などです。

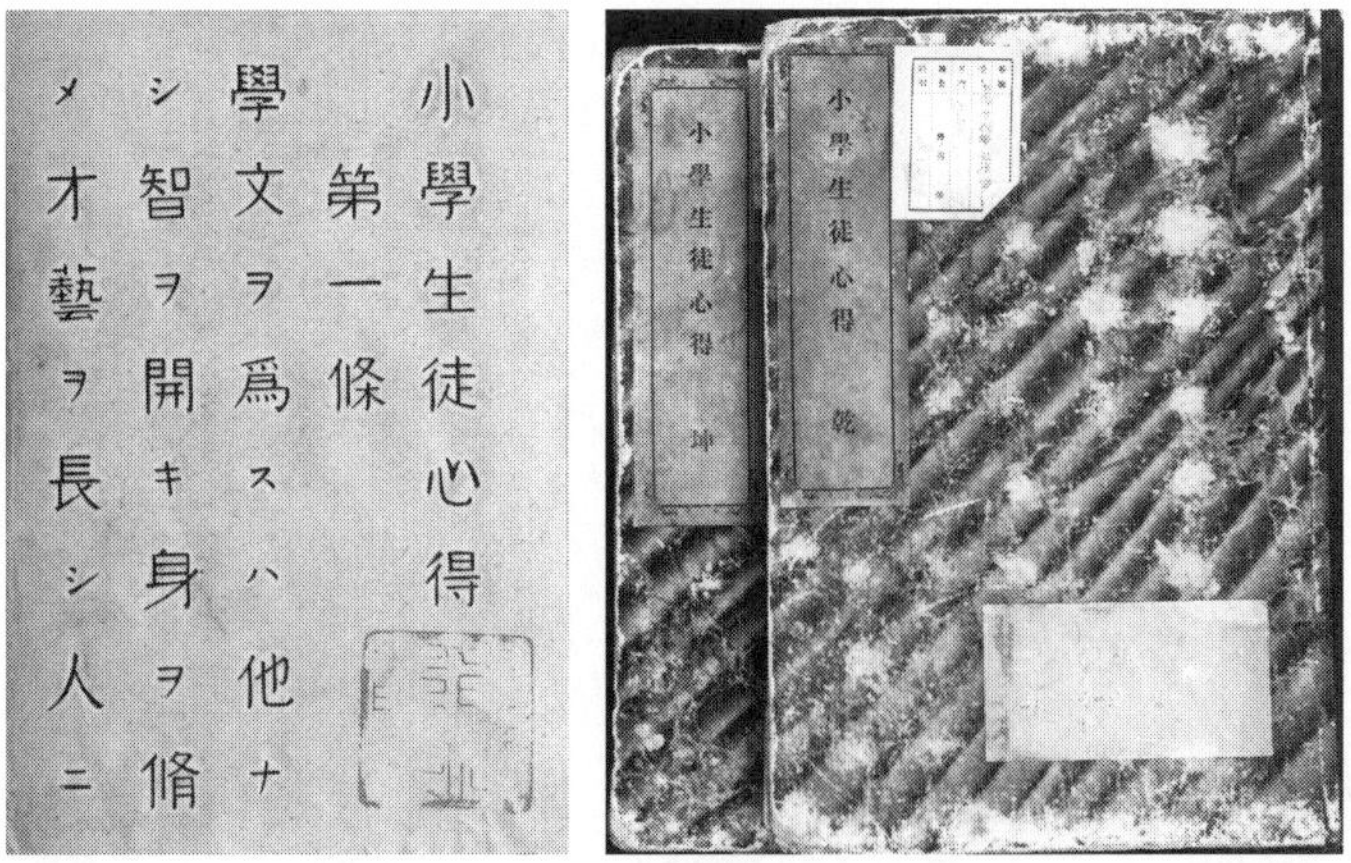

凸字版『小学生徒心得』の表紙と本文（京都府立盲学校資料室所蔵）

凸字版の実物は、東京の筑波大学附属視覚特別支援学校に保管されています。凸字の大きさは、漢字がおよそ1・5センチ四方で、片仮名は少し小さくなっています。紙から盛り上がっている高さは、漢字、片仮名とも1ミリ余りです。

一方、京都府立盲学校でも、凸字で書かれた「心得」の「乾《けん》」の巻と「坤《こん》」の巻が見つかっています（写真）。文言をはじめ、文字の大きさやレイアウト、ページ立ても、筑波大学附属視覚特別支援学校にあるものと同じです。

大きな違いは、京都で見つかったものは文字の表面が黒く塗られていること。従来知られていた凸字版は、まったく彩色されていません。二つを比べると、京都で見つかったものも、楽善会の凸字版と同じ版型で作られたものと考えられ、東京で作ったものに色を付けたと推測できます。誰がいつ、何の目的で文字の表面を黒く塗ったのか。新たな謎が加わりました。現時点で、その理由は分かっていません。

なお、明治10年代に作られた『療治《りょうじ》之《の》大概集《たいがいしゅう》』『吾嬬《あずま》箏譜《ことうた》』【源流80頁】などが、文字をくぼませた凹字型の版木を1文字ずつ組んだ原板を使って印刷したのに対し、「心得」の印刷は、文字をくぼませた版木を1ページ単位で作り、紙に押し付けて凸出させたのではないかと思われます。

2 点字の背景

明治10年代の京都盲唖院初代院長古河太四郎《たしろう》は、「点字に関する知識」を持っていた節があります。籌算盤《ちゅうそろばん》【源流108頁】や盲人用左右対称文字【源流68頁】に「点」を用いているからです。しかし、点字そのものの研究には踏み込んでいません。

官立東京盲唖学校が日本訓盲点字の母胎となる上で、石川倉《くら》次《じ》の存在は決定的でした。しかし、その仕事を成立させた土壌や系譜があったことも見逃せません。

西欧情報との近接

幕末以来、海外の盲教育を見聞した記録は多数あります。点字を最初に紹介したのは岡田攝藏《せつぞう》（＊1）、ルイ・ブライユの名を伝えたのは目賀田種太郎《めがたたねたろう》（＊2）とみなされています。目賀田は、1879（明治12）年の時点で、早くも「ブレール氏の方法」に我が国独自の工夫を加える必要を示唆しました。

東京は、こうした最先端の情報に接しやすい地であったと言えましょう。

明治10年、湯島聖堂に教育博物館（現・国立科学博物館）が設けられたのもポイントです。明治20年、小西信八《のぶはち》からの問い合わせに即応して、手島精一《てじませいいち》館長が英国製点字器と、アーミテージ著『The Education and Employment of the Blind』（盲人の教育と職業）（＊3）を貸し出しました。これによって、東京盲唖学校が繰り広げる点字研究に火が灯《とも》されました。このことは、次の3・4章で詳しく触れます。

国語革新の潮の中で

明治維新後、近代化を図る施策の下、日本語とその表記をめぐる議論も盛んになりました。漢字廃止論、漢字制限論、ローマ字論、かな文字論などが、にぎやかに唱えられます。

前島密《まえじまひそか》は「日本最初の漢字廃止論者」（＊4）でした。また、点字研究は始まってもいない頃、楽善会《らくぜんかい》の会合で「盲人教育に於ては」「音符字ならざるべからず」と主張。表意文字である漢字を含む凸字《とつじ》だけでの教育は「頗る困難」と見抜いていました。後に、「石川倉次氏の点字を用ふるに及びて、教育を容易ならしめ、余は非常に満足せり」と喜びました。

楽善会役員には、ほかにも日本語の改良を志した人々がいました。中村正直《まさなお》は『明六雑誌』（＊5）の同人として、言文一致への地ならしをしていきます。岸田吟香《ぎんこう》も、日本語をアルファベットで表記したヘボン（今なら、ヘプバーンと呼称）と親交を結び、初の和英辞書『和英語林集成』（＊6）の刊行に携わりました。

点字の本格的な研究は、楽善会訓盲唖院が文部省に移管され、官立東京盲唖学校になってから始まるのですが、楽善会の時代から、日本語や文字を正面から問い直す「知」に触れていたわけです。

小西信八と石川倉次の文字論

小西信八と石川倉次は、いずれも仮名文字論者でした。1884（同17）年1月27日の「かなのかい」研修会における二人の出会いは劇的です。

小西が石川を東京盲唖学校に招かなかったとすれば、日本点字の産声を聞く日は、さらに遠ざかったでしょう。

小西は、前島の文章を集めた『前島密君国字国文改良建議書』（＊7）を出版しています。

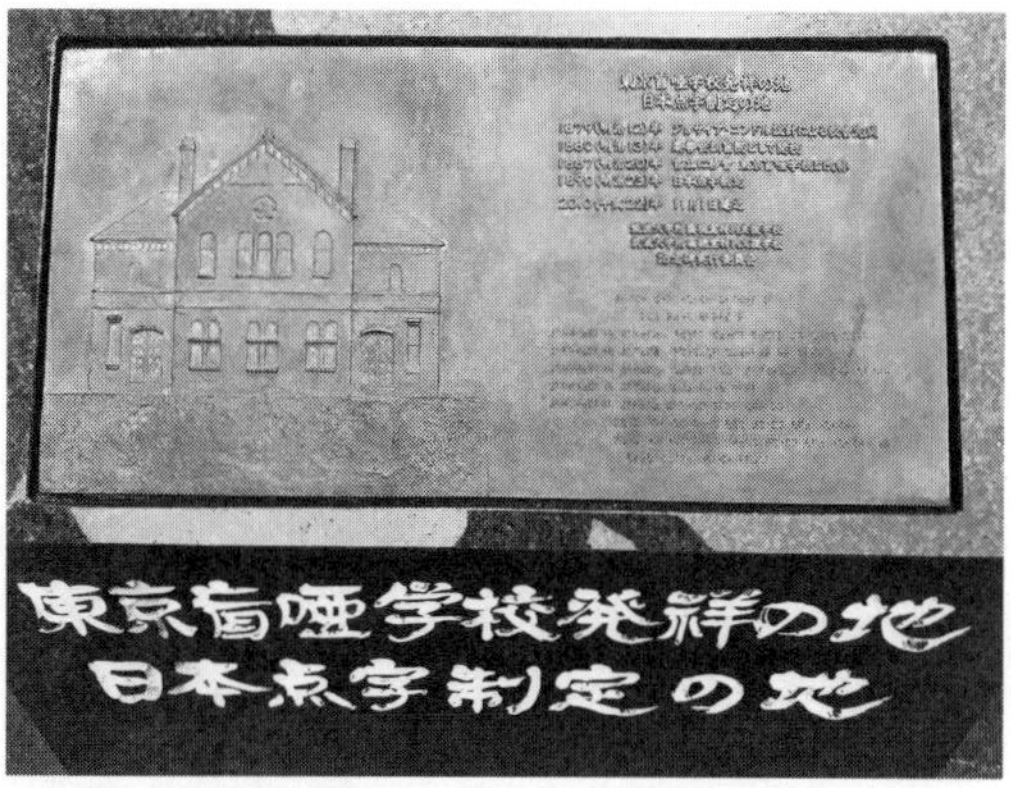

「東京盲唖学校発祥の地・日本点字制定の地」碑（伊藤太撮影）

石川は、日本仮名点字五十周年を祝って、片仮名の回文「カナノヨノナカ」を縦横にクロスさせた色紙を認めています。

1902（同35）年に文明堂が出版した『明治文豪硯海録《けんかいろく》』（＊8）という単行本に、二人の論文が載っています。（当時、二人は文豪に列せられていたんですね！）

小西は、タイプライターでの分かち書きの実践例を記しています。

「せいよおの　ものごと　みるに　つけ　きくに　つけ　うらやましく　ない　ものわ　ない」

石川は、子どもたちの文字遣いを分析しています。

「『ウ』と『オ』『ヲ』はなかなか児どもには区別しがたい字である。『豆腐』という場合に、『とうふ』と書くべきを『トオフ』と書く。これらは無理のないことで、われわれ豆腐屋をちょっと呼ぶにも『トウフヤ』と正しく呼ばぬ。つい『トーフヤ』、それ『トオフヤ』と聞こえる。小どもらにはとてもこれらの区別を教えることはむつかしい」（仮名遣いを現代仮名遣いにし、原本の漢字を適宜ひらがなに改めています）

こうした見識が点字に息づいているのは明らかです。

読み書きの自由を熱望する視覚障害当事者として、奥村三策《さんさく》や小林新吉が同校にいたことも見逃せません。彼らは表音文字である点字の価値を直感し、倉次とともに研究にいそしみました。

「日本点字制定の地」碑（写真）の前で、自らの文字を夢見た若者たちに思いを馳せたのは2010年11月1日でした。

音と字の一致を志向する点字の表記法（助詞の「は」を「わ」、「へ」を「え」と書く）には日本語の未来を先取りしている部分があると、私は考えます。

3 点字事始め

「点字」という日本語はいつ誰が作ったのか

「1890年に石川倉次《くらじ》さんが日本の点字を作ったと教わりました（＊1）。では、点字という日本語は、いつ、誰が作ったのですか？」

これは2012年の秋に小学生が発した質問です。思いのほかの難問でした。以下は、おずおずと差し出す中間的な答案です。

1890（明治23）年に東京盲唖学校で「点字《てんじ》撰定会議」が開かれました（＊2）。1回目（9月）の時点で、すでに「点字」という日本語が生まれていたことになります。

その前年の10月31日、東京盲唖学校助教諭石川倉次は日記帳に「点字ヲ考フ」と手書きしています。鉛筆で書かれた「点字」という2文字です。

さらにさかのぼれば、79（同12）年、後に枢密顧問官になる目賀田種太郎《めがたたねたろう》が6点方式を推奨した文章があります。けれど、そこには「点字」とは書かれておらず、「ブレール氏の方法」と表現されています。おそらく英語の直訳です。

87（同20）年には、教育博物館長の手島精一《てじませいいち》が小西信八《のぶはち》に、英国盲人協会（RNIB）の創設者アーミテージ（T. R. Armitage）の著書（前章参照）や器具を貸し出しました。この時、手島が小西にどう説明したかを示す史料を探しました。小西は、回想の中で「英国製点字盤」を借りたと述べていますが、これは日本点字翻案25年の祝賀会における回想発言でした（＊3）。

盲教育の草創期を支えた東京の高津柏樹《たかつはくじゅ》や京都の古河太四郎《たしろう》も、「点字」という日本語を編み出す立場にはありません。

戦後の点字研究者・阿佐博氏は、「東京盲学校の生徒であった頃、石川倉次先生にお会いしました。その折、石川先生は『小西先生が私に点字の翻案を依頼された』とおっしゃいました」と述べておられます。現時点では、81（同14）年の『教育博物館報』49ページ等に「点字」という表記が用いられていると確認できており（4章参照）、手島や小西が「点字」という語を用いた可能性が裏付けられたことになります。

明治期には、「ブライユの法」や「訓盲字」という用語もみられます。「ブライユの法」は発明者に、「訓盲字」は機能に、「点字」は形状に沿った命名です。ついでながら、「点字」という見出し語を最初に載せた国語辞典や英和辞典はどれだったのか、興味が広がります。

盲教育をめぐる日欧交流

この話題に関連してアーミテージの『The Education and Employment of the Blind』（盲人の教育と職業）（＊4）についてもう少し考えてみましょう。

初版は、71（同4）年に英国で刊行され、第2版は86（同19）年でした。手島がアーミテージに会ったのは84（同17）年、ロンドンで開催された「教育及び衛生博覧会」に出張した際でした。木下知威《ともたけ》氏は、その6年前に日本政府が点字のサンプルを入手していたと指摘しています（＊5）。

とにかく、日本に届いたのは初版です。2020年現在、それを写したデジタルデータがグーグルによってインターネット上に掲出されています（＊6）。

日本点字の種となった貴重な原文が容易に手に入るのです！

初版が本文49ページの小冊子であるのに対し、第2版（写真）は298ページもの堂々たる書物です。倉次たちは第2版も取り寄せました。その2冊と点字一覧カードだけを手がかりに、ルイ・ブライユが考案したアルファベット等の6点点字を漢字・仮名などの種類が多い日本語に適合するように研究しました。3年間の翻案作業がいかに険しかったか！ 想像にあまりあります。

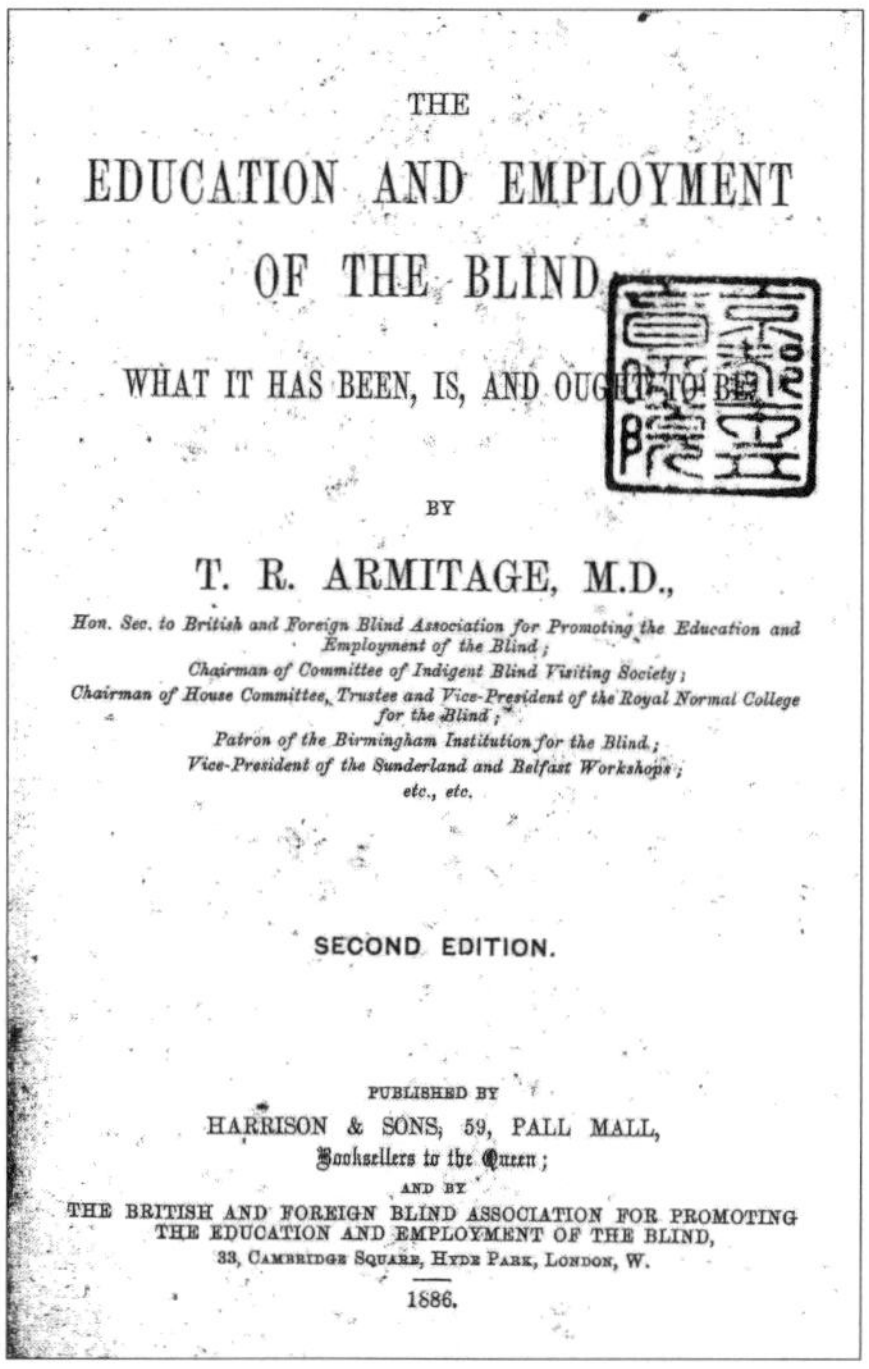
THE
EDUCATION AND EMPLOYMENT
OF THE BLIND
WHAT IT HAS BEEN, IS, AND OUGHT TO BE.
BY
T. R. ARMITAGE, M.D.,
Hon. Sec. to British and Foreign Blind Association for Promoting the Education and Employment of the Blind;
Chairman of Committee of Indigent Blind Visiting Society;
Chairman of House Committee, Trustee and Vice-President of the Royal Normal College for the Blind;
Patron of the Birmingham Institution for the Blind;
Vice-President of the Sunderland and Belfast Workshops;
etc., etc.
SECOND EDITION.
PUBLISHED BY
HARRISON & SONS, 59, PALL MALL,
Booksellers to the Queen;
AND BY
THE BRITISH AND FOREIGN BLIND ASSOCIATION FOR PROMOTING THE EDUCATION AND EMPLOYMENT OF THE BLIND,
33, CAMBRIDGE SQUARE, HYDE PARK, LONDON, W.
1886.

アーミテージ著『The Education and Employment of the Blind』〔盲人の教育と職業〕第2版内扉（京都府立盲学校資料室所蔵）

第2版には、世界各国の盲教育や職業に関する状況が記されています。「Japan」の項には、中世から明治初期までの日本盲人史が要約され、当道座《とうどうざ》や流しあん摩の笛まで描かれています。明治に入って、「The Braille system」の存在は知られているが、まだ用いられていないとも述べられています。それらは手島から得た情報に基づいて書かれたものでしょう。

84（同17）年に開かれた展覧会「London Health Exhibition」には、京都盲啞院があん摩器を出品して金賞を得ました（写真）。文部省も日本の盲教育に関する解説を出展しました。それらがアーミテージの記述を助けたと考えて差し支えありません。

「London Health Exhibition」で京都盲啞院が受賞した金賞メダル（京都府立盲学校資料室所蔵）

彼我の関係は一方的でなく、互いに貢献しあったのではないでしょうか。未開の領域を掘り起こし、そのルーツに迫る歴史研究が待たれます。

4 「点字」という日本語

明治14年の「点字」

「点字という日本語は、いつ・誰が作ったの?」という小学生の問いをめぐって、前章を補っておきます。

日本点字技能師協会発行の『日点協通信』第１８４号（２０１８年7月10日付）に、一つのレポートが載りました。一読し、驚嘆しました。１８８１（明治14）年刊行の『教育博物館案内　上』（＊1）に「点字」と書かれているではありませんか。それまでは、「点字」という日本語の初出は明治20年過ぎではないかと見込んでいたのです（前章参照）。

国立国会図書館デジタルコレクションで同書を閲読してみると、確かにはっきり「点字」と記されています！　49ページ目です（写真）。東京にあった教育博物館（現在の国立科学博物館）の第五室に展示されていた「盲唖者及痴《ち》子《し》教育用具」を配列順に解説するくだりです。

盲人教授用具の項に、「（い）凸字書、（ろ）点字《てんじ》書」と並列されていました。前者は、アルファベットを簡略化したムーンタイプを指し、後者はブライユ点字のことです。「点字書」に関しては、「「ルイ、ブレイユ」氏の発明に係り恰《あたか》も骰子《さい》の点眼《め》を凸起せし如く」とあり、触読に適していて、フランスだけでなく欧米諸国で用いられているとあります。

さらに、「（は）点字凸起具」には、その用法が次のように説明されています。

「盲者をして先つ木板の上に白紙の一端を挟て六点を連鐫《れんせん》せる黄銅の母型《かた》の上に被らし然る後其上へ小方形を脱鏤《ほりぬく》せる帯銅を載せて白紙を圧搾し其穿孔より針筆を以て文字の記号なる点字を凸起せしむるなり」

6点を凹状に並べた黄銅の底板とマスをくりぬいた上板との間に白紙を挟んで固定し、点筆で点を打ち出すというわけですから、ムーンタイプや凸文字ではなく、点字器の話です。

つまり、これらが８１（同14）年の教育博物館に陳列されていたわけです。当時の教育博物館は既に用語としての「点字」を認知していたということに他なりません。

さらなる探求が必要

日本点字技能師協会の方によるこの貴重な発見によって、三つのことが言えます。一つは、「点字」という日本語は８１（同14）年に存在したということ。もう一つは、小西信八《のぶはち》、石川倉《くら》次《じ》とも、「点字」という語の発案者とは考えにくいということです。盲教育に従事し始めた時期を見ると、小西は１８８６（同19）年で、石川は、その翌年だからです。そして三つ目は、前章の繰り返しになりますが、手島精一《てじませいいち》から点字器などを借りた小西信八が、1888（同21）年に石川倉次に研究に取り組むよう勧めた際に「点字」と述べたという石川の回顧は信ぴょう性が高いということです。

『教育博物館案内　上』の執筆について、第五室の担当者は明示されていませんが、その刊行を準備した時期の館長は箕作秋坪《みつくりしゅうへい》と手島精一です。手島精一も点字に関する西欧事情に近かった人です。ただし『教育博物館案内　上』が、「点字」という言葉の初出とは、まだ言い切れないというべきかもしれません。また、発案者の候補は他にも考えられます。例えば、1879（同12）年に「ブレール氏の方法」をレポートした目賀田種太郎《めがたたねたろう》、1882（同15）年出版の教育用語辞書『教育辞林』（＊2）に「凸点字」と記した小林小太郎。また文教施策をリードした森有礼《ありのり》や西欧の盲教育事情も知っていた福沢諭吉ら啓蒙家、文部省のお雇い外国人や楽善会《らくぜんかい》に関与した人々も無視すべきではないでしょう。いったん探求の網を拡げて、一人一人について詳しく吟味する必要を感じます。

それにしても、教育博物館が明治10年代前半に点字書・点字器・盲人用算盤・凹凸地図などを陳列し、世の中に広く存在を知らせようと案内書まで出していたのに、その情報が視覚障害教育の関係者たちに伝わらないということがありえたのでしょうか。京都盲唖院初代院長古河太四郎《たしろう》はそれを読まなかったのでしょうか。小西信八は「石川君日本訓盲字翻案廿五年祝賀式演説」の中で、目賀田の報告を「心に深く留めないで読み過ごし」たと振り返っています（＊3）明治10年代を通じて、点字の有効性が広く伝わらなかったのはなぜかという疑問が浮かびます。

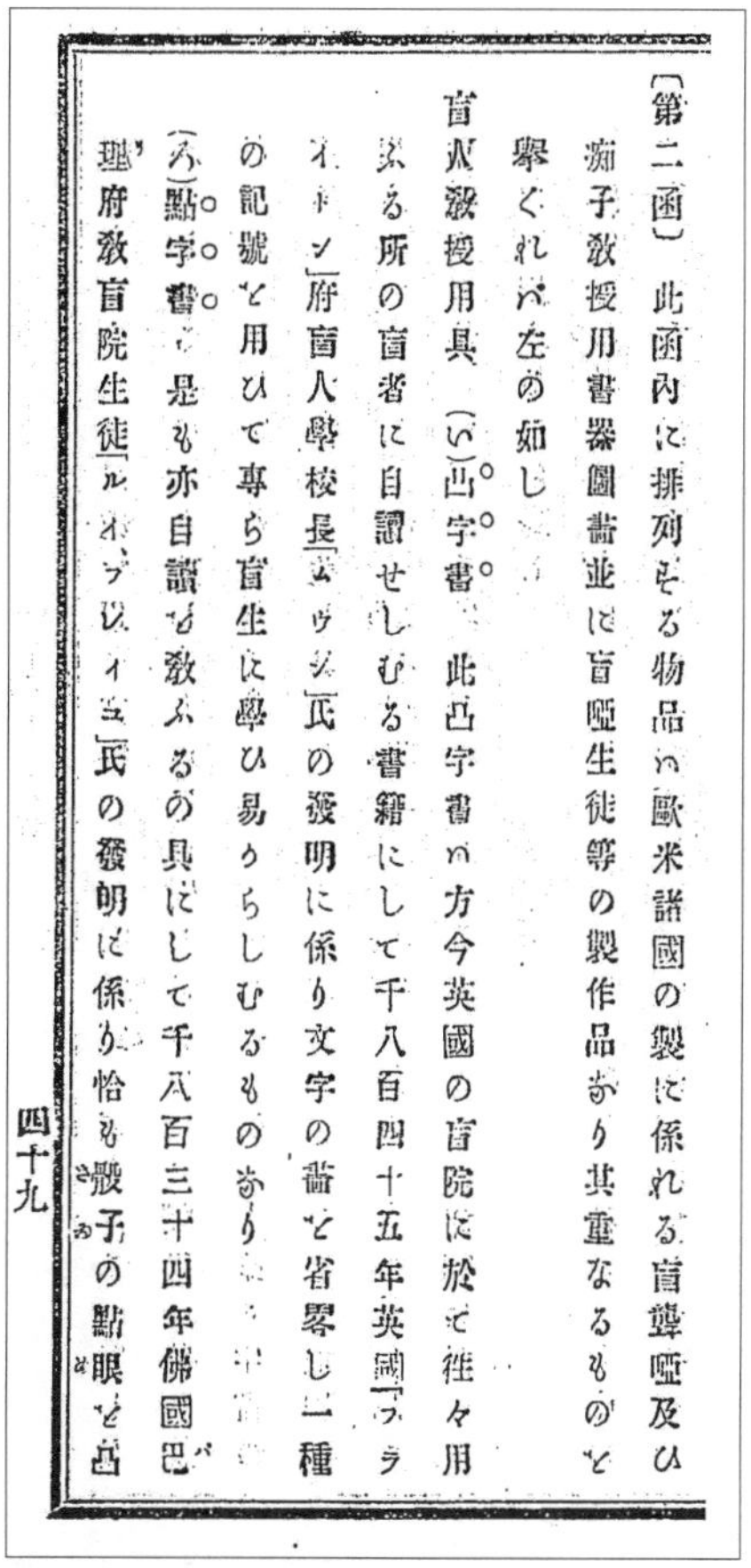
〔第二函〕此函内に排列せる物品は歐米諸國の製に係れる盲聾唖及ひ痴子教授用書器圖書並に盲唖生徒等の製作品あり其重なるものを擧ぐれは左の如し
盲人教授用具　(い)凸字書　此凸字書は方今英國の盲院に於て往々用ふる所の盲者に自讀せしむる書籍にして千八百四十五年英國「フライドン」府盲人學校長「ムーン」氏の發明に係り文字の畫を省略し一種の記號を用ひて專ら盲生に學ひ易からしむるものなり
(ろ)點字書　是も亦自讀を教ふるの具にして千八百三十四年佛國巴里府教盲院生徒「ルイ、ブライユ」氏の發明に係り恰も骰子の點眼を凸
四十九

『教育博物館案内　上』49ページ
（国立国会図書デジタルコレクション）

【付記】『点字毎日』の連載を終えた後、『教育博物館案内』に「点字」という表記がある旨が『わが国特殊教育の成立』（中野善達・加藤康昭共著、東峰書房、1967年）にすでに言及されていたことを知りました。加藤氏の研究に敬意を表し、筆者の不明を恥じつつ、補足しておきます。

5 中村望斎《もちまさ》

点字を独学し、教え始める

1908（明治41）年1月4日、あたかも小柄な古武士のような男（写真）が壇上で語り始めます。

「初めてこれを見たることとなればその至便なるべきは想像せしかどもその点の配置の説明もなく使用すべき器械もなければ如何にして教ふべきかを解せず一時呆然として自失しましたが幸ひに鳥居院長がかつて英国より寄贈になりし器械あればとて出し与へられました」（＊1）

「これ」は石川倉次《くらじ》が翻案した点字を指します。

弁舌は弾むように続きます。

「とにかくこれによりて種々と研究し遂にその組成則《そせいのり》器械使用の法も解し得《え》今よりはと勇み立ちし時の愉快は今に忘れません。よりてその翌日即ち上田君が勧められしより第4日目になほ未熟なるにもかかはらず授け始めました。その時の器械はこの机の上にあるこの古びたるこれであります」

中村望斎肖像写真
（京都府立盲学校資料室所蔵）

声の主は、京都市立盲唖院の教師、中村望斎。

日本訓盲点字が誕生した翌春の1891（同24）年、京都府学務課長の上田正当《せいとう》に勧められて点字を独学し、教え始めた人でした。

この講演は、ルイ・ブライユ生誕100年を祝う席上のもので、点字を独習し、教え始めた頃の語り手の高ぶる心が伝わってきます。

同日、同僚の中尾榮《さかえ》も「盲人界の恩人ルイブレーユ伝」を物語りました。中尾は、後に長崎盲唖学校へ移って主任・教頭となり、『学友会報』の創刊、『内外盲人立志伝』（点字版）の刊行にあたりました（43章参照）。

「古びたるこれ」あるいは「初陣の器械」と称された点字器は現存を確認できません。しかし、講演の一部始終を打ち込んだ亜鉛板を用いた原版が京都府立盲学校資料室に残っていて、今なお立派に点字を印刷することができるのです（49章写真）。

初期の点字器

点字指導の先駆けは望斎ですが、出張先の東京盲唖学校でたまたま点字を見た上田正当がその利便性を直感しなかったとしたら、スタートは遅れたでしょう。鳥居嘉三郎《かさぶろう》院長が、すかさず取り出したイギリス製と推定される点字器が存在したことも助けになりました。この点字器の由来も知りたいものです。

初期は、「教ふべき書は授業に先立つこと数日まづ自らこれを書き、しかしてこれを生徒に転写せしむるを常とし」たと説明されています。貧しい家庭の子には点字器を貸与しました。

わずか1年後の1892（同25）年、「昨年来採用セル盲生点符文字ハ（中略）片時モ欠クベカラザルノ具トナリ其進歩著シ」〔＊2〕という成果を生みました（6章参照）。

さらに10年余りの後、「生徒の増員」「事業の発展」があり、多数の点字書籍の必要を感じるようになって、1903（同36）年、市民の募金〔＊3〕を基に米国から点字製版機【源流152頁】を輸入し、我が国初のインターポイント方式の出版にこぎつけます。

望斎の声は誇らしげです。

「今は国定教科書の全部及びその他一二の書類を刊行しなほ点字世界社の雑誌歴史読本（中略）医書等もこの器械によりて印刷せられつつあります」と。

自ら志願して盲啞院に移る

彼は加賀藩の士族出身で、実は、京都市内の小学校で校長まで務めたのち、自ら志願して盲啞院に移ってきた、と鳥居嘉三郎院長の上申書にしたためられています。

教室ではいつも机を「コの字型」に並べ、自分の教卓をその真ん中に置いて「たえず一人ひとりの生徒の前に来て、物をさぐらせたり、珠算の時には指の使い方を手を取って教え、又、地図などのさぐり方を指導するなど、実に根気がよく、かゆいところに手の届くようなやりかた」だった、と教え子の小林卯《う》三郎《さぶろう》が回想しています〔＊4〕。

和漢の学に通じており、放課後、頼山陽の「日本外史」なども講じました。明治20年代～30年代を通じて、京都の実践や研究を牽引し、同36年には日本で最初とされる視覚障害教育書『盲啞教育論』（前編）を執筆しました。その間には、東京盲啞学校の石川倉次らとともに点字表記や指導法の共同研究にも携わり、点字による小遣帳の書き方を提案したりもしています。

小遣帳ノ如キ簡単ナル帳簿ヲ製セシムル又必用ノ事ト相考左ノ如キ愚案ヲ立テ試授致居候（中略）

日　二十五年十月分

一日　品　数　金

傘　壱本　350（後略）

1915（大正4）年8月、京都・下鴨の自宅で逝去。全国の教え子が遺徳をしのびました。子息・善太郎《ぜんたろう》は、京都大学、東北大学で教鞭をとり、西洋史研究の道を歩きました。

それぞれの地域に点字を担い、磨いたパイオニアがあったはずです。その発起の経緯や具体的な業績を掘り起こし、歴史に刻み直す営みが広がることを願ってやみません。

6 国産点字器

島津製作所が製作

前章でみたように、1891（明治24）年、中村望斎《もちまさ》が相談を持ちかけたとき、島居嘉三郎《かさぶろう》院長はすかさず英国製点字器を取り出しました。不思議です。京都盲唖院に点字器がもたらされたのは、いつ、誰によって？

古河太四郎《たしろう》との間に連絡があった東京の教育博物館か、文部省の係官、外国からの参観人の手土産だったのでしょうか……。

ともかく、点字教育に着手しようとする中村望斎の手中にあるのは、そのたった1台の点字器だけでした。東京にも英国製の点字器しかありませんでした。

実は、91年、中村が点字指導に着手するにあたり、盲唖院は点字器を外注しています。注文先は、島津製作所【源流148頁】。2002年にノーベル賞を受けた田中耕一氏を生むことになる島津の京都での創業間もない時期でした。

注文の案文、見積書（写真）（＊1）、備品記録、さらには使用効果を記した文書までそろっています。初代・島津源蔵の手になるその点字器の実物は見あたりませんが、製作事実に疑いの余地はないと思われます。

見積書は次の通りです。

「一　金拾三圓也　点字器械拾個　但壱個ニ付壱圓参拾銭右ノ通リ御坐候也　京都市木屋町二条下ル　明治廿四年六月廿七日　島津源蔵（印）　市参事会　京都府知事　北垣国道殿」

この支払いを北垣知事が承認した文書もあります。1891年7月10日付です。「慈恵金ノ内ヲ以テ点字器械購入貧生ニ付与ノ件認可ス」。そして、同年以降の保管財産明細書（＊2）に「点字盤五個盲尋常科用」と明記されます。

注目されるのは、起案書に「貧生ノ為メ諸方之有志家ヨリ学資ヲ貧生ニ恵与セシ金額積ソテ《で》九円九拾八銭参厘ニ至リ候ニ付該金ヲ以テ右点字器械購求シ貧生へ付与致シ」とあることです。高額な点字器を購入できない生徒に、有志家の寄付金から点字器を購入して与えるなど、配慮してもいたわけです。

翌92年の「学事年報」（＊3）に、点字教育の効果が述べられています。

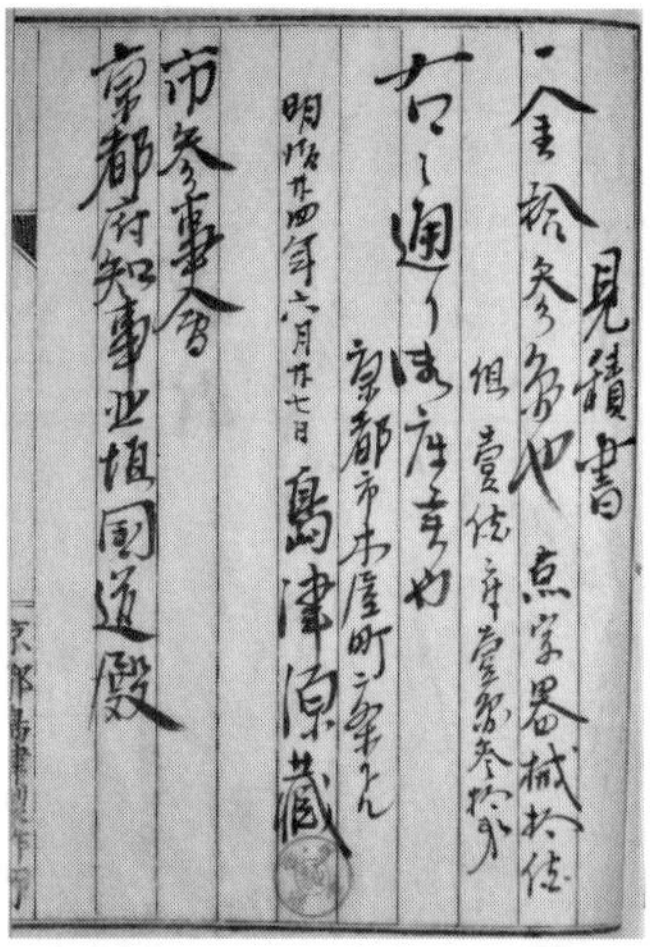

島津源蔵による点字器の見積書
（京都府立盲学校資料室所蔵）

「昨年来採用セル盲生点符文字ハ爾来練習日ヲ重ネ今日ニ至テハ自在ニ点記（自書）指読（自読）シ得テ読書作文等ノ諸課

ニ於テ片時モ欠クベカラザルノ具トナリ其進歩著シ其他読物課ノ如キ着々進歩ノ状況ヲ呈ハシ各生徒実力ノ発達スルコト少カラザルナリ」と。

点字器発達に尽力した人々

鈴木力二《りきじ》氏らの研究では、国産点字器を最初に造ったのは、東京小石川の滝録松だとされてきました。

滝の努力は素晴らしく、外国製のレベルにも近づいたとされます。その最後の作（157台目）は東京盲唖学校に寄贈され、筑波大学附属視覚特別支援学校に大切に保存されています。

しかし、滝が東京盲唖学校の小西信八《のぶはち》らと近づきになり、点字器製造に従事し始めたのは1892年以降とされます。つまり、島津の点字器は、滝よりも1年早かったのです。

京都の島津創業記念資料館では、その経緯を物語る資料の確認はできませんでした。ですが、同館には、竹製の盲人用ものさしが常設展示されています。京都市立盲唖院以外からの注文に広く応じたかどうかは不明ですが、和製点字器の歴史に島津源蔵の名を加えておく必要があります。これは、先陣争いの話題として取り上げているのではなく、事実の認証です。

同社は、初期盲唖院を卒業した聴覚障害者を多数雇い入れ、立派な職人に育てました。

「日本人の手になる点字器」という観点で振り返れば、滝よりも島津よりも先に、ほかでもなく石川倉次《くらじ》自身が1890年6月に「点字板ヲ製セリ」と記録されています。最初の国産点字タイプライターも彼が手がけています。倉次がトップランナーです。

島津の点字器製作は短期間に終わった可能性が高いようです。滝の仕事を発展させ、2010年代まで事業を継続してきたのは仲村点字器製作所です。仲村一族の貢献は何にも代えがたく、『日本点字器事始　仲村謙次の証言』（＊4）の「一台の点字器だけでも、一千数百回以上」金づちを振るって凹をうがったという一節を読むと、心に強く響きます。

戦前だけでも、大貫、中河、清水などと刻印された商品があり、岩元式、宮沢式などの個性的な試みもありました。木製点字器の手ざわりを懐かしみつつ、点字器発達史をたどり直す作業も急がれます（＊5）。

京都府立盲学校の同窓会（49章参照）は、点字の読み書き条件を改善しようと、「京盲同製」と刻印した点字器や国産第一号の点字タイプライター【源流ⅷ頁】を製造・販売しました。そのタイプライターの皮製カバーは京都には残っていないのですが、福岡県立福岡視覚特別支援学校の資料室に保管されているのを拝見したことがあり、胸が躍りました。

7 古い点字

東京以外の地で打たれた最古の点字

京都には、「明治25年3月23日」との日付が入った点字文（＊1）が残っています。2017（平成29）年7月23日付の点字毎日活字版に紹介されたことがあります。

日本で最初に点字を打った日本人は、楽善会《らくぜんかい》訓盲唖院教諭の小西信八《のぶはち》です。英国製の点字器を使ってローマ字やアルファベットを打ちました。その後、東京盲唖学校の教員、石川倉次《くらじ》らによって点字の日本語への翻案が行われて、1890（明治23）年に日本点字ができました。同校では、点字一覧表が作られ、翌年には和歌の点訳が行われました。以上のことをふまえれば、京都に存在するこの点字資料は「東京以外の地で打たれた点字として最古級のもの」という可能性が高いと評するのが適切でしょう。

この点字資料は、京都府立盲学校の所蔵ではありません。持ち主は、京都府議会議員で、後に衆議院議員になった政治家、上野弥一郎でした。彼は「明治25年3月23日」に京都市立盲唖院を訪れていました。この訪問は、京都で発行されていた『日出《ひので》新聞』の3月25日付に掲載されています。

「京都府郡部選出議員田宮勇外二十二氏は一昨日京都市立盲唖院を参観し教授の実況を視察して各自金一円宛を寄付せり」。この「二十二氏」の中に上野もいました。

この時、上野らに提供されたのが「明治25年3月23日」付の点字資料でした。同盲唖院では、日本点字制定から半年後の1891（同24）年から、点字での教育を行っていました。文字の形を浮きだたせた凸字から点字へと、新たな一歩を踏み出した喜びを込めて贈られたものだったのでしょう。一般的に知られていなかった点字を府民に知ってもらおうという、盲唖院関係者の意図も読み取れます。

議員らに渡された紙には、点字の五十音や数符とともに「せいやうの　ひとは　ぱんと　ぎうにくを　くひ　にほんのひとは　めし　と　ぎよるいを　くらふ」という例文が書かれています。今日の点字表記とは少し違います。1890（同23）年11月に東京盲唖学校の清水キミが点字で書いたとされる和歌（＊2）とそっくりの表記法です。

卒業式の席で役立った点字

ところで、京都府立盲学校には1891（同24）年4月1日に行われた学年末試験や卒業式に関する資料があります。上野たち府議会議員が同校の参観に訪れた日から1週間後のものです。当時、卒業式は年度が変わった直後に行われていました。

この時の卒業式で使われた答辞用の原稿（写真）（＊3）は点

字で書かれています。取り入れられたばかりの点字が、卒業式の席で早くも役立ったのです。

「たうじ（中略）せいら　まうあせい　8　めいに　そつげうしやうしよを　じゆよせられ　せいらの　かうえい（中略）かんしやの　いをへうす　めいぢ　25　ねん　4　げつ　1　じつ　まう　そつげうせい　さうだい　じんじやうくは　けん　あんしんじゆつくは　そつげうせい　ささき　てつぢらう　つつしんでまうす」。

この表記も、歴史的仮名遣いで書かれています。「たうじ」は「答辞」、「かうえい」は「光栄」、「へうす」は「表す」、「あんしんじゆつくは」は「按鍼術科」のことです。

さて、この「明治25年3月23日」付や4月の答辞は、どんな点字器を使って書かれたのでしょうか？　東京にいた滝録松が国産点字器の製造を始める前のことです。一方、京都には英国製の点字器と島津製作所製の点字器がありました（前章参照）。だが、どの点字器を使って書かれたものかは分かっていません。点の大きさ、点や行の間隔の空き方などを詳しく調べることで、どの点字器が使われたのか分かるかもしれません。

答辞
ココニ本日卒業證書授與ノ
式典ヲ挙ラレ　明宮閣下ヲ始メ奉
リ　貴賓淑女ノ臨位ヲ忝
クシ生等盲唖生八名ニ卒業証
書ヲ授與セラレ生等ノ幸栄何ソ之
ニセロン殊ニ　閣下ハ懇篤ナル訓諭ヲ
賜リ鳥居院長事務取扱ハ　将来
ノ方針ヲ指示セラレ唯　感泣鳴謝ノ
外ナキナリ　抑　此不具者ヲ教養シ
テ今日アラシムルハ其保護ノ厚キ其
幸栄ノ大ナルコト　常人ノ教養ニ
幾倍蓰スルヤ　測ルベカラズ　生等誓テ
朝夕此鴻恩ヲ銘記シ品行ヲ正
シクシ業務ヲ励ミ以テ其万分ニ

点字で綴られた1892（明治25）年卒業式「答辞」（京都府立盲学校資料室所蔵）

ちなみに「明治25年」の点字の1マスの大きさは、パーキンスタイプライター（米国パーキンス盲学校製の6点式点字タイプライター、PERKINS BRAILLER）で書いたものよりもやや大きめです。1行あたり、多くて23マスまで書かれています。紙の横幅が短いためでしょうか。また、この紙についても、さらに詳しく調べる必要があります。手触りは和紙に似ていますが、京都にかつて存在した製紙会社、梅津パピールファブリックの紙に、これとよく似た手ざわりの紙があったからです。

上野弥一郎は「明治28年」と書き添えられた点字資料も残しています。これには「わたくしわ　みなさんの　べんきやうを　がします」と点字と墨字《すみじ》で書かれています（「がします」は「賀します」）。

なお、『点字毎日』の連載を終えた後、京都市歴史資料館所蔵の、明治24年7月8日付で京都市盲啞院長事務取扱鳥居嘉三《かさぶ》郎《ろう》が京都府知事に提出した文書（＊4）に、点字による「モウセイテンジフゴウ」の一覧が綴じ込まれていることが判明しています。

8 点字郵便制度

明治時代の点字写本郵送問題

点字の発明により、視覚障害者は自分で読み書きできる文字を得ました。記録や自己表現に生かし、「人と人をつなぐ」ことが容易になりました。遠く離れた視覚障害者同士の「通信」による情報の伝達や共有に道が開かれたのです。

その普及に大きな役割を果たしたのが、点字郵便物の無料化でした。日本で点字郵便物が無料で配達されるようになったのは1961（昭和36）年です。それから半世紀を経て、大沢秀雄氏が論文「我が国の点字郵便制度の歴史──点字郵便無料化50年」（＊1）を発表されました。『東京盲学校六十年史』を基に、大正時代に始まった郵税の軽減をめざす取り組みが書かれています。

今回は、さらに時代を遡って、明治時代に郵便で点字写本がどう扱われたか、振り返ってみましょう。

書籍の送付に適用する第4種郵便制度が導入されたのは1871（明治4）年でした。その21年後、点字写本を巡るある「問題」が起きました。京都から東京へ点字で書き写した講義録を送る際、第4種郵便ではなく第1種郵便だとして48銭の追加料金を取られたのです。日本訓盲点字が誕生して、わずか2年後の1892（同25）年11月のことでした。

東西が呼応した要請

翌93年1月23日、京都市立盲唖院の鳥居嘉三郎《かさぶろう》院長は京都府・市の両方に善処を求める上申書（写真）（＊2）を提出しました。要約すると「京都の盲生から東京の盲生へ点字で書かれたあんまや生理の講義録を送った際、第4種郵便物のつもりで印紙（切手）を貼って投函した。ところが、本郷駒込郵便局は第1種郵便物と解釈し48銭を追加徴収した。局員が点字を判読できなかったことが理由だと察せられる。講義録が、墨字《すみじ》の写本と同様に第4種郵便物として扱われるよう逓信《ていしん》大臣へ問い合わせて確かめていただきたい」というものでした。

この文書には、東京盲唖学校の小西信八《のぶはち》か石川倉次《くらじ》あたりが書いたのではないかと思われる文章も添えられていました。要旨は「この点字写本には通信文句は一言半句も記されていなかったのだから、通常の写本書籍と同様に取り扱われるべきだ。郵便局員が点字を知らないために暗号と見なしたのはやむをえないが、第1種郵便とされるのは盲人にとって不利だ」とあり、対応の改善を訴えています。

東京盲唖学校では創立後、しばらくの間、点字ではなく、紙面に文字を浮き出させる凸字《とつじ》を用いました。しかし、多くの視覚障害者にとって凸字はかろうじて読めはしても、自身で書くのは困難でした。墨字を鉛筆で書く方法も工夫しましたが、自身で読めなかったわけです。点字のように自由に読み書きするには適していなかったのです。

前述の文書には「一昨年来仏国巴里初盲院卒業生るいぶれいゆノ点字ヲ本邦仮名ニ翻案適用」して以来、「読み書きともに自身の手で自在にできるので、大いに好学の念を厚くし、今では遠隔の者が互いに通信し、書籍の写しなどを点字で行って、知識を交換する」ようになったと書かれています。

そこに起きたのが、この郵税追徴問題でした。同校は郵便局へ問い合わせましたが、回答は「差出局に於て第一種と見なした上は、如何《いかん》ともできない」というものでした。その経緯が市立盲唖院に伝わり、逓信省に対し、東西呼応した要請が繰り広げられることになったのです。

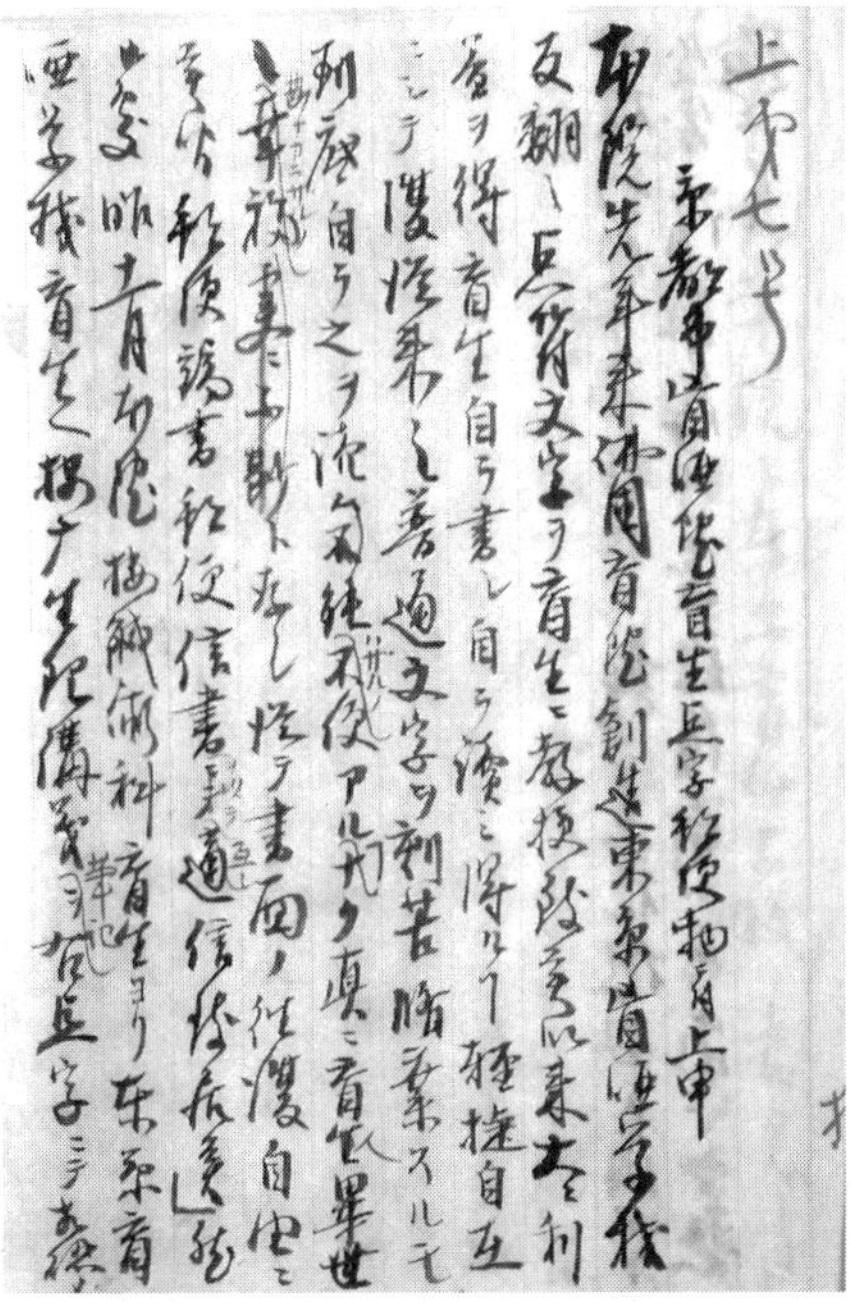

鳥居嘉三郎院長の上申書
（京都府立盲学校資料室所蔵）

切実な「読みたい」という思い

ちなみに、このときに郵送された「講義録」は同院の教員、谷口富次郎の講義内容を収めて米国の博覧会に出展したものでした。これを読みたいと東京の生徒が京都の生徒に依頼したことから問題が浮上しました。同校からは、「必要なら内容説明のために、差出局の局長の前で本文を読ませて内容をチェックしてもらってもよい」とまで提案されています。「読みたい」という思いがどれほど切実だったか分かります。

さて、結末はどうなったのでしょう。同年4月8日に内務部から同院に宛てた文書（＊3）が残っています。それによると、逓信省は「点字凸字何であっても差し支えない」と判断し、「盲人用凸字紙ヲ郵便ニ差出ストキハ印刷物ト見做シ　第四種トシテ取扱フベシ」という通達を出したのです。点字郵便無料化の前史が切り拓かれました。飛脚制度に代わって誕生した日本の近代郵便制度の基礎を確立したほか、盲教育の発展にも尽力した前島密《まえじまひそか》（2章参照）は通知が出る2年前に同省を退職していましたが（＊4）、何らかの後押しをしてくれたのでしょうか。

点字郵便物、著名な視覚障害者や点字をデザイン化した切手の収集で第一人者であった大沢秀雄氏（筑波技術大学・故人）による『切手が伝える視覚障害――点字・白杖・盲導犬――』（彩流社、2008）も学ぶところの多い一冊です。

9 点字出版

明治の点字新聞

2015（平成27）年は日本点字図書館の創立者本間一夫（＊1）の生誕100年に当たりました。同館では記念冊子『本間一夫と日本盲人図書館』を発行しました。私も一員である日本盲教育史研究会では、その年に北海道増毛町にある本間の生家を訪ねました。本間は、東京の点字図書館が空襲で焼けた際、再建までの間、北海道で点字図書の貸し出しを続けたのです。

点字出版物のうち、点字新聞について取り上げてみましょう。資料不足などで分からない部分も多く、「空白」を埋める史実の発見や研究が期待されます。

これまでの研究では、1906（明治39）年に左近允孝之進《さこんじょうこうのしん》が創刊した『あけぼの』が、日本で最初の点字新聞とされています。しかし、千葉県立盲学校の記念誌『六十年のあゆみ』（＊2）によると、名古屋では『あけぼの』の発行よりも2年早く、点字新聞が発行されていたというのです。新聞の名前は『ふそう新聞』。発行者は、名古屋盲学校を創立した長岡重孝《しげたか》でした。記念誌によると、この新聞は週刊発行で、約1年で廃刊したようです。

一方、愛知では、同名の地元紙が明治20年代から昭和10年代まで発行されました。その1901（明治34）年4月13日付（＊3）に、名古屋盲学校（当時は私立校）の設立や長岡について書いた記事があります。それによると、長岡は「熱田産にして盲目」でした。また「妻たみ子も同様盲目」（69章参照）だったことや、創立当初の生徒が7人だったことも書かれています。この記事に先立ち、4月1日付で発行された『愛知教育雑誌』第168号（＊4）でも、同校が紹介されています。「私立名古屋盲学校開校広告」として、生徒募集を呼び掛ける内容でした（写真）。

長岡重孝氏の消息を追う

同校は、後に聴覚障害者も受け入れて盲唖学校になります。ろう教育関係の史料から、長岡がどんな人物だったか追ってみましょう。『愛知県聾学校二十五年史』（＊5）は、長岡について次のように伝えています。「午前5時から同9時まで授業し、鍼按業に従事して患者の招に応じ、傍ら地理書の著述やら、盲人用速記機の考案やら、点字新聞の発行やら、百方学校経営費を得ん事に努力された」と。ただ、この記述通りだったのかどうか。この疑問について、名古屋盲学校の『創立八十周年記念誌』（＊6）は「そのままは信じ難い。たださえ学校創設という多忙の中でそこまですることは不可能に近い」と指摘しています。

実相に迫るための手掛かりを求めて、2014年に、名古屋に行ってみました。愛知県教育委員会発行の雑誌『教育愛知』

第22巻第8号に「盲聾教育の先覚者長岡重孝」という紹介記事があり（＊7）、そこに長岡の墓所の名前と住所が書かれていました。しかし、その場所に墓地はなく、現地で訪ねても正確な場所は分かりませんでした。長岡の業績や人柄に迫る上での情報を今後、どう集めるか。立ちふさがる壁は高くとも、それを乗り越えて研究を進めたいと決心しました。

長岡はいつ亡くなったのか。1905（同38）年2月24日付の墨字《すみじ》の『扶桑《ふそう》新聞』に「盲唖学校の再興」という記事があり、「長岡重孝の死亡以来」とあることから、この時には、既に世を去っていたことが分かります。また前出の『教育愛知』によると、彼は1881（同14）年に生まれて、1904（同37）年まで生きています。この点から、点字の『ふそう新聞』を創刊した翌年、23歳で亡くなったことになります。没後、名古屋通信社の長谷川百太郎社長が同校の運営を支えたとされています。このことからも報道関係者との間に太いパイプを持った人物だったことが伺えます。

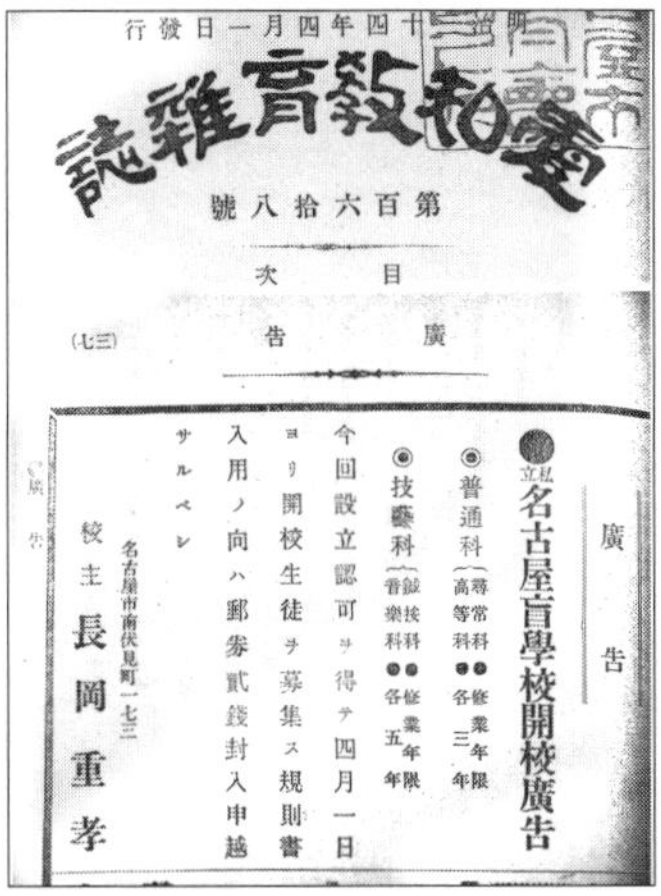

明治四十四年四月一日發行

愛知教育雜誌

第百六拾八號

目次

廣告 （三七）

廣告

私立名古屋盲學校開校廣告

◉普通科（尋常科 高等科）●修業年限 各三年

◉技藝科（鍼按科 音樂科）●修業年限 各五年

今回設立認可ヲ得テ四月一日ヨリ開校生徒ヲ募集ス規則書入用ノ向ハ郵券貳錢封入申越サルベレ

名古屋市南伏見町一七三

校主 長岡重孝

（左）長岡重孝肖像写真（『名古屋聾学校八十年史』より）
（右）長岡重孝による「私立名古屋盲学校開校広告」

ところで、点字の『ふそう新聞』の内容はどんなものだったのか。筆者の推測ですが、名前が同じことから、墨字の『扶桑新聞』のダイジェスト版だったのではないかと思われます。点字の『ふそう新聞』の実物に出会いたい。名古屋は、戦争中、空襲によって多くの貴重な資料を焼失しており、この中に点字の『ふそう新聞』もあったのではないでしょうか。

謎はまだあります。東京盲学校同窓会が発行した『むつぼしのひかり（六ツ星の光）』（＊8）にも、長岡が点字新聞を発行したことが紹介されていますが、新聞の名前は『ふそう新聞』ではなく、『点字通報』になっています。点字雑誌『むつぼしのひかり』については、その墨字への翻刻・出版が筑波大学附属視覚特別支援学校の関係者によって進められています。長岡や『ふそう新聞』など、明治期の青年たちの情熱のほとばしりが明らかになりつつあります。

【付記】 長岡重孝の墓の所在地は2020年8月に確認することができています。

10 左《さ》近《こん》允《じょう》孝《こう》之《の》進《しん》

私立神戸訓盲院（現・兵庫県立視覚特別支援学校）の創立者、左近允孝之進は、点字新聞『あけぼの』（＊1）を発刊しました。数年に亘って刊行され続けた点字新聞としては日本初の快挙でした。

左近允夫妻については、伝記『見はてぬ夢を』（＊2）で一般に知られるようになりました。点字新聞『あけぼの』の創刊号を発見した古賀副武《そえむ》氏も熱心に業績の掘り起こしを行なっています。また、同校同窓会によって、孝之進が発明した「二面刷点字活版機」が復元されるなど、点字出版における彼の業績はさまざまな形で明らかになってきました（その活版機は、国立民族学博物館に寄贈されました（＊3））。

そこで、今回は、点字の普及と盲教育の進展に彼らがどう関わったのか。その著書『盲人点字独習書』（＊4）と『盲人之教育』（＊5）をクローズアップしてみましょう。

文部省より6年も早く点字普及書を出版

この2冊は、『あけぼの』発刊のちょうど1年前にあたる1905（明治38）年1月1日に出版されています。いずれも、国立国会図書館のデジタルコレクションに登載されていますから、ダウンロードして比較的容易に読むことができます。墨《すみ》字《じ》・縦書きです。

文部省が『訓盲点字説明』を出したのは1911（同44）年ですから、それより6年も早く、個人の力で、点字を普及するための出版にこぎつけました。驚くべきことですし、もっと高く評価されるべきだと思います。タイトルに「独習」とあるのは、盲学校に入学して点字を教わることの難しい境遇にいる盲児や盲人のための入門書とする意図があったのでしょう。

『盲人点字独習書』は、別名『点字教授法』とも呼ばれます。1905（同38）年の初版（写真①）と1912（同45）年の再版（写真②）とがあり、前者は、著作者も発行人も孝之進ですが、後者の奥付では「著作者左近允孝之進」とし、手書きで「故盲人」と加えられています。再版の発行人は、妻のマスエでした。

再版には、大隈重信の手による序文などが加えられています。大隈は、西欧諸国の盲教育に言及した上で、神戸訓盲院を開いた孝之進の業績に筆を進めています。岡山県下の小学校に盲児が在籍した事例も挙げていますから、盲教育に注ぐ大隈の関心は一通りではなかったようです。

その上で大隈は、「この書一度出でば盲人教育上至大の便宜を得従て斯業の進歩を促すに至るべきや論を待たず」と讃えています。この序文はマスエから依頼があってのこととも明かしています。

妻マスエが引き継いだ夢

１９０９（同42）年11月11日に孝之進が逝った後、マスエがその「夢」を引き継ぎ、さらに大きく育てようとしました。

初版にも再版にも、その表紙に「点字教科書練習板附属」と印字されています。これはどんなものなのでしょうか。同書の末尾には、附録として「拗音略字」の一覧が載っていますが、「練習板」にあたりそうなものは見当たりません。

ところで、これまで述べてきたのは、墨字版です。点字版の『盲人点字独習書』（＊6）は１４（大正3）年にマスエが発行人となって出版されました。現存する実物を探したところ、旧大阪市立盲学校資料に現存していました。表紙には横書きで「盲人点字／独習書／神戸／六光社蔵版」と刷られています（写真③）。「ハタ　タコ　コマ」で始まる尋常国語読本と同じです。『点字毎日』に連載していた時の把握はここまででした。

ところが、最近、同校で、①の3月後の8月刊と分かる点字版『盲人点字教科書』（写真④）も見つかったのです。内容は点字の五十音を冒頭に配置し、点字の初歩を学んでいく仕様です。

これらについての解説は、日本点字委員会『資料に見る点字表記法の変遷』（＊7）が再版されるときに加えていただければと願っています。

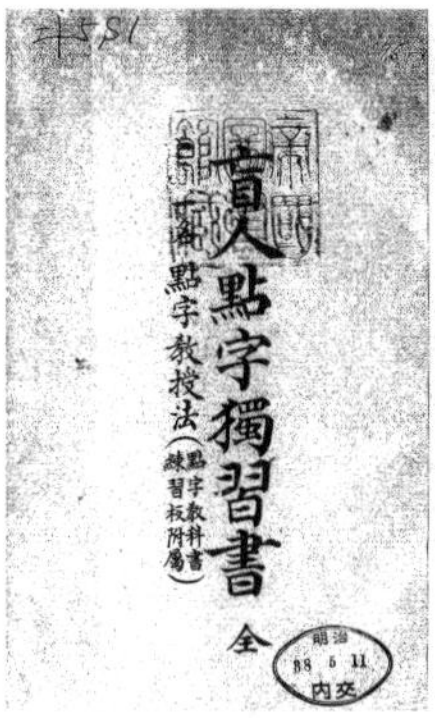

①『盲人点字独習書』初版

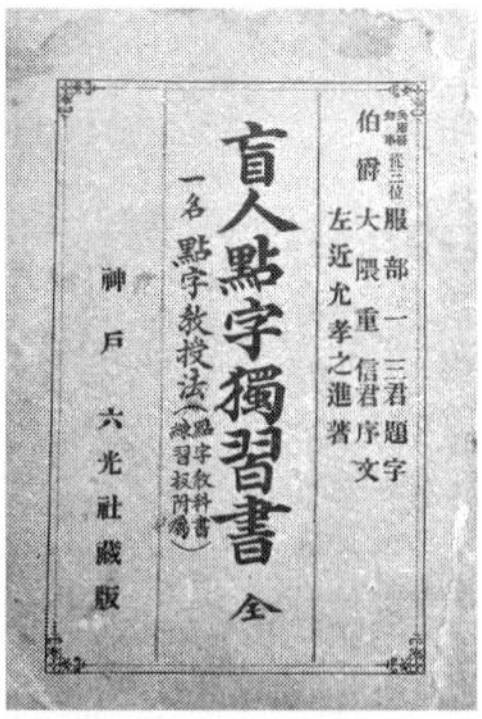

②『盲人点字独習書』再版

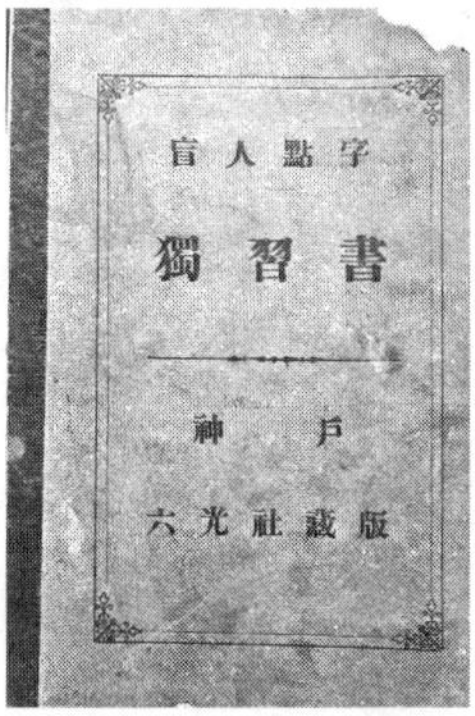

③『盲人点字独習書』点字版

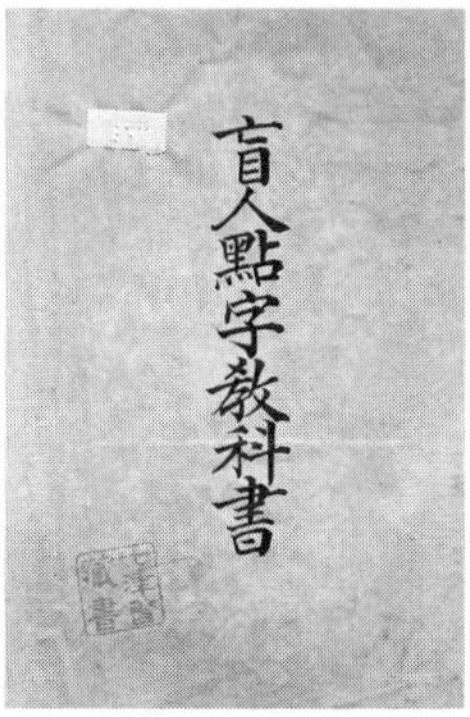

④『盲人点字教科書』

（①国立国会図書館デジタルコレクション、②～④大阪府立大阪北視覚支援学校資料室所蔵）

一方、『盲人之教育』は、盲人の境遇、日本の盲人教育、点字書籍の出版など八つの章で成り立っています。点字の自宅独習を述べた章は、『独習書』と連動します。巻末には、03（明治36）年末時点の全国盲唖学校一覧表（17校）が添えられています。まだ盲学校・盲唖学校が少なく、就学率も悲惨なまでに低かったのを憂い、広く就学の参考にしてほしかったのでしょう。正味20ページのささやかな冊子ですが、孝之進とマスエの「見はてぬ夢」が、全国の盲児や保護者や家族、そして社会を目覚めさせたと言えるのではないでしょうか。「人としての尊厳」をめざす一歩だったと言えます。

11 江戸川乱歩《えどがわらんぽ》「二銭銅貨」の点字

江戸川乱歩の誤り

江戸川乱歩の推理小説「二銭銅貨」〈＊1〉に出てきた点字表記に誤りがあったことは、知る人ぞ知る話です。ここで書くとネタばらしになるのですが、インターネットなどで公然のことなのでお許しください。

このことを調べるきっかけは、三上延《みかみえん》氏の人気作『ビブリア古書堂の事件手帖』の第4巻〈＊2〉を読んだことでした。そこには「(乱歩が)拗音の点字記号を間違えていたのです。戦後、桃源社版の全集でようやく訂正されました」と書かれていました。

三上氏の指摘を確かめるべく、私は「二銭銅貨」の掲載されたハードカバーの本や文庫本28冊を集めました(写真)。驚くことに、元の誤りがそのままになっているケースが少なくありませんでした。また、間違い方にバリエーションがあることも分かりました。比較的、新しく刊行されたものでも誤りが受け継がれている場合があります。なぜこんなことになったのでしょうか?

まず、乱歩は何を間違ったのか。それは、点字で「しょ」と書くところを、「し」・「4の点」・「よ」の順に並べて表したことでした。正しくは「拗音符」・「そ」で表すべきところなのですが、乱歩は拗音符の使い方を誤解していたようです。

この作品の初出は、1923(大正12)年の『新青年』4月増大号でした。乱歩にとっては処女作にあたる短編でしたが、「日本最初の本格探偵小説」と評されました。人気も高く、増刷、改版が相次ぎました。

「二銭銅貨」の登場人物が「俺は点字について詳しくは知らなかったが、六つの点の組合せということ丈《だ》けは記憶していた。そこで、早速按摩を呼んで来て伝授に与《あずか》った」と語るシーンがあります。これが乱歩の実体験に基づいたものか、創作かは分かりませんが、このあん摩の教え方が不徹底だったか、乱歩の点字に対する理解が不十分だったことが考えられます。

出版界は点字への理解と敬意を!

入手した28冊について、点字表記の一覧を以下に記します。詳述するスペースはありませんので、あくまでも「私が任意に集めた範囲で、分類して数えたおよその傾向」です。ですが、これだけの冊数を統計した例は他になさそうです。

(1) 点字表記が正しかったもの(「拗音符」・「そ」)は28冊中6冊。

(2) 残り22冊を点字表記の違いから、次の①から④に分類しました。

・パターン①は「し」・「4の点」・「よ」。これが17件。

・パターン②は「し」・「よ」としたもので、２件。

・パターン③は、点字の「し」・「よ」の表裏を反転させたもので、１件。この場合の点字の表記は、「と」・「き」を並べた形になります。

・パターン④は、「と」・「え」が並んだもので２件。「し」・「よ」の表裏の反転に加えて、別の表記ミスも組み合わさっています。

大正から平成にかけて刊行された28冊のうち、拗音符を正しく用いたものは６件しかないことに驚かされます。誤った点字表記のうち、パターン①のものは、初出の『新青年』以降、これを底本とした新刊本に繰り返し引き継がれています。作者だけでなく、編集担当者も出版社も、点字表記への注意を欠いたと指摘せざるをえません。点字関係者も、この状況を放置してしまったことが問われます。

「二銭銅貨」が掲載された図書の数々
（岸博実所蔵）

１９６１（昭和36）年発行の桃源社版『江戸川乱歩全集』のあとがきで乱歩は「点字の誤りを認めて訂正した」と明かしています。それでもその後も、誤った表記をそのままにした出版が続けられた背景には、版権の尊重という重たいルールがあるようです。

それが容易に越えられないハードルならば、せめて、編集者注のような形で、正しい点字表記を紹介してほしいと願います。電子書籍「キンドル」（Kindle）版の「二銭銅貨」も１９６０（昭和35）年版を底本にしているため、乱歩の遺志に反して誤った点字表記になっていました。

１９７１年に児童向けとして出版された『少年探偵37　暗黒星』にも「二銭銅貨」が掲載されています。探偵の役は「明智小五郎が、まだ学生だった」頃と設定されていますが、点字が謎解きのキーになるのは原作と同じです。そこでの点字は、『新青年』と同じパターン①の誤りに加えて、「き」と書くべきところが「は」になっています。全くいただけません。インターネットの情報システム「サピエ」（＊３）に掲載されている点字データの「えどがわ　らんぽ　けっさくせん」では、拗音符を用いて、正しい形で記されていました。

点字郵便の項（８章参照）で、明治期の逓信省《ていしん》が盲人用凸字《とつじ》紙を「印刷物と見做し」たと紹介しましたが、実は、公職選挙法の上で、点字は未だに「文字とみなす」という扱われ方です（52章参照）。「点字は文字だ」と強く主張し、出版界にも「点字への理解と敬意を！」と切望せずにはいられません。

2 京都盲啞院の形成

12 古河太四郎《たしろう》の挫折

独創的な教材開発と条件整備、宣伝に努める

古河太四郎は1878（明治11）年京都盲啞院が仮校舎で創立したとき、「院長」ではなく、一教師でした。翌1879（同12）年、新制度の府立校となった5月に「監事」を命じられ、名実ともに「院長」となったのは、1882（同15）年1月です。以後、1889（同22）年11月に解職願を提出するまでの8年近い年月、院の責任者として力を尽くしました（＊1）。

古河の実践した教育を語るとき、しばしばその「独創性」がたたえられます。京都府立盲学校資料室に現存する、木刻凹凸文字【源流42頁】、自書自感器【源流64頁】、盲人用左右対称文字【源流68頁】、盲人用算盤【源流100頁】、凸形京町図【源流124頁】、直行練習場【源流132頁】、手勢法（76章参照）などに、鋭い観察力と細やかな創意がうかがえます（＊2）。それらが欧米のまねではないのかと問われて、彼は、懇切熱心に研究すれば、「其事物の上に現はるべき法則を知得し帰着を同うする」と述べ（＊3）、考案の独自性を強調しています。

就学保障の仕組みも先進的でした。今日のスクールバスにあたる「人力車での生徒送迎」を行いました。およそ60人の利用者のために用意された人力車は20数輌に及びます。1874（同4）年に新しく架け替えられた錬鉄製ラチスガーダーの四条大橋は建設費を償還するために人力車に通行料が課されましたが、「盲啞院○号」というのぼり旗をたなびかせる送迎車は無料とされました（16章参照）。寄宿舎の設置、学費の補助なども実施しました。

教材開発と条件整備を進めた古河が、戦略として重視した分野がもう一つありました。それは「盲啞教育の認知度を高める啓発」。つまり、平たく言えば、宣伝です。

盲啞院は、国の内外で開催される各種博覧会に、生徒の作品や教具をきわめて精力的に出展しました。

1879、80（同12、13）年に御苑内で開かれた京都博覧会。1882、83年の奈良博覧会。1884年には、岡山県学事奨励会、ロンドン万国衛生博覧会、ニューオリンズでのルイジアナ州博覧会などと矢継ぎ早に出品しています。英・米でも高く評価され金牌などを受けました（3章参照）。独自に知恩院の大広間を借りて開催した音曲《おんぎょく》会には2000人を集めました。学校の公開、参観にも熱心で、政府要人や文化人、学者、市民、他府県の教員などの来院が相次ぎました（17章参照）。

実績を広く知らせ、障害のある人々への理解を促すことによって、院の存立基盤を固めようと図ったと考えられます。「盲啞教授参考書」（写真）もその一環です。

孤軍奮闘の甲斐なく辞任

華々しく展開した古河の学校経営でしたが、明治10年代後半に深刻な苦境が待ち受けていました。1889（同22）年の京都府「機密書類」に、「古河を解任すべき」だと記した文書がつづられています（＊4）。

背景には、松方デフレに伴う大不況や琵琶湖疏水開削などを優先する施策が絡み合った、学校収入の激減がありました。文部省は、一方では古河らの給与を国が負担するなどの援護をしましたが、他方では、院の職業教育が「高尚すぎる」として整理を求めました（＊5）。教員の削減、生徒べらしの措置も余儀なくされました。文部大臣、榎本武揚が視察に来る（89年9月12日）事態となり、院の存廃も議論にのぼります。

追い込まれた古河は、多額の借金までして立て直しをもくろんだものの、返済しきれず、裁判ざたに発展。「インチキの石炭山を買わされ、失敗した」旨の伝説もあります（＊6）。依願退職の形がとられていますが、実は引責辞任でした。

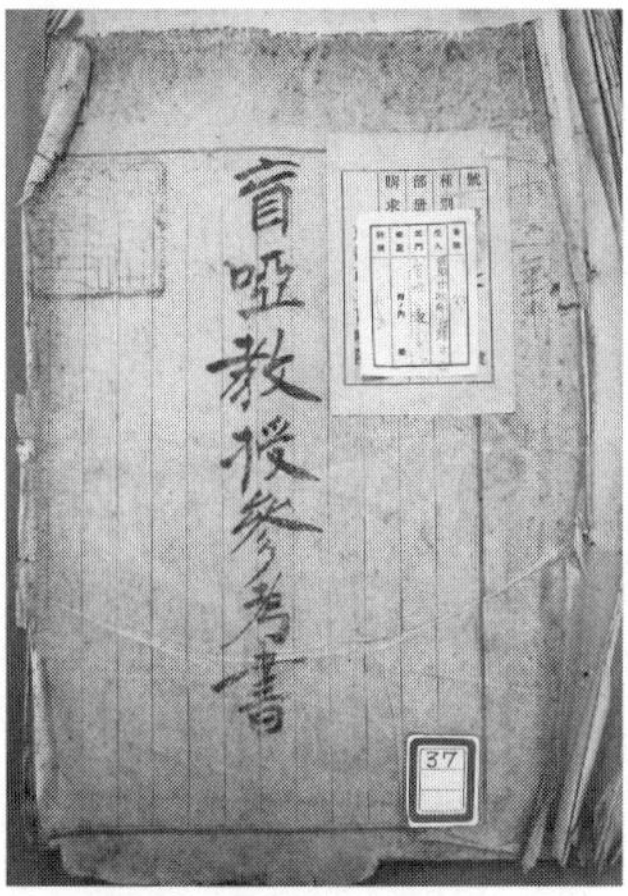

「盲唖教授参考書」
（京都府立盲学校資料室所蔵）
古河が自らの盲唖教育の指導法や教具を解説した文書

障害者に対する社会の理解がまだ弱々しく、国は富国強兵に走っているもと、孤軍奮闘は効を奏しませんでした。教材の製造や就学の保障に多額の経費を当てた出納感覚も落とし穴となったようです。

古河は点字を知っていたか

加えて、凸字《とつじ》教材に代表される教育方法上の限界が明らかになりつつあったと推定するのは過酷でしょうか。

明治10年代の盲唖院では、「学習困難」を理由とする退学者がかなり多数にのぼっているのが気にかかります。それは、生徒の資質よりも、凸字教育一辺倒であったことの影響と見るべきでしょう。仮名や数字はともかく画数の多い漢字まで凸線を頼って理解させようとするのはたやすいことではありませんでした。

文字教育を一気に変えたのは、東京盲唖学校石川倉次《くらじ》によって、古河辞任の1年後に産声をあげる点字でした。

これにかかわって、究明したいテーマがあります。それは、既に点字器を陳列していた教育博物館（4章参照）や館長手島《てじま》精一《せいいち》と交際のあった古河は、「点字を知らなかったのか、知っていて選ばなかったのか」です。

2章でも述べたように、線と点で構成された「盲人用左右対称文字」には、点字に似た要素が幾つも認められるのですが……？

13 遠山憲美

近代的な人間平等観の持ち主

初期の盲教育に関わった人のうち、その生涯が最もおぼろなのは遠山憲美です（名前の読みは、けんび、かねみなどの諸説）。盲学校の歴史を主題とする本の多くが、山尾庸三《ようぞう》の太政官宛て建白書（＊1）と遠山による京都府宛て建議意見書（写真）（＊2）とを並べ、その意義をたたえています。

二人とも、外国に関する見聞・知見を踏まえ、「盲唖学校」ではなく、「盲学（院）」と「唖学（院）」を創ることを唱えましたが、考え方には違いもありました。山尾は慈善主義であり、遠山は人間平等観に立っていたと言えます。

山尾の建白のキーワードは、「無用を転じて有用となす」でした。一方、遠山は「人間同朋相共ニ扶助」とし、「公による学校設立」を主張しました。

楽善会《らくぜんかい》を主導し、財政面でも巨額の負担を引き受けた山尾の業績を軽んじるものではありませんが、思想としては、遠山のほうがより近代的であったと筆者は感じます。

山尾は子爵でした。長州五傑（長州ファイブ）の一人でもあり、日本の工業化を推進した功労者として、その名がとどろいています。しかし、遠山は、宇和島の一士族の出身で、伝記さえ残っていません。どんな顔だちであったかを示す写真の1枚すら見つかっていないのが惜しまれます。

乏しい史料から彼の足跡を探ってみることになります。

京都盲唖院創立メンバーに

生まれは、1849（嘉永2）年3月1日で、1871（明治4）年、撒港（サンフランシスコ？）に滞在していたと、建議意見書に自ら書き込んでいます。知事宛てのその意見書を提出した1877（同10）年には、京都下京区に止宿中とも記しています。

彼の建議は、槇村知事によって「文章モヨク建議ノ趣意モヨシ」と評価されました。しかし、その時、すでに待賢《たいけん》小学校瘖《いん》唖教場での実績（＊3）を基に、盲唖学校の創設を計画する古河太《た》四郎《しろう》たちも動きを強めていました。遠山は、それと並行して自分の構想を文章化し、再三にわたって京都府庁に届けました。

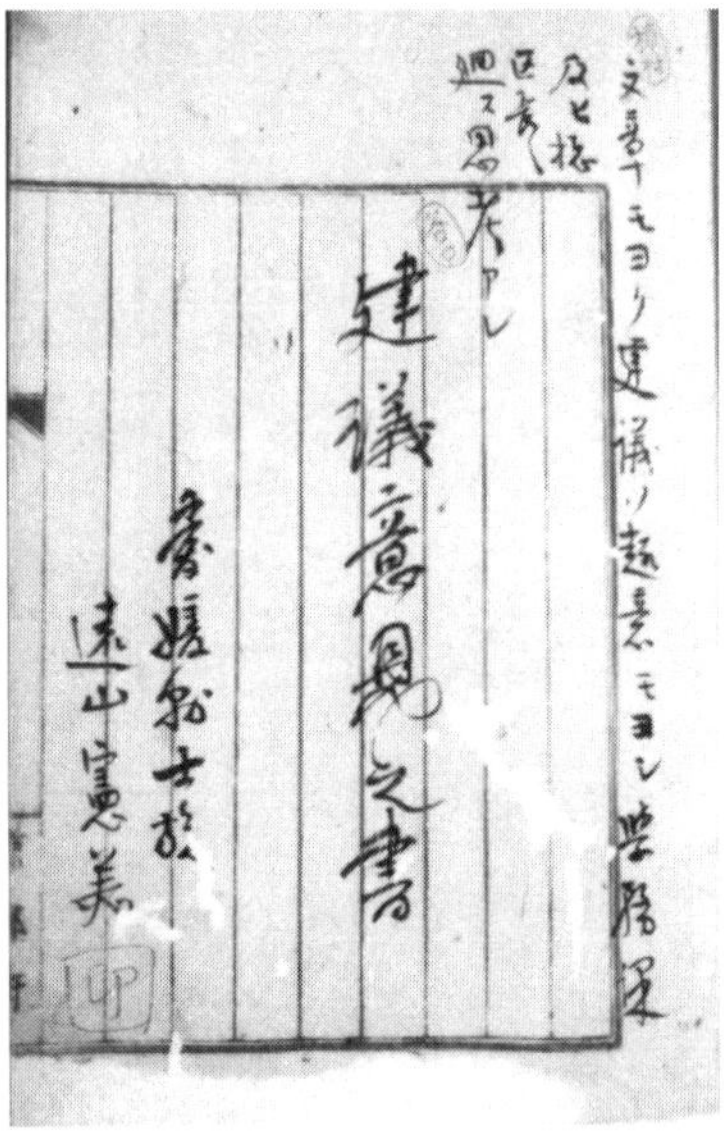

遠山憲美が京都府宛てに書いた「建議意見書」右肩に槇村知事による朱書が見える。
（京都府立盲学校資料室所蔵）

種々取り調べた上で、知事が下した判断は、二人を協力させる道でした。京都盲唖院は、教員に古河、職員に遠山が採用されて創業の日を迎えます。実践を備えた古河と、理想に燃える遠山とを両輪に、エネルギッシュな学校運営が始まりました。1878（同11）年に仮校舎で発足した「京都盲唖院」を翌年には本格校舎を持つ「京都府立盲唖院」へとステップアップさせていく流れが形成されていきました。

突然の辞職　消えた足どり

ところが、その途上、思いがけない事態が生じます。

遠山が辞職願を提出！

詳しいいきさつは分かっていません。夏の休業中、古河の急な出張のため、彼の休暇が延期されたのが不満を招いたようです。ただ、それだけで決裂に至るとは考えにくく、ほかにも学校づくりをめぐる食い違いがあったのかと推し量られます。ともあれ、78（同11）年11月に、遠山は盲唖院を去ってしまいます（＊4）。

この事件は、さまざまな想像を起こさせますが、私には、盲学校の在り方を考えるとき、「理念」の徹底した検討と深い合意が大切であることを示唆していると思えてなりません。ことにあたる人々の心の通い合いや労働条件の具備も不可欠でしょう。

その後、遠山は何をして生きたか、暮らし向きはどうであったか、ほとんど不明です。

『京都府盲聾教育百年史』が編纂された頃、京都府立盲学校の資料室担当者であった水野サダ子先生が遠山を追跡なさいました（＊5）。鈴木力二《りきじ》氏による調べもあります（＊6）。それらによると……。

1879（同12）年春、大阪摸範盲唖学校の設立に協力。同年冬、「鹿児島の盲唖院開設に赴く予定」……（＊7）。いずれも、実情が定かとは言えません。

1892（同25）年、京都府宮津で初川家に入籍。94（同27）年、復籍。京都市上京区に遠山家を分家。97（同30）年、東京・四谷に転籍。1913（大正2）年、死去。

筆者は1952（昭和27）年8月28日付の『神奈川新聞』に江戸幕府の金塊を積んで沈没したと伝わる早丸号の引き揚げをめぐる記事を発見しました。その中に、明治2年に横浜にいた遠山が引き揚げ権を求めて活動したとの記述もありますが、真偽を裏付ける資料は見つかっていません。

おそらく子をなさなかったと伝えられます。だとすれば、晩年の寂しさをどう過ごしたのでしょうか。

日本の視覚・聴覚障害教育を立ち上げる舞台で主役を演じた遠山に思いをはせつつ、新しい史料が発見され、彼の「息づかい」が蘇る日を切望することしきりです。

14 普通教育と職業教育

普通教育を重視した古河太四郎《たしろう》

現在、特別支援教育は、学校教育法によって「幼・小・中・高校に準ずる教育」と定められています。この「準」は「同じ」という意味で用いられます。「準優勝」のように「次ぐ」ニュアンスの用法もあります。

視覚障害教育は、前者のように捉えて普通教育を行い、併せて特別なニーズにも応えようとしてきたわけですが、規定上、後者の色あいを帯びているのではないかと問いを投げかける人もいます。

では、京都盲唖院はどう考えていたのでしょうか。「院」と付けられた校名は「悲田院《ひでんいん》」「孤児院」などに似て福祉の性格を帯びています。この点からは、「準ずる」どころか、学校とは異なる性格だったとも考えられます。しかし、当時の教育実践は明らかに学校としての中味を備えていました。

古河太四郎の構想の優れた点の一つとして、徒弟型の技芸教育に狭めるのでなく、人間としての基礎を培う普通教育を重視したことが挙げられます。

京都には、町衆の力を結集して、学制発布より3年も早く64の学区に小学校が建てられていました（＊1）。古河は、その力リキュラムを土台に時間割を編成しました。「読物」「算術」「習字」など、名前も内容も小学校に合わせたのです（写真）。

現在と同様の論点

その上で、彼は「感覚」や「推知法」の時間を設けました。これは、「見えない」ことからくる外界認知の難しさを補えるよう、触覚などを磨くためでした。現在の「自立活動」のはしりです。

障害に配慮した「盲人用そろばん」【源流100頁】や「歩行練習場」【源流132頁】を発明したり、通学用に人力車を配備したりもしました。

1879（明治12）年秋に京都を訪れた東京楽善会《らくぜんかい》の大内青《せい》巒《らん》は、これらに対する批判の言葉を残しています（＊2）。

「普通の算盤《そろばん》で出来ないこともない」「やはり野原で勝手に遊ぶやうに出した方が宜《よ》い」「（便所も）一度位は落ちて見た方が宜からう」などと（＊3）。

初期の東京盲唖学校は、通常の学校と「同じ」教育課程を志していました。その背景には、中村正直《まさなお》の自助論の影響もあったのでしょう。後には東京も障害の特性に応じた指導へと進んでいきました。

どちらが正しかったかを問うために言挙げしたのではありません。視覚障害教育における「教育目標」や、それに基づく「普通教育」をどう組み立てるかに、昔も今も、同様の論点が横たわっていることを確認しておきましょう。

明治に社会的なインクルーシブを夢見た精神

京都府立盲啞院は、1880（同13）年に職業教育を開始しました（＊4）。古河は、それに先だって、京都に住む盲人と聾啞者を対象にした調査を実施しました。職種や収入の実態を調べたのです。現実に立脚する観点で職業教育を検討した訳です。

統計を踏まえ、伝統的な職域である音曲《おんぎょく》とあん摩などが選び取られました（鍼《はり》に関しては、西洋医学とのせめぎあいのなかで、学科の認定までに4年の歳月を要しました）。

ちなみに、古河は、視覚障害者の職域を「理療と音楽」に限ろうとはしませんでした。二つの事実があります。

まず、1881（同14）年時点で「紙撚《こより》科」を設置しました。

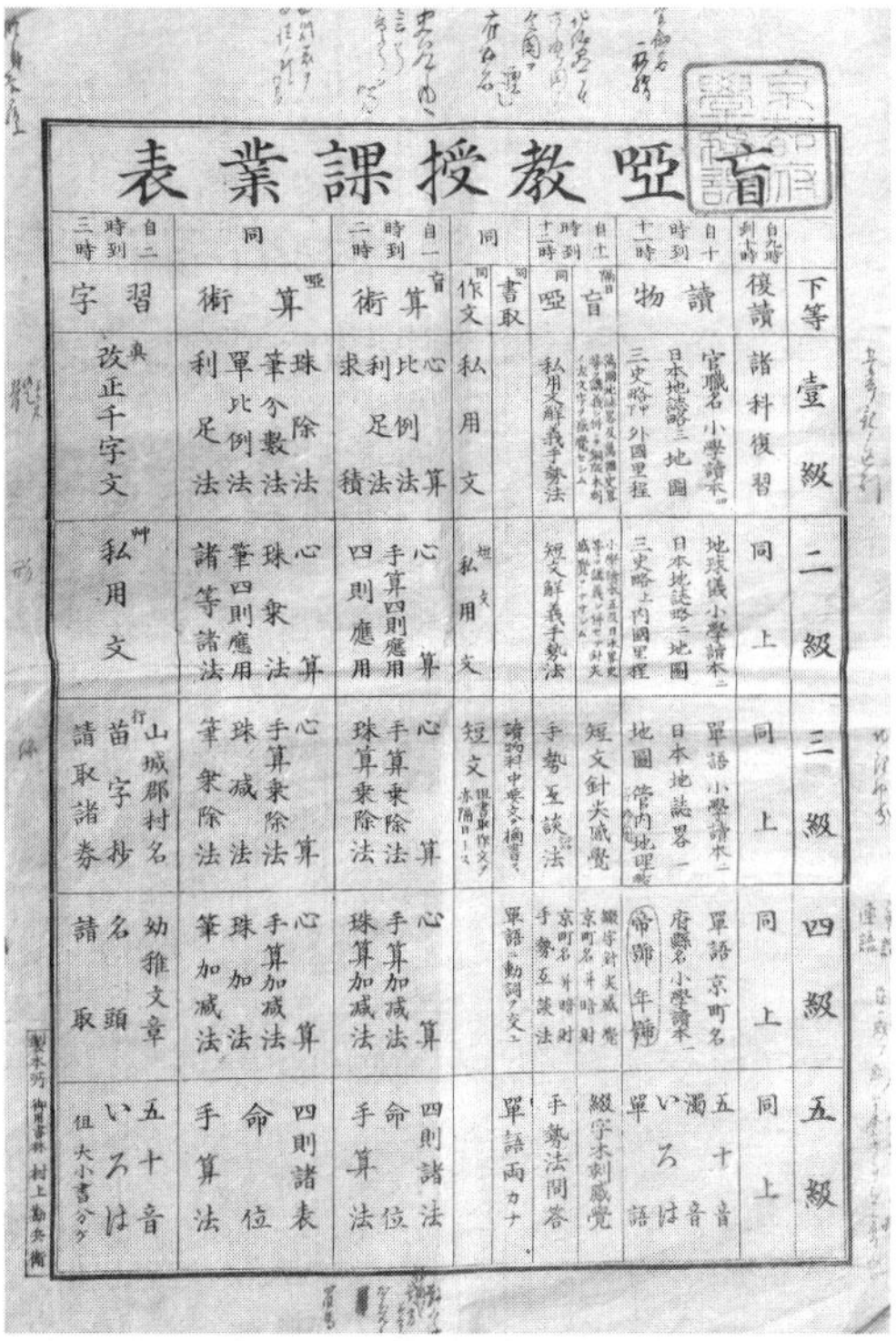

盲啞教授課業表

下等	自九時到十時 復讀	自十時到十一時 讀物	自十一時到十二時 盲	同 啞	同 書取	同 作文	自一時到二時 算術 盲	同 算術 啞	自二時到三時 習字
壹級	諸科復習	官職名 小學讀本四 日本地誌略三 地圖 三史略下 外國里程	[illegible]	私用文解義手勢法		私用文	心算 比例法 利足法 求積法	珠除法 筆分數法 單比例法 利足法	真 改正千字文
二級	同上	地球儀 小學讀本三 日本地誌略二 地圖 三史略上 內國里程	[illegible]	短文解義手勢法		短文 私用文	心算 手算四則應用 四則應用	心算 珠乘法 筆四則應用 諸等諸法	艸 私用文
三級	同上	單語 小學讀本二 日本地誌畧一 地圖 管內地理	短文 針尖感覺	手勢互談法	讀物科中要文ヲ摘書ス	短文	心算 手算乘除法 珠算乘除法	心算 手算乘除法 珠減法 筆乘除法	行 山城郡村名 苗字抄 請取諸券
四級	同上	單語 京町名 府縣名 小學讀本一 帝號年號	綴字針尖感覺 京町名 手時計	京町名 手時計 手勢互談法	單語・動詞ノ文ヲ		心算 手算加減法 珠算加減法	心算 手算加減法 珠加法 筆加減法	幼稚文章 名頭 請取
五級	同上	五十音 濁音 いろは 單語	綴字木刻感覺	手勢法問答	單語両カナ		四則諸法 命位 手算法	四則諸表 命位 手算法	五十音 いろは 但大小書分ケ

「盲啞教授課業表」（京都府立盲学校資料室所蔵）

京都府立盲学校資料室には、盲生が手作りした見事なコヨリ製の器が保存されています【源流vii頁、143頁】。86（同19）年には男女計14名が「紙撚」を学んでいました。同窓会名簿には、ごく若干名ではありますが、「紙撚科卒」と記されている卒業生がいます。在籍数と卒業者との人数差は、この技術を学び取ることの難しさを示しているのかもしれません。

需要の低下・収入の乏しさが災いし、短命に終わった「紙撚科」でした。しかし、巧みな細工に触れるたび、職域開拓に打ち込んだ先人のチャレンジ精神や情熱を感じます。そして、現在が鋭く問われているという思いにも駆られます。

もう一つ。古河は1882（同15）年の京都府に向けた上申書に「盲生に律学（法学）を教える試みをしたところ成果がみられた」旨を述べ、司法省に問い合わせたいと希望していました（＊5）。視覚障害者が法曹界で活躍している西欧の様子を知っていたのでしょうか。全盲の竹下義樹氏が司法試験に合格したのは1981（昭和56）年でした。わが国の「100年後」への予見でもありました。

系統的な教育を通じて、社会的なインクルーシブを夢見た精神が明治に存在しました。特別支援教育の下で「準」を「二の次、三の次扱い」に後ずさりさせ、専門性をうすめることは何としても防がねばなりません。

15 半井緑《なからいみどり》

京都盲唖院第一期入学生

京都盲唖院を創立した古河太四郎《たしろう》はよく知られています。その最初の教え子・半井緑（写真）の名をご存知でしょうか。

緑は幼くして失明し、数えで7歳のころ待賢《たいけん》小学校に入学しました。既に同校で複数の唖生を教えていた古河の教室に新規のメンバーとして加えられたのです。

父親は京都府の役人でした。古河の実践が著しい成果を上げつつあるといち早く知って、「唖ニシテ教フベクンバ盲亦教フルコトヲ得ベシ」（＊1）と直感し、愛息の教育を古河に委ねました。

緑が受けたのはどんな授業だったのか。詳しい記録は見つかっていません。

半井緑肖像写真（「写真帖・卒業生」京都府立盲学校資料室所蔵）

わずかに、1876（明治9）年に製本された『盲目児童凸文字習書』が現存します【源流54頁】。紙製の凸文字教科書です。内容は、カタカナ、漢数字、ローマ数字、アラビア数字、掛け算等で構成されています。実際に彼がこれで学んだとは言い切れないのですが、凸文字をなぞる指先を想像することは許されるでしょう。

1879（同12）年に緑の父が「盲生凸文教授書」を寄贈したとする記録があります（＊2）。それが『盲目児童凸文字習書』に当たるのかもしれません。

開業式でみせた聡明さ

緑の身に付けた学力を示す報道がいくつかあります。例えば、1878（同11）年の『大坂日報』。

「盲児の教育（中略）就中算術なぞハ目の明きたる小児より却つて速かなる位」（12月9日付）

「盲生徒半井緑（十年六ケ月）坐に立て小学読本一の巻を講じ末にわたしの如き盲人にても怠りなく勉強すれば云々と演説したれバ着坐の方々涙を流さざるなく」（5月26日付）。これは、盲唖院の開業式を伝える記事の一節です。待賢小学校における教育の到達を読み取ることができます。

緑の聡明さと古河の熱意とは絶大なインパクトを与えました。創立に先立つ募金に協力し、開業式に駆けつけた3千人ともされる町衆（＊3）は自分たちの行いを確信し、さらなる支援を決意します。緑の発表ぶりに「手拭《てぬぐい》にて顔を拭」った槇村正直《まきむらまさなお》知事もしばしば盲唖院に足を運んだと、学校日誌に記されています。

緑は、京都府立盲啞院の第一回卒業式にも名を連ねました（＊4）。1882（同15）年です。合わせて7名の卒業生中、盲生は4人でした。日下宋次郎、谷口富次郎、半井緑、山口菊次郎（46章参照）。

第一期入学の盲生は17名でした。点字のない時代の勉学がどれほど困難であったか、それを乗り越えるための努力がどれほどの勤勉さで繰り広げられたか……。

按鍼《あんしん》科も終えて、1886（同19）年にはその引立方《ひきたてかた》（教員）に迎えられた緑です（＊5）。同じ年、谷口富次郎も任用されます。二人は同期生で、同窓会の初代会長は谷口、二代目が緑というつながりです（47章参照）。

半井家三代の希望

1907（同40）年4月7日、全国盲啞教員大会が、京都で開催されました。その席上、「熊谷半井両氏を紹介せられ半井氏の談話あり」という一幕があったとする史料があります（＊6）。

「熊谷」は、古河に聾啞教育への着手を勧めた上京第十九区長熊谷《くまがい》伝《でん》兵衛《べえ》であり、「半井」は緑の父だと思われます。

その前年には、東京・大阪・京都の3校長による文部大臣に宛てた建議が行われ、盲・聾教育の分離と義務化に向けた動きが活発さを増すタイミングでした。二人を招いて厚くもてなしたところに、この教育の初志を受け継ごうとする教員たちの意志が鮮やかに示されています。

半井家は、和気《わけ》・半井氏系統の医家で、平安時代に孤児院を開いた和気広虫《わけのひろむし》をルーツに持ちます。緑の父真澄は、現在京都御苑の西にある護王神社の神主でもあり、盲啞院の創設にも携わりました。祖父の忠見（梧庵《ごあん》）は、今治の藩医を務め、「愛媛」という県名の名付け親だそうです（＊7）。文芸に秀でた忠見は何度も盲啞院を訪ねて生徒に和歌を教え、言葉を大切にする教育の種を蒔きました。明治から大正にかけての生徒が詠んだ秀歌を厳選した「盲生歌集」も編まれています。祖父・父・緑の三代が希望を託した場としての盲啞院だったと言えます。

半井家三代の墓（岸博実撮影）

緑は、1903（同36）年に父より早くこの世を去り、『徒然草』を書いた兼好法師ゆかりの吉田山の麓に眠っています。私が訪れた時、墓標は、夏の陽を浴びつつ、取り囲む樹木の青々とした葉に染まっていました（写真）。

16 スクール人力車

盲学校とスクールバス

スクールバスは、主として通学生を送り迎えするために運行されるものです。学校行事のために利用されることもあります。盲学校などの特別支援学校でも取り入れられています。

盲学校は都道府県に1校しかないことが多く、遠方から通学する人のために、まず寄宿舎づくりが進められました。スクールバスが取り入れられるようになったのは、おおむね戦後になってからのことです。各地の盲学校の沿革史から、いくつか例を挙げてみましょう。

大阪府立大阪北視覚支援学校と同大阪南視覚支援学校は、ともに1949（昭和24）年にスクールバスの運行を始めました。先に始めたのは大阪北で6月から（＊1）、大阪南は10月から（＊2）でした。横浜市立盲特別支援学校の沿革史には51（同26）年に「市営バスによるスクールバス共用運行」を始めたとあります（＊3）。このほか、62（同37）年には広島県立中央特別支援学校が（＊4）、66（同41）年には三重県立盲学校が（＊5）運行を開始しました。沖縄では76（同51）年からでした（＊6）。

スクールバス導入は、80年代以降も続きました。

スクールバスとして使う車を学校が自前で用意できるか、運転手や添乗員を雇うのか、委託するのかなど、自治体などによってスクールバスに対する考え方はさまざまです。

「通学の手段としてだけでなく、教育の場としてバスをどう生かすか」は古くて新しいテーマです。特別支援教育へと制度が移行するなかで、学校の統廃合や校区の見直しがあり、バスの加配や運行ルートの変更を行った学校もありました。また近年、スクールバスを車椅子でも利用できるようにしたり、医療ケアのできるスタッフが一緒に乗るようにしたりといったことも求められています。

日本盲人会連合（2019年に日本視覚障害者団体連合と改称）は、2015年1月23日に「放課後等デイサービスガイドライン」の構成案に対する意見書を厚生労働省に提出しました（＊7）。その中で、「盲学校などに就学する場合、スクールバスがあったとしても走行エリアが限られていることが多い」ことを理由に、放課後等デイサービスの利用が困難であると指摘しています。スクールバスの活用について、新たな検討課題になっています。

生徒送迎に人力車を活用

ところで、1878（明治11）年、古河太四郎《たしろう》などの尽力と京都府の援助によって創立された京都盲唖院には「生徒送迎用の人力車」がいち早く配備されていました（12章参照）。

学校はできても、一人で通学するだけの力量が子どもたちに備わっていませんでした。毎日の送り迎えを負担に感じる保護者も多かったそうです。また盲啞院の教育力や卒業後の進路に不安を感じる人が多かったこともあって、入学希望者はなかなか増えませんでした。

そこで、保護者の心を動かすための一手として始まったのが、人力車の活用でした。『京都府立盲学校七十五周年記念誌』には次のように書かれています（＊8）。

「通学生のうち父兄の送迎ができない者には盲啞院所属を示す車旗を立てた人力車を以て朝夕送迎したのであるが、その数は十二台に及び、当時四条大橋は車の種類によって一台につき二厘から五銭の通橋賃を徴していたが、盲啞院の「スクールバス」はそれを免除せられた」。

通学用の人力車を用意する経費には、京都の町衆から集めた「竈金《かまどきん》」と呼ばれる税金が使われました。竈金は鴨川を渡る橋の通行料だけでなく、授業料の減免にも充てられました。

盲啞院の旗をなびかせながら都大路を走る

これらの経緯を記した「盲啞院生徒車銭之義ニ付御願」という文書が残っています（＊9）。下京のある区長が提出したそれには、「盲啞院の生徒が人力車で四条大橋を通行するについては、橋を渡る料金を取りたてないことにしたい」との旨が書かれており、1878（同11）年7月4日付で、槇村正直《まきむらまさなお》知事がそれを「聞届けた」と記録されています。また別の文書には、盲啞院用の人力車に掲げる「ホラフ」のデザイン画もあります（写真）。「ホラフ」は「フラッグ」、つまり「旗」のことです。

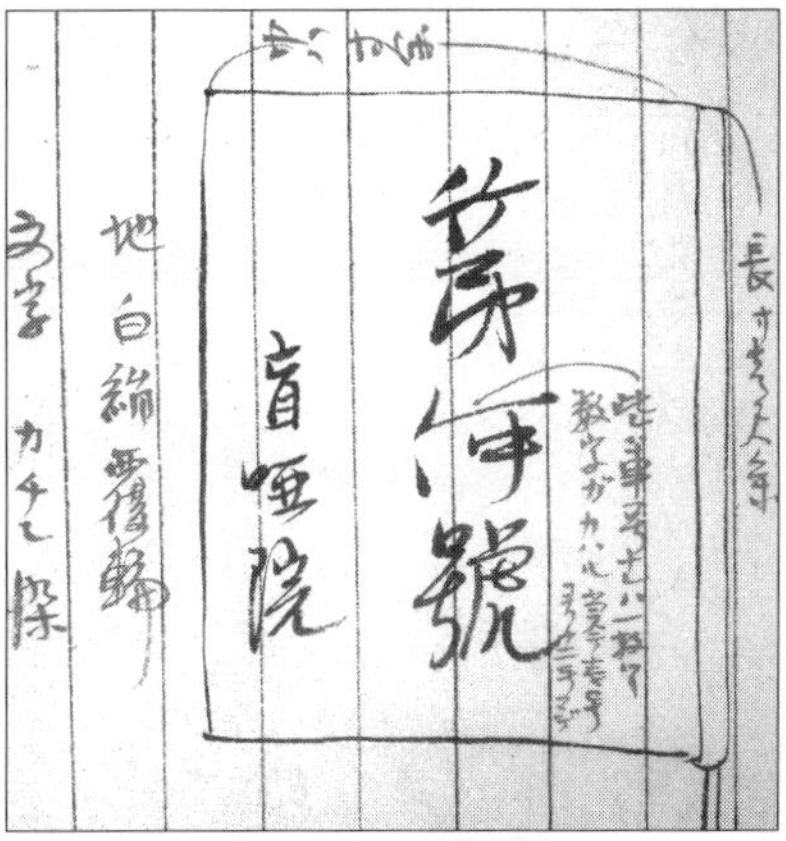

スクール人力車ののぼり旗案
（京都府立盲学校資料室所蔵）

「盲啞院」の文字と号車番号が書かれた旗をなびかせながら都大路で人力車を引く車夫の胸には、近代的な盲教育を支える仕事への誇りが湧いたことでしょう。踏み出す足に力がこもったのではないでしょうか。筆者は、この人力車をスクールバスになぞらえて「スクール人力車」と呼んでいます。人力車夫には、盲生らを乱暴に扱ってはならないなどとする心得も示されていました。

なお、京都府立盲学校にスクールバスが導入されたのは1972（昭和47）年です。東回り、西回りの2コースに各1台走っており、盲学校と聾学校の生徒が乗り合わせて使っています。

17 名刺は語る

京都府立盲学校資料室には、創立以来の訪問者の名刺・サインや来訪記録が保存されています（写真）。まさに千客万来。筆者の自費出版『歴史の手ざわり！』で40人ほどの著名人を挙げました（＊1）。ここでは、その中から明治期の数人をピックアップしてみます。来客を通して、その時々の盲唖院に吹いた風を垣間見ることができます（＊2）。

伊澤修二

まず、伊澤修二【源流136頁】の名刺です（＊3）。伊澤は明治10年代の文部官僚で、東京音楽学校や東京盲唖学校の校長にもなりました。その大判の名刺（10センチ×6センチ）が残っています。これについては、彼が米国留学中にグラハム・ベルから学んだ「視話法」に関する本を書くなど、ろう教育に熱心だったことから、京都盲唖院で学ぶ唖生の発語指導を助けるべく入洛した折の一枚と推定できます。

新島襄・八重

続いては、同志社を創立した新島襄《にいじまじょう》、八重夫妻の来訪記録です。盲唖院の日誌によると、襄は１８７８（明治11）年6月18日に来院しました（＊4）。盲唖院が誕生してひと月もたっていません。日本の教育に新機軸を拓こうとする襄と太四郎《たしろう》は、どんな会話を交わしたのでしょうか。

八重は4年後の10月16日に、盲唖院を訪れます（＊5）。夫妻が保証人となって入学させた唖生を訪ねての来院でした。手土産の煎餅を「持参致候　就而《ついて》ハ生徒一般へ分配致呉《いたしくれ》候様申出」られたので、生徒たちに分け与えました。

１９８９（明治22）年、盲唖院の経営維持はとても苦しくなり、廃校の寸前に立ち至りました。第2代院長となった鳥居嘉三郎《かさぶろう》の働きかけに応じて、京都市内の有力者が盲唖院慈善会を結成し、資金のバックアップをしてくれました。この会で、八重や同志社に属した医師・佐伯理一郎の母堂などが活躍しています（＊6、＊7）。

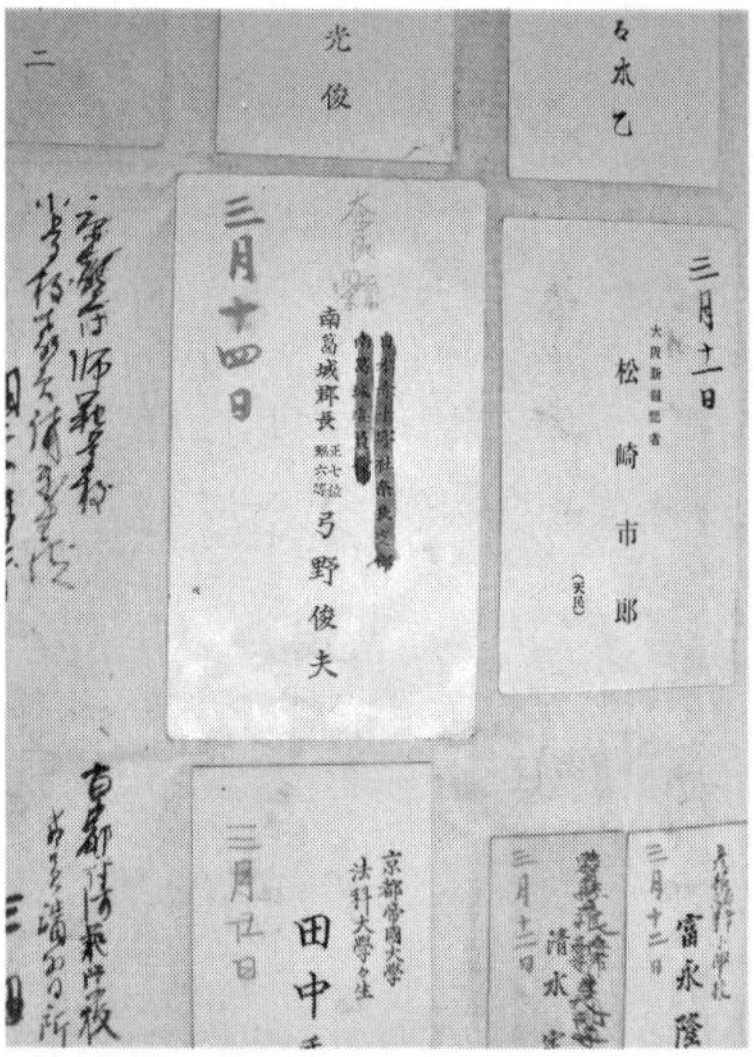

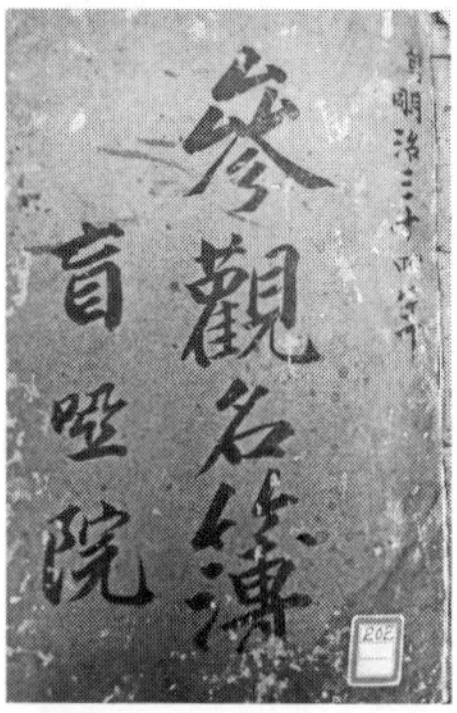

1901年～09年までの「参観名簿」
（京都府立盲学校資料室所蔵）

タイ国皇太子

外国人では、1903（同36）年1月10日に、シャム（現在のタイ）国のワチラーウット皇太子（後のラーマ6世）が来院しました。当日の模様が日誌に書かれています（＊8）。

盲生ノ体操、唖生ノ発音、盲生ノ読書、算術　唖生ノ読書（中略）盲生音曲室ニ入ラセラレ諸種ノ音曲ヲ聞召サレシガ殊ニ唖生ノ発音、絵画、盲生ノ読書等に御目ヲ止セサセラレ盲唖教育ノ必要ナルヲ感ゼサセラレシ様拝シ奉レリ

盲唖院からは、次の品などを記念に献上しました。

◇　唖生ノ絵画一葉
◇　象ノ図望月玉渓（教員ノ筆）一葉
◇　唖生ノ画帳一冊
◇　盲生ノ詠歌一首

随伴した京都府知事が依頼し、皇太子が揮毫した額も現存します。毛筆で自書した珍しいものです。

東郷平八郎

東郷平八郎の名刺（10・2センチ×6・3センチ）もみつかっています。参観人名簿の中に貼りつけられていました（＊9）。

東郷は、1904（同37）年からの日露戦争における旅順攻撃で名を馳せた軍人です。何のために盲唖院へ来たのでしょうか。

彼の来院は06（同39）年3月1日。部下の海軍少佐と英国の軍人が同行しました。英国軍人が来た理由は不明ですが、3人で「盲唖教育ノ実地ヲ巡覧」したと学校日誌にあります（＊10）。東郷は11時20分に到着し、12時に、入洛中の英国皇族コンノート公アーサー王子に随従するため退院しました。滞在は実質30分ほどでしたが、日露戦争で多数発生した失明軍人の処遇をどうするかに関わって、盲唖院における職業教育の視察にやって来た可能性が考えられます。国レベルの戦後施策としては、傷ついた軍人を収容する廃兵院の制定が同年7月に公布され、整備が進められました。

戦争の勃発によって、盲唖教育への関心が薄れて寄付が減りました。また教員の一人を徴兵で失い、ある唖生の父親は旅順で戦死しました。好むと好まざるとに関わらず、盲唖院も社会動静に影響されざるをえませんでした。

鳥居嘉三郎院長は、06（同39）年1月に日露戦争での勝利に関わって次のように書き残しています。「併《しか》し唯無暗《ただむやみ》に喜び、徒《いたずら》に威張つたとて（略）根本的な大計画は俯仰《ふぎょう》天地《てんち》に愧《は》ぢざる立派な人を養成することである」（＊11）。

クリスチャンであり、次の年の学校行事の挨拶で「平和であった」一年をふりかえって喜んだ鳥居院長は、東郷らを迎えたとき、どんな心持ちだったのでしょうか。

18 京都盲啞院探訪マップ

「京都盲啞院探訪マップ」作りを試みています。

盲啞院ゆかりの地や京都の盲人史跡として押さえておきたい21カ所のガイドとマップです。

①京都府立盲学校　京都市北区千本北大路交差点の北約300メートルにある大徳寺校地に幼稚部から中学部と寄宿舎が、同交差点から南西に1筋離れた花ノ坊校地には高等部と臨床センター及び資料室があります。

②大徳寺　大徳寺校地の東側にあり、一休さん（一休宗純）ゆかりの寺です。大徳寺校地がある場所は、かつて大徳寺の境内でした。江戸時代初め、1621年には佐久間将監が隠居所・寸松庵をここに建てました。

③京都ライトハウス　花ノ坊校地の近くにある視覚障害児・者のための総合福祉施設。1961年、鳥居篤治郎《とくじろう》が初代館長となりました。

④益井《ますい》療眼院跡　花ノ坊校地からバス停一つ南に下ったところ（千本鞍馬口）にあった眼科医院で、明治時代、親子2代にわたって盲啞院の運営を支えました（＊1）。

⑤竹林寺　花ノ坊校地から西へ進み、西大路通を南下して、丸太町通のすぐ手前の西側にあります。京都盲啞院の創立者、

①京都府立盲学校（花ノ坊校地、高等部）

③京都ライトハウス

②大徳寺校地（「寸松庵趾」の石碑）

④益井療眼院跡は千本鞍馬口東北角
（写真は往時の益井療眼院、京都市人権資料展示施設ツラッティ千本提供）

⑤竹林寺（古河太四郎墓碑）

（⑥は、写真なし）

古河太四郎《たしろう》の墓碑があります。

⑥旧ＮＨＫ京都放送局　放送局は２０１５年に烏丸通に移転しましたが、以前は二条城の北側にありました。ここには昔、千本牢獄があり、古河太四郎が捕われていました。

⑦辰巳児童公園　旧ＮＨＫ京都放送局から６００メートル北側の智恵光院通沿いにあります。江戸時代、この地には「白景堂」という寺子屋があり、古河はここで生まれました。

⑧沈香《じんこう》屋跡　二条城の北東、堀川下立売には古河にろう教育を勧めた、熊谷伝兵衛《くまがいでんべえ》が営む砂糖問屋「沈香屋」がありました。家屋は残っていません。戦時中、防火帯を作る建物疎開によって取り壊されてしまいました。移転した熊谷家には今でも「沈香屋」の看板が保存されています。

⑨「日本盲唖教育発祥之地」の石碑　熊谷の勧めで古河が「唖生」への教育を始めた旧待賢《たいけん》小学校があったことを示す石碑です。市内を東西に走る丸太町通の北側、猪熊通沿いの瓦《かわら》商店の敷地に建てられています。丸太町通南側の旧待賢小学校舎とは異なります。

⑩「日本最初盲唖院創建之地」の石碑（＊２）　京都府庁の南にある、京都第二赤十字病院の南端にあります。病院前は京都メーデーの行進経路になっており、毎年、行進に参加した若者たちに１８７９（明治12）年から１９３７（昭和12）年まで、ここに盲唖院（あるいは盲学校など）があったのだと伝

⑦辰巳児童公園（白景堂跡）

⑧沈香屋跡

⑨「日本盲唖教育発祥之地」の石碑

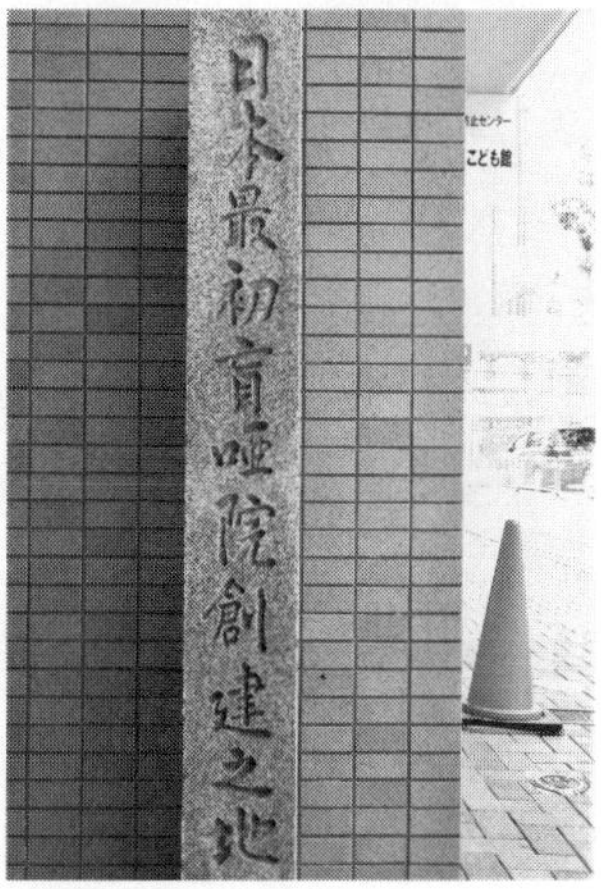

⑩「日本最初盲唖院創建之地」の石碑

えてきました。

⑪護王神社　府庁北の下長者町通を東に進み、烏丸通へ行き当たった南側にあります。古河が教えた最初の盲児、半井《なからい》緑《みどり》の父が宮司をしていました（15章参照）。日本の「福祉」の源流にも関わる和気清麻呂《わけのきよまろ》と広虫《ひろむし》を祭神としています（＊3）。

⑫京都當道会《とうどう》　同神社の南に本部を置く邦楽家の団体です。江戸時代に存在した盲人自治組織の「当道座《とうどうざ》」とは性格が異りますが、それを継ぐ面も備えていました（＊4）。當道会が所蔵してきた当道関係資料の多くが京都府立京都学・歴彩館に寄贈されています。

⑬閑院宮《かんいんのみや》邸跡　京都御苑内、南西角にあり、建物の一部が盲啞院の校舎に移築されました（＊5）。なお、同校舎には恭明宮《きょうめいぐう》（歴代天皇の位牌安置所兼宮中女官の隠居所、現在の京都国立博物館の場所にあった）の建材も利用されています。

⑭同志社大学　京都御苑の北にあります。創立者の新島《にいじま》襄《じょう》、八重《やえ》夫妻を支えた山本覚馬《かくま》は、八重の兄で中途失明者でした（＊6）。3人とも盲啞院の支援者です。襄・八重夫妻の住まいは京都御苑の東にあり、覚馬と八重が暮らした家の跡を示す石碑は、河原町御池の西南角に建っています。

⑮「日本最初盲啞院開学之地」の石碑　京都御苑の南に位置する東洞院通を南へ、御池通に向かって進むと、東側にあるマンションの敷地内に建っています。盲啞院の仮校舎があっ

⑪護王神社

⑬閑院宮邸跡

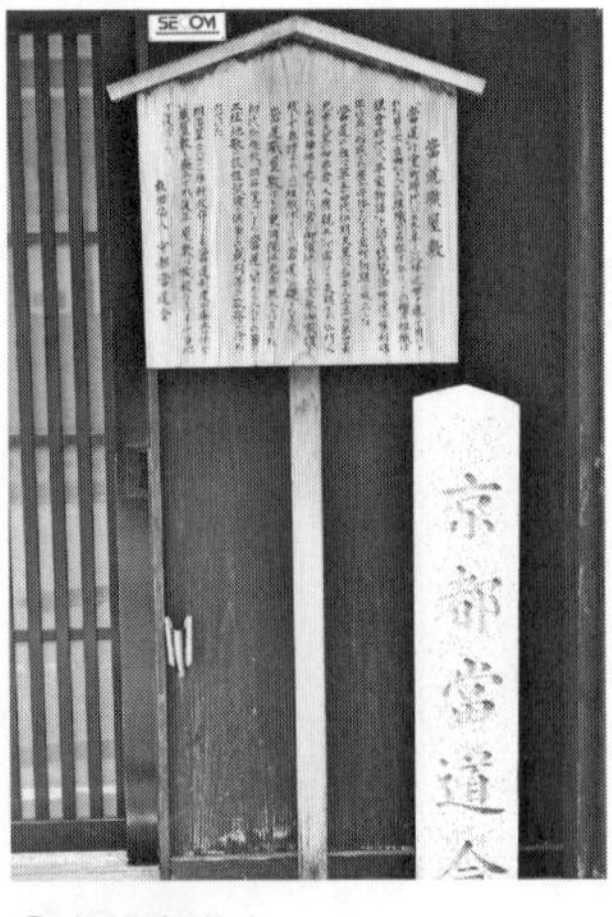

⑫京都當道会

⑭山本覚馬・八重邸宅跡」の石碑

⑮「日本最初盲啞院開学之地」の石碑

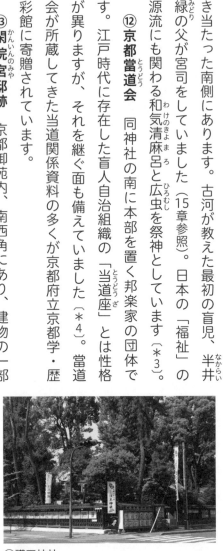

た場所で、1878（明治11）年5月24日、この地で日本の盲教育とろう教育の歴史が始められました。

⑯島津創業記念資料館　木屋町二条南。初代島津源蔵は盲唖院の求めに応じ、点字器を製造しました（6章参照）。

⑰「当道職屋敷跡」碑　四条烏丸近くの佛光寺の北側（京都市立洛央小学校の緑地帯）には、当道座に属する盲人の管理を担う役所「当道職屋敷」（清聚庵）がありました。

当道座の由来をめぐって、人康《さねやす》親王や蝉丸《せみまる》の故事が知られますが、山科・四ノ宮から逢坂《おうさか》の関《せき》・大津にかけて、**⑱人康親王墓**、**⑲蝉丸神社**、**⑳関蝉丸神社上社**、**㉑関蝉丸神社下社**などを訪ねるのも味わい深いものです。

また鴨川の東には目疾《めやみ》地蔵が、東山には第二代院長・鳥居嘉三郎《かさぶろう》の墓碑もあります。

実は、「日本盲唖教育発祥之地」の石碑は、今より約20メートル南にありました。「日本最初盲唖院開学之地」の石碑は、道路に面した場所に建てられましたが、今は奥まった場所にあります。「日本最初盲唖院創建之地」の石碑は、赤十字病院の敷地拡張に伴って元の場所から数十メートル南の今の場所に運ばれました。石碑にも歴史があります。

全国各地で盲人史ゆかりの地を訪ねるためのマップが作られるのを楽しみにしています。

⑯島津創業記念資料館

⑱人康親王墓

⑳関蝉丸神社上社

⑰「当道職屋敷跡」碑

⑲蝉丸神社

㉑関蝉丸神社下社

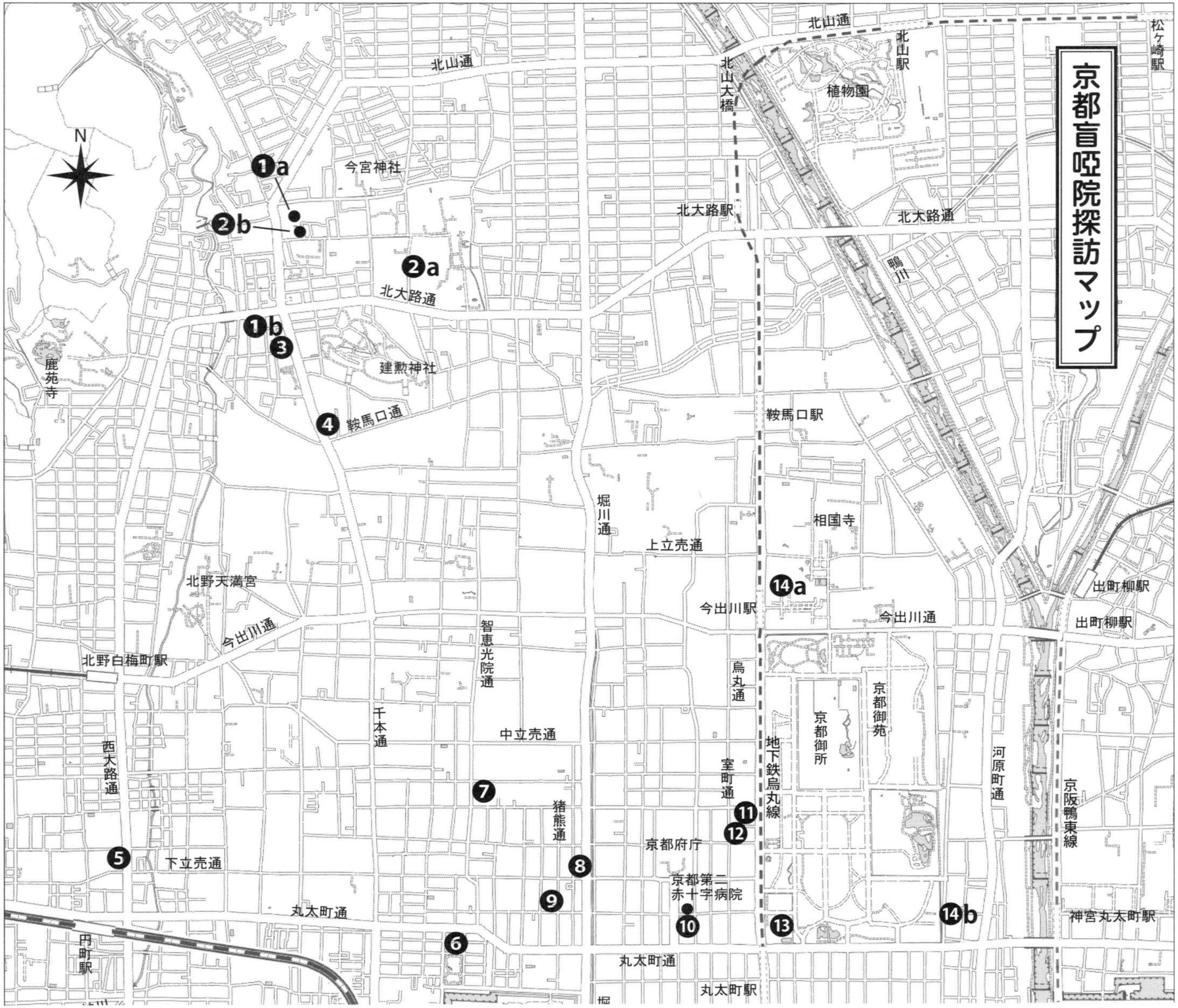

①a 京都府立盲学校（大徳寺校地）

①b 京都府立盲学校（花ノ坊校地）

②a 大徳寺

②b 大徳寺校地（「寸松庵趾」の石碑）

③京都ライトハウス

④ 益井療眼院跡

⑤ 竹林寺

⑥ 旧NHK京都放送局

⑦ 辰巳児童公園

⑧ 沈香屋跡

⑨「日本盲啞教育発祥之地」の石碑

⑩「日本最初盲啞院創建之地」の石碑

⑪ 護王神社

⑫ 京都當道会

⑬ 閑院宮邸跡

⑭a 同志社大学

⑭b 同志社大学（新島襄・八重旧邸）

⑭c 同志社大学（「山本覚馬・八重邸宅跡」の石碑）

⑮「日本最初盲啞院開学之地」の石碑

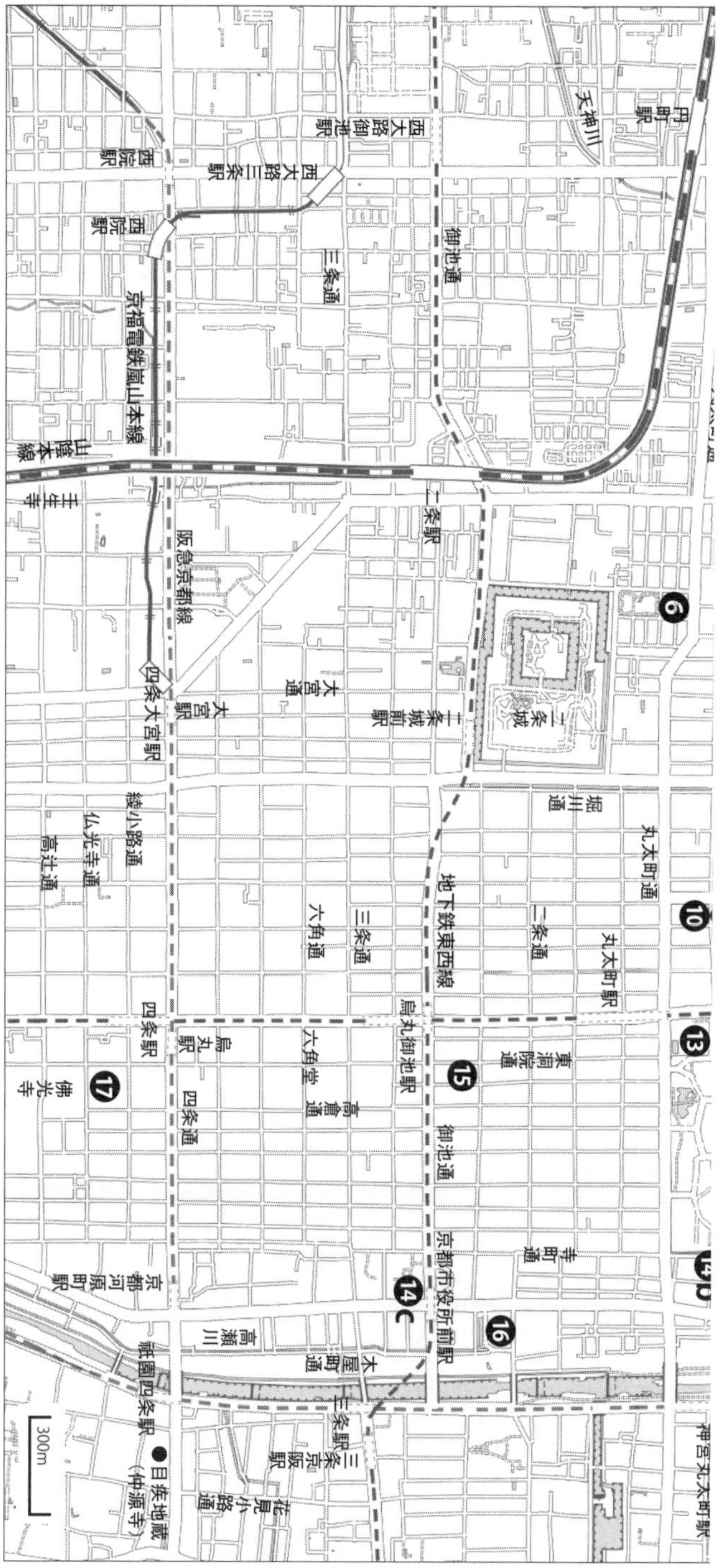

⑯島津創業記念資料館
⑰「当道職屋敷跡」碑
⑱人康親王墓
⑲蝉丸神社
⑳関蝉丸神社上社
㉑関蝉丸神社下社

＊探訪する場合、事前に管理者の許可を得ること、近隣住民の生活を妨げないことなど、マナーを守ってください。

地図出典：地理院地図 Vector

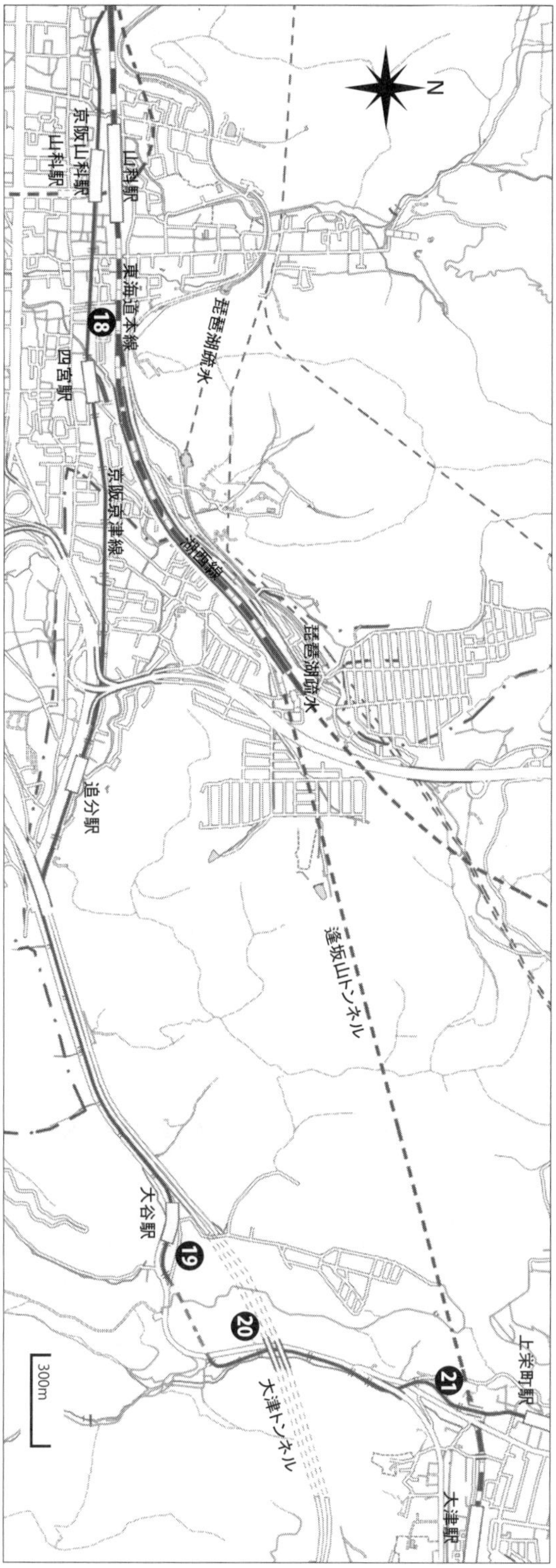

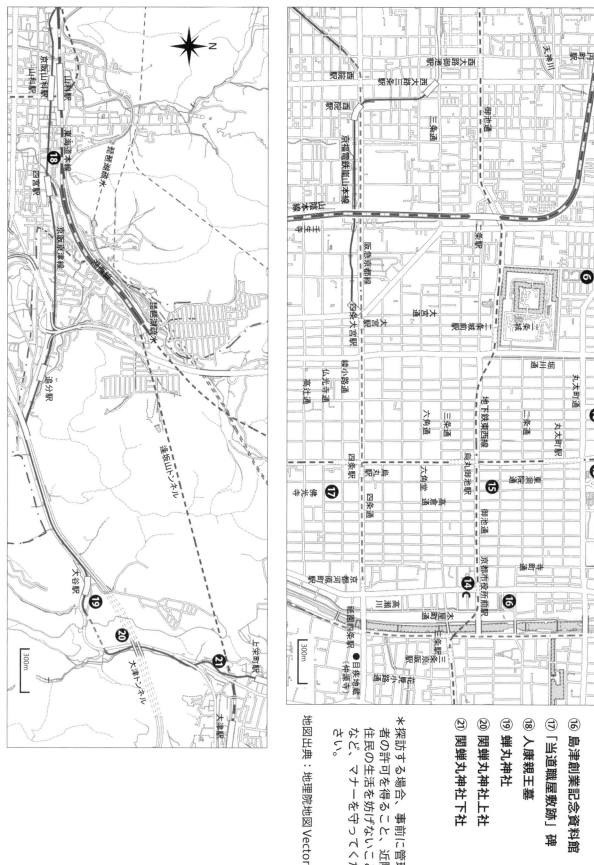

19 室田有《むろたたもつ》

第4代院長

京都府立盲学校は、2028年に創立150周年を迎えます。一世紀半に及ぶ歩みの中で、初代院長の古河太四郎《たしろう》や彼の後を継いだ鳥居嘉三郎《かさぶろう》の他にも注目してほしい人がいます。今回は第4代院長の室田有（写真）（1881〜1965）をご紹介します。

院長を務めたのは1909（明治42）年10月19日から約2年間（＊1）。京都盲唖院に赴任してくる前は、宮崎県の都城中学校に勤務（写真）していて、盲教育の経験はありません。院長を退任後は台湾へ行き、陸軍の通訳や現地の女学校の校長などを務めました。

盲唖院時代の室田に関する資料は少なく、詳しいことは分かっていません。ご遺族によると、しばしば盲唖院時代の思い出を家族に語ったのだそうですが、所蔵していた教え子の唖生、岡《おか》藤園《とうえん》【源流viii頁】が描いた絵などは空襲で焼失したそうです。

それでも調べてみると、いくつかの文献から室田の教育者としての姿勢や障害者に対する考え方などが分かってきました。

キリスト教の教えを信条に

履歴書によれば、室田は神奈川県師範学校の卒業生。教員資格を得た後、さらに東京高等師範学校の本科英語部を卒業しています。都城中で教えたり、陸軍で語学の教官をしたりしています。その後、1921（大正10）年には、台湾総督府高等商業学校の教授に就任。30（昭和5）年5月から台北第二高等女学校長を務めた後、日本に戻って38（同13）年6月、静岡英和女学院の院長に就任しました。

室田は『和文英訳自由』（＊2）『英語単語集』（＊3）など英語の参考書を4冊書いています。いずれも上梓され、版元は大河原欽吾の『点字発達史』を出版した、培風館。参考書のほかに、自身の人生観を『苦難に在る友へ』（＊4）に書き残しています。この本によると、室田はキリストの教えを人生を貫く信条としていたことがうかがえます。

本には、幼い頃に実母と死に別れたことや貧しい家庭の長男でつらい生活を送ったこと、「苦難を共にしてくれた十字架の分担者なる妻」の急死といった出来事が描かれています。これらの体験を通じて室田は、「或る意味に於ては不幸を見て嘆く心そのものの内に恵みを発見」しています。また盲唖院での体験を踏まえてか、「失明（中略）の不幸は同情すべくも、その失わざる無数の恵みを思わないのは何という間違ったことか」と綴っています。見えない、聞こえない、話せないという三重苦のヘレン・ケラーについては「眼も耳も奪われたるに拘《かか》わらず、なお且《か》つ『幸福なる生涯』を著わ」したとたたえています。

室田がキリスト教に入信したのがいつかは不明です。台湾時代には台北にあるＹＭＣＡ諸団体が集う会合に出席しており、この頃までに入信していたと考えられます。京都盲唖院で第2代、第5代の院長を務めた鳥居嘉三郎もクリスチャンでした。明治時代の京都盲唖院には同志社やキリスト教との関わりが色濃く見られます。あくまで筆者の推測ですが、室田が院長に招かれた経緯には、キリスト教によって結ばれた縁が働いたのかもしれません。

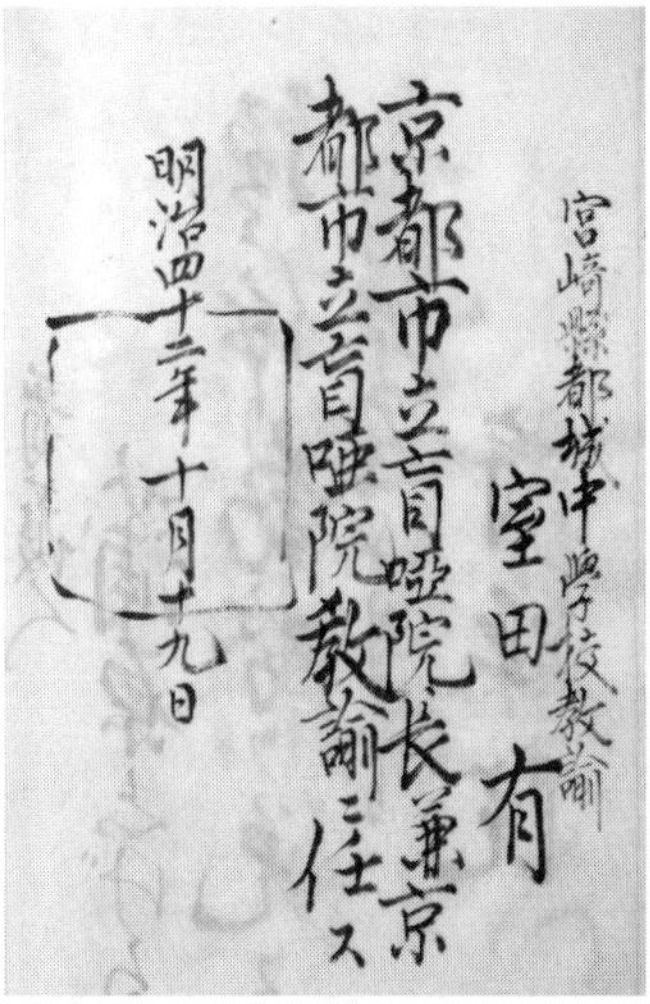

（左）室田有辞令写し（右）室田有肖像写真
（京都府立盲学校資料室所蔵）

なお台湾の台南盲唖学校などにおける鍼按《しんあん》教育の歴史について書かれた邱大昕氏の論文「日本統治時代における臺灣盲人按摩の形成過程」の中に、室田に関する記述があります（＊5）。「学生寮を設置しなかったら、盲生徒は毎日の通学が非常に難しい」と彼が指摘したというのです。

反戦の思い

日本に戻ってきてからの室田について知る手掛かりとして、『静岡英和女学院八十年史』を読みました。それによると、戦局が激化する中、学院の運営あたってキリスト教と軍国主義との折り合いをどうつけるかに心を砕いたことが記されていました（＊6）。室田は学校での礼拝で「この戦争を一日も早く終わらしめ給え」と祈ったそうです。そのため、軍部ににらまれていたという証言も記録されています。

さらに室田は自らが書いた参考書『和文英訳自由』の中でも、戦争を題材に選んでいます。英作文の例題として「彼は日露戦争中敵弾にて右眼を射られた」「この戦争は何時まで続くか誰にも予想がつかぬ」などと書いていることが、筆者には印象的でした。

『静岡市空襲の記録』には、「たえず醒めた眼で、戦局のゆくえを見ていた室田校長」と書かれています（＊7）。無残に命を奪われた教え子を悼んで彼が認めた「告別の辞」は読む者の胸を打ちます。

ああ、之が戦争なのです。戦争は実に世にも貴いもの、美しいものを択んで奪って行く……

3 盲教育の実相

20 盲教育のあけぼの

新聞記事が教育現場を後押し

1877（明治10）年に京都で発行されていた新聞に『西京《さいきょう》新聞』があります。同年11月から12月にかけて、「楽善会広告」が連載されています（＊1）。東京で岩倉具定《ともさだ》ら15名が楽善《らくぜん》会《かい》を結成し、訓盲所の設立に着手したことを伝え、寄付を呼び掛ける「広告」でした。

これが、すでに京都市内の上京第十九組小学校（後の待賢《たいけん》小）で始められていた盲・唖教育【源流22頁】を京都市中へと広げるための「京都盲唖院」設立を急かす役割を果たしました。東京の取組が新聞に掲載されたことが京都の関係者らの背を押したのです。

京都盲唖院の開業式を報じた記事としては1878（同11）年5月26日付の『大坂日報』が有名です。それには、雨をついて集まった3000人の町衆を前に、盲生の半井緑《なからいみどり》や唖生の山川為次郎、山口善四郎がそれまでの学習成果を披露し、集った人々に涙と感動をもたらしたと、鮮やかな書きぶりで紹介されています（15章参照）。

この掲載の前後にも、『大坂日報』や『西京新聞』などに、度々、盲唖院のことが取り上げられています。『西京新聞』は2月13日から4月21日までの間に、少なくとも6回、「盲唖学校」の設立に向けた動きについて書きました。『大坂日報』は、2月19日の記事で、上京第十九組小学校における、口がきけない子どもや目が見えない子への教育の歩みを綴り、5月24日には盲唖院開業式の式次第をかいつまんで掲載しています。同26日にはより詳しく報じています。同日、東京で発行された『読売新聞』にも「西京の盲唖院（盲や唖へいろいろの芸を教へてやる所）ハ一昨日開業に成りました」と簡潔な記事があります。

西京新聞は、翌年の1879（同12）年にも10回以上、盲唖院を取り上げた記事を掲載して、現場を後押ししています。これらの新聞記事が、歩み始めたばかりの盲・唖教育に対する京都府民の理解と共感を育んでいったのです。

「盲唖院之美挙」

ところで、これまでほとんど知られることがなかった『西京新誌』にも京都盲唖院が取り上げられていたことを知りました。古書店で見つけ、入手できたのです。

『西京新誌』は、西京新聞社から発行されています。一般的なブランケット判の新聞ではなく、縦約18センチ、横約12センチで、20ページほどの冊子です。手に入ったのは、78（同11）年発行の第1号から第5号までを糸で綴じた合本です。国会図書館にあるものも、やはり第5号までとか。第6号以降が出版されたかどうかは分かっていません。

『西京新誌』に盲啞院に関する記事があるのは、6月23日発行の第5号。5月24日の盲啞院創立からちょうど1カ月後です。全22ページのうち4ページ余りを費やして、論説として「盲啞院之美挙」が論じられています（写真）。

読み応えのある貴重な資料ですが、全文を写すことはできません。これまでに知られている他の記事にはない、特筆すべき点に絞って、いくつか引用してみましょう。

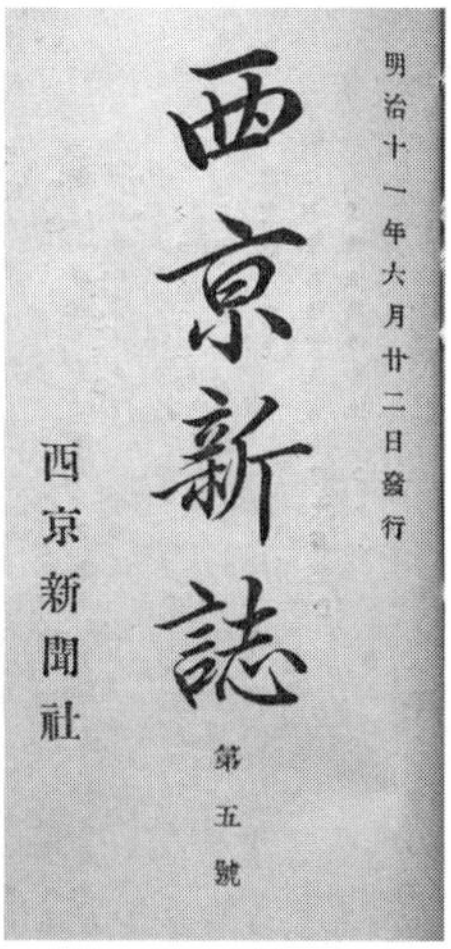
明治十一年六月廿二日發行
西京新誌
第五號
西京新聞社

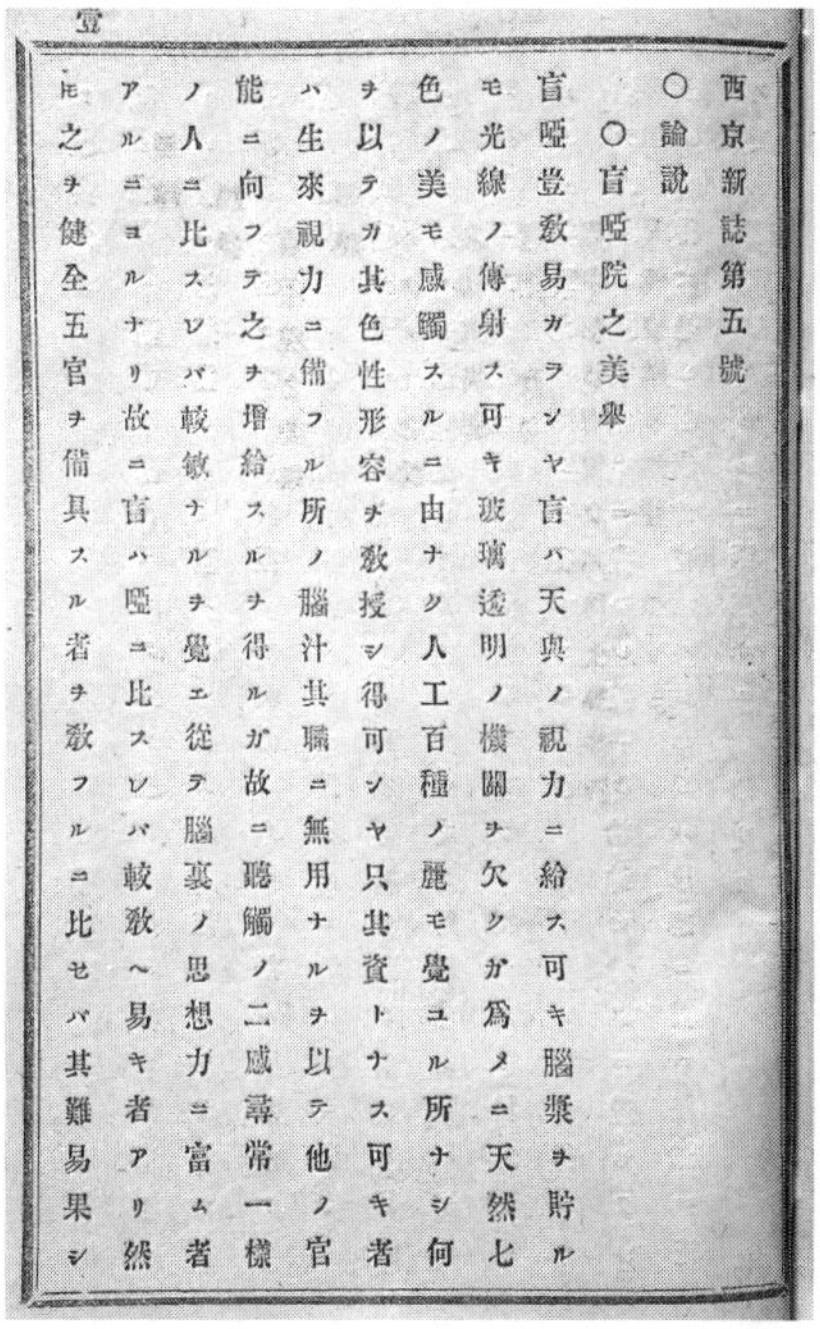
壹
西京新誌第五號
○論説　○盲啞院之美擧
盲啞豈教易カラン乎盲ハ天與ノ視力ニ給ス可キ腦漿ヲ貯ル
モ光線ノ傳射ス可キ玻璃透明ノ機關ヲ欠クガ為メニ天然七
色ノ美モ感觸スルニ由ナク人工百種ノ麗モ覺ユル所ナシ何
ヲ以テカ其色性形容ヲ教授シ得可ンヤ只其資トナス可キ者
ハ生來視力ニ備フル所ノ腦汁其職ニ無用ナルヲ以テ他ノ官
能ニ向フテ之ヲ増給スルヲ得ルガ故ニ聽觸ノ二感尋常一樣
ノ人ニ比スレバ較敏ナルヲ覺エ從テ腦裏ノ思想力ニ富ム者
アルニヨルナリ故ニ盲ハ啞ニ比スレバ較教ヘ易キ者アリ然
ヒ之ヲ健全五官ヲ備具スル者ヲ教フルニ比セバ其難易果シ

『西京新誌』第五号（岸博実所蔵）表紙（右）
同　論説記事「盲啞院之美挙」（左）

進歩性に富む記事

「盲ハ（中略）聴触ノ二感尋常一様ノ人ニ比スレバ較敏ナルヲ覚エ従テ脳裏ノ思想力ニ富ム者アルニヨルナリ」

ここには、盲人は、聴覚や触覚に鋭敏であり、記憶や思考の力にも富むという捉え方が示されています。障害を否定的に捉える考え方とは一線を画する進歩性が感じられます。

「西洋各国教育ノ盛ナル（中略）盲人ニシテ博識古今ニ絶スルモノ生ジ啞人ニシテ雄弁世ヲ驚スモノ出ルニ至ル」

教育の成果として、見えなくとも博識で、しゃべれなくても雄弁な人が西洋には現れているとの認識にも重みがあります。

わが国にも「盲人中塙検校《はなわけんぎょう》其人ノ如キ者アリ」と書いてあります。そのうえで、盲人に太陽を教えるときに、その光を「蝋燭《ろうそく》の火の如し」と説明して蝋燭に触らせると、その盲人が太陽を細長いものと誤解する場合もあるから注意を要するなどの指摘もされています。

「嗚呼古河某ハ仁人ナリ遠ク西洋ノ教育ニ則《のっと》リ近ク自家ノ経験ニ依リ彼ノ盲啞ヲ教フルノ端ヲ開ケリ」

京都盲啞院を創立し、盲・啞教育の端緒を切り開いた古河太《た》四郎《しろう》の仕事が「西洋の教育に則り」と評されています。これは、従来、儒教的な「仁」や古河の「創意」のみに力点を置いて語られることが多かった、彼の教育論や教材観などに見直しの余地があることを示唆しています。

21 覚《さと》り方《かた》

「自立活動」の先取り

盲教育史の研究と一言で言っても、制度の歴史や創立者の足跡、教育目標や教育課程、教材の変遷など、研究テーマはさまざまあります。

筑波大学附属視覚特別支援学校の進和枝《しんかずえ》氏が2014年に発表した論文「盲教育黎明期における「教科教育」と「覚り方」の関連（2）」は、明治期の京都盲啞院の授業を分析した力作です（＊1）。

当時、京都盲啞院では、国語、算術、歴史、地理、修身などのほかに「覚り方」という科目を設けていました。尋常科におけるそれは、点字導入のための訓練、事物の認知力の向上が目的でした。

「覚り方」は、1971（昭和46）年から学習指導要領に取り入れられた「養護・訓練」（現在は「自立活動」）の先取りと言えます。自立活動は、「障害による学習上又は生活上の困難を主体的に改善・克服するために必要な知識、技能、態度及び習慣を養い、もって心身の調和的発達の基盤を培う」ことを目的に行われています。

その内容は、健康の保持、心理的安定、人間関係の形成、環境の把握、身体の動き、コミュニケーションの六つ。盲学校では、白杖《はくじょう》を使った歩行の指導、視覚情報を補うための触覚や聴覚などの活用の指導、弱視レンズ、拡大映像設備等の視覚補助具活用の指導などが、それに当たります。

指導を行うに当たっては、「各教科等と密接な関連を保ち、組織的、計画的に指導」することになっています。

国語、覚り方、算術を関連付けた授業

進氏は、「覚り方」が他の教科とどう関連づけられていたかを調べました。例として、「奈良の大仏」の指導が取り上げられました。

研究資料として用いられたのは、京都府立盲学校所蔵の「盲尋常科」2、3年生を対象に行われた授業の内容を、和紙に縦書きで記した文書です（写真）（＊2）。9月11日から翌年2月28日にかけて行われた授業の要点の簡潔な記録です。

以下、2年生の項から少し拾い出してみましょう。

「十月三日　国語　教材　奈良ノ大仏」

「十月五日　覚方　尺を与へ刻目を爪ニて数ふることニ馴れしめんことを謀る（略）尺ニテ測ル」

「十月八日　覚方　前日ノ復習　及指方《さしかた》の練習　奈良の大仏八曲尺《くじら》で何程」

「同日　読方教材　奈良ノ大仏　この仏の高サ及堂の高サ」

「十月廿日　算術　一反二丈八尺の木綿三反の尺寸」

国語で「奈良の大仏」を取り上げるのに合わせて、覚り方や算術の授業で長さの学習をしています。長さを測るために物差しの目盛を爪で数える練習が行われています。

進氏によれば、「大仏の大きさを実感させるために「五尺三寸」を実際に硝子窓の所で測り、その十倍もあることを実感」させる工夫も行われていました。算術では、さらに単位の換算へと学習内容を広げています。

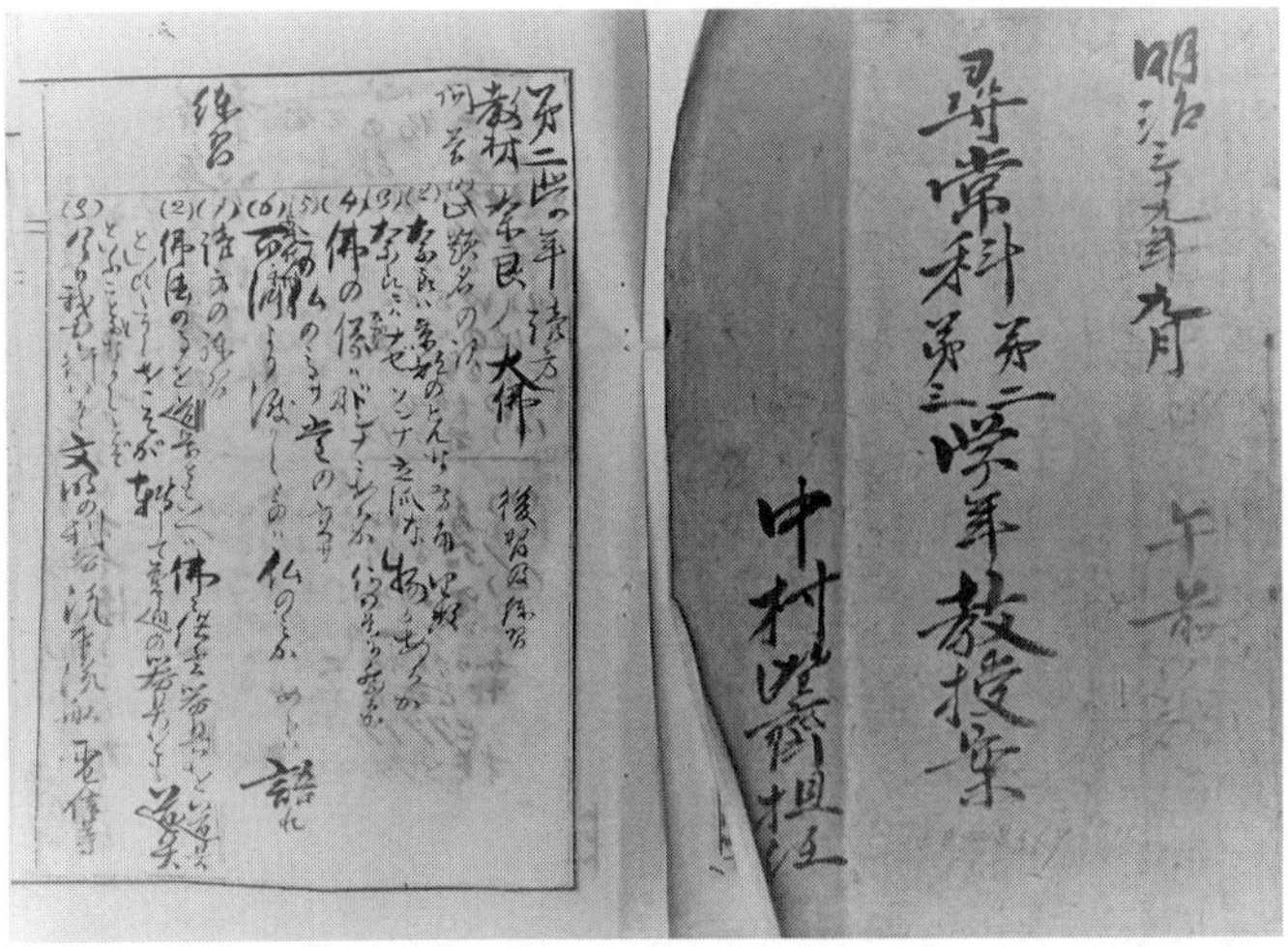

「明治三十九年九月尋常科第二第三学年教授案　中村望齋担任」
（京都府立盲学校資料室所蔵）

つまり、国語、覚り方、算術、それぞれの授業が関連づけられて行われたのです。進氏は論文で、第一次史料を基に、明治期の授業の様子を浮かび上がらせるとともに、その特徴を掘り下げて、現代の指導法に共通する普遍性をもった実践が行われていたことを明らかにしています。

1枚の紙片からわかること

ところで、この研究に利用された記録資料には表紙やタイトルがありませんでした。明治何年の実践を記録したものなのかについては、文書に「東京・京都・大阪の3校長が文部大臣に盲・唖教育の義務化を上申した」旨の記述があることなどから1906（明治39）年と推し量れましたが、確証はありませんでした。

私自身、盲教育に関する資料を研究者に提供する側に立つこともあり、画竜点睛を欠くという思いをし続けてきました。

ところが、国の重要文化財指定に向けた調査の過程で、当該資料の表紙あるいは1ページ目に相当する1枚の紙片が見つかったのです。それには、「明治三十九年九月　尋常科第二第三学年教授案　中村望齋担任」と記されています（写真）。

この記録を書いたのが、京都盲唖院で1891（同24）年に初めて点字を習得して生徒に教え、長年にわたって唯一の普通科教員として尽力した中村望斎《もちまさ》（5章参照）その人だったことが分かったのです。

歴史探究には、史料を確実に保存し、たゆまぬ精読を重ねることが大切です。

22 何を教えるか

普通教育を重視した近代盲教育

日本の近代盲教育は、親方の下であん摩の腕を仕込む徒弟制度からの脱却を目指しました。人間的な基礎を培うものとして普通教育を重視したのです。

京都では、京都盲啞院創立以前に、古河太四郎《たしろう》が行った啞生への教育が『教育雑誌第六十四号附録　京都府下大黒町待賢《たいけん》校瘖《いん》啞生教授手順概略』としてまとめられ、文部省から刊行されています。また、同院最初の盲生、半井緑《なからいみどり》を対象にした盲教育の実践を通じて、凸文字教材が作られました。1978（明治11）年の「仮校則」では、「盲啞ニシテ普通学課ニ就カント欲スルモノハ入学ヲ許ス」と定めており、「仮教則」に「大検査」と呼ばれる進級・卒業試験を行うと書かれています（＊1）。普通教育を行い、それを基礎として職業教育を行なうものと考えられるようになりました。

東京の楽善会《らくぜんかい》訓盲啞院が80（同13）年に定めた「規則」には、「本院ハ専ラ盲目ノ子弟ヲシテ其善徳才智ヲ発達セシメ且ツ之ニ工芸技術ヲ授ケ」とあります（＊2）。京都盲啞院とほぼ同じ考えだったようです。

保護者の心境を表す手紙

ところが、両院とも創立に前後して生徒募集がはかばかしく進みませんでした。明治新政府の教育政策に対する抵抗感が世の中にあり、「学校」への期待は薄かったのです。盲児の親たちもわが子を就学させるのをためらいました。通学の送り迎えが家業の時間を奪うと疎まれたこともあったようです。

当時の保護者の心境がうかがえる手紙が残っています（写真）（＊3）。楽善会の教官、及川静に宛てて書かれたもので、盲生を学識に優れた学者にする必要はないと主張し、職業教育の充実に力を入れるべきだと説いています。手紙は、楽善会訓盲啞院時代から事務員だった雨宮中平《あめみやちゅうへい》が所蔵していた「楽善会史料」の中から発見されました（35・78章参照）。抜粋すると、

小学校規則ニ随ヒ次ニ三字経等ニテ事足レリト思惟ス　寧《むし》ロ早ク事業ヲ受ケ後来自営ノ道ヲ学ブ事第一ノ要領ナルベシ（中略）早ク普通ノ業ヲ授ケ自営ノ目途立候様　仕度《つかまりたく》　徒《いたずら》ニ盲生ヲシテ歳月ヲ費シ好期ニ後ルヲ惜ム　仮令《たとえ》ハ甲家ニ盲人アリ導引按腹ヲ授ク　三年已《すで》ニ一身ノ糊口ヲナセリ　乙家ニ盲生アリ　能《よ》ク天文地理ヲ講シ手以テ凸字《とつじ》ヲ探知スルトモ不幸三年ニシテ退院スレバ何ヲ以テ糊口センヤ　徒ニ英仏ノ書ヲ読ミ其事理ヲ弁スル能《あた》ハザルガ如シ　生等貴院ノ為メニ取ラザルナリ苟《いやしく》モ訓盲ノ院タル決シテ天下ノ英才ヲ支出スル処ニ非ズ　天下ノ英才ヲ支出スルハ大学校

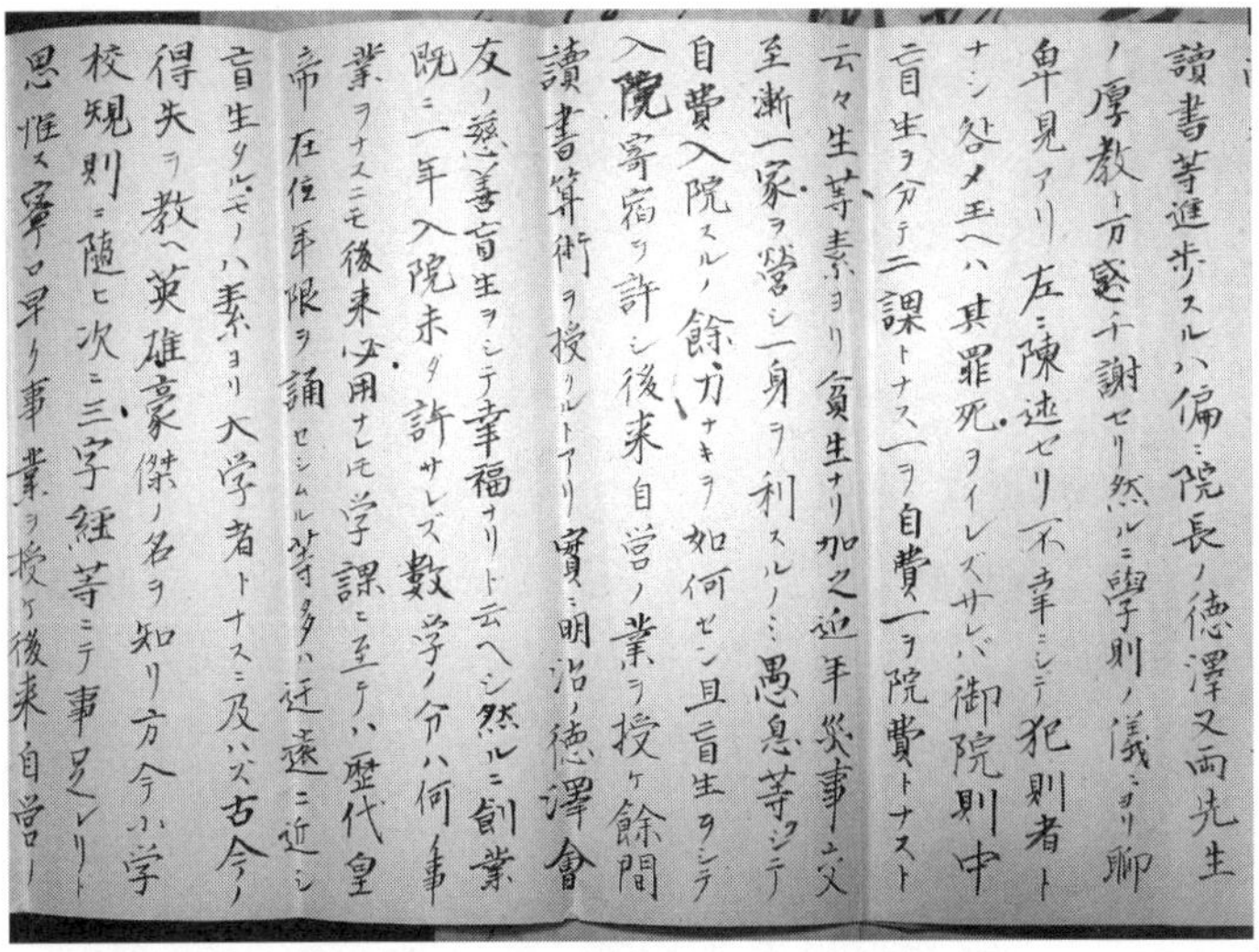
讀書等進歩スルハ偏ニ院長ノ徳澤又両先生
ノ厚教ト方懇千謝セリ然ルニ學則ノ儀ニヨリ聊
卑見アリ左ニ陳述セリ不幸ニシテ犯則者ト
ナシ咎メ玉ヘハ其罪死ヲイレズサレハ御院則中
盲生ヲ分テ二課トナス一ヲ自費一ヲ院費トナスト
云々生等素ヨリ貧生ナリ加之近年災事ニ父
至漸一家ヲ營シ一身ヲ利スルノミ愚息等ヲシテ
自費入院スルノ餘力ナキヲ如何セン且盲生ヲシテ
入院寄宿ヲ許シ後来自営ノ業ヲ授ケ餘間
讀書算術ヲ授ケルトアリ實ニ明治ノ徳澤會
友ノ慈善盲生ヲシテ幸福ナリト云ヘシ然ルニ創業
既ニ一年入院未タ許サレズ數学ノ分ハ何事
業ヲナスニモ後来必用ナレモ学課ニ至テハ歴代皇
帝在位年限ヲ誦セシムル等多ハ迂遠ニ近シ
盲生タルモノハ素ヨリ大学者トナスニ及ハス古今ノ
得失ヲ教ヘ英雄豪傑ノ名ヲ知リ方今小学
校規則ニ随ヒ次ニ三字経等ニテ事足レリト
思惟ス寧ロ早ク事業ヲ授ケ後来自営ノ

「前園昇書状」及川静宛て、雨宮中平史料（岸博実所蔵）

ナリ　盲院ノ主意ハ天下不具ノ子弟ヲシテ学事ヲ教諭シ大略ノ学課ヲ卒業セシムルニ在リ　盲生ヲシテ自営ノ途ヲ立ル事肝要ト存候ニ付敢テ愚意ヲ陳述ス（中略）　明治十四年三月十日　盲生徒前園辰三郎　父　前園昇（後略）

要約すると「盲生に大学のような高度な学問は不要である。最小限の一般知識が得られればよく、むやみに歳月を費やさず、生活の糧になるよう手に職をつけることに専念してほしい」という意味になるでしょう。

保護者と教職員の緊張関係

同会もしくは及川静がこれにどんな返事をしたか、明らかにできる史料は確認できません。しかし、『東京盲学校六十年史』の1881（同14）年4月の項に「そもそも東京府民の盲唖教育に志なき」と書かれています（＊4）。また、前年12月に出版された同会の「第二期考課状」でも「我邦訓盲ノ要先ツ其父兄タル者ヲ教諭スルニ在リ」と書かれていますから（＊5）、一保護者の手紙によって教育課程が左右されるということはなかったのでしょう。

一方、81年の「第三期考課状」では、あん摩や箏《そう》曲、封筒製造などを指導していること、寄宿舎を設けて就学を促していることを強調しています（＊6）。同じ頃、京都盲唖院が通学用の人力車を用意したり、寄宿舎を設けて条件を整えていった経緯と共通します。

学校は、時代の変化に備えるとともに、子どもや保護者のニーズに応えなくてはなりません。草創期の盲教育においても保護者と教職員の間には、ある種の緊張関係がありました。それが盲学校のあり方を向上させたとも言えます。

ちなみに、前園辰三郎は88年（同21）年の卒業式で、箏曲「八千代獅子」と洋琴連弾「ガロップ」を披露しています（＊7）。このことからも、彼が幅広い学びの歳月を過ごしたのではないかと想像できます。

23 体育

体づくりを重視

京都盲啞院の初代院長古河太四郎《たしろう》は、生徒の体づくりや歩行能力の育成を重視しました。今回は、その発展と継承の歴史を振り返ってみましょう【源流132頁】。

1878（明治11）年、創立間もない同院では放課後や昼休みを使って生徒に運動をさせ、健康な体づくりに取り組みました。同年に書かれた同院の文書「諸伺」に早くも「体操時間」が記録され、翌年には「放課後十分時間ヲ以テ遊学時間トシ十二時ヨリ一時ノ時間ヲ以テ体操ヲ習ワシ」とあります（＊1）。

授業科目として取り組むようになったのは、その5年後。週3時間、「体操」の授業が行われるようになりました。1年生は「遊戯」のみ、2年生以降は「遊戯」と「美容術」の両方が行われました。美容術といっても、生徒に化粧の仕方やファッションを教えたわけではありません。明治期の『改正小学体操法』を見ると、「美容術ハ身体ヲシテ美容強壮ナラシムルノ体育法」と記されていて、体育を「美容術」と呼び習わしていたようです（＊2）。

古河の死後6年たって発行された『古川氏盲啞教育法』には、「盲人の身体は普通人に比較して大に不完全なるのみならず多くの疾病に罹ることあるは一に運動の不足に基因するなり」「故に盲人に適当の遊戯を奨め体操を課して愉快に運動嬉戯せしむる」とあります（＊3）。古河が体育を重視していたことがわかります。その姿勢は第2代院長、鳥居嘉三郎《かさぶろう》へと引き継がれ、明治30年代には「体育がきちんと指導できてはじめて、盲学校は完全な盲学校になる」という考え方が同校や東京盲啞学校で強まっていきました。

体育専門教員が置かれる

これを受けて1902（同35）年、京都市立盲啞院に、体育を指導する専門の教員が置かれました。その前年のこととする文献もありますが、「盲啞院日注簿」では02年です（＊4）。

それまで同院には、鍼《はり》やあん摩、音曲《おんぎょく》を教える専門教員はいましたが、普通科の教員は一人で全科目を教えていました。普通科の特定の教科だけを教える専科教員が初めて置かれたわけです。その最初が、体育科だったという事実が、視覚障害教育において体づくりが重視されることを物語っています。

同院で体育を専門に教えることになった教員は、岡本駒太郎でした。がっしりした体格、短く刈り込んだ髪の青年です（写真）。彼は、盲啞院に近接した京都市立染織学校に籍を置きつつ、週3回、盲啞院に通って盲生の体育を担当しました。その授業の様子を伝える資料が見つかっておらず、詳細は分かりませんが、

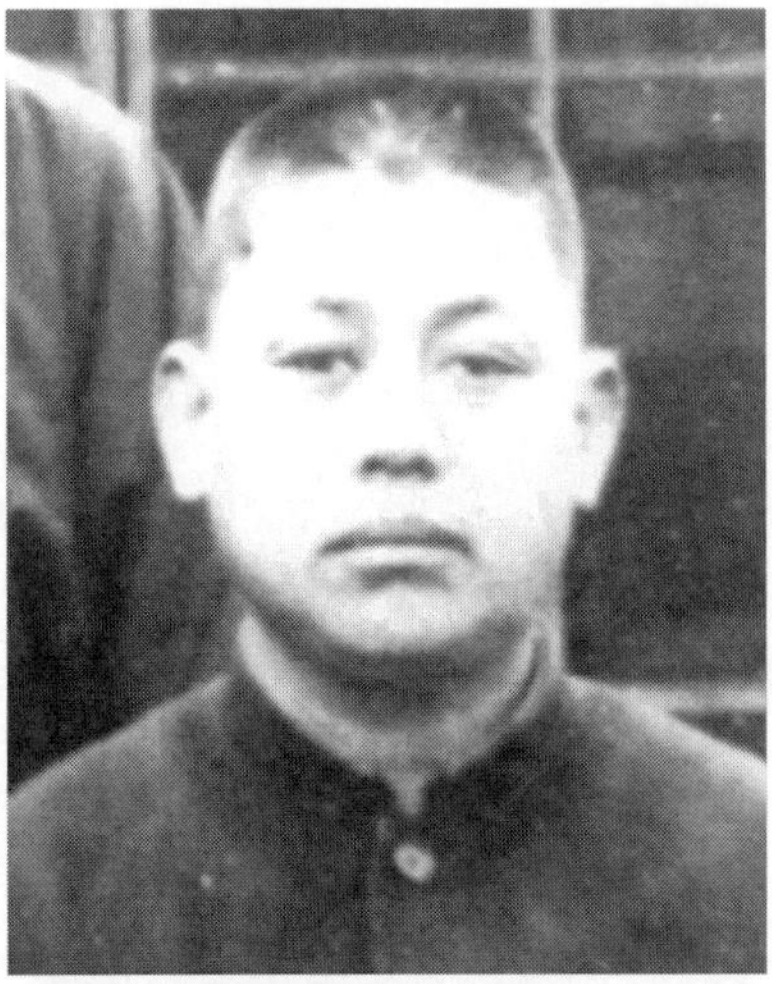

岡本駒太郎肖像写真
（京都府立盲学校資料室所蔵）

体育用具もいくつか備えられたと伝えられています。

なお岡本は、１９０４（同37）年11月16日、日露戦争に召集され、翌年11月18日に復帰しました。日露戦争をきっかけに、失明した多数の兵士への社会的な施策が喫緊の課題になりましたが、岡本は幸いにも負傷を免れました。盲唖院の渡辺・伊藤両教諭が唖生数十名を引率して、当時七条停車場と呼ばれていた京都駅で無事の帰着を出迎え、翌々日には、職員、盲唖生一同によって「岡本駒太郎氏凱旋歓迎会」が開かれました。お茶と菓子だけのささやかな催しでしたが、再会を懐かしく祝ったことでしょう。

浩然の気を養うために

盲唖院での体育教育はその後、どんな展開を遂げたのでしょうか。明治の末、後に京都ライトハウスを創立する鳥居篤治郎《とくじろう》が、生徒の頃に書いた作文には20キロメートル先の宇治を目指し、徒歩旅行をしたと書かれています。生徒たちは健脚ぞろいだったようです。

また２２（大正11）年10月発行の『帝国盲教育』には、医学博士による論文「盲唖の体育」が掲載されました〔＊5〕。２５（大正14）年には関西盲学生体育大会が開かれ〔＊6〕、翌年11月、大阪で第1回全国盲学生競技大会が開かれました。

一方、京都府立盲学校は、昭和10年代にラジオ体操第二によく似た「文部省審査済　京都府立盲学校　自校体操」を作りました。その説明図が残っています〔＊7〕。

また、筆者が赴任した７４（昭和49）年頃は高等部で毎月のように遠足が行われていました。校外で社会体験を積ませることも目的の一つでしたが、険しい山道も歩いて足腰を鍛えていたのです。ある時、山腹で一人が枯葉に足をとられ、道連れとなって何人かが谷底へ滑り落ちたことがありました。しかし、生徒たちはハプニングとして大笑いで斜面を登ってきました。

近年、盲学校ではさまざまな事情から、こうした活動を行いにくくなっています。どうすれば生徒の心身の成長を促し、浩然の気（のびのびとした気持ち）を養えるのでしょうか。２０２1年へと延期された東京パラリンピックが往時の活気を取り戻すきっかけになればとも願われて来ましたが、２０２０年に発生した新型コロナウィルス禍の影響が心配されます。

24 盲児向けの雑誌

「小さき兄弟姉妹達の為に」

日本で点字雑誌が発行されたのは、明治時代からです。当初は青年期よりも上の年齢層を対象にしたものばかりで、子ども向けの点字雑誌はありませんでした。

では子ども向けの点字雑誌は、いつから発行されるようになったのか。筆者の知る限り、その先駆けになったのは『ヒカリノソノ』です（写真）。創刊は1921（大正10）年。編集は三重盲唖学校で働いていた鳥居篤治郎《とくじろう》が中心になって行い、発行人は小林卯三郎《うさぶろう》、印刷人は橋本喜四郎《きしろう》でした。毎月15日に発行。定価（郵税含む）は1部10銭でした。『世界盲人百科事典』に「1922年の秋」に第1号が出たとあるのは誤りです（＊1）。

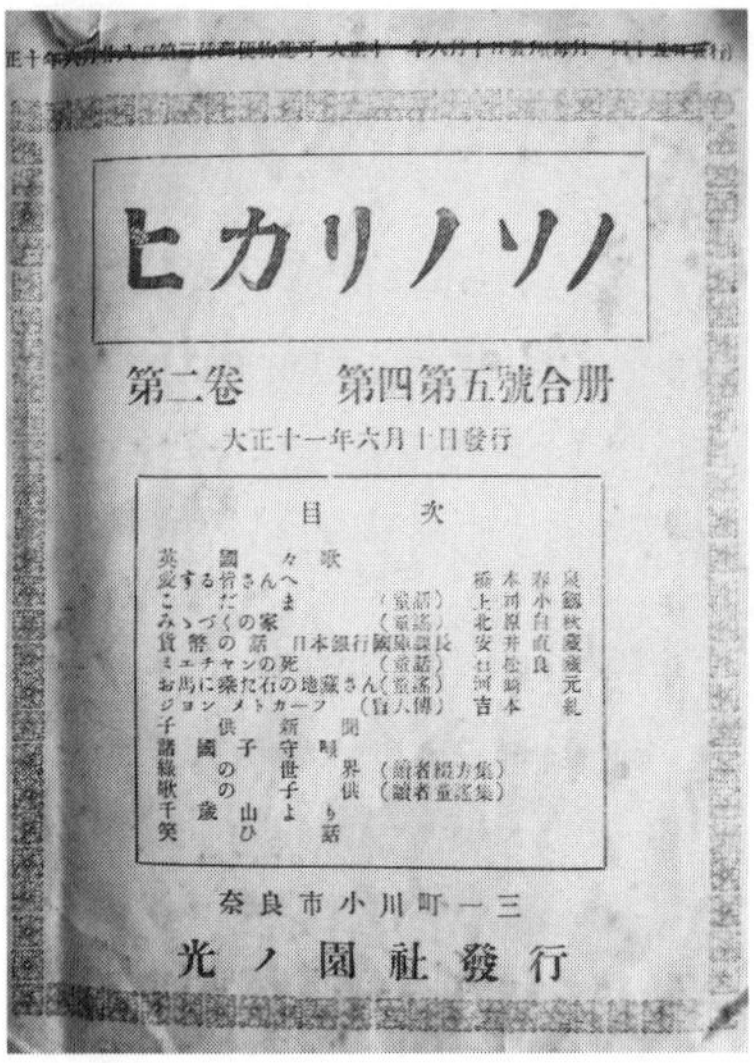

『ヒカリノ　ソノ　第二巻第四号第五号合冊』表紙（筑波大学附属視覚特別支援学校所蔵）

発刊の趣意は「読み物無き気の毒な盲児の為に」と題したチラシに書かれています（＊2）。盲児の読書環境は晴眼児のそれと比べてどうだったのか。チラシでは「気の毒な暗黒の盲児達の為には、教科書すら十分に与えられて居りません。況《いわん》や雑誌其他の読み物に於てをや」とあります。また、たとえ点字が読めたとしても「何一つ趣味ある読み物を得るよすがも無く、家の隅に小さくなつて暗いが上に真暗な徒然を送らねばならぬ痛ましい有様」であると説き、その上で「小さき兄弟姉妹達の為に、何か潤ひのあるいゝ読物を与えてあげねばならぬ」と呼び掛けています。

多彩な内容

『ヒカリノソノ』は『第二巻第四第五號合冊』が現存しています（＊3）。22（同11）年6月10日の発行で、目次は次のとおりです。

英国々歌　▽愛する皆さんへ　▽こだま（童話）　▽みゝづくの家（童謡）・北原白秋　▽貨幣の話・日本銀行国庫課長安井直蔵　▽ミエチャンの死（童話）・石松量蔵　▽ジョン・メトカーフ（盲人伝）・好本督　▽子供新聞　▽諸国子守唄　▽読者綴方集　▽読者童謡集　▽笑ひ話　など、ジャンルは多彩でした。イギリス国歌（英語点字）や好本督《よしもとただす》（73章参照）による外国の盲人に関する伝記が載っているところから、国内のみならず世界への関心も持たせようとした編集方針が読み取れます。また、奈良女子高等師範学校発行の墨字雑誌『伸びて行く』の記事を転載し、内容の充実を図っています。児童雑誌『赤い鳥』の常連だった北原白秋《はくしゅう》の作品も盛り込まれています。鳥居が東京で学んでいた頃、新宿中村屋のサロンでつちかった文化人との交友が、後にこうした形になったのでしょう。各地の盲学校生の作品も載っています。

関東大震災

『第三巻第九号』が発行されたのは、23（同12）年10月15日（＊4）。関東大震災の直後に当たります。そこで鳥居は、読者に向けて次のようなメッセージを書いています。

「おびただしい人と家とを灰にした東京横浜をはじめ関東地方一帯の大地震のむごいあい（原文ママ）さまは考えるだけでもぞっとします」。また、「私たちはもうこれ以上恐ろしいことは考えたくも聞きたくもありません（中略）。どんな時でも天使のように笑いどんな恐ろしい淵に臨んでも楽しい夢を見ることのできるのは私たち子どもの国に住む者に与えられたとくけん（特権）」だとし、「いつものよーに面白い話を載せておきました」。子どもたちに「美しい夢」を届けようとした鳥居らの心境がよく表れています。

しかし、震災以後、発行は苦境続きになります。まず印刷所を一時的に変更せざるをえなくなりました。点字用紙や亜鉛板の高騰に加え、「寄付金が思わしく集まらない」といった製作資金の窮迫も重なりました。

それでも、東京、横浜、横須賀方面の読者には、「年内の購読を無料にする」旨が表明されています。斬新で意欲的な計画でしたが、経営難から間もなく廃刊を余儀なくされてしまいます。『世界盲人百科事典』によると、24（同13）年の春だったということです。

読書の喜びを伝える

その後の、子ども向け点字雑誌としては、盲人基督《キリスト》信仰会に属し、ルーテル神学校で学んだ村上義忠が27（昭和2）年に創刊した『小鳥の歌』が知られています。同誌は東京光の家出版部が継承した後、45（昭和20）年に東京点字出版所に移り、「点字の友」と改題しました。グリム童話などを点訳して掲載していたそうです。昭和初期に発行されたものでは、他に、大阪市立盲学校山びこ出版部による『点字子供雑誌 山びこ創刊号』があります（＊5）。31（同6）年に月刊誌として発行されました。定価15銭。内容は詩を中心にしたものだったようですが、何号まで発行されたのかは未確認です。

これらが盲児に読書の喜びをもたらし、後に、手で見る学習絵本『テルミ』などへつながってきました（＊6）。

25 半盲・弱視

弱視教育の初期の姿

京都盲唖院第1期の盲生に、視力を駆使して墨字《すみじ》を読み書きできた人はほとんどいなかったようです。日本の弱視教育は1933（昭和8）年、東京の南山《なんざん》尋常小学校で始まったとされています（＊1）。

では、それまでの間、弱視者に対する教育はどう考えられていたのでしょうか。小林一弘氏の名著『南山小学校視力保存学級に関する研究』に依拠しつつ（＊2）、京都府立盲学校などで見つけた史料も加えて考えてみましょう。

かつて、盲人野球では試合中、キャッチャーが味方に情報を伝えるとき「バッター半盲！」と叫んでいました。その「半盲」には古い歴史があります。盲唖院の「日注簿」では1900（明治33）年2月24日の記事に「半盲生ハ多少用事ヲ足スノ便アリト雖《いえど》モ可及的《かきゅうてき》家事用ニ使ハザル様《よう》注意スル事」とあるのです（＊3）。これは、鳥居嘉三郎《かさぶろう》院長が保護者向けに行った注意の一つです。鳥居の訓示から推し量ると、校内に在籍した半盲生を便利使いする傾向もあったのかもしれません。当時、半盲の生徒に墨字教育が行われたかどうか、判然としません。

京都府立盲学校が本格的な弱視教育に着手したのは戦後です。いくつかの歴史史料を参考に弱視教育の初期の姿を点々とたどってみましょう。なお、ここでは弱視の定義の詳しい変遷には触れずに話を進めます。

明治から大正の弱視教育

1891（同24）年に、京都府療病院（現・京都府立医科大学）眼科の浅山郁次郎が「京都盲唖院盲生眼病調査」を行いました（＊4）。しかし、「弱視」と診断された山本某は調査の実数として数えられていません。また明治30年代初頭の調査でも9名の弱視が確認されていながら、除外されています。いわば、弱視者は度外視されていたのです。

04（同37）年に京都市立盲唖院を卒業し、後に母校に赴任して鍼灸《しんきゅう》を教えた近藤煥一は弱視でした。墨字を用いましたが、指で巧みに点字を読むこともできたそうです。

一方、21（大正10）年の帝国盲教育会では、「残視を有せる盲人に残視を保存せしむる方法」が話題となりました（＊5）。「墨字と点字と併用し来りたるも、以後は漸々点字を主として用ゐしむること」と決定されました。

その後、23年の東京盲学校には先天的弱視症の生徒が5人在籍と報告され（＊6）、25年の「帝国盲教育」に「弱視児童の為に」と題するドイツ文献の翻訳が掲載されました（＊7）。26年には、樋口長市が著作「欧米の特殊教育」のなかで、「亜盲の教育」について注意を喚起しました（＊8）。「亜」は「次ぐ」と解され、半盲に近い言葉です。

昭和初頭には、小柳美三《よしぞう》、川本宇之介らも弱視教育を論ずるようになりました。帝国盲教育会でも、半盲の処遇がしばしば話題にのぼります。それは「盲」をどう定義するかと表裏一体の探究でもありました。

「弱視」理解に膨大な年月

京都府立盲学校は、１９３２（昭和7）年の職員会議で「弱視の生徒には墨字を教える」と決議しました（＊9）。しかし、その後の実態はというと、決議の内容が不徹底であったのか、決議そのものが「墨字も教える」という意味合いに止まったのではないかと思われるものでした。なぜなら、「戦前、私たち弱視生は点字を教えられた」と回想している人がいるからです。

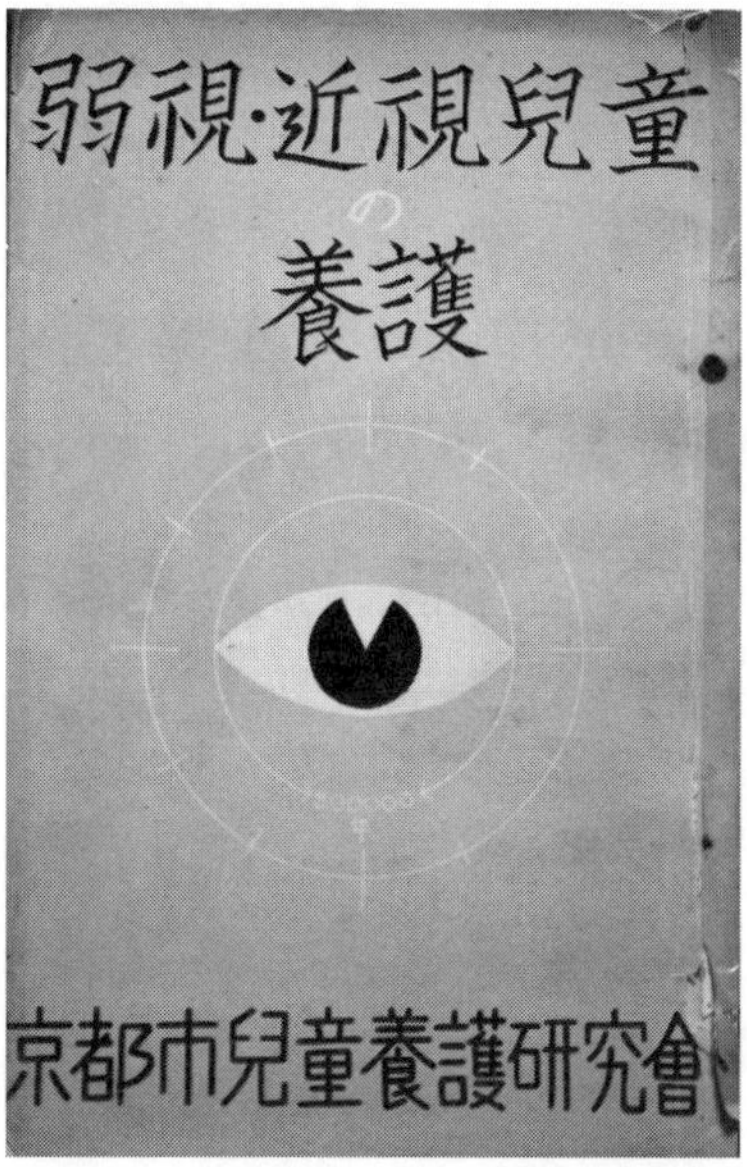

『弱視・近視児童養護』（岸博実所蔵）

南山の弱視学級（後に視力保存学級と改称）が立ち上がった同年には、東京盲学校長・秋葉馬治《あきばうまじ》の『欧米に於ける弱視児童教育』が出版されました（＊10）。秋葉は「弱視児童は正眼者であって盲人ではない」と、弱視児童に適した照明などの環境、筆記具、読み書き指導を唱えましたが、その考えはすぐには盲学校に浸透しきれなかったのでした。

一方、京都児童養護研究会は３６（同11）年に『弱視・近視児童養護』を刊行し、児童生徒に近視・弱視が増加していることに警鐘を鳴らしました（写真）（＊11）。ガリ版刷り85ページの冊子です。「昭和九年文部省の調査に依れば、全国に亘つて一万人程ある」とし、「仮令《たとえ》入学して居つても特別の教育方法を講じなければ教育の効果は甚だ不十分なるを免れない」と。

また、３８（同13）年度の近畿盲教育会では「盲学校に於ける半盲生の取扱いについて」という共通テーマで各校からレポートが提出されています。視力保存や指導上の留意点が具体的に述べられていますが、「不完全盲」「準盲」という用語も混在しています。研究はまだ初動段階にあったと言えます。

南山の実践も、弱視教育というより「視力保存」に力点が置かれました。明治以降、弱視の特性への適切な対応にはずいぶん手間取ったことになります。「弱視」理解に膨大な年月を要した経緯への吟味も続けなければなりません。

26

重複《ちょうふく》教育

山梨県立盲学校による盲ろう児教育が始まったのは１９４９（昭和24）年でした（＊1）。京都府立盲学校小学部に重複学級が開設されたのは翌年の9月です。視覚障害とその他の障害を併せ有する盲重複障害児教育の歴史を振り返ってみましょう。

退学していった生徒たち

明治10年代を見ると、せっかく京都盲唖院に入学したにもかかわらず退学を余儀なくされた生徒たちがいました（＊2）。初等段階だけでも、１８７９（明治12）年に4人、８１年に2人、８２年に1人、８３年に3人、８４年に1人の盲生が退学しています。まだ点字がない時代のできごとです。凸字《とつじ》が工夫されていたとはいえ、墨字《すみじ》のみで学ぶ難しさはいかばかりだったでしょう。貧困に起因する退学もありましたが、退学者（写真）の中に盲重複障害児がいた可能性も否定はできません。

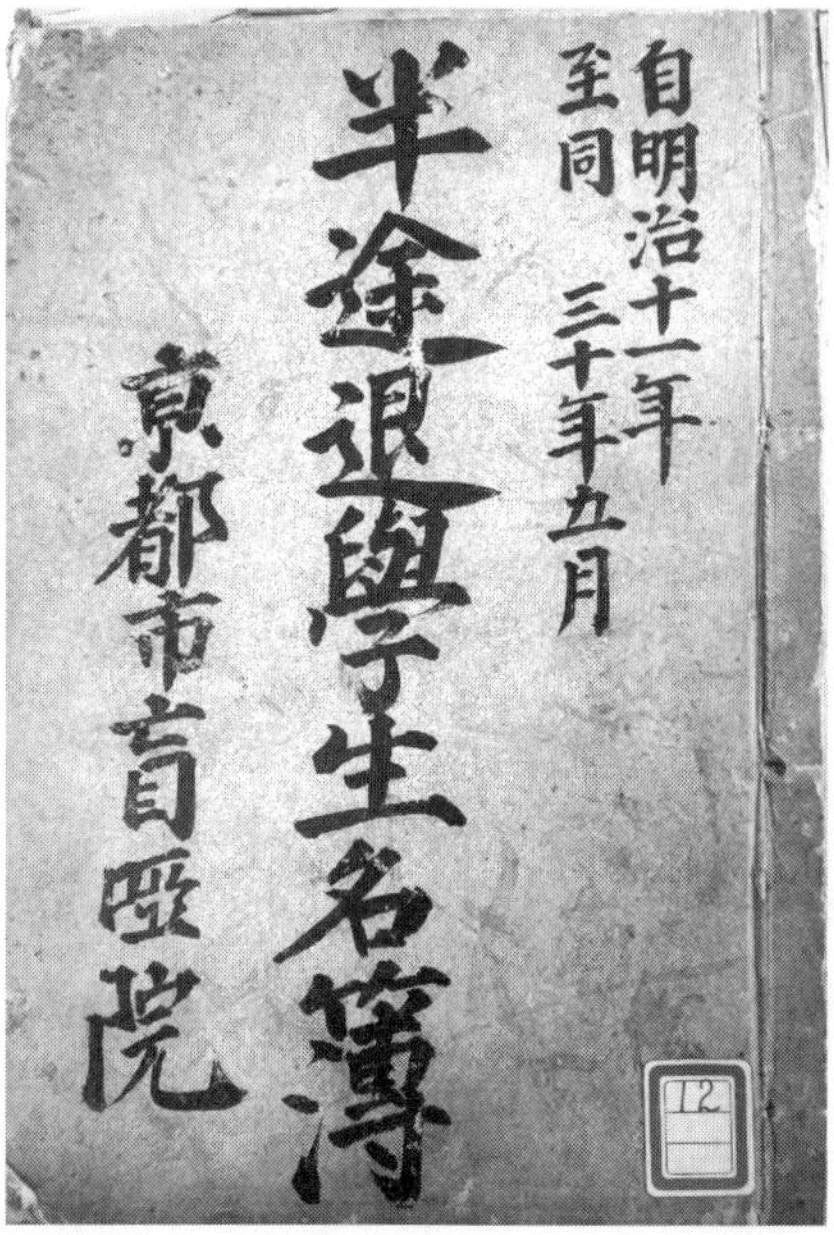

「自明治十一年至同三十年五月　半途退学生名簿」（京都府立盲学校資料室所蔵）

同20年代の盲生には、音曲《おんぎょく》科や按鍼術《あんしんじゅつ》科・紙撚《こより》科に入って1年以上在籍したうえで退学し、その原因が「魯鈍《ろどん》虚弱」に分類された盲生たちがいます（＊3）。「魯鈍」などの程度は分かりません。いったんは専修科に受け入れられたのですから、知的障害は軽度であったと推定できます。複数の障害が重なるケースを盲唖院は認識したはずです。

障害の重なりへの気づき

その頃に始まった東京と京都の共同研究の過程で、鍼按などになじめない生徒のことが話題に上ったのでしょうか。小西信《のぶ》八《はち》が１８９６（同29）年から欧米を歴訪したのは、盲唖教育だけでなく白痴《はくち》孤児及び貧児の教育法を研究するためでした（＊4）。

京都では、当時「白痴」とされたほどには知的障害が重度でなく、就学は認められたものの学業成績がかんばしくない「劣等児」問題へのアプローチとして、９９（同32）年、淳風《じゅんぷう》小学校で脇田良吉たちによって「成績不良組」などの試みが起きました（＊5）。脇田は盲唖院を訪ね、名刺も残しています。

ヘレン・ケラーの『わが生涯』が日本で点字版を含めて上梓

されたのは１９０７（同40）年です（＊6）。伊澤修二の楽石社《らくせきしゃ》特殊教育部で学んだ脇田が京都に戻って知的障害児を受け入れる「白川学園」を興したのは０９（同42）年でした。学園では「難聴児」も受け入れました。

大正期になると、帝国盲教育会などで「低能児」問題が採り上げられます。２１（大正10）年の同会第１回総会には、文部省から「盲学校に於て生徒の体育並衛生上特に注意すべき事項如何」について諮問が行われました（＊7）。また地方提案の談話題として「低能盲児に対し点字を教授する方法如何」が提出されています。

２３（同12）年、中四国や九州の18校が出席した第５回西部盲唖教育協議会の席では「低能盲児の教授法並に取扱方法如何」が討議されました（＊8）。

３５（昭和10）年に開かれた第8回全国盲学校長会には、討議テーマとして「盲目ニ加フルニ聾或ハ難聴ノ児童ニ対シテハ如何ナル取リ扱ヲナシ居ルヤ其ノ状況ヲ承リタシ」（大分盲唖）が提出されています（＊9）。

家庭や施設の枠内に押し込めてきた歴史

鍼灸を習得しづらい、いわゆるボーダーラインに属する生徒の教育問題は、鍼灸《しんきゅう》をめぐる「医療と保健」の区分をどうするかという問題と絡みあいながら推移してきました。

ちなみに、１９８０（同55）年に出版された佐江衆一氏の小説『空は青か』には盲重複児が登場します（＊10）。とはいえ、主人公が盲学校を訪れた際の情景描写の中でごく淡白にその存在が点描されたにすぎません。そこに、日本の近現代社会の障害者観が映し出されているように思えます。

廃人観を示した明治の学制、自助・立身を追い求めた近代の盲教育は、結果として、長きにわたって視覚重複障害児を正面から受け入れようとせず、家庭や施設の枠内に押し込めてきたと言わざるをえません。

１９７９（同54）年の養護学校義務化や「どんなに障害の重い子にも教育権と発達を保障しよう」とした教育運動から盲学校は何を学んだか（＊11）、振り返りたいものです。

現在、盲学校では重複児の比率が高くなっています。この子らの尊厳を守り、人生の基礎を築いていく営みに成功することが切実に求められます。

弱視教育・重複教育への対応は、「視覚に障害がある」ことを前提に、盲学校の役割を広げ、前向きに鍛えました。しかしながら、特別支援教育の名のもとで「視覚以外の障害に対応」させようとする近年の施策を同じ文脈で捉えていいかは疑問です。

（史実を記述するために今日では不適切な言葉も用いています。ご了承ください。）

27 給食・舎食

始まりはおぼろげながら

日本最初の学校給食は1889（明治22）年、山形県鶴岡市の私立忠愛小学校で、弁当を持って来られない貧困な子どもたちに、おにぎり、塩鮭、漬け物を提供したのが始まりとされています（＊1、＊2）。文部省が小学生の栄養改善のために学校給食を奨励するより34年も前の試みでした。

盲学校で子どもたちに食事が提供されるようになったのはいつからか。京都盲唖院も東京の楽善会《らくぜんかい》訓盲院も史料が乏しく、詳しいことは分かっていません。

京都盲唖院では、発足から3年目の81（同14）年に入舎寮を設けましたから（＊3）、三食の用意が必要になったはずです。同時期に併設した工学場（綿《わた》打ちなどの仕事の実習場）で学ぶ生徒には、有料で食事を供しました。楽善会では80（同13）年の「規則」などに、「寮監」「寄宿寮」「食料」という語が見られますが（＊4）、同年の出納表に「茶」以外の食に関する費目はありません。2年後の「規則」改訂に伴って「盲唖院寄宿舎則」が定められ、「朝餐《ちょうさん》」「晩餐」の時間が設けられました。「食事時間ニハ必ズ順序ヲ正シテ食卓ニ就キ行儀静粛ナランコトヲ要シ食事中決シテ談話スヘカラス又食物ノ美悪ヲ品評スヘカラス」と、押し付け気味の決まりがありました。

92（同25）年元旦の式典で、小西信八《のぶはち》校長は生徒に「美服美食に飽く」ことがないよう諭しています（＊5）。身寄りのない子どもなどのために設けられた「養育院」の食事が「麦六分米四分の飯にて朝は漬物のみ、午飯は椀（の絵）に汁一杯夕は煮染ばかり」であるのに対し、東京盲唖学校の生徒は「衣食も十分」と述べました。

松崎天民が感動

また、新聞記者の松崎天民《てんみん》は、ルポ「京都盲唖院を訪ふ」（1902年）で、盲唖院の給食の様子を克明に記しました（＊6）。食堂は「一面の石畳み、横に長い漆塗りの食卓は、縦横に並べてあり、其の清潔、掃除の行届いて居る」。ろう生の目や盲生の耳などを楽しませるための工夫について「壁には石版絵や、外国の名画が掲げてあつて、食事中唖生の視覚を楽ますべく、注意はなかなか行き届いて居る。盲生のためにも囀《さえず》る小鳥を飼ひ、香のする草木を活けて、以て此の食堂を平和愉快の室にする」とスケッチしています。食堂で小鳥を飼うのは衛生上良くない気がしますが、盲生にとっても唖生にとっても給食は最も楽しい時間でした。松崎は「一時に飯櫃の蓋を取る音、茶碗の触れ合ふ響きがして、これのみは満足に食欲を貪り得る、極めて愉快な昼餐会が開かれた」と加えています。献立の板書は生徒の

1903年ごろの京都盲啞院食堂の様子
（京都府立盲学校資料室所蔵写真）

役目でした。「一人の啞男生は、ツカツカと黒板の前に行つて、昼ノ飯ハ鯔《ぼら》卜葱《ねぎ》ナリと白墨で書いた」と書かれています。盲生にはどんな方法で伝えたのか、記事からはわかりません。教師が口頭で伝えたのでしょうか。

松崎はよほど感動したのでしょう。「自分は院長と隣りして食事しながら、種々の立食的好談話を聴いたが、食堂の何とも言へぬ光景に打れた心は（中略）、未だ嘗《かつ》て此の如く清い、温い美しい、楽しい団欒に食事した昔日を有せぬ」と吐露しています。体育教育を重視したことと合わせ（23章参照）、盲啞院では障害のある子どもたちの「心身の健康」を食事でも支えようと心を尽くしたのではないでしょうか（写真）。

時代を映す給食

一方、大阪府立大阪北視覚支援学校には「明治四拾貳年拾月起献立表　訓盲部寄宿舎（市立大阪盲啞学校）」が保存されています。例えば、10月1日の献立は、朝は「みそしる、ねぎ、とをふの　うかし」、昼は「はもの焼物　ゆば、しいたけ、あげのひら」、夜は「赤御飯　さつまいもに　ねぎのひら」でした。マツタケは今日ほど高価ではなかったのでしょう。5日連続で膳に上るなど、度々食したようです。

他地域の学校についても少し。大正初期、創立者・左近允《さこんじょう》孝之進《こうのしん》亡き後の私立神戸訓盲院では、マスヱ夫人が「毎日乳母《うば》車《ぐるま》を引いて軒並みに一合二合の施米を受け盲児に給食した」と伝えられています（＊7）。零細経営にとどまった盲学校の労苦が偲ばれます。また、昭和の戦時中には、各地の盲学校が食材の確保にひどく苦労しました。校庭でサツマイモを育てて飢えをしのいだ話はよく知られています。『徳島県盲教育史』には、空襲の翌日（1945年7月4日）を「職員生徒も握り飯一個の配給があっただけ」で過ごしたと記されています（＊8）。

給食を通じても、時代と盲学校のかかわりが見えてきます。当時の盲児たちの暮らしや思いへの興味は尽きません。

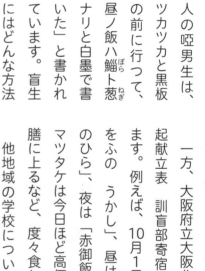

28 修学旅行

四国や九州に

修学旅行は1886（明治19）年、東京師範学校の「長途遠足」が始まりとされています（＊1）。

京都市立盲唖院では1903（同36）年発行の『創立弐拾五年紀念京都市立盲唖院一覧』に「修学旅行ヲ実施スルコト」を求める記述があり（＊2）、少なくとも、この頃はまだ修学旅行を行っていなかったようです。同院の「記録簿」によると、09（同42）年春、大阪への一泊旅行が実施されています（＊3）。卒業を控えた生徒に教師が同行した、卒業旅行のようなものでしょう。旅館が火事で焼けますが、全員無事でした。大阪へは2年後にも、日帰りで行っています。在校生を対象にした旅行では、13（大正2）年9月、高学年の「奈良畝傍《うねび》法隆寺方面一泊旅行院長引率」が最も古い記録です（＊4）。3年後、四国の金刀比羅宮《こんぴらぐう》を訪れた時は、生徒28人が参加し、看護師1人を含む6人の職員が付き添いました。また27（昭和2）年は中等部の生徒が九州へ旅行に出かけています。

各地盲学校の様子

他校の記録も調べました。名古屋市立盲唖学校の『創立満拾週年誌』によると、16（大正5）年3月、同校の生徒49人、父兄7人、職員7人が京都東山を訪れました（＊5）。宿泊先は京都市立盲唖院でした。

愛媛盲唖学校で初めて修学旅行が行われたのは20（同9）年6月。盲生8人と唖生7人が広島へ一泊旅行をしました（＊6）。

修学旅行が年2回あった学校もあります。大阪訓盲院は、24（同13）年から春と秋に日帰り旅行を行いました（＊7）。春は宇治・桃山方面に行き、秋は京都の柳谷《やなぎだに》観音などを訪問。柳谷観音は眼病に霊験があるとして選ばれたのでしょう。同校初の泊りがけの旅行は、27（昭和2）年の「卒業旅行」でした。

他の行事と併せて修学旅行を行う学校もありました。『あゆみ　石川県立盲学校六十周年記念』によると、26（大正15）年1月、全国盲学生第1回弁論大会への参加を兼ねて修学旅行が行われました（＊8）。大阪市立盲学校と京都市立盲学校に一泊ずつの旅でした。

一方、群馬県立盲唖学校は、28（昭和3）年、二泊三日で江の島や東京盲学校などを訪れています（＊9）。江の島は盲偉人・杉山和一《わいち》の遺徳を偲ぶためのものでしょう。このほか、『富山県盲唖教育三十年史』によると、富山県立盲学校は34（同9）年5月、「中学部生徒、舘井校長、大町訓導引率の下に山田温泉に一泊修学旅行をした」のが初めて（＊10）。経営の零細な学校は、修学旅行に踏みだすのも遅れたようです。

往時の盲学校の修学旅行について書かれたものの中に、全盲の随筆家・野地繁の『盲学校物語』(1941年刊)があります(写真)(＊11)。東京盲学校の関西旅行について書かれており、弱視の生徒が全盲の生徒を連れて歩く様子を「黙つていても曳《ひ》いてゐる手の動かし工合で、盲生徒は階段の前に来るとひとりで足を挙げ、又溝をまたぐもので、少しも不自然な動作をしない」と書き残しています。

野地繁『盲学校物語』の外函と表紙（岸博実所蔵）

広がる交流・訪問先

戦後の記録で印象的なのは、沖縄盲学校が初めて九州への修学旅行を行ったのが69(同44)年だったこと(＊12)。背景には施政権問題の影響がありました。その沖縄では1990(平成2)年、修学旅行で訪れた岡山県立盲学校の高等部生18人との交流会が開催されました(＊13)。盲学校同士の交流では近年、八王子盲学校中学部が、京都府立盲学校を訪れ、生徒同士の交流と資料室見学を行っています。

訪問先は海外にも広がっています。98(平成10)年、長崎盲学校(高等部)は創立100周年を記念し、高等部の生徒が中国・上海市に赴き、市盲童学校と交流しました(＊14)。過去には、東京盲学校専攻科が修学旅行で韓国をめぐっています。今後も、アジア諸国などに安心して出かけられる、平穏な国際関係を維持してほしいものです。

盲学校と大学の交流もありました。1912(大正元)年秋、奈良女子高等師範学校(現・奈良女子大学)は修学旅行で東京盲学校と東京聾唖学校を訪ねました(＊15)。学生たちは盲学校の授業を見学し、「地図なども微細なる凸凹をよく弁《わきま》へて其地勢を知る、目こそ見えね其感覚の鋭敏なる実に神の如し、書取などの早き、点字をよむの早き我等をして恥ぢしむる」と感想を残しています。

29 杉江泰一郎《たいいちろう》

東京でバイオリンを学ぶ

杉江泰一郎をご存知でしょうか。本当は彼の演奏を聞いたうえで書きたかったのですが、なかなかその音源が見つかりません。この一文が局面打開のきっかけになればと願っています。ぜひ情報をお寄せください。

近代の盲教育において音楽に重きが置かれてきたことは言うまでもありません。琴や三味線などだけでなく、オルガンやピアノも明治10年代に取り入れられました。しかし、それらの教授は普通教科の一環にとどまり、職業につながる音曲《おんぎょく》科は長い間、邦楽に限られていました。そんな中、盲学校で初となる洋楽科を大阪市立盲唖学校に開き（写真）、指導に努めたのが杉江泰一郎です（＊1）。

彼は、1891（明治24）年に滋賀県の草津で生まれました。徐々に視力が弱り、京都市立盲唖院の鍼按科に入ります。鍼やあん摩の勉学のかたわら、バイオリンの練習に励みました。卒業後、周囲の反対を押し切って、妻とともに、1910（同43）年に上京し、東京音楽学校の門を叩いたものの、扉は閉ざされたままでした。しかし、同じ年に「訓盲楽譜」を発行する東洋音楽学校校長、鈴木米次郎《よねじろう》の温情により、晴眼の学生に交じって研さんを積む道を得ました。そして、優秀な成績で卒業した後、研究科に籍を置きつつ、東京や京都でバイオリンを教えたようです。

1913（大正2）年4月3日には、京都市立盲唖院で開かれた新築記念演奏会に参加して独奏し、後輩との合奏にも加わっています（＊2）。

盲学校初となる洋楽科を開く

その後、再び上京したり、故郷に居を移したり、住まいも暮らしも安定しない苦しい時期がありましたが、20（同9）年、大阪市立盲唖学校の宮島茂次郎校長の計らいで、月給15円の嘱託職員に採用され（＊3）、23（同12）年には新設の洋楽科で働き始めました。44歳で病死する35（昭和10）年までに、洋楽科を軌道に乗せ、大阪市盲の校歌やわらべ歌「柴刈山《しばかりやま》」（＊4）、あるいは「愛のよろこび」を作曲するなど精力的な活躍を見せました。筆者は、鈴木米次郎の点字楽譜研究の裏に杉江の協力があったのではないかとも推測しています。

杉江の足跡をたどることのできる演奏会プログラムがたくさん現存します（＊5）。大阪市盲音楽演奏会・和洋音楽大演奏会のほか、広島の進徳高等女学校、奈良の榊原訓盲塾、朝日新聞社会事業団、中央盲人福祉協会から招かれたことがあると確認できます。

大阪市立盲学校管弦楽写真（1930年ごろ）
（創立30周年記念はがきから、大阪府立大阪北視覚支援学校資料室所蔵）

和洋音楽演奏会の開催について、宮島校長は「日本西洋両音楽の調和を計るに努力することゝしたのである」と、その趣旨を述べています〔＊6〕。この構想には、東京盲学校長・秋葉馬治《あきばうまじ》や、音楽界で有名だった鈴木米次郎、田辺尚雄《ひさお》らも賛意を寄せました。大阪市盲の音楽教育において杉江の跡を継いだ中村双葉《そうよう》（生平《いくへい》）は、邦楽もバイオリンも巧みでした。

おちゃめな先人

杉江は1929（同4）年、故郷の滋賀で彦根盲学校同窓会主催の「湖国出身大阪市立盲学校生と職員等の音楽会」に出演しています。彦根高等商業学校の大講堂で開催されたという『大阪朝日新聞』の記事があります〔＊7〕。杉江にとって、故郷に錦を飾る一大イベントだったことでしょう。

翌年12月21日付の『大阪時事新報』は、関西学生合唱団連盟の発足を告げる記事に「盲学校の管弦楽団も参加して」という小見出しを立て、「全国唯一の盲学生管弦楽団コンダクターなしで立派に効果をあげる」と報じています。「盲学生なるが故にタクトを振る必要がない」とし、「第一ヴアイオリンにリードされて立派にやってのけ」と、その様子を写真付きで紹介しています。杉江は32（同7）年、東京でも洋楽演奏会を開きました。

日本ライトハウス創立者の岩橋武夫によると、杉江は「好んで奏でる曲目は、ロマンスを主題としたものが多い」人だったようです〔＊8〕。

京都府立盲学校の『創立七十五周年記念誌』には、彼の愉快なエピソードがいくつも並べられています。バイオリンを持ったままよく堀川にはまったことから、「あの人おちるのが好きなんやろ」と噂されたそうです。また酒を飲むとすっかり子どもになりきったのだとか。旅先から妻に向けて「シヅオカタイメシコウタ」とだけ書いた電報を送ったりしたことなども記されています。

親しく接してみたかったと思わせられる、おちゃめな先人です。

30 盲学校・点字の歌

さまざまな盲学校の校歌

新年度が始まると、各盲学校の入学式で校歌が合唱されることでしょう。

「盲学校の校歌・校章に関する考察──聾《ろう》学校との関連において」という論文があります（＊1）。校歌が制定された時期や歌詞の特徴についてまとめ、考察を加えたもので、大変興味深い内容です。校章についても、デザインの特徴などを分析しています。音声媒体には、東京の飯沼録音所発行の録音テープ『全国盲学校校歌集』があります（＊2）。カセットテープ全4巻です。それに収録されていないもので、最も新しいのは2015年4月開校の北海道札幌視覚支援学校の校歌です。道内を中心に活躍しているシンガーソングライター、みのや雅彦さんが作詞と作曲を担当なさいました。

校歌の作詞や作曲に有名な文学者や作曲家が関わった例もあります。福岡県立柳河特別支援学校（旧・盲学校）の校歌は、1936（昭和11）年、詩人の北原白秋《はくしゅう》が作詞し、曲は童謡「赤とんぼ」で知られる作曲家、山田耕筰《こうさく》が担当しました（＊3）。白秋はその後、糖尿病などのために視力をほとんど失います。

校歌を巡って、こんなエピソードもあります。中途視覚障害の人が校歌を聞いて、前向きに生きる元気をもらったというもの。働く喜びを、入学式で知った校歌で再び感じたのだそうです。また盲学校同士の交流行事の余興として、校歌でイントロクイズが行われたという話もありました。

校歌の歴史について調べることは、盲学校の変遷やそこに関わる人について理解を深める助けになるでしょう。盲教育の発展や点字の普及のために作られた歌をいくつか紹介します。

古河太四郎讃歌

東京盲啞学校は1894（明治27）年、点字墨字《すみじ》併記の歌集『大婚廿五ノ春ヲ祝シ奉ル』を発行しました（＊4）。明治天皇の銀婚式を祝うもので、点字楽譜付き。日本最初の点字出版物とされています。

1908（同41）年ごろの作詞だろうと考えられる、小西信《のぶ》八《はち》作詞、鈴木米次郎《よねじろう》作曲の「古川《（ママ）》太四郎《たしろう》先生創業三〇年頌徳《しょうとく》の歌」もあります（写真）（＊5）。1番の歌詞は次の通りです。

「みそとせむかし　みみなぐさ　めなしぐささへ　おおしたつ　みそのひらきし　きみはしも　わがひのもとの　ひかりなる」

「30年前にろうや盲の人も立派に育つことのできる学園を開いたあなたはこの国の輝きだ」と絶賛しています。

歌詞は4番まであります。2番では、盲学校開校の動きが全国各地に広まり、25校に達するほどになったのは古河が京都盲唖院を作ったおかげによるという内容。3番では、フランスの盲教育者ヴァランタン・アウイらに並ぶ存在だとたたえています。さらに4番では「くもゐに　たかく　よに　とほく　きこゆる　おとの　すゑ　ふとき　ふるかはうじの　ながれをば　いざや　くめくめ　いざや　くめ」と続き、古河先生に始まる流れをしっかりと受け継いでいこうと呼び掛けています。

07（同40）年に亡くなるまで、古河は私立大阪盲唖院の院長でした。小西が古河を深く敬愛していたことが歌詞から伝わります。

点字普及の歌

日本点字の考案者・石川倉次《くらじ》が作った「点字普及の歌」をご存知でしょうか（＊6）。日刊東洋点字新聞社発行の『点字普及歌と標語』（１９４０年）に掲載されています。

「点字書くには右から左、読むにはそれを裏返し、高い点をば左から右の方へと読んでいく。一つの文字は6点の変化によってできている。その6点は三つづゝ、縦に2行になっている。点に番号付けるなら、はじめの行の三つをば上から下へ1、2、3、次の並びの三つをば上から下へ4、5、6。さてその文字のでき方は、アは1、イは1、2、ウは1、4。エは1、2、4、オは2、4。カ行はア行に6の点、サ行はア行に5と6で（以下略）」。点字の構造が分かりやすく説明されています。

一方、京都には、大正時代に「盲・唖分離」に成功したことを祝う歌があります。京都府立図書館長となる湯浅吉郎の作詞です（＊7）。彼は雅号の「半月」で知られた文人です。盲教育とろう教育とに分かれたことを喜ぶ気持ちと、それぞれの発展を期す意気込みが収められました。

「いさましや　いさましや　かぜの　すすめば　くも　わかれ　まさご　わかれて　みづ　すすむ　まなびの　みちも　かく　あれや」（＊8）

風に吹かれて雲が分かれるように、砂が分かれて水が流れるように、盲教育とろう教育が行われる学校もそのようであってほしいと思います。

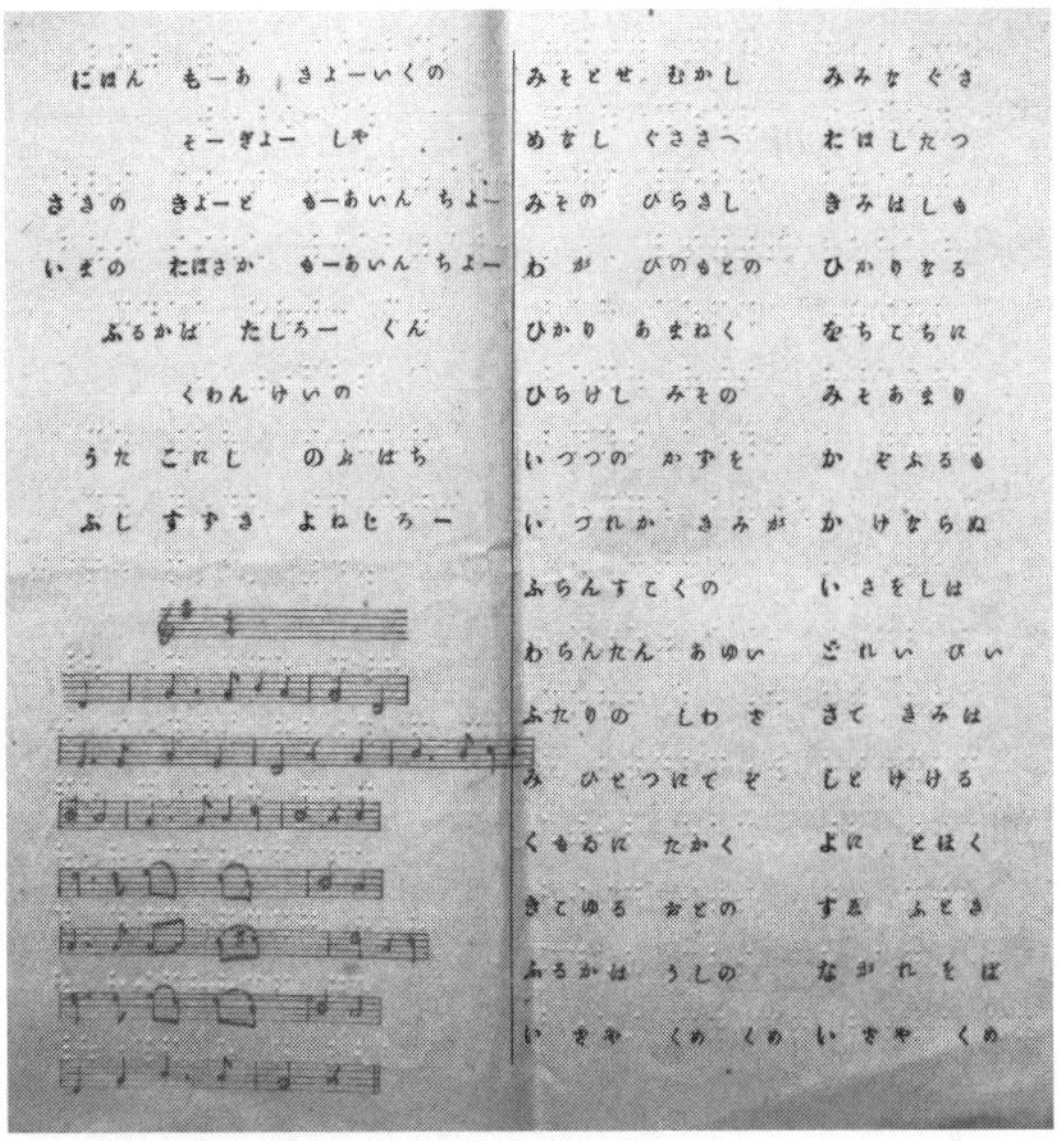

「古川太四郎先生創業三〇年頌徳の歌」
（京都府立盲学校資料室所蔵）

31 似通った校歌

校歌には、その学校の目標や歴史が色濃く投影されます。そこはかとない「懐かしさ」が似通う一方で、オリジナリティーあふれる作品もあります。自我の確立や個性の尊重へと向かう意識の変化が影響しているのでしょう。

ふとしたことから、遠く離れた盲学校数校で、よく似た歌が愛唱されたことに気付きました。それは、東京盲唖学校、京都市立盲唖院、岐阜訓盲院などに伝わってきたものでした。いずれも現在の校歌ではなく、過去の一時期に歌われたものです。歌詞が酷似したのはなぜ？

各地で流用された歌

『東京盲学校六十年史』によれば、盲・唖分離後の1910（明治43）年に「とーきょー　もーがっこー　こーか」が制定されました。校歌制定以前には「嬉《うれ》しき御代《みよ》」が歌われていました。「嬉しき御代」の作詞者は中村秋香《あきか》、作曲者は小山作之助《こやまさくのすけ》です。小山は1890（同23）年6月29日に、教師として「盲生音楽演奏納」に携わっています。

05（同38）年の「日本訓盲字」に「嬉しき御代」が載っています（写真）（＊1）。

一　うれしきみよや　けふのみよ　むかしのよにはすてられし　わがともがらもひとなみに　かぞまへられてぞよにはたつ

二　たふときみよや　けふのみよ　きかぬにもききみぬにみて　わがともがらもひとなみに　まなびのにはをぞたちならす

三　ひとなみなみのみちふみて　あさなゆふなにたちならす　まなびのにはのいやひろき　よのめぐみこそうれしけれ

昔は見捨てられていた盲生や唖生が「学校で学べる時代になった」喜びと誇りが歌い上げられています。「とーきょー　もーがっこー　こーか」では、盲・唖の分離を反映し、歌詞の一部を盲生の点字学習にシフトした「なづれば　ゆびに　あきらけし」に変えられています。

岐阜訓盲院の校歌は、『岐阜盲学校六十年誌』に載っています（＊2）。1番の歌詞は、なんと、一言一句、「嬉しき御代」と同じです。2番になると、「嬉しき御代」では「き

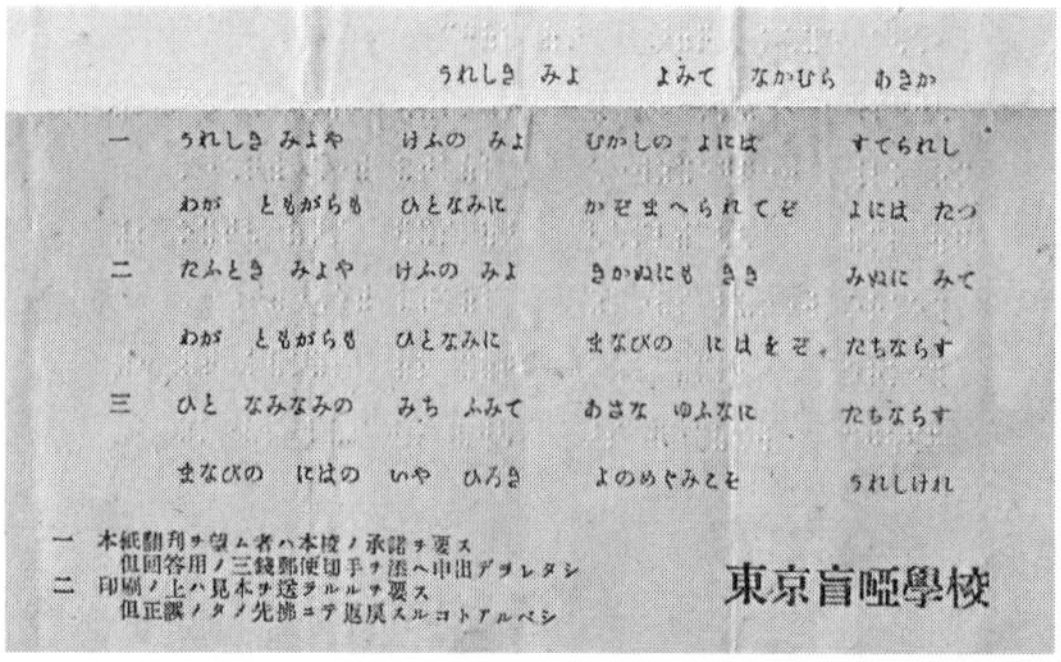

東京盲唖学校「うれしき　みよ」（京都府立盲学校所蔵）

かぬにもききみぬにみて」だったところが、「見えぬ目にまで見るを得て」に変えられています。岐阜訓盲院は啞生を教育対象とはしなかったのでした。3番でも「たちならす」(東京)を「ふみならす」(岐阜)に、「よのめぐみこそ」(東京)が「主の恵みこそ」(岐阜)に変えられています。「主の恵み」という歌詞が校歌に登場するのは、岐阜訓盲院がキリスト教の「岐阜聖公会」の事業として創始されたことに由来すると考えられます。

ただし『岐阜県立盲学校百年史』に載っている「訓盲院唱歌(校歌)」は2番まで。元の1、2番が縮められ、2番は「とうとけれ」と結ばれています。「森巻耳《けんじ》先生作詞作曲になる岐阜訓盲院校歌を卒業生が歌ったのを楽譜に書き取った」という注が付いています。

京都でも

京都府立盲学校では、戦後に作られた今の校歌が創立以来、初めての校歌だと伝えられてきました。ところが、資料室で見つかった明治期の「点字一覧掛図」には、「かうか(校歌)」と題する詞が載っているのです(＊3)。点字の拗音符号が用いられていないので、1903(同36)年より前に作られたもののようです。

その歌詞は、1番、2番、3番に分かれてはおらず、一続きです。1番に当たる部分の歌詞は東京盲啞学校の「嬉しき御代」や岐阜訓盲院の校歌と同じ。京都では啞生も受け入れていたので、「嬉しき御代」にあった「きかぬにもききみぬにみて」の歌詞が使われています。違いは末尾の1文節のみです。東京の「嬉しき御代」では「うれしけれ」ですが、京都の校歌では「たのしけれ」になっています。厳密には、これが「京都の校歌であった」と言い切れる裏付け史料は未だないのですが……。

『世々に残さむ――豊橋盲学校八十年の〝生涯〟――』に記録された唱歌の1番の歌詞は「嬉しき御代」と同じもの(＊4)。2番でも、その後半が「嬉しき御代」の3番の後半と同じです。

岐阜と豊橋の唱歌が「嬉しき御代」に似ているのは、それぞれの学校の教員たちが上京して東京盲啞学校の小西信八《のぶはち》たちと交流して指導法などを学び、「嬉しき御代」を自分たちの学校向けにアレンジしたと考えてよいかもしれません。福島県立視覚支援学校の90年史などにも、「嬉しき御代」を開校式で歌ったと書かれています。歌詞は記載されていませんでした(＊5)。

歌詞が酷似しているのは、今ほど著作権にこだわらない時代ならではのことだったのかと推量します。この5校以外にも歌詞の中に「御代」や「御代のめぐみ」を含むものがあります。それらの底流には、戦前までの日本社会と慈恵的な教育に甘んじざるをえなかった盲学校の事情が横たわっていたのではないでしょうか。

32 研究誌

明治時代からの変遷

明治以降、盲学校関係者は時代が求める課題に即して研究団体を結成してきました。主な研究団体と機関誌の変遷を振り返ってみます。盲教育史の明暗を探る手掛かりになるでしょう。

この感を強くしたのは日本盲教育研究会発行の『盲教育研究』を閲覧したのがきっかけです。創刊は1958（昭和33）年6月。しかし同誌は、この1号きりで姿を消してしまいます。翌年、全日本盲学校教育研究会（全日盲研）が結成され、『盲教育研究』に代わって『盲教育』（現『視覚障害教育』）が刊行されました〔＊1〕。

最も古くは明治時代に発行された機関誌もあります。第1回日本盲唖学校教育会が東京盲唖学校で開催されたのは07（明治40）年。20（大正9）年に第7回が開かれています。この時期は大会名を冠した報告書を定期雑誌として発行しました。京都府立盲学校には11（明治44）年発行の「第三回全国盲唖教育会報告」と題した冊子などが残されています。

12（同45）年、東京盲学校長・町田則文《のりぶみ》が主宰する『内外盲人教育』が創刊されました。国内外の盲教育の歴史や最先端の実践の紹介に力を入れ、20年10月発行の第35号まで続きました。

これに代わるものとして翌年4月、『帝国盲教育』が創刊されます。その前年に発足した帝国盲教育会（帝盲）の機関誌として発行されました。また25（大正14）年には今関《いまぜき》秀雄らが研究・互助を目的に日本盲教育同志倶楽部（後の日盲）を創立し、『日本盲教育』を発行します。

帝盲の『帝国盲教育』と日盲の『日本盲教育』が並立・併存する状態は28（昭和3）年まで続きました。昭和天皇即位をきっかけに両団体が合併し、団体名は「帝国盲教育会」、機関誌名は『盲教育』になりました。ちなみに『帝国盲教育』『盲教育』ともに、点字版も作成されたようです。

一方、29（同4）年10月には東京盲学校長・秋葉馬治《あきばうまじ》が盲教育研究会を結成。翌月、月刊誌『盲教育の友』を創刊しました。帝盲の機関誌『盲教育』が年2回しか発行されないことを不満に思い、自ら筆を執ったといわれています。発行は32（同7）年8月まで続けられました。この時期、秋葉は『盲教育』と『盲教育の友』の2誌を主宰し、その発行を支えました。

これらの経緯については『図説盲教育史事典』に概観されており、各誌の表紙の写真も収録されています〔＊2〕。ただ惜しいことに帝盲編著の研究誌『盲教育に関する研究』（写真・左、上から二つ目）が取り上げられていません。年報に相当する冊子でした。国立国会図書館のデジタルコレクションで35～3

9年度分と41年度分の本文画像を閲覧できます。

なお帝盲は35（昭和10）年に機関誌名を『盲教育』から『帝国盲教育』に戻し、盲学校を国民学校に誘導していきました。開催を続けてきた全国大会は戦況悪化の下、41（同16）年に予定されていた石川県での開催が中止に追い込まれ、戦時中に復活することはなく、敗戦後、「帝国」を冠した組織の再開はありませんでした。

戦後全日盲研にいたる流れ

全日盲研のホームページの「大会一覧」に21（大正10）年から現在までの全国大会の主催者と大会名が列挙されています〔＊3〕。46～50年は日本盲教育会による「盲教育研究大会」が、51年から6年間は「主管校ほか」による「全国盲教育研究大会」が開かれています。大会の運営は日本教職員組合特殊学校部にも支えられていたようです。同部は47～70年までの間、評論雑誌『盲教育評論』を年4回発行し、第51号まで全国の教員に届けました。その後、軋轢《あつれき》も含みつつ日本盲教育研究会を経て全日盲研へと再編され、新たに『盲教育』と題した研究誌が作られました。これが『視覚障害教育』へと改題されて、今も年2回発行されています。

『障害者教育福祉リハビリテーション目次総覧』〔＊4〕には『木之枝根（きのえね）』〔＊5〕『盲心理論文集』〔＊6〕『盲心理研究』〔＊7〕なども収載されています。

研究誌各種（京都府立盲学校所蔵）

4 各地の盲学校

33 大阪摸範《もはん》盲唖学校

「模範的な公立」校をめざす

幕末の讃岐にいた日柳燕石《くさなぎえんせき》は「博徒にして学を好む」と自称し、高杉晋作をかくまったりした大親分でした（＊1）。文久期とされる七言絶句の作品に「盲人模索して猶《な》ほ学に堪ふるがごとし／一程親しく鐫《え》る凸字の書」と、盲教育への知見を詠み込みました。

1879（明治12）年、大阪で「摸範盲唖学校」の開設を主導したのが燕石の子・日柳政愬《くさなぎせいさく》（三舟）です（＊2）。

政愬は、故郷讃岐で絵や書を、京都で医学を学び、1872（同5）年から大阪府の学務を担当します。多くの教科書を執筆するとともに、集成学校（現・大阪府立北野高等学校）における男女共学を施行しました。日柳家は政愬からの累代は「栁」の字を用いています（写真）。

盲唖学校開設の準備として古河太四郎《たしろう》に教員の斡旋を依頼し、遠山憲美（13章参照）の招へいに成功しました。京都に足を運んで教具に関する相談をした記録もみられます。

1879（同12）年秋には、東京楽善会《らくぜんかい》の大内青巒《せいらん》と高津《たかつ》柏《はく》樹《じゅ》が来阪し、意見を交換しました。

先駆けの人々がつながって、政愬の志を支えます。

「摸範盲聾唖学校則」の第一条には「盲唖教授法ノ如《ごと》キハ一種特種ノ者（ママ）タルト雖《いえ》トモ、其《その》教フヘキ学科ハ普通ヲ旨トスルヲ以《もっ》テ、概《おおむ》ネ小学師範学校ノ教則ニ随《したが》ヒ」と掲げられています。京都盲唖院にならいつつ、師範学校の教則を取り入れたところに特色があります。

「摸範」と銘打ったのには、京都・東京を私立ととらえて、それを超える「模範的な公立」校をめざす意図がありました。当初の生徒数は約40人、うち15人が盲生でした。

同校の「盲唖教則」表（盲生・唖生の学年別教課配当）は、加藤康昭氏らによる『わが国特殊教育の成立』にありますが、唖生の五級の欄に「習字」を補って読む必要があります。

政愬はしばしば新聞を活用しました。開校式（1879年11月5日）の予告も載っています（＊3）。眼科医との連携が密だったのも特長で「盲生八人のうち4人は、過日来、緒方軍医正・松井軍医の治療にて精眼となり、本人は固より、父兄の喜悦大方ならず」などの記事が確認されます（＊4）。

着々と成果を示し、進展が期待されました。

ところが、まもなく遠山が退職し、理解者であった渡辺昇知事も元老院議官に転出します。さらに根底をゆるがす事態が追い打ちをかけます。

予算を否決され廃止となるが私立として再興

大阪府議会が「盲啞学校費」の予算案を否決してしまうのです。高木半《なかば》議員1人が「東京に未《いま》たこれなきものにして、大阪に之あるも、亦《また》美ならずや」と弁じたのもむなしく、予算はすべて削られます。府財政のひっ迫があったとは言え、議員たちの無理解の結果、この学校は8カ月で潰《つい》えます。廃止の告示は1880年6月30日でした。

憤然、政懃は学務課長の職を捨て、わずか8日後に私立としての盲啞学校を再興しました（＊5）。その強靭《きょうじん》さに感嘆します。

しかし、経営の苦しみが、1892（同25）年の廃校まで終始つきまといました。この時代の教員であった大前博厚・ナヲ夫妻などの実践や胸中を掘り起こし、業績と教訓を汲み尽くしたいものです。断絶は、博厚の死が直接のきっかけになったとされます（＊6）。

他方、明治20年代の大阪には、公立盲啞学校を求める私立大阪教育会の活動があったと、『大阪市立盲学校60年史』に描かれています（＊7）。けれど、目標の成就には至りませんでした。

日柳三舟（政懃）石碑
（大阪阿倍野墓地、岸博実撮影）

大阪に脈打つ「盲・ろう教育」への切望

そこへ登場するのが五代《ごだい》五兵衛《ごへえ》です（＊8）。中途失明の身で、傾いた家を立て直した彼は、家督を弟に譲った後、盲・啞教育を思い立ちます（弟・音吉が営む自転車店には若き松下幸之助《こうのすけ》が勤務しました。幸之助の父・政楠《まさくす》は私立大阪盲啞院で働きました）。

松本重《じゅう》太郎《たろう》の興した日本教育保険会社で外交員をしていた古河太四郎を招き、私立大阪盲啞院を開校したのが1900（同33）年です。教員には大前ナヲの名もありました。

このように跡付けるとき、大阪の足取りの中には、どんな危機に見舞われても、決して消えることのない「盲・ろう教育」への切望が脈打っていたと言えます。

明治末、ようやく、東京に小西信八《のぶはち》、大阪に古河太四郎、京都に鳥居嘉三郎《かさぶろう》が並び立ちました。各地の盲・ろう教育運動は、勢ぞろいした千両役者を押し上げる底力を蓄えつつありました。いよいよ義務化と盲・ろう分離をめざす大舞台の幕が上がろうとしていました。

34
楽善会《らくぜんかい》官立化へ

明治10年代各校の経営危機

1878（明治11）年、京都盲啞院開業、1879年、大阪摸範盲啞学校創設、1880年、楽善会《らくぜんかい》訓盲院授業開始。わが国の視覚障害教育は三大都市でそれぞれ産声を上げました。

しかし、明治10年代、3校とも学校運営をめぐって危機に瀕します。まだ日本に点字がなかったことも教育・学習活動を阻害しましたが、それ以上に経費面の窮屈さが高じ、学校の存立さえ危うくなりました。まず、大阪摸範盲啞学校については、発足の翌年5月の府議会で「盲啞学校費」が全額削除されてしまいます（33章参照）。明治10年代の後半、京都も松方デフレなどのあおりを受けて寄付収入が後退するなどし、古河太四郎《たしろう》の経営責任が問われていきます（12章参照）。

ほぼ同じ頃、東京の楽善会訓盲院も足踏みを余儀なくされます。生徒は微増に止まり、寄付も伸び悩みました。

国による直轄化へ舵を切る

秋葉馬治《あきばうまじ》の労作をベースにした『東京盲学校六十年史』（以下、次章まで『六十年史』と略）にその経緯が綴られています（＊1）。1882（同15）年1月には、楽善会友への資金寄付募集の回章を、2月には「資金御寄付願」を送付して尽力しますが、順調には進まなかったようで、7月10日には大内青巒《せいらん》院長が「天性魯鈍」「家事繁忙」により「未タ何等ノ功績ヲモ奏スルコト能ハス」として自ら解職願を提出するに至ります。結局、1883（明治16）年に、院長職を大内青巒から高津柏樹《たかつはくじゅ》に替えて立て直しを計りますが、それでもはかばかしく進みません。2年後、山尾庸三《ようぞう》は「事業を投げ出す」決心をし、国による直轄化へと舵を切り替えます。

明治18年分は、飛び石を伝うような楽善会の記録です。

9月12日　委員会を開く（中略）現今の情況にては細く長く永続は可致なれども到底盛大を図る目途は無之且華族其外とも先年とちがひ諸方へ出金の数も増し事実本会へ助成も為し難き模様に有之因ては文部省へ出願し本省直轄に致し度存ずる旨会長より発議（中略）
9月26日　総会議（文部省の直轄を請願する議決）
10月　「直轄願」
10月12日　（楽善会史編纂等の協議）
11月21日　直轄請願認可せらる、其の文面左の如し（略）

キーワードだけを抜き出しました。実際は2頁を超す分量があります。とはいえ、危機と打開の描写としては、あまりに簡略です。文書保存のゆとりもないあわただしい直轄運動であったのでしょう。

最終局面に、「継続の目途難相立」とありますが、収支の明細は不明です。「資本金其他別紙取調書」があるとされていますが、その内容も記されていません。

〈国の関与〉がその後の東京盲唖学校の発展を支えたわけですから、この転換期を詳しく明らかにする意義は小さくありません。『六十年史』の書き落とした部分を埋める資料の発掘に期待を寄せています（35章参照）。

盲唖分離への道

なお、訓盲院として出発した楽善会も1884（同17）年からろう唖者を受け入れ、訓盲唖院へと姿を変えていきます。京都・大阪・東京、いずれも「盲唖併置」型の学校になったわけですが、関係者がそれを理想としたわけではありません。『六十年史』のなかで小西信八《のぶはち》校長はそれを「便宜の措置」だったと振り返り、「盲・唖の分離」と「義務教育化」を強く主張しています。これを見落とすべきではないでしょう。障害の性質、指導方法、職業教育の内容などの相違にも十分留意する必要があったのです。1909（同42）年、盲・唖分離が最初に実現したのは東京盲学校の設立（東京盲唖学校は翌年、東京聾唖学校に改称）においてでした。これも官立校であったからこその改革でした。

当時の「盲・唖」併置をめぐる問題意識は、東京にも、京都にも自覚されていました。そのことを示す史料を紹介します。


「東京盲唖学校移転ニ付建議」（1888・明治21年）

盲唖両用ニハ極テ不都合ナリ盲生ニ音楽ヲ教フル傍《かたわら》ニ於テ唖生ニ発音読方ヲ教フル等時間割上万々止ムヲ得ズ同時ニ教フル場合ノ如キハ最モ不便ナリ（＊2）

鳥居嘉三郎「盲唖教育取調ノ為メ上東京中ノ日誌」（1896・同29年）

盲ト唖ノ教授ヲ兼ヌルハ学校ノ名称ヨリ云《い》フトキハ当然ノ事ナリト雖モ実際盲ト唖ハ情性慣習動作等一モ類同セス而《しか》シテ此両者共教授ノ至難云フベカラズ故ニ相分レテ各専務トシテ心力ヲ各一方ニ用ヒンコトニ決セリ（＊3）

小西信八「上申」（1899・同32年、文部大臣宛）

元来盲ト聾トハ全ク性情ヲ異ニシ盲者ノ為ニ考慮ヲ尽シタル成案モ之ヲ聾者ニ適用スベカラズ聾者ノ為ニ工夫ヲ凝ラシタル良案モ之ヲ盲者ニ利用ス可《べ》カラズ諸学科全ク教授ノ方法ヲ異ニセザルベカラザル（中略）然ルニ教場寄宿舎共ニ盲聾棟ヲ異ニスレバ一構地内ニ設置スルモ可ナラントノ説モ無キニハ非ズト存ジ候ヘ共《ども》是レハ姑息ノ方法ニテ教育ノ本意ニ合ハザル議ト存ジ候（＊4）

35 雨宮中平《あめみやちゅうへい》史料

楽善会直轄化を生々しく伝える新資料

それまで、予想すらしていなかったのですが、インターネット上の古書目録に「雨宮中平所蔵楽善会史料」が挙げられているのを見かけ、ただちに入手しました。

とは言え、「雨宮中平」（写真）とはどんな人なのか、初めは全く分かりもしませんでした。

急く気持ちで東京盲学校の『六十年史』をひもといてみました。すると、氏名だけですが、彼が登場しているではありませんか。明治10年代後半の東京盲唖学校に事務職員として勤務した人でした。

１８８１（明治14）年4月の記事に、「本会々計の事務を負担し」てきた川村直温が物故したと綴られています。翌年10月の記述では、眞中忠直と杉浦良能が会計委員に選任されています。雨宮の初出は、１８８５（同18）年12月１日の項。訓盲唖院を楽善会から文部省へ引き継ぐにあたり、当時の職員として庶務掛雨宮中平も挙がっていて、移管後は文部省属となるとも記されています。

雨宮中平肖像写真（『写真集 日本近代化へのまなざし』吉川弘文館、2016年刊より）

それから間もなく、後に全国の盲・唖教育をリードしていく小西信八《のぶはち》が同校の教員になります。小西は石川倉次《くらじ》を招いて、フランスのルイ・ブライユが確立した6点点字を日本語用に翻案する研究を促しました（第1部参照）。行政的な位置づけも安定し、盲教育の刷新に向けて歩みだす時期に雨宮も登場人物の一人になったのです。

古書店から届けられた「雨宮史料」は20数点に及び、その中に、同校が直轄化を目指す、生の文書（写真）や記録が含まれていました。驚きました。

雨宮史料の概要

主なものを挙げてみましょう。

「楽善会慈恵方法」（明治10年）
「楽善会訓盲院第一期考課状」（明治13年1〜6月）
「前園昇書簡」（及川静宛、明治14年3月）
「楽善会訓盲院第四次年報」（明治15年・手書き）
「楽善会訓盲院第五次年報草稿」（明治17年）
「山尾庸三書簡」（高津柏樹・雨宮中平宛、明治18年6月・草稿もしくは写し）

「訓盲啞院収支等記録」（明治18年6月、雨宮中平）
「私設訓盲啞院御直轄願」（明治18年10月）

上記「慈恵方法」には有名な楽善会広告が載っています。「考課状」や「年報」は、現在の「学校要覧」に相当します。その詳細をつぶさに研究する必要があります。

楽善会訓盲院が「考課状」を作成・公表していたことは『六十年史』に「第二期」以降のそれが引用されていることで既知の情報でした。ですが『六十年史』（＊1）には「第一期考課状」という文言は見出せません。

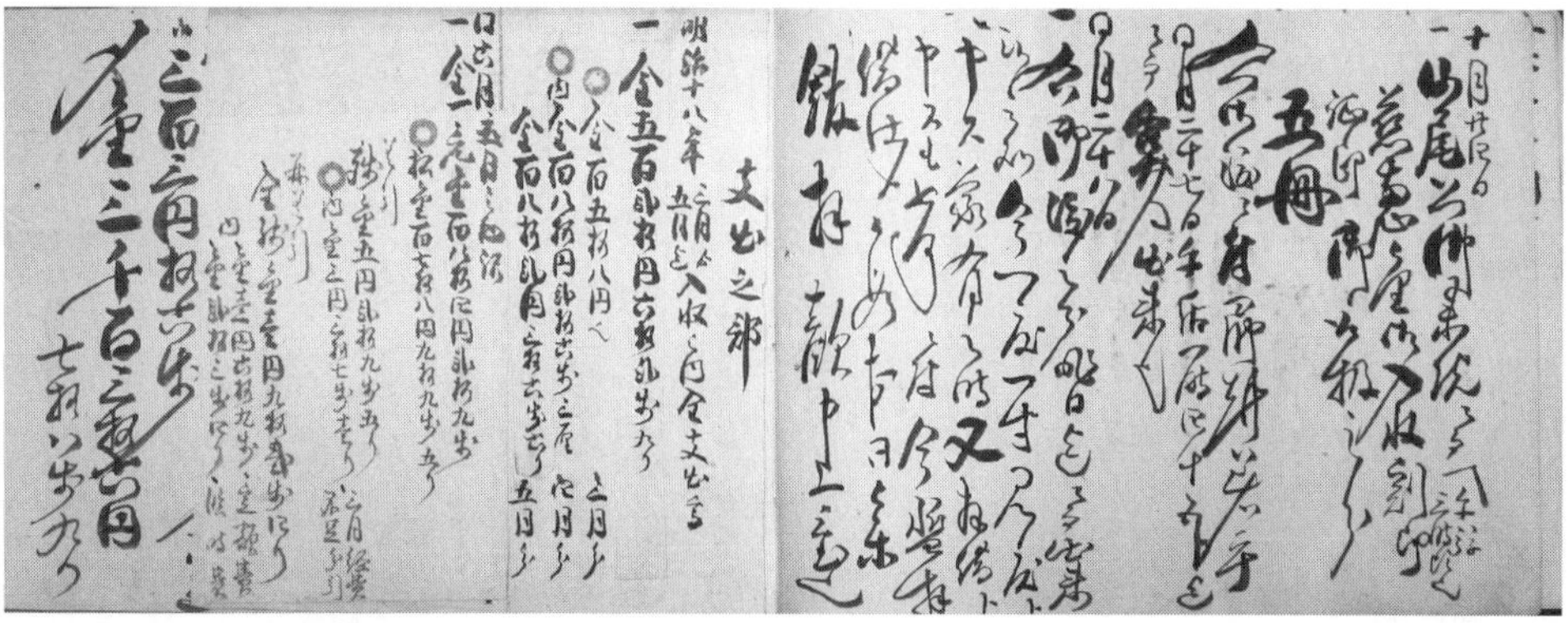
「雨宮中平史料」（岸博実所蔵）

「第一期考課状」（手書き）に、「明治十三年一月起稿」とありますので、『六十年史』の当該年次を対照してみました。すると、両者に共通する項目として「教務ノ事」と「会計ノ事」（『六十年史』では平仮名）があり、細かい語句に若干の違いはあるものの共通する内容でした。一方で、「第一期考課状」にある「職員ノ事」と「生徒ノ事」が『六十年史』の見出しとしてはありません。ですが、その内容は、日誌録に振り分けて記載されています。

以上から、『六十年史』の背後に、資料名としては明記されていないものの「第一期考課状」があったと推定できます。

前園昇は、保護者の立場から教員宛に「盲教育の内容として英語は必要ない」などと主張し、職業教育の充実を懇請した人物です（22章に書簡の内容を紹介）。山尾の「書簡」は、楽善会が保有する預金や株・公債の処理に関して院長と事務方に指示する文面でした。「直轄願」には、これまで知られているのとは異なる字句が散見されます（78章参照）。

雨宮中平が作成し、高津《たかつ》柏樹《はくじゅ》院長心得が見届けた「収支等記録」は、毛筆で記され、朱書きもほどこされて、リアルな数字に満ちています。文部省との交渉なども描かれています（78章参照）。

雨宮史料は希少な一次資料です。研究なさる方々に広く利用いただけるようデジタル化し、筑波大学附属視覚特別支援学校にもお届けしてあります。

東京に、困難に耐え、飛躍を支えた雨宮中平がいたのです。はるかな歳月を超えて、あなたの声を聞きたい！

36 高津柏樹《たかつはくじゅ》

「飛びこんでさへ居れば悪いことはない」

楽善会《らくぜんかい》の頃から25年も初期盲教育に携わった高津柏樹を描いた評伝『東都盲人教育事始め　高津柏樹の一生』があります（＊1）。現在、入手困難なので残念ですが……。

1836（天保7）年に豊後の青柳家に生まれ、8歳で得度しました。津田仙に招かれて楽善会に入り、1879（明治12）年に訓盲院の教授となって、4年後には院長心得に就きました。この間に高津姓に改めます。いったん職を退きますが、1893（同26）年に再び迎えられ、1911（同44）年まで勤務しました。直後、請われて黄檗宗第四十四代管長に就任します。

盲唖教育に参入した経緯について、当人は自著『まあ坐れ』で「何にも衆生済度ぢや、何でもかまはぬ飛び込んでさへ居れば悪いことはないと考へてのことぢや」と打ち明けています（＊2）。

1879（同12）年、大内青巒《せいらん》とともに京都盲唖院を見学。生徒探しと入学勧誘に奔走するものの、無理解な保護者に追い払われる日もありました。

翌年2月、楽善会訓盲院に二人の盲生が入学。漢学・国学・和歌に造詣の深かった高津の教育実践が始まります。「習字素《そ》読《どく》講義語誦《ごしょう》数学作文音楽等の諸課」のうち、国語関係を受け持ち、大蔵省にいた得能《とくのう》良介等の協力を得てひらがな凸《とつ》字「詞《ことば》之掟《のおきて》」を完成させました。

高津が授業に用いた凸字教材が筑波大学附属視覚特別支援学校に現存します。当時の「生徒成績品」も帙《ちつ》に納めて大切に保存されています。盲生が鉛筆で書いたひらがな、カタカナ、ひらがな漢字交じり文、和歌などは、なかなかの出来栄えです。点字研究に関与した小林新吉《しんきち》（37章参照）や伊藤文吉《ぶんきち》の手習いはみごとな筆跡です。能書家であった高津の熱心と工夫が思われます。唖生の指導にも当たりました。

ところが、彼は同校が官立化した翌春に依願免職となります。文部省の教員待遇に「慨するところ」があったと、石川倉次《くらじ》にもらしたそうです。

数々の逸話

それからの数年は、自ら高津学舎を興して漢学を教えるなどして過ごしました。幸い、再度嘱託され東京盲唖学校に復します。この時、盲教育は点字時代に突入していました。すでに58歳の身、点字習得には一苦労したでしょうが、凸字を超える新機軸を喜んだに違いなく、ルイ・ブライユの生誕を祝して「百年を千万年ぞや君がおきし点字天下に生きてはたらく」と謳《うた》い上げました。

盲・啞分離を機に小西信八《のぶはち》と石川は聾啞学校に移りましたが、彼は雑司ケ谷に移転新築した盲学校に籍を置き続けました。開校式の歌を作詞し、退職まで盲教育に従います。退職記念に肖像画を贈られたと記録されています。豊富な学識に加えて茫々《ぼうぼう》と伸ばした白髪、愛嬌《あいきょう》のある童顔で、生徒たちに親しまれたと想像することができます（写真）。

民友社刊『閑話休題』は「明治の教育史中に柏樹老人の名を脱しては相済まない」と称えています（＊3）。

後に管長職に就いた黄檗宗においては、乱れていた寺制を整えたとされます（＊4）。「火鉢の傍らで読書中、袖に火が移って熱い熱いと言いながら本を捨てようともしなかった」「青巒とともに新島襄《にいじまじょう》を訪ねた」「キリスト教を研究し、宗論で中村正直をへきえきさせた」など、数々の逸話を知ることができます。

黄檗宗第四十四代高津柏樹管長像
（黄檗山萬福寺文華殿所蔵）

戸川秋骨の回想

高津学舎から育った英文学者・戸川秋骨《しゅうこつ》は師を回想しています（＊5）。柏樹が僧侶であることから坊主頭だろうと思っていたのに、長い白髪の老人であったと驚いたことから書き起こしています。「柏樹先生は黄檗の老僧である。私は僧と名の附くものは皆円頂緇《し》衣の筈であると思つてゐた。然るに柏樹先生は単躯痩身白髯《たんくそうしんはくぜん》長髪の老人であつた。一度何か言ひ出すと、夫《そ》れから夫れへと止め度なく話が出て来る。私も面白いので本をそつちのけにして話を聞い」たそうです。秋骨は柏樹に代わって英語の授業を行うようになり、代わりに柏樹から漢文を教わります。「給料は多分もらえなかった」が、秋骨も月謝を支払わなかったそうです。また、おそらく80歳を越えていたであろう柏樹と町で再会したとき、「先生は「まだ斯《こ》うして死に損なつてゐると云《い》つて笑はれた」がかくしやくたる様子だつた」「今一度、この不思議な先生に接してみたくてならない」と書いています。

1918（大正7）年、東京盲学校卒業式に列席。25（同14）年、90歳で入寂。博学の奇傑でした。

37 高田盲学校《たかだ》

小林新吉《しんきち》は、日本で初めて綴られた点字を触読した盲生でした。東京盲唖学校にいたころ、小西信八《のぶはち》にブライユ点字を教えられ、1週間くらいで大体を習得したと伝えられています（＊1）。点字の優位性を実証したこの少年は、糸を使った「むすび文字」などを考案する聡明な子でした。彼がいなかったら、石川倉次《くらじ》らは点字研究を躊躇《ちゅうちょ》したかもしれません。新吉が生まれた新潟の高田を訪ねてみましょう。

日本最初の「盲学校」

明治10年代、東西2校のほかに、大阪や石川などで盲・唖教育が試みられました。しかし、条件が熟していなかったため、いずれも挫折してしまいました。

従って、1891（明治24）年創立の高田盲学校が「3番目の盲学校」と言い習わされてきました。現在は、学校としての歩みを止め、跡地に建てられた上越市福祉交流プラザ内に同校「顕彰コーナー」が置かれています。

高田盲学校の歴史は幾つかの際立った特色を持ちます。

まず、2006（平成18）年まで、一度も「盲唖学校」に変容することなく、徹頭徹尾「盲学校」として存在し続けた点です。京都も東京も「盲唖」校であった時期に、高田は視覚障害に特化した学校づくりを初心としました。地元には、唖生の受け入れを望む動きもありましたが、それをあえて退けました。

この経緯を踏まえると、高田は「3番目」でなく、「日本で最初の盲学校」と称えることさえ可能です。

次に、発足当初の校名です。「盲」という字を用いず、「私立訓矇《くんもう》学校」の看板を掲げました。「教育すれば必ず人間として生きられるのだ、という気持ちが、ここに、あらわれている」。高田盲学校の元教員で、『ふみ子の海』の著者、市川信夫さんはそうお書きになっています（＊2）。

教育内容の面では、東京盲唖学校に学びながら、職業教育だけでなく、普遍的な教養を大切にする教育課程を編成しました。高田より後発の学校であっても職業に偏した例がありますから、優れた着眼であったと評せます。点字についても、理療についても、教員を東京に派遣して高い技量を備えました。

『高田盲学校30周年記念』誌（点字版のみを「顕彰コーナー」が収蔵）に、「新任の教員丸山謹静《きんせい》氏は東京盲学校から点字の書き方とつづり方を輸入し点字器をもたらしたので以後凸字は一切廃止して点字を採用することとなった」などと、その一端が記されています（＊3）。

創立者は、大森隆碩《りゅうせき》と杉本直形などでした。初代校長となる大森は、ヘボンに教えを受けた眼科医。自身が失明の危機にみまわれ、盲教育の必要性を切実に知りました（＊4）。

　今日、ロービジョンをめぐる研究で、眼科の医師と教員などの共同研究が広がっていますが、眼科医の立場で学校創立に乗り出した大森の仕事にはさきがけの栄光があります。

　学校経営は苦悩の連続でした。新潟県に対する創立申請は再三にわたって却下されました。理解のあるお寺や小さな民家を転々とする年月でした。大都市圏ではなかっただけに、苦労は格別でした。財政を確立するために、頼母子講《たのもしこう》を結成したり、講演会を度々開いたりしています。新潟出身の前島密《ひそか》、東京の小西信八などが支援に駆けつけ、盲教育への理解を促しました。

高田盲史料の再評価を

　3度、上越市の高田盲学校「顕彰コーナー」を訪ねました。ローマ字凸字《とつじ》本「ルカ伝福音書」・点字の教材、学校の看板、創立者・関係者の自筆書簡、学校要覧類・教育課程表・試験問題、写真など、貴重な史料が保存されています。江戸時代の越後の盲人史資料も含みます。市川氏や地元の新聞『上越タイムス』が、その紹介に努めて来られました（＊5）。最近になって、博物館などによって学術的な目録の作成が始まっていると伺います。「瞽女《ごぜ》集団と高田盲は互いにどう向きあったのか」など、興味は尽きません。大森の次女、高岡ミツは東京盲唖学校の教師になり、10年かけて辞書『言海』の点訳を成し遂げました（69章参照）（＊6）。

　雪を割るように育った花に陽光を注ぎ、高田盲学校史をルネサンスするために、何をなすべきでしょうか。

　なお、新潟県立歴史博物館（長岡市）に常設の高田盲学校大森隆碩コーナーがあります。

高田盲学校　高田盲学校同窓会創設30周年記念写真
（上越市福祉交流プラザ　顕彰コーナー（高田盲学校資料室）所蔵）

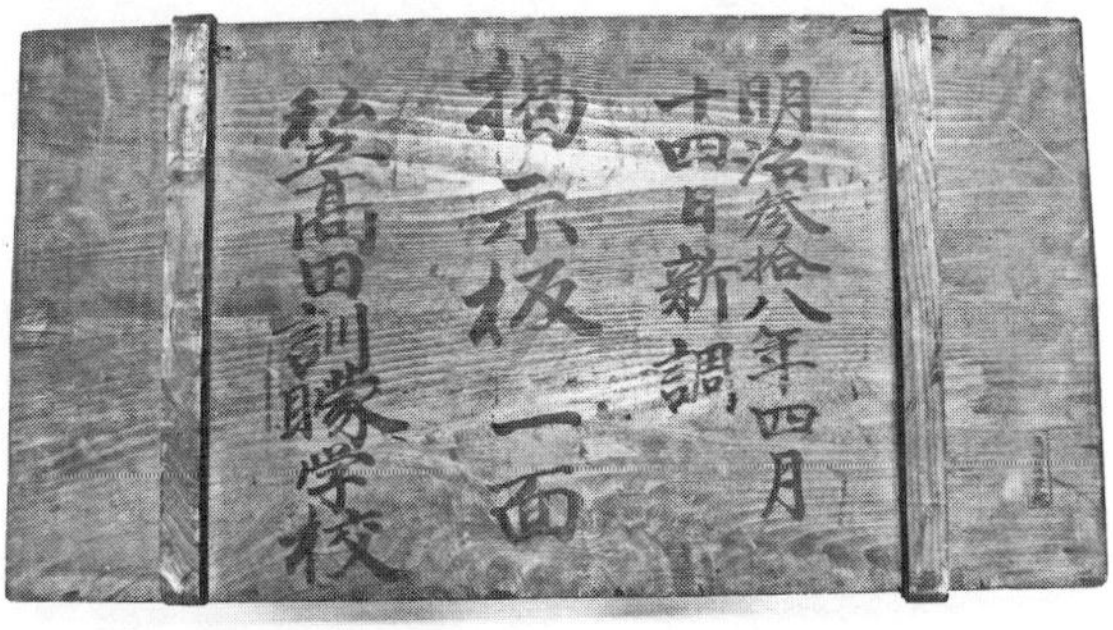

私立高田訓矇学校掲示板

38 横浜物語

眼科医浅水《あさみず》璡《しん》太郎《たろう》が先駆

明治期を知る上で、横浜の歩みは欠かせません。

ドレーパー夫人の私立訓盲院（次章参照）が生まれるのに先立って、浅水璡太郎（十明《じゅうめい》）は、市内の盲人を集めて鍼治《しんち》揉按《じゅうあん》医術講習学校（現・横浜市立盲特別支援学校）を開きました。浅水は、なぜ、どのように考えて学校創設に着手したのでしょうか。

璡太郎名で刊行された1891（明治24）年の『杖の栞《しおり》』には、当時の盲人が置かれた悲惨な実態と、それを克服していこうとする強烈なまでの決意が垣間見えます（＊1）。

「本邦《わがくに》十有五萬の盲人は頗《すこぶ》る赤貧の者多くして其《そ》の生活の程度は先《ま》づ最下級なり」、「今其原因を挙《あげ》んに拙者は左の三ヶ條を認む。第一　鍼治揉按術を医学上に論究せざりし事　第二　盲人生徒の教育完全ならざりし事　第三　盲人にして本業の改良を計る者なき事」。

浅水の筆は、弟子を食い物にする師匠が存在することを激しく衝き、女あん摩が娼妓《しょうぎ》さながらの苦境に投げ込まれている事実も告発しました。あたかも、盲人自身がしないのなら自分が手がけようという宣言です。他の創立譚よりも鋭い切り口です。

彼は「鍼灸《しんきゅう》按摩教育の科学化」を重んじ、盲人用「解剖学」・「生理学」などを編集してレベルアップを追求しました。鍼灸按業の在り方を厳しく律する「弘道会正員の心得」十七ヶ条も編みました。それを自ら〈杖の栞〉と呼びます。

「如何《いか》なる艱難《かんなん》に遭ふも堅く耐忍を守り苟《いやしく》も道義に違《たが》はざる様心得べき事」（第一条後半）という戒めの言葉などに厳格さが色濃く示されています。

それはすなわち盲人治療家のための指針でした。横浜は、岸田吟香《ぎんこう》がヘボン直伝の目薬・精錡水《せいきすい》を売り出した開明の地です。浅水もまた、楽善会《らくぜんかい》を興したヘボンの教えに学んだ眼科医だったのです。

横浜監獄の「盲《もう》啞《あ》懲《ちょう》治場《じば》」

当道座《とうどうざ》の廃止によって困窮した盲人の中には、無教育や貧困に起因して罪を犯す者もありました。ろう者を含め、当時の新聞記事にその例が見られます。明治30年代の統計によると、毎年20名前後の瘖《いん》啞者が各地に分散収容されていました。

捕らえられた障害者は、囚人に許された読書の機会からも遠ざけられがちで、「教育的措置」に基づく人格陶冶《とうや》も進まない状態で刑期を終えます。再犯も生じがちでした。

そこに一石を投じたのが横浜監獄の有馬四郎助《しろすけ》典獄《てんごく》です。「典獄」は、刑務所長を意味します。有馬は、鹿児島の人。北海道でこの仕事に就いてしばらくは「鬼」と恐れられる厳罰主義者

有馬四郎助肖像写真
（『有馬典獄遺稿集』より）

でした。同志社出身の留岡幸助《とめおかこうすけ》らとの出会いをきっかけに、囚人を人として扱うようになります。巣鴨監獄時代には、仏教に限られていた教誨《きょうかい》をキリスト教にも開きました。留岡を描いた映画〝大地の詩《うた》〟に有馬も登場します。

1904（同37）年、その有馬が横浜監獄に「横浜根岸学校盲唖部（盲唖懲治場）」を設置しました。全国から盲、唖の囚人が集められます。

その概要については、『日本聾史学会第8集』に収められた伊藤照美氏の「横浜監獄内にあった盲唖懲治場《ちょうじじょう》をめぐって」（ルビは伊藤氏による）に委ねます（＊2）。

官立学校として東京に並び立つ

盲人も含まれていたのは確かで、教育課程には鍼灸按摩や音楽も組み込まれました。教師として、東京盲唖学校卒の高木慎之介がろう唖担当、同教員練習科卒の鎌田榮八が盲担当に配置されました。

詳しい研究は引き続く課題とし、いくつかの指摘をするにとどめます。

① 横浜根岸学校盲唖部は、官立学校として東京に並び立つものであり、盲・唖教育の必要性と具体的措置の浸透を象徴する存在でした。

② 教育課程や教員配置には、「盲・ろう」分離が当然の理念とされていました。

③ 他校とは異なり、治安の趣意もありましたが、明らかに教育機関とも位置付けられます。

有馬は小西信八《のぶはち》と連絡をとっていましたし、鎌田は1908（同41）年に京都で開催された第二回日本盲唖教育教員会に出席して、「横浜監獄盲唖懲役場の現況」と題する報告を行っています。京都市立盲唖院の「記録簿」によれば、「聾唖保護会を設立するの可否」も協議しましたが、「聾唖者の父兄及社会の志士仁人に訴へて保護を願ふ等の意見ありしが結局青山、鎌田、大島の三委員に付托して充分研究する」とされ、結論には至りませんでした（＊3）。

横浜根岸学校盲唖部は、同年の刑法改正によって廃止されてしまいます。

39 横浜訓盲院

志高く私学であり続ける

戦前までの盲学校の運営は寄付や慈善に支えられてきました。本来、公の施策として行われるべきであったこと、そしてその中で秋田県立盲学校が公立として誕生した意義についても確認したうえで（45章参照）、今回は、志高く、私学であり続けてきた横浜訓盲学院などを取り上げます。

同院は現在、全国で唯一の私立の盲学校です。同院について書かれた資料から、その独特な学校づくりについて知ることができます。

創立者は、米国人宣教師の妻、シャーロッテ・P・ドレーパー。彼女を衝き動かしたのが、街を流して歩く少女の吹き鳴らす按《あん》摩《ま》笛の音だったというエピソードが心をうちます。

ですが、ここでは、1921（大正10）年に主事となり、後に院長も務めた今村幾太《いくた》をクローズアップします。1923（同12）年の盲唖教育令発布を受けて、盲学校・盲唖学校が公立学校へと変わり始めたさなか、今村院長と横浜訓盲院の掲げた旗には、私学であり続けることを選んだ誇りが香っているからです。

今村幾太院長の業績

1925（同14）年3月に書かれたと思われる『私学の特長、私立盲学校の保存と其の保護』と題するガリ版刷りの冊子があります（＊1）。今村院長は、この冊子に、学校の昇格とは、例えば高等専門学校であったものが大学になるなどを指すのであって、私立の学校が府立や県立、国立になることをいうのではないと書いています。そして、全国の盲学校長会において私学が消沈気味なのを嘆き、そこに残る「官尊民卑」の気風を指摘しました。

私立の盲学校・盲唖学校が多かった頃から、キリスト教に依って立つことをはっきりと示してきた同院です。他の私立校が公立へと変わり、宗教教育を廃したことを、今村院長は「惜しいこと」と振り返っています。また「宗教教育自由……此の一点、此の一件のみを以ても私学の保存、保護奨励の価値十分であるを痛感する」と指摘しています。

そのうえで、結びにあたるくだりでは、「幸に残存する私立盲学校は結束して（中略）自由の活動性能を思ふ存分に発揮する大運動を起さねばならぬ。私立盲学校保存、保護、奨励に力ある法令の改正又は設定の運動を起さねばならぬ。国庫補助金割当に関する文部省の方針立直しの運動も起さねばならぬ」と訴えました。

『光を求めて九十年』には、今村が主事だった頃に「盲児の教育は少しでも早い時期から」と考え、学齢前の盲幼児を対象とした「幼稚部」を設置したことにも触れられています〔＊2〕。全国に先駆けての幼稚部開設でした。寄宿舎についても、遠隔地の生徒の通学を保障することに加えて、「経済的に貧困であったり、家庭環境に恵まれない盲児に生活指導をする」と位置付けていました。

1931（昭和6）年には、生徒であった猿田恵子さんと武井イネさんをアメリカのパーキンス盲学校に留学させました。3年間の留学を終えて帰国した二人は、その後、視覚障害児者の教育や福祉に貢献する人生を歩みます。武井イネさんの『神が書かせた思い出』は今日でも精読に値する良書です〔＊3〕。

形式にとらわれない斬新な活動

他にも、同院は時代の制約にとらわれず、斬新な活動を展開しました。盲人野球にいち早く取りくみ（91章参照）、経営面では飛行機事業も試みました。

『点字発達史』の著者、大河原欽吾さんは昭和10年ごろ、同院を訪問しています。『笛の音』と題する小冊子に次のように書きました〔＊4〕。

「眺望開け横浜の市街を眼下に見る、陽を南に受ける高台の斜面に位置して訓盲院がある」「門に入れば此処は快き修養の道場であり、楽園である」「学校全体を通じて形式に捕われることなく、のびのびした自由の空気が漲《みなぎ》っている」「この学校は創立以来五十年に近く、キリスト教の精神に則って終始一貫してきた。かつては県立移管の機会にも敢えて之を辞退した」。

戦後、今村院長は『横浜訓盲院の家風』と題する冊子で、「思想も、情操も気風も、生活も人生の仕上げも、普通児としての訓盲院家の教育生活」を営み、同院は「気品高き平和な人間の育成」を貫いていると高らかに宣しました〔＊5〕。

横浜訓盲院での今村幾太写真（左、『銀花』創刊冬の号、1967年より）

ちなみに、筆者は1932（昭和7）年に創立され、83年の歴史を刻んだ埼玉県下の熊谷盲学校（後の熊谷理療技術高等盲学校）〔＊6〕の業績も賞讃したいと常々思っています。

40 次々と生まれる学校

明治後半に盲学校創立ラッシュ

1906（明治39）年は、小西信八《のぶはち》・古河太四郎《たしろう》・鳥居嘉三郎《かさぶろう》による文相宛て上申が行われ、我が国視覚障害教育史の節目となりました。「盲・唖分離、義務化」運動が面へと広がり始めます（48章参照）。

この上申は、同年10月に開かれた第一回全国聾唖大会の決議をふまえて成文化されました。その背景には、多くの自治体に盲（唖）学校が誕生していたという事実があります。明治20年代から大正までの学校づくりについてみることにしましょう（＊1）。

『日本盲唖教育史』『盲聾教育八十年史』などは年代別の創立数を知る上で参考になりますが、数字がまちまちです。文部統計が不備であり、史料の散逸も加わって、学校毎の消長・変遷を精細に捉えて数値化するのは容易ではありません。

おおづかみにまとめると、明治20年代10校、同30年代30校、同40年代35校、大正期20数校の新設となります。

東西2校しかなかった明治10年代とは異なり、各地域に学校が生まれ、実践が質量ともに発展していたからこそ、それが基盤となって上申に結晶したとみることができます。

この上申はまた、それ自体が世間の注目を呼び、新たな学校作りの起爆剤になったようです。翌年からの5年余に盲学校の創立ラッシュが起こっています。新設聾唖校はなかったとされますが。

「学校づくり運動」が地域から巻き起こる

各盲学校史（写真）を基に学校創設を担った主体を分類してみます。（校名は、紙幅の関係で、原則として自治体名等の後を省略します。複数の人物が従事した例もあり、二カ所に登場する場合もあります。）

① 宗教人が設立者もしくは支援者となった。

ミッションスクールとして外国人などが創立したのは函館、横浜訓盲（39章参照）、岐阜です。高田（37章参照）・郡山、富山・長崎なども設立後の経営について教会の支援を受けました。日本のキリスト教徒の営みとしても東北（79章参照）、同愛、彦根、神戸、日向などを数えることができます。仏教徒の関与は、東京の盲人技術学校、埼玉、鳥取などに見られます。

② 近代視覚障害教育を受けた卒業生の自覚と発起によった。

東京盲唖学校、京都市立盲唖院の卒業生が深く関与した学校として、旭川（58章参照）、土浦（42章参照）、浜松、彦根、奈良、鳥取、長崎（57章参照）、熊本、日向、鹿児島（58章参照）

などが挙がります。

③盲人篤志家・盲人団体が設置した。
八戸、岩手、米沢、福島、郡山、中郡（64章参照）、横浜、新潟、長野、松本、名古屋、福井、大阪市（33章参照）、兵庫、神戸、下関、香川、愛媛、柳河、大分、熊本、沖縄など。

④盲（唖）学校で教員をしていた晴眼者が新設した。
岡崎、島根（69章参照）など。

⑤地域の教育団体や篤志家が設立した。
八戸、福島、前橋、千葉、石川、豊橋、和歌山、岡山、広島、福岡、長崎（43章・57章参照）など。

⑥眼科医師が創設の中軸を担った。
高田（37章参照）。他にも医師が協力した例はあります。

⑦師範学校・小学校に附属して設置された。
学級としてですが、宮城（ろう）、三重（盲）、和歌山（ろう）、岡山（盲・ろう）、高知（盲・唖）にこのタイプが報告されています。

⑧自治体首長がけん引した。
森正隆は茨城と秋田の県知事時代、盲唖学校づくりを主導しました。秋田は明治期に初めて県立化に成功しました（45章参照）。宇都宮などの例もあります。

（資料掘り起こしを通じて、各地の史実がより正確に記録されることを願っています。）

慈恵措置はあったものの、法律上、国家が盲・ろう教育を放置している間、国の隅々で「下からの学校づくり運動」が巻き起こったのです。宗教、団体、経歴、地域状況の違いを超え、多様な力が「教育の機会均等の保障」という『一点』を目指した時代でした。人としての発達を通じた尊厳の獲得を戦略としたと言えるでしょう。

盲・ろう分離へのうねり

その過程にあって、東京盲唖学校と京都市立盲唖院は、元来の「盲・唖2校」論を土台に、実践を通じて「盲・唖分離」の理論に磨きをかけつつありました。

『日本帝国文部省年報』によれば、1908（明治41）年に経営されていた盲・ろう関係校は、40校でした（＊2）。この年、今度は、初の全国盲学校教員大会が開催され、東京にあっては、同42年、いち早く分離を成し遂げて、東京盲学校が誕生します。

全国各地の盲学校年史写真（岸博実所蔵）

41 知られざる足跡

明治の前半をもう少し振り返っておきましょう。まず、初期に生まれ、消えていった学校をさらえます。

明治ひとけたの胎動

楽善会《らくぜんかい》が結成されるよりも先、東京の大石松二郎《まつじろう》が政府機関の集議院に盲学校の開設を出願し、相沢元庭《もとにわ》も鍼治《しんち》学校の設立を計りました（＊1）。いずれも、政府は採り上げません。

1876（明治9）年3月、熊谷実弥が麹町に「盲人学校」を開いたと伝えられています。生徒数20人に達したそうですが、1年にも満たないうちに廃校の憂き目をみます。

大石、相沢、熊谷ともに「盲人」と記録されています。楽善会に先立つ胎動を、いずれも視覚障害者が担ったのです。当道《とうどう》廃止（明治4年）による深刻な悲鳴と無念の声が聞こえてきそうです。

この頃、全国各地の小学校に視覚障害児が在籍した事例が確認されています。

私立金沢盲唖院

石川県下の動きをめぐって、中野善達・加藤康昭著の『わが国特殊教育の成立』に、1880（同13）年3月の『郵便報知新聞』が引用されています。

「米国新発明聴音器の事を大内青巒《せいらん》氏より越前福光の友人松村精一郎氏に告たりしに同氏ハ元来の聾者なれハ《ば》大に喜ひかゝる器の出来せしは廃人教育も甚だ簡便に趣《おもむ》けりとて石川県下有志の人々を募り一の聾盲院を創始し半官半民位にて維持して県下に棄民無《な》からしめん様致し度《たし》と頻《しき》りに熱心して在りと云ふ」と。

松村は富山出身のろう唖者。金沢で漢学を学び、『万国地誌階梯《かいてい》』を著しています（＊2）（同書には諸本あり）。彼には楽善会との縁故があり、京都とも連携しました。

石川県から京都府に宛てた盲唖院の諸規則に関する問い合わせが残っています。また、80（同13）年6月17日の「盲唖院日誌」に「石川県松村精一郎出頭」、同8月9日に「石川県士族羽咋郡書記米林五七該県盲唖院設立ニ付（中略）為《ため》打合本院ニ来ル」と記されています（＊3）。

県や寺院・民間有志の協力を得て、同年に金沢長町に金沢盲唖院が設立されました。しかし、「入学するも僅々4、5名に」とどまって維持が困難となり、経営の譲渡が試みられたりしたものの、数年で廃校となります。

ここでも、チャレンジの中心になったのは当事者でした。松村については、近年、日本聾史研究会等が調査を深めておられます（＊4）。

東京に私立盲学校の計画

東京盲唖学校が官立化を果たした後、東京にもう一つの盲学校が計画されました。この史実は、ほとんど知られていません。『世界盲人百科事典』には1カ所言及がありますが、突っ込んだ掘り下げは皆無に近いようです。

ところが、35章で紹介した「雨宮中平史料《あめみやちゅうへい》」のなかから「私立訓盲学校規則」（1888（明治21）年1月）と題する小冊子が見つかりました（写真）（＊5）。B6判16ページの一部を抄出してみましょう。設立趣旨が4ページにわたって掲げられています。

「夫《そ》レ教育ハ人ノ基本ナリ」と書き出して、教育の必要性、小学校、商業学校などの発展ぶりに及び、それと対比して「盲人ニ於《お》テハ之レニ知徳ヲ発達セシメ高尚優美ノ風ニ至ラシムルノ訓導場ナキハ如何《いか》ン」と問いかけます。さらに、官立校の存在にふれたうえで、「富者ノ子弟ハ知ラス貧者ニ至リテハ今日ノ生計ニ逐《お》ハレ不完全ノ音楽ヤ不熟練ノ鍼按《しんあん》ヲ業トシ道路ニ彷《ほう》徨《こう》スルモノ在ル」と指摘しているのが注目されます。

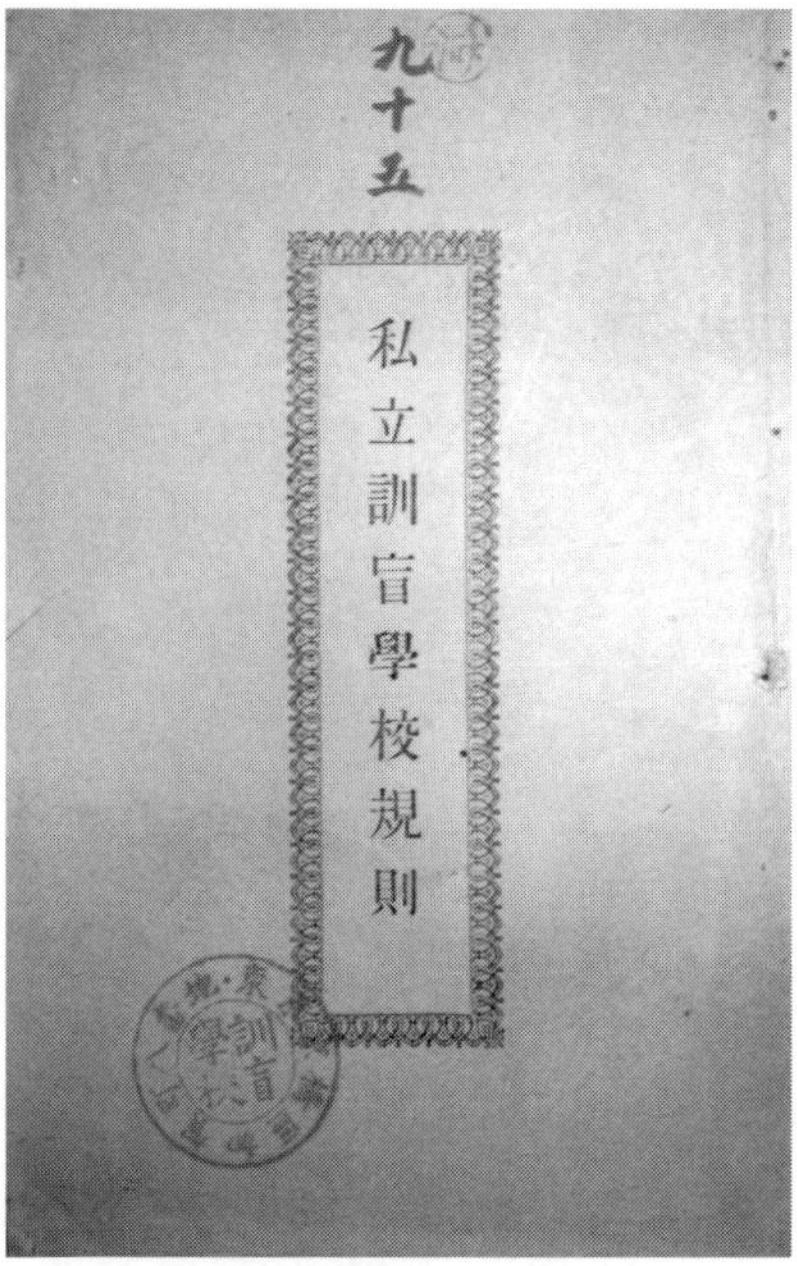

「私立訓盲学校規則」
（「雨宮中平史料」岸博実所蔵）

規則第2条には「本校ハ盲人ヲシテ智徳ヲ進メ高尚有益ノ人タラシメ自立自営ノ道ヲ授クルヲ目的トス」としています。「有益ノ人」には、山尾庸三《ようぞう》が「盲唖学校を創設せられんことを乞ふの書」に示した「無用を転じて有用となし」に通じる認識がにじみますが、「高尚」を強調したところに関係者の課題意識や自負が込められています。

「盲」学校とした意図は？　実体を備えたのか、楽善会との関係はどうだったのか、あつれきはなかったのか。史料の発掘と吟味が期待されます。

所在は加賀町、校長に飯島静謙、幹事・補助員として9人が名を連ねています。飯島は自分用の木版五十音や木刻漆塗文字を楽善会に寄付した経歴のある人物です。『東京盲学校六十年史』には、「（明治十三年）一月七日盲人飯島静謙来り曰く自分輩学問用に製せし地球儀其他木刻塗物様の五十音等の諸器を献じ度旨《たきむね》を申入る、之を諒諾す」と記されています。なお、幹事には、後に同志社の社長に就任する小崎弘道《こざきひろみち》ら複数のクリスチャンが含まれます。

42 消えた盲学校

かつて茨城県に存在した「土浦盲学校」

２０１２年に発足した日本盲教育史研究会は発足まもなくの事業として、全国の盲学校が発行した記念誌の総目録を作るための調査を行いました。現存する学校だけでなく、過去に存在した盲学校・盲唖学校も対象に調査を進めました。

その過程で、茨城県土浦市にかつて県立盲学校（水戸市）とは別に「土浦盲学校」が存在したことが判明しました。未だ不明な点も多いのですが、興味深い事例です。

知るきっかけは、学校要覧にあたる「土浦盲学校一覧表」（大正12年版）が『知的・身体障害者問題資料集成　戦前編』に掲載されていると中村満紀男氏から教えていただいたことでした（＊1）。『続茶の間の土浦五十年史』（市村壮雄一《そういち》著）には、同校が土浦町にあったと記されていました（＊2）。土浦市立博物館に問い合わせたところ、１９３２（昭和7）年に出版された市史に「土浦盲学校　盲人田崎千勝の経営にして大正十年創立十四年外西町に校舎を新築」と書かれていました（＊3）。さらに京都市立盲学校・同聾唖学校同窓会が２９（同4）年に発行した『日本盲唖教育史』には、「茨城県土浦盲学校」の創立の経緯や２４（大正13）年の生徒数（28人）などが記されています。同年、帝国盲教育会総会に田崎が出席した記録（＊4）や前々年の生徒数が7（男6、女1）人だったと記した資料（＊5）も見つかりました。市村氏によると、同校は「昭和十八年三月末に太平洋戦争苛烈化にともない閉校するまで、男女百七十六人」を卒業させています。このほか、３４（同9）年2月10日付けの『報知新聞』は、同校が文部省から「社会事業団体」として奨励金を受けたことを報じています。

これらの資料から存在が確認できるにもかかわらず、文部省が５８（同33）年に発行した『盲聾教育八十年史』には、学校名すら記されていません。

創立者田崎千勝

創立者の田崎については、『続茶の間の土浦五十年史』などから、経歴や人となりの一端をうかがい知ることができます。県立茨城盲学校を卒業後、東京盲学校で点字を学び、「一旗揚げよう」と土浦に居を構えたようです。田崎が東京盲学校にいたのは町田則文《のりぶみ》校長時代であった可能性が高く、町田の実家が土浦にあることも土浦盲学校の創立に何らかの関係があったのかもしれません。

また田崎は２１（大正10）年、霞ケ浦航空隊の梅谷大尉が操縦するアブロ陸上練習機に同乗して「約二十分（中略）、燕返し、横転、キリモミ、木の葉落し」も経験したといいます。報道陣

アブロ式陸上練習機絵葉書（岸博実所蔵）

に対して「実に愉快だった」と語っています。『点字大阪毎日』第127号によると、その日付は9月29日で雨天、田崎は飛行中に点字書もよく読めたとあります。なお、大正14年12月18日付『伯剌西爾《ぶらじる》時報』には、田崎が盲生12名を引き連れて筑波山の頂上に登ったと報じられています。田崎の冒険はブラジルにまで伝わっていたのです。

また、「一戦交えようとわざわざ訪ねてくる」人がいるほど将棋が強かったようです（＊6）。

歴史に埋もれた盲学校、盲唖学校の掘り起こしを

田崎や土浦盲学校に関しては茨城県立盲学校も歴史資料の発掘にお取り組みですので、さらなる資料の発見が期待されます。

そこで、この機会に土浦盲学校と同じく、歴史に埋もれた状態の盲学校、盲唖学校の歴史やそれぞれの学校を支えた人々の活動、思いの掘り起こしを呼び掛けたいと思うのです。

例えば私立米沢盲学校、私立会津盲学校、磐城訓盲院、足利盲学校、東京同愛盲学校、中郡盲人学校、上田市立盲学校、舟見訓盲院、天王寺盲学校、私立尼崎訓盲院など。また、台北《たいぺい》盲唖学校、台南《たいなん》盲唖学校、朝鮮総督府済世《さいせい》院盲唖部など、日本が侵攻・統治していた時期に、創立された盲学校もあります。いずれも『日本盲唖教育史』に校名が列記されています。

このほか、樺太盲唖学校、北盲学校、桐生訓盲院、山梨盲唖学校、木更津訓盲院、神都《しんと》訓盲院、大阪訓盲院、榊原訓盲塾、紀南盲唖学校、淡路訓盲院、佐世保盲唖学校など文献に名前が残っているものの、その歴史が詳しく知られていない盲学校が各地にあります。樺太（＊7）、神都（＊8）、紀南（＊9）、佐世保（＊10）などについては既に貴重な文献や論考も発表されています。それぞれの学校について、心ある方々によって調査の「鍬《くわ》」がいっそう深く入れられることを切に願います

歴史に埋もれた学校の調査は聾学校をめぐっても行われています。聾史研究者によって佐土原《さどばる》聾唖学校（佐土原学院とも）（鹿児島）などに関する調査が進みつつあります（＊11、＊12）。

43 九州と京都

京都盲唖院には、内外からの来訪者があり、多くの名刺やサインを貼りつけた参観者名簿が残されています（17章参照）。京都盲唖院の対外交流史を読み解くのに役立つこの名簿を参考に、九州での盲教育の始まりを、開校順に取り上げてみましょう。

大阪以西で初の盲唖院

1898（明治31）年開校の長崎盲唖院。現存する盲学校としては大阪以西で初めての開校でした。実業家で同院理事の安《あん》中半三郎《なかはんさぶろう》が京都盲唖院で研修した経緯もあって、京盲第二代院長の鳥居嘉三郎《かさぶろう》が祝辞を寄せ、長崎出身で京盲を卒業した野村宗四郎《そうしろう》（惣四郎）が評議員になりました（57章参照）。1912（同45）年5月には、半三郎とともに「長崎婦人慈善会幹事安中《あんなか》ジウ」が京都を訪ねています（＊1）。後に、京盲教諭だった中尾榮《さかえ》が長崎に移り、教頭になりました。中尾は、京都時代に「ルイ・ブライユ生誕100年」を記念する講演を行っています（5章参照）（＊2）。

大分では、明治30年代に訓盲学校、啓盲学校、誨盲《かいもう》学校が並立しました。それらを統合して、08（同41）年、私立大分盲唖学校が開校されます（＊3）。準備活動の中心には、森清克《きよかつ》らがいました。森は日露戦争で負傷した失明軍人で、東京盲学校で教員資格を得た後、大分の第2代校長になります。帝国盲教育会長も務めました（＊4）。同校からは教員の小野田範司《はんじ》が京盲へ出張しています。

鹿児島では、03（同36）年に、私立の鹿児島慈恵盲唖学院がマッサージ師だった南雲総次郎《なぐもそうじろう》によって創立されました（＊5）。同県出身の京盲卒業生・伊集院《いじゅういん》キクが唖生の担当教員として招かれました。その3年前には、東京盲唖学校教員だった佐土原《さどばる》すゑが、ろう教育の場として私立の佐土原聾唖学校（佐土原学院とも）を始めています。同校は後に南雲の設けた、鹿児島慈恵盲唖学院と合併して、私立鹿児島盲唖学校になります（58章参照）。京盲には、すゑが鳥居嘉三郎に宛てて、自校の教員にふさわしい人をあっせんしてほしいと頼んだ書簡が残っています（＊6）。彼女は02（同35）年、日本最初の手話事典『聾唖教授手話法』を発行しました（＊7）。

宮崎では、10（同43）年に関本健治《けんじ》がアメリカ人宣教師サイラス・A・クラークの住まいに間借りして、盲生への指導を始めました（＊8）。宮崎生まれの関本は、15歳で京都に遊学し、京盲で学びました。翌年、日向訓盲院と名付けます。『日本盲唖教育史』には、「毎月金二十五銭ずつ醵金《きょきん》の篤志家七十九名の多数を得、ここに本院維持の土台が出来た」とあります。

福岡では、09（同42）年に柳河訓盲院が創設され（＊9）、翌年、

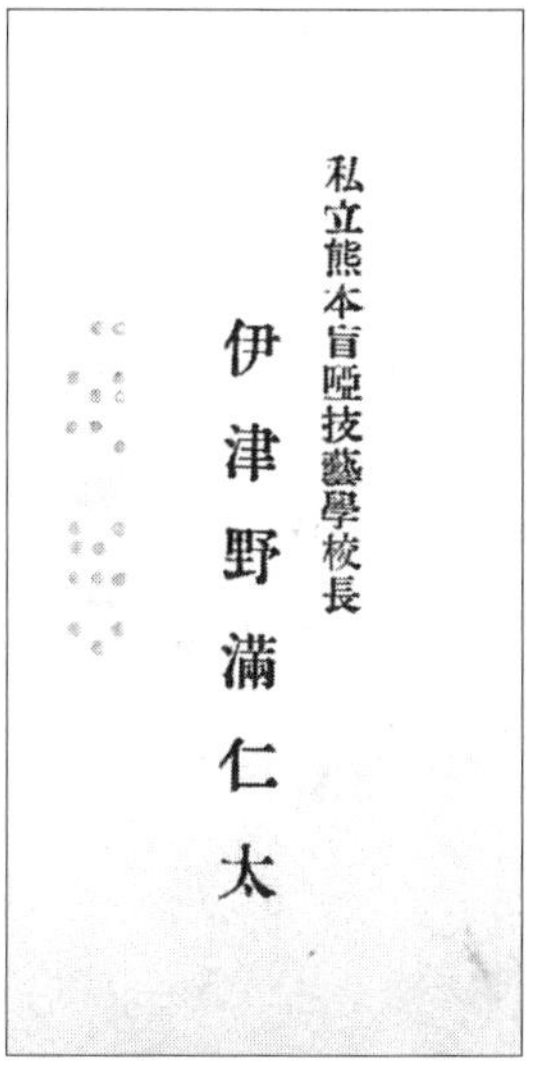

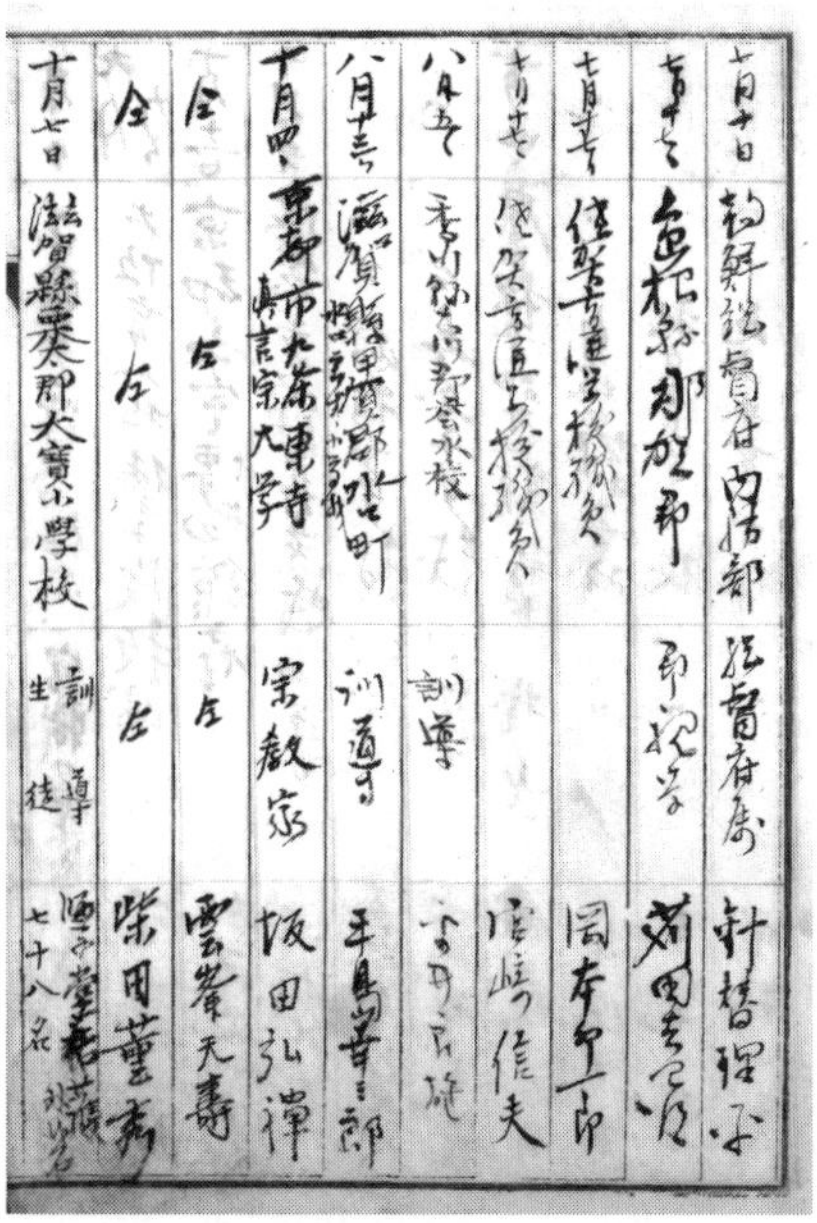

九州からの参観者（左）と伊津野満仁太の名刺（右）
（京都府立盲学校資料室所蔵）

福岡盲唖学校も開かれます（＊10）。ともに私立の学校です。柳河には１７（大正6）年から、京盲卒の三谷復二郎《またじろう》が教員として勤めました。三谷はその後、郷里の石川で治療院を開業し、はり、きゅう、あん摩の総称となる「三療」という言葉を提唱した傑物です（＊11）。

熊本には１１（明治44）年、私立の熊本盲唖技芸学校が設立されます。設立活動の中軸を担ったのは伊津野満仁太《いづのまにた》です。伊津野は同年3月末に京盲を訪れました（＊12）。その時の名刺には点字で「いつの　まにた」と打たれています（写真）。ちなみに、彼に点字を教えた全盲のマッサージ師山本伝三郎《でんざぶろう》（または暁得《ぎょうとく》）は京盲の卒業生です。山本も一時期、熊本盲唖技芸学校で働きました（＊13）。

１９２１（大正10）年に、沖縄にも高橋福治《ふくじ》らによって沖縄訓盲院が創設されました（＊14）。同院と京盲との関わりは不明なところが多いのですが、明治時代末に沖縄から小学校の校長２人や医学生らが京盲を見学しています。

沖縄に次いで盲学校が創設されたとされる佐賀の状況は少し複雑です。『日本盲唖教育史』によると、「大正四年五月西田喜《き》平《へい》が佐賀市会所小路に「盲唖教授所」を興し、大正十一年四月犬塚竹次《いぬづかたけじ》が人々の援助を得て「佐賀盲学院」を同市新道に開設」とあり、２４（同13）年にこの2校が統合されて、私立の佐賀盲唖学校ができたようです。しかし、さらに古い時期であったことを示す資料もあります。『佐賀県特殊教育史』もその一つ（＊15）。０６（明治39）年に宮崎正木《まさき》が私学の「私立盲唖学校」を開校しています。正木の名刺も京盲にあり、私立福岡県鍼灸《しんきゅう》研究所長を名乗っています。また１１（同44）年にも、佐賀から「盲唖学校職員宮崎信夫《のぶお》」たちが京盲を訪れています。

44 高知盲唖学校

盲教育史研究の谷底に置き去られる

『民権ばあさん　楠瀬喜多小論』（＊1）の著者である高知の史家公文豪氏に教えていただき、私立高知盲唖学校が存在したとを知りました。高知市立自由民権記念館に問い合わせて調べたところ、開校は1888（明治21）年でした。これは1908（同41）年に、高知県師範学校附属盲唖部が開設されるより前のことです。

この事実は、『盲聾教育八十年史』（文部省）にも、高知の盲・ろう学校の記念史類にも書かれていませんでした。『近代高知県教育史』（高知教育研究所）によると、88（同21）年5月20付の土陽新聞に、高知盲唖学校が「過日設立」されて、生徒は「現員七名」と記されています（＊2）。とは言え、同校は盲教育史研究の谷底に置き去られたような存在でした。

当時の新聞記事から

自由民権記念館からは、『土陽新聞』と一緒に『高知日報』の記事も提供していただきました。発行日順に並べてみます。記事の見出しも記しておきます。

まずは『土陽新聞』から。土佐の自由民権運動が生み育てた新聞です。

①1887（明治20）年3月26日「盲唖学校の設置」（写真）②6月30日「盲唖教育所」③7月2日「盲唖教育所」④同7日「盲唖教育所の設置の主旨書」⑤同8日「盲唖教育所の主書」⑥88（同21）年5月11日「盲唖学校」⑦同20日「盲唖学校」⑧8月2日「高知盲唖学校の移転」⑨9月22日「教員生徒の現在数」（写真）。

もう一つは『高知日報』。87（同20）年8月2日付と同25日付（写真）に「盲唖学校」の見出しで、同校について書かれています。

同校が発行した文書などには、まだ出会っていません。しかし、複数の新聞が報じていることから、同校が実在したと判断してよいでしょう。『土陽新聞』で度々報じられているところを見ると、民権の観点からも関心を集めたのでしょう。

学校名は当初、「盲唖学校」となる予定でしたが、「盲唖教育所」に変わり、更に「私立高知盲唖学校」に変わりました。

同校設置計画の第一報となった87年3月の『土陽新聞』によると、計画の発起人は、盲人の上田常雄都《いち》と野村岩見都。「いち」は「一」でなく「都」の字が用いられました。これは、当道座と呼ばれた盲人自治組織の習いです。上田は座頭の取締役だった人物で、自身は、鍼灸ではなく、音曲《おんぎょく》をなりわいにしました。

2人は「明治八九年の頃より本県下に盲唖を教育すべき道な

き」を嘆き、「講」と呼ばれる団体を作って、資金を集めます。6月30日付の『土陽新聞』に「高知盲教育有志講趣意」が掲載されており、それには土佐の郡長や学務課長、中学校長らの名前があります。

7月2日付の記事では、さらに多く賛同者が名を連ねており、1400字以上に及ぶ「盲唖教育所設立ニ付《つき》附言」も載っています。それには「我邦《わがくに》モ亦《ま》タ京都東京等《など》ノ如キ已《すで》（ママ）ニ訓盲唖院ヲ設立シ以テ盲唖者ノ為メ其《その》不幸ナル境遇ヲ救ハントシ「好結果ヲ得タル」とあり、「之《こ》レヲ教育シ得ルノ道アリテ而《しか》モ猶《な》ホ之ヲナサヽルハ啻《ただ》ニ盲唖者ノ不幸ヲ重ヌルノミナラス《ず》亦タ県下教育上ノ欠点ナリ」とまで書かれています。

同8日付の記事には、上田と野村が「今ヨリ十三年前盲人教育ノ路」を発起したとあります。また、既に60歳を過ぎて「最早世ニ望《のぞみ》ナキ老衰ノ身」の2人が、「セメテハ幼年ナル者壮年ナル者ノ為メ前途ノ難渋ヲ免カ《が》レシメ候様相成候得ハ」と、次の世代を思いやる心境も記されています。

●盲唖學校の設置　同學校設置の事に就き頗る周旋し居るは舊藩政時代座頭の座番役を勤め座頭社會の賑都をなせし盲人浦戸町の上田常雄都と高岡郡日下村の野村岩見都の兩人あるが兩人は明治八九年の頃より本縣下に盲唖を教育すべき道なきを嘆し自ら其營業とせる管絃の指南をも廢止し晝夜奔走尽力して盲唖學校設立の業に從事し爲めに其一家の財産をも擲ち尽して終に糊口に窮むに至りしも屈撓せず屢々縣知事等に面謁して其熱心を吐露し同校設置の儀を哀願し止まざりければ遂に同學校設置の儀は允可せられしも亦た資本金の乏きに窘む所より目下兩人は又た自ら奔走して同資本金の募集に從事し傍ら盲唖學校有志講なるものを開設し之れが資本を助けんとなし居る由なり

●教員生徒の現在數　縣下市街に在る重なる公私立學校（尋常小學校を除く）の教員生徒現在數は左の如し

校名	教員	生徒
高知尋常中學校	二七名	八〇二名
仝　師範學校	一五	一三七
土佐郡第一高等小學校	二八	一〇三三
私立海南學校	一〇	一二〇
仝　高知共立學校	九	一〇〇
仝　泰平學校	一三	二〇八
仝　高知英和女學校	六	六七
仝　産婆教授所	二	二九
仝　高知盲唖學校	二	六（男四 女二）
仝　高知醫學校	八	三三〇
合計	二三三	二五二一

●盲唖學校　向に創立になりたる高知盲唖學校は仮教場を追手筋深井邸内に設け授業を始め目下また暑中休業中の處來る九月三日の授業始めよりは本町勸工場内へ引移る趣きなり

高知盲唖学校記事（(上)『土陽新聞』1887年3月26日、(下右)『土陽新聞』1888年9月22日、(下左)『高知日報』同年8月25日）

88年5月11日付の記事には「盲唖学校は追手《おうて》筋廿二番地深井邸内にて昨日より開校せし」とあります。高知城とはりまや橋の間でしょうか。同8月25日付の『高知日報』では、夏休み明けの「九月三日の授業始めよりは本町勧工場《かんこうば》内へ引移る」、9月22日付の『土陽新聞』には、教員2名、生徒6（男4女2）と記されています。

『近代高知県教育史』は、「かかる教育機関が高知県にもあったということは、むしろ驚きに価する」と評しています。同校が立ち消えた事情は何だったのか。高知県立盲学校は空襲で史料を焼失しています。

この項は、2017年の『点字毎日』に掲載されました。高知県立盲学校にも情報を提供しておきました。2019年に刊行された同校の『創立九十周年記念誌』で初めて、前史として、〈盲人上田、野村両氏〉の尽力した盲唖学校の存在が書き加えられました（＊3）。

自由民権論者・植木枝盛《えもり》が生んだ名文句「自由は土佐の山間より」に倣えば、「盲教育史は土佐の谷間より」。くみ尽くすべきものが多いといえそうです。

45 秋田県立盲学校

「全国初の県立」盲唖学校

秋田県立視覚支援学校の前身、秋田県立盲唖学校の設立経緯はユニークです。沿革によると「全国初の県立」だったとされています〔＊1〕。創立前後のエピソードをたどってみましょう。

創立は１９１２（明治45）年5月1日です。この当時、「公立学校」として機能していた盲学校は、東京（官立）、京都、大阪、名古屋（いずれも市立）の4校でした。その他の盲学校や盲唖学校は私立校という状況にあって、秋田県立盲唖学校は「最初から県立として創業」されたのです〔＊2〕。

これには、森正隆県知事の寄与が大きかったとされています。県議会に盲唖学校の設置を提案し、可決に導きました。『秋田魁《さきがけ》新報』は、森知事のことを「本県障害児教育の源流」とたたえました。森は山形県出身。『宮城県百科事典』によると、

森正隆肖像写真
（〔＊2〕の書籍より）

茨城、秋田、新潟、宮城、滋賀の県知事を歴任し、貴族院議員にも列せられました〔＊3〕。政友会色の強い県政運営を行い、反対派を容赦なく追及する傾向もあったとされます。その強引さが、盲唖学校設置にプラスに働いた面もあったようです。彼が秋田県知事を務めたのは１９０８（明治41）年10月9日から１２年３月28日まででした。開校の一カ月前に転出しています。

盲唖学校の設立を県議会に提案する１９１２年４月10日付の秦豊助知事名による文書で、「寄付行為ニ依リテ該《この》経営ヲ為スハ極メテ至難ノ業」だと指摘しました。そして、「県会ニ提案シテ該経費ノ協賛ヲ経タリ」〔＊4〕と補っています。

盲唖院や盲学校などの創立主体には、障害の当事者、教育畑の人物、宗教家など、さまざまな人がいます。森のように県政のトップで、盲唖院などに関わりのある人としては、京都盲唖院の創立を支えた槇村正直《まきむらまさなお》知事、金沢盲唖院の創設に協力した石川県令千坂高雅《ちさかたかまさ》、小学校における盲唖教育の実施に助力した岡山県知事檜垣直右《ひがきなおすけ》らがいます。

森は、ある出会いをきっかけに盲唖学校の必要を痛感します。『日本盲唖教育史』によると、１９０９（明治42）年に上京した際、東京盲唖学校校長の小西信八《のぶはち》、失明軍人で後に岩手盲唖学校長を務めた柴内魁三《しばないかいぞう》らと会い、彼らから「速カニ盲唖学校設立セラルベク」と請願されたのだそうです。

盲導院を発展的に引き継ぐ

その秋田にも、盲唖学校創立への機運が高まりつつありまし

た。森が小西らと会うのと前後して、秋田には私立の盲学校として明導館、盲啞私塾、盲導院が設立されています。

　このうち盲導院については、『盲聾教育八十年史』に「設置後まもなく廃校になり、あるいはあまり発展しなかった」として、院名のみ記されています。一方、『日本盲啞教育史』には、同院では生徒4人を得、普通科と技芸科に分けて指導が行われたこと、同院を創立した相場重一郎が生徒とともに、秋田県立盲啞学校に生徒として入学したことが書かれています。同院は単に途絶えたのではなく、発展的に解消されたとみるべきではないでしょうか。

　ともかく、秋田県立盲啞学校は最初から県立校としてスタートしました。初代校長樋泉慶次郎も、第2代校長菊池俊《しゅん》諦《てい》も、女子師範学校長と兼務しました。

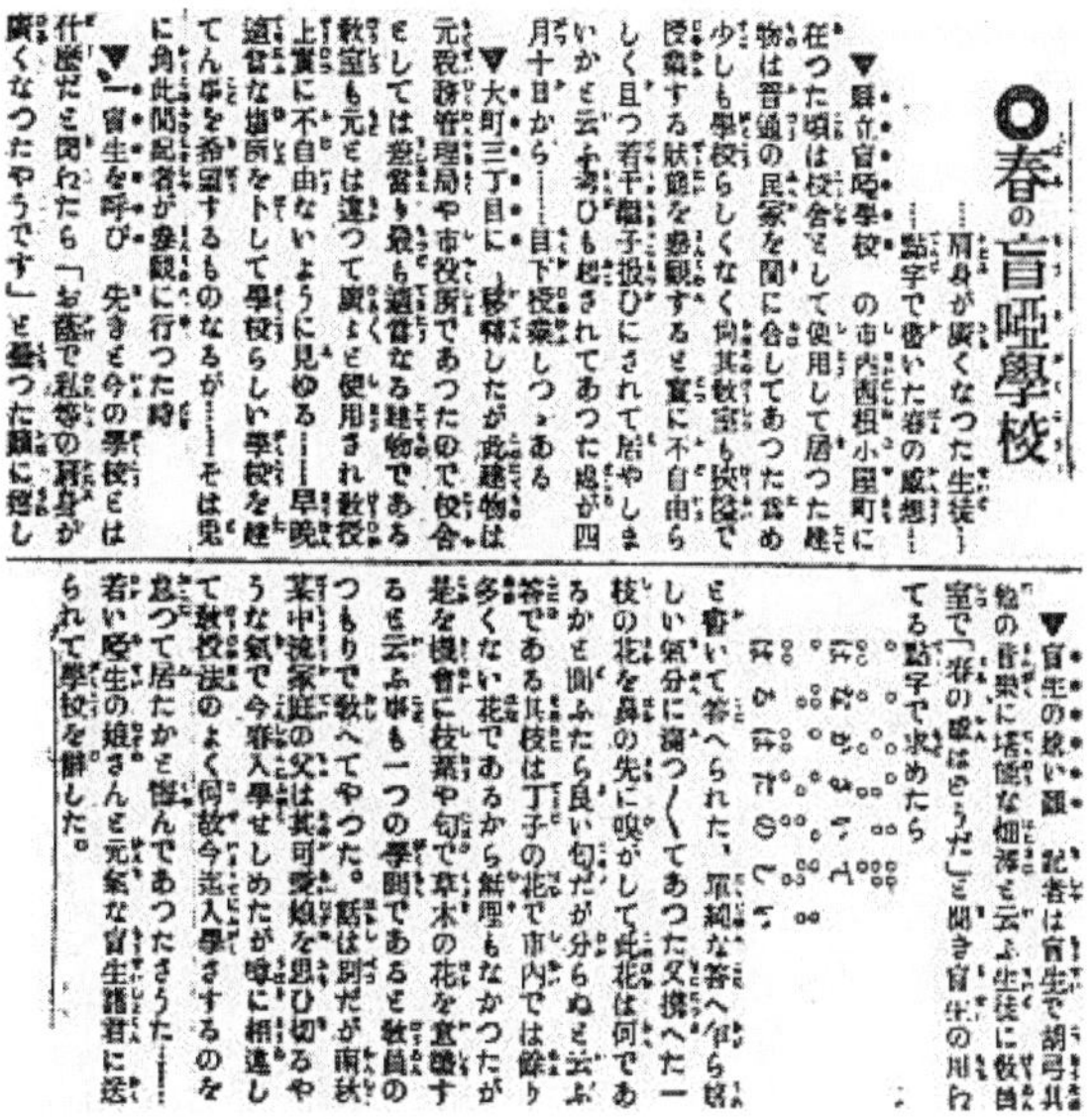
◎春の盲啞學校
…肩身が廣くなつた生徒…
…點字で書いた春の感想…
▼縣立盲啞學校　の市内西根小屋町に在つた頃は校舎として使用して居つた建物は普通の民家を間に合してあつた爲め少しも學校らしくなく尚其教室も狹隘で授業する狀態を參觀すると實に不自由らしく且つ若干職子扱ひにされて居やしまいかと云ふ考ひも起されてあつた處が四月十日から……目下授業しつゝある
▼大町三丁目に　移轉したが此建物は元税務管理局や市役所であつたので校舎としては最も適當なる建物である教室も元とは違つて廣々と使用され教授上實に不自由ないように見ゆる……早晩適當な場所をトして學校らしい學校を建てん事を希望するものなるが……そは兎に角此間記者が參觀に行つた時
▼一盲生を呼び　先きと今の學校とは什麽だと問れたら「お蔭で私等の肩身が廣くなつたやうです」と云つた顔に嬉し
▼盲生の嬉しい顔　記者は盲生で胡弓其他の音樂に堪能な畑澤と云ふ生徒に教員室で「春の感はどうだ」と聞き盲生の用ゐてる點字で求めたら
と書いて答へられた、單純な答へ乍ら嬉しい氣分に滿ち〳〵てあつた又携へた一枝の花を鼻の先に嗅がして此花は何であるかと問ふたら良い匂だが分らぬと云ふ答である其枝は丁子の花で市内では餘り多くない花であるから無理もなかつたが是を機會に枝葉や匂で草木の花を鑑識すると云ふ事も一つの學問であると教員のつもりで教へてやつた。話は別だが兩親業中議家庭の父は其可愛娘を思ひ切るやうな氣で今春入學せしめたが咋に相違して教授法のよく何故今迄入學さするのを怠つて居たかと悔んであつたさうだ……若い啞生の娘さんと元氣な盲生諸君に送られて學校を辭した。

『秋田魁新報』1914年5月3日

新聞に載る盲生の様子

　1914（大正3）年5月3日の『秋田魁新報』に「春の盲啞学校」という見出しのルポが載っています（写真）。それによると、「盲生19名、啞生8名」を収容したとあります。記事は盲生の様子を描くのに大部分が使われていました。

　生徒数が少ないことについては、保護者の間にある「教育を施さずにいる誤つた考えを除去する事に努めなければならない」と指摘しています。また「同校出身者及び在学者にして鑑札を有して居る者は何れも按摩《あんま》を営業して居るが従来のやうな按摩と丸きり違ひ無闇な叩き方などせず学理を応用して最も進歩した方法によつて」いると説明しています。

　この記事を書いた記者は、「胡弓其《その》他の音楽に堪能な畑澤《はたさわ》と云《い》ふ生徒に教員室で「春の感じはどうだ」」と尋ねています。記事では、その回答を「点字で書いて」と求めたら、畑澤は点字で「はながさいて　はるはたのしい」と答えました。記者はその時の心情を「単純な答へ乍《なが》ら嬉しい気分」に満ちたと記しています。この記事には墨点字で、畑澤の書いた回答が載せられています。墨点字で「はなが」とすべきところが「はなこ」になっているのはご愛嬌です。

5 運動・組織・媒体

46 はばたく第1世代

近代盲・ろう教育の第1世代ともいうべき生徒たちがいます。数名に限らざるをえませんが、紹介してみましょう。

彼らは、職業を通して社会に立つとともに、大正から昭和にかけての視覚・聴覚障害者の自覚的な営みの第1走者ともなりました。

谷口富次郎

谷口富次郎は、1878（明治11）年5月24日に、京都盲唖院第1期生として入学しました。入学当初の思い出について、彼は次のように語り残しています。

私は開校式当日から入学した。当時12歳だった（中略）。世間の盲人観全くやっかい者としかみていない。或日校長が来てあす朝10時までに校長同伴府庁へ来いとのこと（中略）。翌朝父が校長と府庁へ行くと3人いた。一人は故八木銀次郎の父。両方の父は入学をことわった。木村松之介の父も子守がないと困るとてことわり送り迎へもとてもできぬ。区長も弱った。1カ月程すると（中略）総区長のところへ呼び出され（中略）「厳罰に処するぞ」と大喝一声。「いま一度しかと返答いたせ」とてついに入学を承知した（中略）。5月24日午前9時に船屋町の学校の入学式に列席した。知事の臨場。ついで子供が本を読んだ。それが半《なから》井《い》緑《みどり》君であった。「およそ地球上の人種は五つにわかれたり……人に賢きとおろかなるとは多く学ぶと学ばざるとにあり」と小学読本の最初の一節を朗読した。ついで古河先生は毎日人力で送り迎えすると知事のおおせであると言はれると母たちは泣いた（＊1）。

谷口は、卒業後、半井とほぼ時を同じくして按鍼《あんしん》術科の教員に迎えられ、大阪に転じた後は昭和に及ぶまで鍼灸やあん摩の教育課程づくりや教科書の編纂に力を尽くして、「東の奥村（三策《さんさく》）、西の谷口」と並び称されました。多くの著述があり、『鍼科新書』は現代にも通用すると評されています（＊2、＊3）。彼が創刊した『按鍼学会雑誌』の実物が京都ライトハウスに保存されています（写真）。遺品には、教育学会、ドイツ語講習会などの会員証も含まれ、研究熱心さがうかがえます。初代同窓会長に就任し、1906（同39）年の日本盲人会

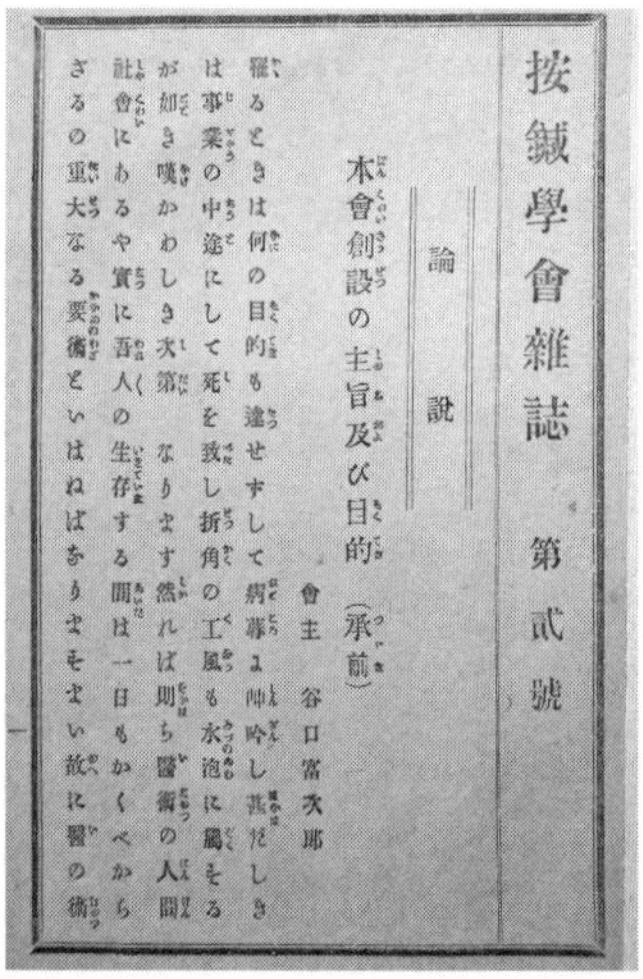

按鍼學會雜誌　第貳號

論説

本會創設の主旨及び目的（承前）

會主　谷口富次郎

罹るときは何の目的も達せずして病蓐に呻吟し甚だしきは事業の中途にして死を致し折角の工風も水泡に屬そるが如き嘆かわしき次第なります然れば則ち醫術の人間社會にあるや實に吾人の生存する間は一日もかくべからざるの重大なる要術といはねばありませい故に醫の術

『鍼按学会雑誌』第2号、1891年（京都ライトハウス所蔵）

結成に際しては、好本督《よしもとただす》、中村京太郎、鳥居嘉三郎《かさぶろう》らと共に呼びかけ人に名を連ねました【源流35頁】(＊4)。

山口菊次郎

山口菊次郎は、谷口とともに京都盲唖院に入学しました。邦楽を学んで卒業し、音曲科に勤務した後、東京音楽学校の取調掛に就任しました。巌《いわお》と名乗り、琴などの名手として業績を積みました(＊5)。

箏曲《そうきょく》の師匠は、音曲科の幾山栄福《いくやまえいふく》・古川龍斎《ろうさい》(ともに検校《けんぎょう》)などでした。山口は師・龍斎と協力して三絃と琴による「春重ね」を作曲します。山口巌校閲とある箏曲本に「六段の調《しらべ》」などがあります。専門誌『三曲』にもしばしば寄稿しました(＊6)。

また彼は、箏の弦を支える琴柱《ことじ》の一種である巾柱《きんじ》(蕗柱《ふじ》)の発明者でもあります。巾の糸(一番手前の弦)などに用います。外れ落ちにくいよう、脚の内側に突起を加えたもので、今なお広く用いられています(＊7)。

山口菊次郎肖像写真
(京都府立盲学校資料室所蔵)

そして、東京音楽学校が東京芸術大学に移行する折に退官し、後任が宮城道雄《みやぎみちお》です(＊8)。山口は宮城道雄の一歩前で近代的な邦楽の道を切り拓いた存在だったわけです。

ろうの傑出者たち

盲唖院時代の唖生教育も秀才を輩出しました。島津製作所に採用され、優れた職人になった山口善四郎などが知られます(＊9)。また、絵画の分野では、児玉兌三郎《たいさぶろう》、吉原千代などが有名です。児玉の描いた「京都市立盲唖院之図」【源流ⅷ頁】は、京都府立盲学校の校長室に飾られています。岡藤園《とうえん》の日本画「山茶花とメジロ図」【源流ⅷ頁】も京盲資料室にあります。筆者は、美人画を描いた風炉先《ふろさき》屏風(茶席用)も入手しています。

少し時期は下りますが、福田与志《よし》(69章参照)の愛弟子であった藤本敏文(＊10)、三島邦三などは、大正期以降、ろう唖者の全国組織づくりに邁進し、ろう唖者運動を活発に展開していきました。

東京盲唖学校を卒業した吉川金造も大きな足跡を残しました(＊11)。在学時代から小西信八《のぶはち》に伴なわれて全国各地でろう唖教育の成果を発表し、卒業後には「ろう者として最初の教員」になります。母校、豊橋盲唖学校を経て、大正時代に入り、三重盲唖学校に奉職した時期、共に着任した盲目の鳥居篤治郎《とくじろう》にとても親切に接したようです。鳥居の点字日記に「よしかわさんわ(中略)たいへん よく きの つく しんせつな おとこだ」と書かれています(＊12)。

47 同窓会

東京の動き

明治20～30年代に、盲生・啞生の同窓会が結成され始めました。

最も早かったのは、東京盲啞学校の啞生同窓会です。1891（明治24）年7月16日に吉川金造らによって結成されました。2年後には『啞生同窓會報告第壹回』（後の『口なしの花』）が発行されます。

東京の盲生同窓会は、92（同25）年1月17日に産声を挙げたとされています。ただ、『東京盲学校六十年史』には、その日の記事に「啞生同窓会第一回総集會を開催」とあり（＊1）、「盲生」か「啞生」か、「宿題」が残っているようです。鍼按学友会が『盲人世界』を創刊したのも同年です。『盲生同窓会報告』は94（同27）年2月20日に創刊されました（＊2）。

京都の動き

京都盲啞院も、その動きに連動したかのように91年4月25日、「盲生貳拾四名申合セ按鍼術科教室ニ於テ懇親会」を催しました。翌年の学校日誌「日注簿」を見ると、11月24日には「午後一時ヨリ本院卒業盲生本院ニ会合シ盲生同窓会ヲ起スノ相談ヲシ規則ノ編成役員ノ撰挙等ヲナシ午後六時三十分頃散会セリ」と記されています（＊3）。初代会長は1期生の谷口富次郎と目されます。94年に石川倉次《くらじ》らの来訪を歓迎する会で「盲同窓会　谷口会長」があいさつしているからです。

京都の啞生に関しては、「日注簿」の93（同26）年2月1日の欄に「午後一時啞生卒業生本院ニ集リ啞生仝《どう》窓会ヲ起スノ相談ヲナセリ」と記されています。この日の結成かどうか、微妙な表現ですが、同月22日時点で「啞生同窓会規約及役員名簿一通が存在」したようですから、これを創立とみていいでしょう。

みつかった初期同窓会の議事録

2012年、京都府立盲学校の一室から初期同窓会の議事録が出てきました（＊4）。創立から99（明治32）年までの「議事一切」と墨跡もあざやかです。その中から拾うと、96（同29）年4月の議事録には、新しい会長に「半井《なからい》緑《みどり》」が選ばれたと記されています。また、席上、「鳥居先生発言　我ガ同窓会ノ開会日ニテ会員タル者ハ必ズ出席スル者ニシテ（中略）今日欠席ノ人ニ会ハレシ時ハ私ガ斯《か》ク云《い》フテ居タト御伝ヘ下サレタシ」と熱弁をふるっています。「鳥居先生」は、鳥居嘉三郎《かさぶろう》院長に他なりません。

同年、「欠席満壹ケ年ニ渉ル者ハ除名」とするかどうかまで議題にのぼっているのには、少々驚きます。審議の結果は未詳ですが、当時の雰囲気が伝わってきます。

週刊点字新聞の先駆け

京都市立盲唖院の盲生同窓会は1906（同39）年に点字雑誌『点字世界』を刊行します。表題に「世界」を含むのは、東京の『盲人世界』の影響が匂います。この年には、左近允孝《さこんじょうこう》之進《のしん》によって点字週刊新聞『あけぼの』が創刊されています。1903（同36）年には、『むつぼしのひかり』が全国を照らし始めていました。

こうした動きは東京や京都だけではありません。岐阜でも1900（同33）年に訓盲院同窓会が興され、翌年に会報『同窓会報告書』（後の『星影』）が印刷に付されました。週刊点字新聞の、文字通り曙《あけぼの》を招きよせるものとして、同窓会発行の月刊点字雑誌が存在したと言えるでしょう。

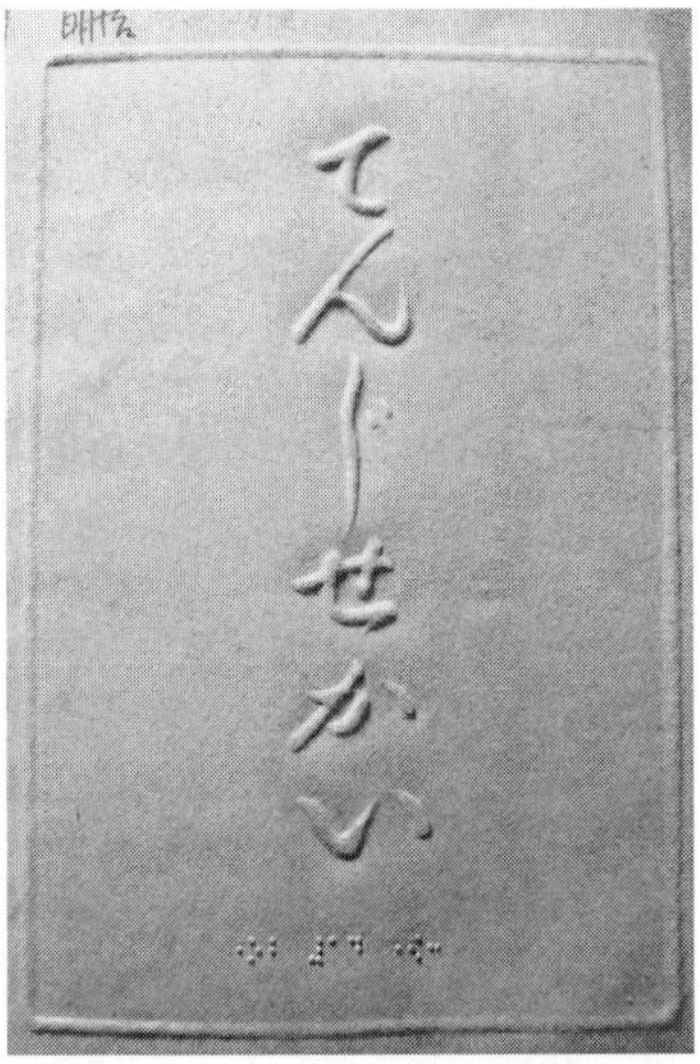

『てんじせかい』第14号 表紙
（京都府立盲学校資料室所蔵）

京都の場合、現在の生徒会にあたる組織が1894（同27）年までに組織されていました。「篤交会《とくこうかい》」と称し、『篤交会報』第1号が発行されたのは1902（同35）年でした。『篤交会報』は、これまで第2号の原稿しか確認できていなかったのですが、創刊号の内容を知ることのできる史料も同窓会議事録といっしょにみつかりました（＊5）。それだけでなく、現存しないだろうと言われてきた『点字世界』も、第14号のみですが、実物を撫でることができました（写真）（＊6）。和紙の風合いのある厚い表紙に、平仮名凸字で書かれた「てんじせかい」の題字は、心地よく深みのある感触です。教員・中尾榮、谷口富次郎らの文章が収められており、京都盲唖院が編纂した『瞽《こ》盲社会史』（＊7）点字版の新刊広告も載っています。

なお、京都の唖生による「院友会」も02（同35）年に『無聴之友』を創刊しました。各地の努力が結び合わされ、全国盲学校同窓会連盟が1915（大正4）年に結成されました。

ちなみに、筑波大学附属盲学校同窓会等著『なずれば指に明きらけし——筑波大学附属盲学校記念文集』（桜雲会）が2011年に刊行されました。また筑波大学附属聴覚特別支援学校編『東京聾唖学校同窓会誌　復刻『口なしの花』『殿坂の友』』（全4巻、明石書店、2012年）が出版されています。合計3158ページに及ぶ貴重史料です。

48 3校長建議

盲教育史の大きなエポック

日露戦争講和の翌年、1906（明治39）年10月13日から聾唖教育講演会・第1回全国聾唖大会などが開催されました（＊1）。

直後に、古河太四郎《たしろう》、小西信八《のぶはち》、鳥居嘉三郎《かさぶろう》の3校長（写真）が牧野伸顕《のぶあき》文相に宛てて盲・唖教育制度の確立を求める建議を行います。大きなエポックとなるできごとでした。

背景に、盲学校・盲唖学校づくりが全国各地へ拡がったという事実がありました（40章参照）。この大会と建議を描いた京都市立盲唖院の「記録簿」から抜粋してみます（＊2）。

「ここまで来た！　飛躍を目指そう！」という高揚感が生き生きと伝わってきます。

一、（中略）此ニ一大特筆大書スルノ機ヲ得タリ　是《こ》レ即《すなわ》チ大日本聾唖教育講演会ノ開催ナリ今其《その》要領ヲ記シテ以テ記録トス

二、抑《そもそ》モ全国聾唖教育（ママ）大会ハ日本聾唖技芸会監督青山氏ノ主唱ニヨリ公爵岩倉具定公外数名ノ華族貴顕ノ発起ニテ去ル十月十三四日両日首都華族会館ニ於テ開催セラレタリ　本院ヨリハ鳥居院長唖生中垣内《なかがいと》児玉両助手岡、三島ノ両生都合四名ヲ引率本教育大会へ出席セラレタリ　本会へ出席セシモノハ東京、京都、大坂ノ盲唖学校其他数校ノ盲唖学校長其他関係者生徒及ビ天下の諸名士ノ会合ニテ甚《はなは》ダ盛会ナリキ　而《しか》シテ盲唖教育本邦ニ生ゼテ僅々三十年　而《し》カモ世人此ノ教育事業ニ注意スルモノ少ナク世人又聾唖ヲシテ殆《ほとん》ド人間以外ノモノト軽思し幾多ノ聾唖者ハ世人ノ夢想ダニセザル塗炭《とたん》ノ苦ヲ嘗《な》メアラユル辛酸ノ裡《うち》ニ本日ニ至リ世ノ精神的献身教育者又其間ニ在リテ彼等不具者ノタメニ血ヲ絞リ骨ヲ砕キテ彼等ニ精神智識ノ福音ヲ伝ヘタリ（中略）此ノ会合実ニ斯界《しかい》教育発展ノ導火線ナリシタリ　此ノ教育会ニ於テ鳥居小西古川（ママ）ノ各校長各々斯界教育ニ就キテ痛切ナル説話ヲセラレ尚又各聾唖各々自己ノ特長ヲ発揮シテ世人ノ注意ヲ引キタリ（中略）

三、本教育講演大会后《ご》此度ノ会合ヲ好機トシ右三校長牧野文部大臣ヲ官邸ニ訪問セラレテ種々盲唖教育上ニ就キテ陳情セラレ該案法令発布セラレン事ヲ請願セラレ先ヅ其起草ノ内命ヲ受ケラレ右三校長連署ニテ建議案ヲ文部大臣ニ提出セラレタリト云フ

建議ノ内容ノ要領

一、学級編制

二、学科程度

三、校舎及教具

四、教員資格

五、盲人保護法案

六、其他数件　以上

聾唖教育講演会の発起に名を連ねたのは、岩倉の他に木戸、徳川、松平、そして山尾庸三《ようぞう》らの華族たちでした。主唱者とされる青山武一郎《たけいちろう》は、石川倉次《くらじ》らとともに東京盲唖学校で働き、主にろう唖者組織の分野で功績の著しい、現場に立脚した人物です。大会には400人を超える人々が結集しました。

新しい時代を手繰り寄せようとする熱い願い

閉会後、3校長は盲唖学校教育令の制定を陳情するために牧野文部大臣を訪ねます。席上、牧野はそれへの賛意を示し、案文の起草を求めました。このとき、3人の胸に沸き上がった喜びはいかばかりだったでしょう。鳥居を責任者として大急ぎで協議を重ね、建議提出にこぎつけた（写真）のは、10月23日でした。『日本盲唖教育史』などに全文が掲載されています。

盲学校、ろう唖学校それぞれを各府県に設けること、義務制を実現することを柱に、新しい時代を手繰り寄せようとする熱い願いが束ねられています。三校長の揃った写真は、文部大臣への具申を記念して撮影されたものです。

盲人保護法案には、鍼按営業免許を国で統一すること、官公立盲人学校卒業者には無試験で営業許可を与えることが盛り込まれました（＊3、＊4）。

これらの多くは、その実現までに長い年月を必要とすることとなりますが、急速に運動の陣容を整え、勢いを加えて行きます。

翌1907（同40）年には日本盲唖学校教員会が結成され、同5月、東京盲唖学校で第1回集会が開かれました（＊5）。出席は20余校、45名。鳥居嘉三郎が議長を務め、小西信八が「権利としての教育」観を示しました。古河太四郎は、病床に伏していましたので、集会の決議によって古河宛ての慰問状が送られました（＊6）。

左から小西信八、古河太四郎、鳥居嘉三郎
（京都府立盲学校資料室所蔵写真）

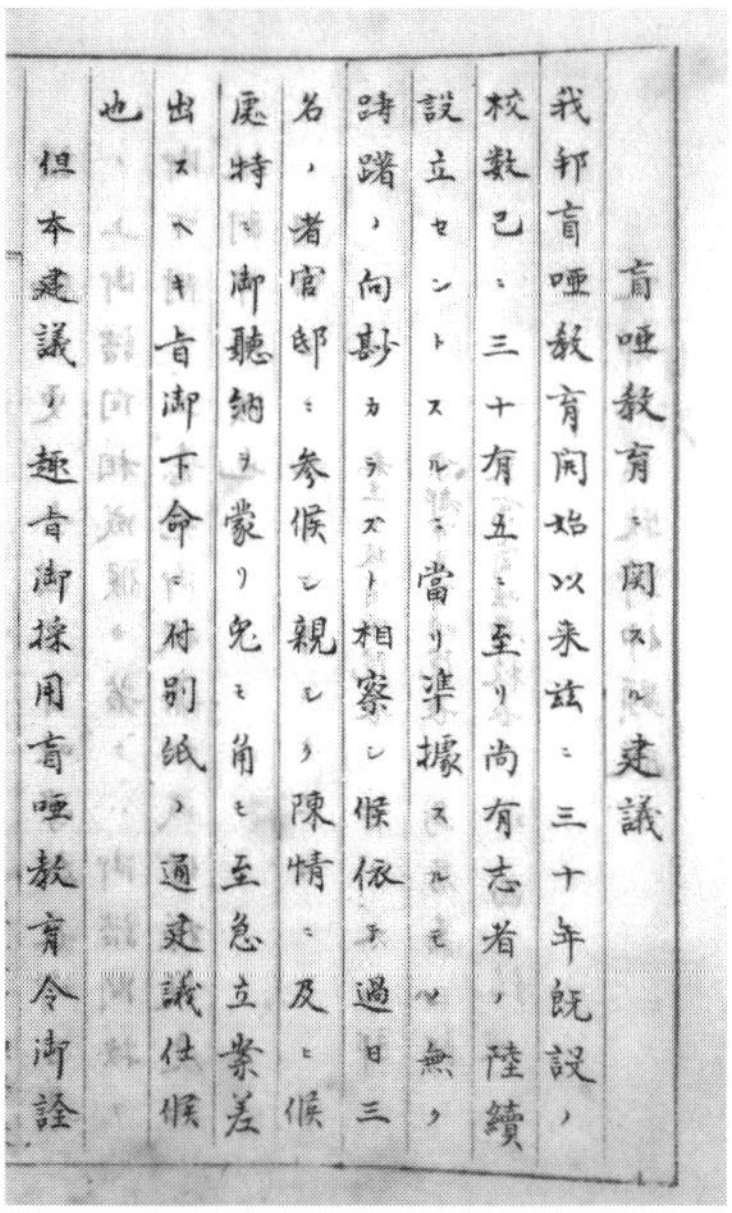

盲唖教育ニ関スル建議
我邦盲唖教育開始以来茲ニ三十年既設ノ
校数已ニ三十有五ニ至リ尚有志者ノ陸続
設立セントスルモノアルモ当リ準拠スルモノ無ク
躊躇ノ向尠カラズト相察シ候依テ過日三
名ノ者官邸ニ参候シ親シク陳情ニ及ビ候
処特ニ御聴納ヲ蒙リ兎モ角モ至急立案差
出スベキ旨御下命ニ付別紙ノ通建議仕候
也
但本建議ノ趣旨御採用盲唖教育令御詮

鳥居嘉三郎の手になる「盲唖教育ニ関スル建議」の写しあるいは控えの冒頭
（京都府立盲学校資料室所蔵）

49 京都市立盲啞院篤交会《とくこうかい》・同窓会

生徒会は、現役の在校生が構成員となって学校生活のあれこれに取り組みます。これに対し、同窓会は、卒業生が集って過去を懐かしむというイメージでしょうか。今回は、明治から大正にかけて京都市立盲啞院の生徒会であった篤交会と同窓会、両会の足取りを追ってみましょう。

生徒会・篤交会の活動

1896（明治29）年7月18日、終業式の日に、「盲生篤交会ノ催シニ係ル」送別会が開かれ、職員一同が招かれました（＊1）。篤交会は、明治30年代に入ると天長節祝賀会も行っています。1903（同36）年12月30日には「盲生篤交会ヨリ篤交会報第一号ヲ発行セリ」とあり（＊2）、同会は半年後に第2号を有志に頒布しています。「篤交会報第一号」は、03年の夏にアメリカから購入したステレオタイプメーカーという製版機を用いて作られました。「本院ヨリ訓盲点字ヲ以テ印刷シタル物ヲ発行スルハ之ヲ始トス」という記念すべきものでした。そこには、「広ク盲人社会ニ発表ス」という意気込みが込められています。

また、同会は日露戦争のさなか、05（同38）年1月15日に、同窓会とともに「旅順陥落祝賀会」を催しました。翌春には、講談師を招いて戦争や合戦を題材にした講談を聞き、茶菓や折詰のふるまわれる懇話会が楽しまれました。年によっては、新年会や春季運動会を開いています。

02（同35）年に規則の改正が行われ、第三条に「本会ハ会員相互ノ情誼ヲ厚クシ兼テ智識ノ交換徳性ノ修養ヲ以テ目的トス」とあります。親睦・結束と、知識・徳性の修養を重んじたことがくっきりと読みとれます。また、その後の改訂では、これに「身体の鍛錬」「自治的修養」も加えられました。会員心得にも「常ニ学術ヲ励ミ技芸ヲ磨キ以テ智識ヲ広メ実力ヲ養ヒ他日立派ニ独立シ活発ナル行動ヲ社会ニ表サン事ヲ期スベシ」とあり、出版とともに鍼灸《しんきゅう》や音曲《おんぎょく》の技芸の練磨が「社会に表す」方法の一つに据えられていました。

同窓会の活動

同窓会は、1891（同24）年に誕生しました（＊3、＊4）。初期のものとは異なるかもしれませんが、大正初年度の規則に「知徳ノ向上会員相互ノ親睦」を目的に掲げ、名士を招へいしての講演会開催、雑誌の発行などを事業とすると明記しています。まだメンバーも若く、過去を懐かしむというより、自らの学識や品位を高めるための修養に意を注ぎ、社会にも問題を投げかける方針があったと思われます。

生徒会と同窓会共同で点字雑誌を発行

当初、篤交会が出版していた点字雑誌『てんじせかい』は、次第に同窓会との共同事業へと移行していきました。ある段階から、盲唖院の中に「点字世界社」を設置する形をとるようになりました。『盲目の恩寵』を著した石松量蔵は、『点字世界』を「文章を暗記するまで再三再四読み返へし」と青年期を振り返っています（＊5）。

記録を見ると、「点字世界編輯委員会ヲ本院内ニ開ク」（1905年12月3日）（＊6）、篤交会役員ハ本日ノ同窓会ヲ機トシ点字世界ニ関シ協議スルトコロアラン」（1907年1月8日）「同2月9日点字世界四号ニ部ヲ内務大臣へ納本ス発行届書共」（＊7）。また、同3月3日午後に開催された同窓会臨時総集会には、

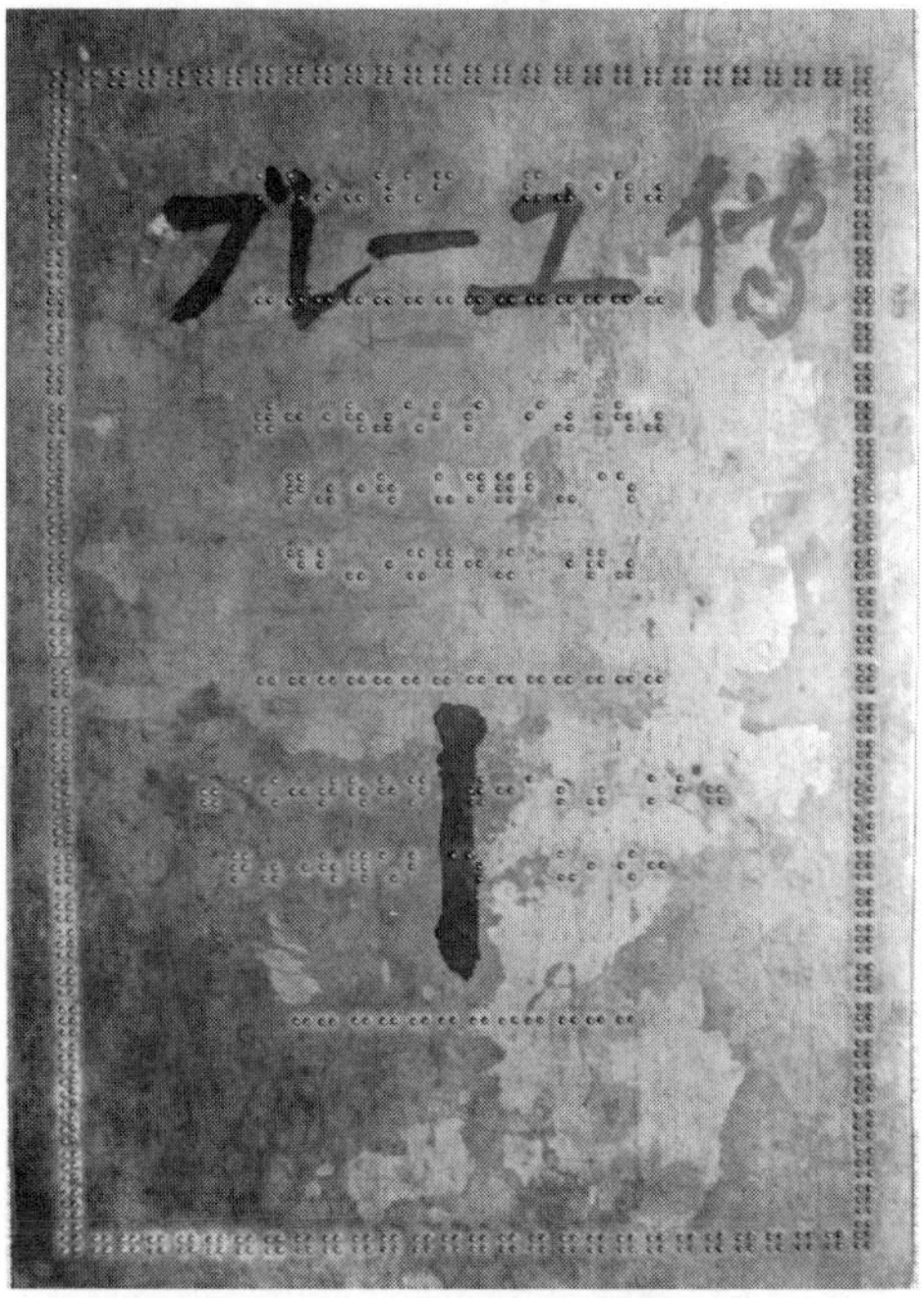

亜鉛板ブレーユ伝（京都府立盲学校資料室所蔵）

篤交会の役員7名も同席し、「点字世界社は独立せしめ両会はこれが後援をなし益々点字世界の改良発展を謀らんとする」（＊8）と決定されました。編集発行を独立させる体制への変更が行われたわけです。

その後、両会は、『てんじせかい』をバックアップしつつも、イベントなどに力点を移していったようです。

例えば、1908（同41）年2月4日には「午前第九時より盲生同窓会篤交会主催となり点字発明者仏国人プレユー《ママ》氏百年紀念式」が挙行されました（＊9）。この式は「各参集者をして多大の感想を脳裡に浮かばせ」るものだったようです。

ルイ・ブライユ生誕百年を祝ったこの式典における当時の教員中尾榮《さかえ》・中村望斎《もちまさ》の講演（5章参照）を点訳した亜鉛原版（点字世界社発行）が保存されていて、現在でも印刷が可能です（写真）（＊10）。

1912（大正元）年11月1日、両会は再び連合して校内にブライユ社を組織し、一般盲人のための点字雑誌『ひかり』を年6回発行することとし、同日、第1号を発刊しました。初めは『比可梨』、後に『光』に改題されました。

なお、昭和戦前期には、生徒組織の名称が日中戦争の拡大を反映して報国団とされ、敗戦後に生徒会あるいは自治会へと改められていきました。

50 青年盲人たちによる点字雑誌

左近允《さこんじょう》孝之進《こうのしん》の点字新聞『あけぼの』は1906（明治39）年1月創刊だと古賀副武《そえむ》氏が突き止めておられます。

明治・大正期の機関誌として、これまで、『盲人世界』『盲生同窓会報告』『篤交会報』『点字世界』『むつぼしのひかり』などを採り上げてきました。他にはどんな定期刊行物があったのでしょうか。

京都市立盲唖院に届いた雑誌

京都市立盲唖院の日誌に、その日届いた雑誌のタイトルが記されています（＊1）。例えば、11（同44）年10月24日には『世の光』、13（大正2）年6月26日には『日本の盲人』が着いたとあります。点字版だったかどうか、発行者も定かではないものの、『世の光』には宗教の、『日本の盲人』には好本督《よしもとただす》の『英国の盲人』や日本盲人会の影響が推量できそうです。また、14（同3）年2月には『点字雑誌めしひの友』を受け取っています。同窓会か盲人グループに縁が深そうです。東京、京都以外では、1901（明治34）年に改題、スタートしたと思われる岐阜盲学校同窓会『星影』が充実しています（＊2）。37（昭和12）年7月第131号のヘレン・ケラー岐阜入り特集を読んだことがあります。このほかにも、15（大正4）年8月、長崎盲唖学校が『学友会誌』を創刊し、22（同11）年7月に石川県立盲学校同窓会が『兼六の光』を発行しました。

青年たちが続々と出版に乗り出す

大正期は、教育や職業の革新を目指す社会人青年たちが続々と出版に乗り出します。12（大正元）年、すでに『盲人界』があったと『世界盲人百科事典』に載っています（＊3）。15（同4）年4月、秋元梅吉は『信光』を創刊します。翌年6月、斎藤百合（68章参照）が『盲女子の友』を始め、22（同11）年に両者が合併して『信仰』となりました。19（同8）年4月、中村京太郎を軸に、盲人基督《キリスト》信仰会名義の『あけぼの』が産声を上げます。左近允夫妻の熱い志を継承しました（51章参照）。その後には、『仏眼《ぶつげん》』（山本暁得　1921年）、『点字治療新報』（山村熊次郎・小林卯三郎　1923年）、『日刊東洋点字新聞』（木村柳太郎　1924年）、『かがやき』（後藤静香　同）、『鍼灸マッサージ』（肥後基一　同）が続きます。また、子ども向けの点字雑誌も生まれました。21（同10）年6月に第三種郵便物認可を受け、鳥居篤治郎《とくじろう》が編集した『ヒカリノソノ（光の園）』がそれで、少なくとも2年後まで発行されました（24章参照）（＊4）。

その頃の『東京盲学校一覧』には同校が所蔵した書籍が列挙されていて、今ではほとんど知られていない点字雑誌も数多く収められています（＊5）。志岐與市の『あかつき』、千野良泉の『訓盲』、希望の星社の『希望の星』、日向訓盲院の『日の本』、阿久津淺吉の『無碍《むげ》の光』、盲人技術学校の『心の光』、愛媛盲啞学校校友会の『星の花』、福島訓盲学院の『信夫之睦《しのぶのむつみ》』、天王寺盲学校の『星乃友』などです。流れ星のように短命だったものも含みますが、たくさんの光がかざされていたのです。

点字雑誌の森に人知れずたたずむ大樹

盲教育の研究誌『盲教育』第三巻第一号の点字版は手にしたことがありますが、他の号は未確認です。『内外盲人教育』『日本盲教育』は点字版も刊行されたのでしょうか。

２０１２年秋に、「点字の古本」と銘打って『指眼《しがん》』が売りに出されました。取り寄せてみると、まさに点字雑誌でした（写真）。「明治43年9月21日発行　発行人・上瀧安正《こうたきやすまさ》　発行所・点字出版協会」とあります。内容は、「盲人音楽者の前途」「日本按摩《あんま》とマッサージの調和」といった論説、古今和歌集の講義など、職業問題のみに止まらない、文化の香る構成です。表記には拗音符号が用いられていました。正味10ページ、房綴じの凝った製本ですが、点は不鮮明です。発行人・上瀧安正は中途失明者で、東京盲啞学校を退学した後、和仏法律学校（現・法政大学）に入った人でした。法学を修め、『帝國憲法唱歌』なども発行した俊英です。また、点字出版協会の創立者は「先天的な法律家」と称えられた梅謙次郎博士でした。

『指眼』第一号の巻頭論説は、「もーじん　おんがくしゃのぜんと」と題して、「日本音楽は盲人によって発展せられたるにも拘らず、最近は明眼者が占領しかねない状況だ。盲人音楽家よ、技芸を磨け、前途を図れ」と絶叫しています。

法政大学のウェブサイトには、「点字出版物の普及に尽力した校友・上瀧安正を支えた梅謙次郎」という記事が掲出され、筆者が提供した『帝国憲法唱歌』の表紙もアップされています（＊6）。

点字雑誌の森に分け入ると、人知れずたたずむ大樹にも出会えます。

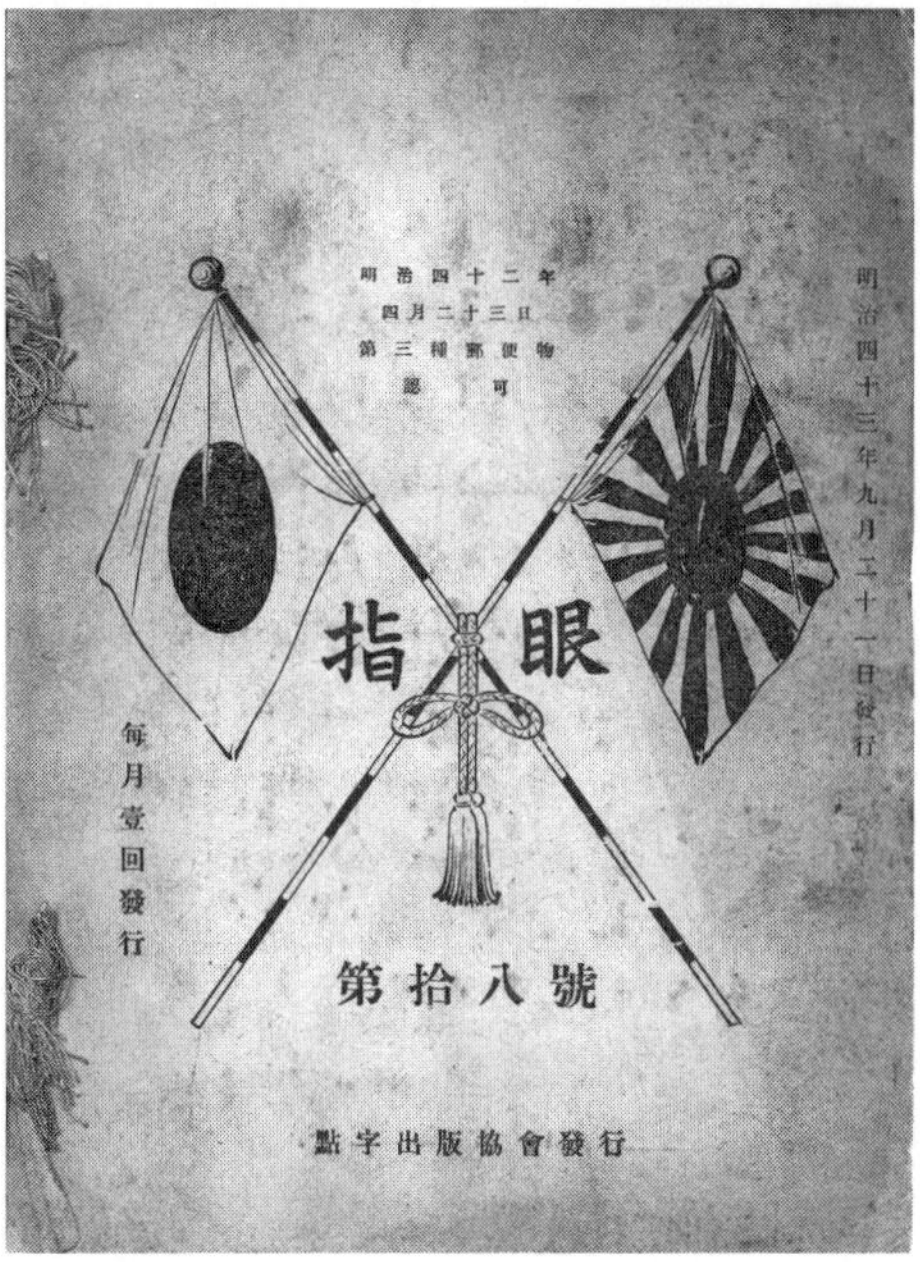

『指眼』第18号（岸博実所蔵）

51 中村京太郎と『あけぼの』

大正のモダニズムが香る

『点字毎日』の初代編集長の中村京太郎は、1919（大正8）年4月3日創刊の点字新聞『あけぼの』に、「発刊の言葉」を載せました。

「我が日本盲教育開始せられて既に50年　未だ1個の点字週刊新聞だになしとはしばしば繰り返された愚痴であった　然るに今や我が日本10万の盲人が目覚めねばならぬ時が来た　多言無用　ただ本紙の発刊決して偶然にあらざることを記せしめよ

本紙をあけぼのと命名したのはかつて日本盲界のために最期まで闘われた左近允氏の高貴なる事業を記念せんために他ならぬ（後略）」と。

表紙には墨字《すみじ》ローマ字でも「AKEBONO」と印刷されています。内容だけでなくデザインにも大正のモダニズムが香ります。

盲人基督信仰会による刊行で、実務には、秋元梅吉、平方龍男、鳥居篤治郎《とくじろう》、小野兼次郎《かねじろう》ら気鋭のメンバーが従いました。

2010年までに、現存する12冊を翻刻する機会に恵まれました。誌面は、盲教育や福祉をめぐる動きをはじめ、内外の一般ニュースと評論、読者の投稿、国内の出版情報や英国の点字雑誌紹介などで構成されていました。また、資金面でも『あけぼの』を支えた好本督《よしもとただす》のもたらす情報が「英国の紳士より」としてしばしば載せられています（73章参照）。

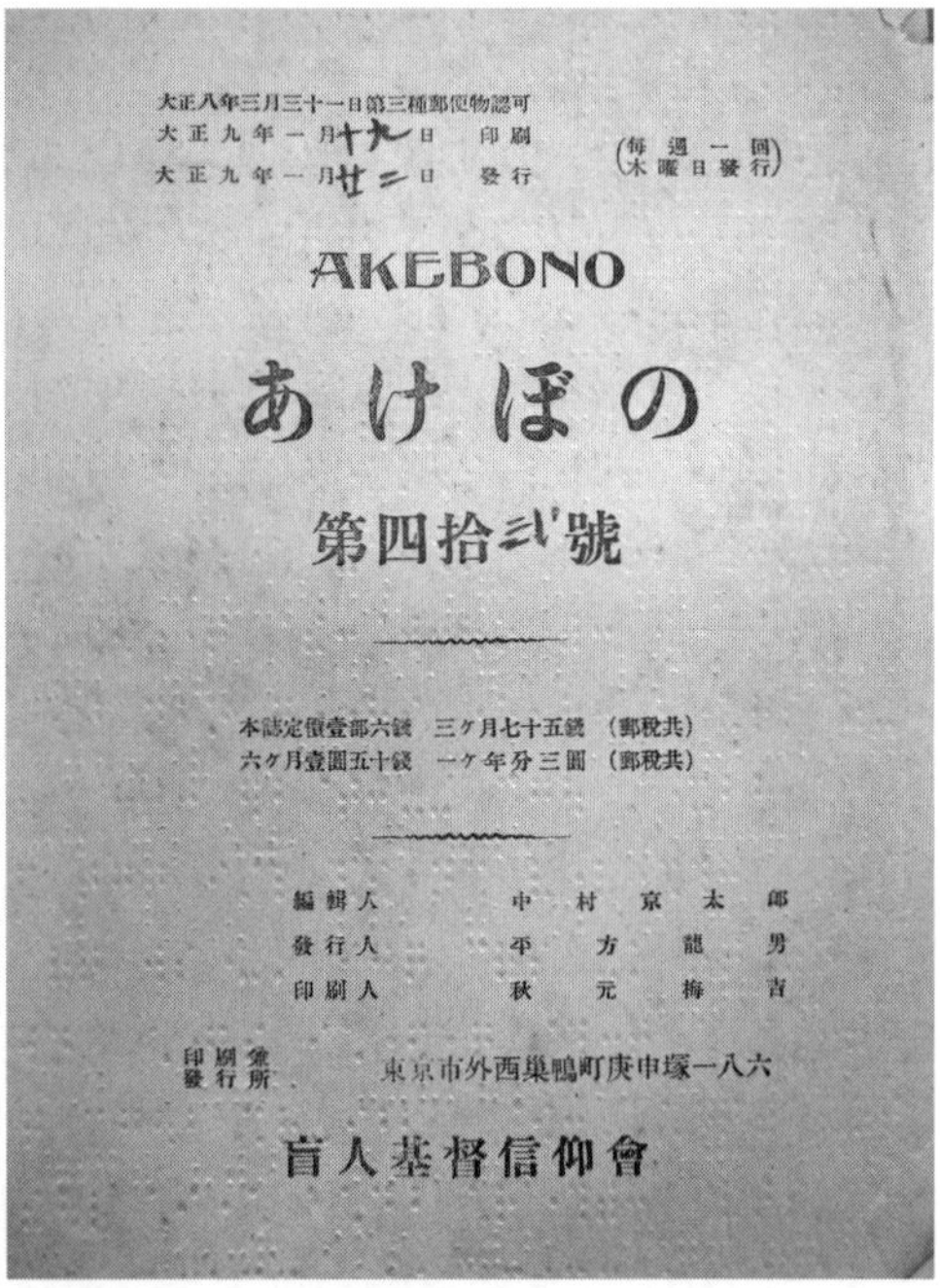

『あけぼの』第42号表紙写真
（京都ライトハウス所蔵）

青年たちのみずみずしい主張

当時の盲教育の「みじめな」状況とそれに立ち向かう青年たちのみずみずしい主張が印象的です。いくつか抜粋してみます。なお、第42号の「教育を受けておらぬものは」の部分は、正しくは、「教育を受けておるものは」と書くべきところだと思われます。原文のまま引用していますのでご注意ください。

まず創刊号には、「昨年より東京基督教女子大学（＊1）に傍聴生たりし斎藤小つるさんは新学年よりいよいよ同校本科生としてその勉学を続けらるることになった」「盲人技術学校卒業式。築地本願寺境内の同校では去る25日11回卒業式を挙げた」。第42号には、「全国70有余の学校は内外篤志家の働きによって振興せしめられつつあるが盲人の側よりみればこれらは多く申し訳である　床の間の置物に等しき飾り物である　論より証拠数千の盲学齢児のうち教育を受けておらぬ《（ママ）》ものはわづかに２９７人にすぎぬとは」

また第50号には、奈良の小林卯三郎《うさぶろう》が、「不肖昨年九月以来当地にて訓盲事業のため種々苦心いたしそろ　結果昨今かろうじてその緒に就くを得目下県庁へ認可申請中にそろ」と記し、第51号には、鳥居篤治郎が「盲教育を最も確実にかつ速やかにしかもなんら他人の手をまたずして我々個人で普及させうる最も簡単にして最善の方法は我々一人一人が1年に一人ずつでいいから学校に入っていない盲を探し出してこれに自ら模範を示して教育の有り難いことを知らせ（中略）僕も既にこないだ子どもを一人入学させたからかくいう資格がある訳だ」と述べています。

第55号では、「立教大学に在学中の盲学生・小野兼次郎語る」と題して、「英文予科2学年に進みました　科目は倫理　歴史　科学概論　心理学　法学通論及び漢文と英語です　試験はアンダーウッドのタイプライターを用いてします　京都盲唖院卒業後同市立命館中学で4学年まで終えた（＊2）だけでしたから初めは専科生として入学し2学期から正科生となりました　教室に於ける黒板上の文字の取次ぎは同級生誰でもいつでも心から喜んで引き受けてくれます　参考書の読み手は寄宿生が進んでやってくれます　一度でも彼らの物憂い態度を私見たことがありません　全校職員学生のあたたかい友情によって私が盲学生として当たらねばならぬ困難と障害と不便の大部分を取り去ってくれています　本大学基督教青年団は（小野兼次郎君をしてその目的を達せしむるためにあらゆる援助を為すことを期す）という決議までも先日の総会でせられました」と記されています。

躍動する民間の点字ジャーナリズム

第42号は２０（同9）年1月22日、第55号は同年４月22日付の発行です。その3年後の２３（同12）年には待望久しい「盲唖教育令」の発布に至るわけですが、盲学校の教員団体だけでなく、民間の点字ジャーナリズムにおいても「義務化や盲・唖分離」を望む言論が活発化していたことが如実に分かります。就学促進についても、大学での勉学についても自らそれを切り開こうとする姿勢が躍動しています。

現存する第１４４号は、２２（同11）年2月9日の発行。まさに『点字毎日』刊行の前夜にあたっています。

52 点字投票

日本の選挙における点字投票が実現するに至った経過を素描してみます。『点字毎日』で２００８年末から6回にわたり続いた連載「点字と選挙」などを参考に、これまであまり知られていなかった資料も加えます。

普通選挙運動の隆盛に合わせた活動の成果

帝国盲教育会会長の町田則文《のりぶみ》は、１９２１（大正10）年8月15日（＊1）と翌年4月14日（＊2）、内務大臣に各種の議員選挙で点字を有効とする方法を講じるよう建議しました。点字教育の普及を踏まえ、次の一手を打ったのです。『点字毎日』初代編集長・中村京太郎は点字の普及や点字投票の実現に向けたキャンペーンを行いました。後に「点字投票の父」と呼ばれる愛知の長崎照義の奔走もあり、普通選挙運動が盛り上がりを見せるなかで、点字の投票権を求める運動が広がっていきました。

長崎が書いた点字図書『ピエロ　カンテラに踊る』には、尾崎行雄に面会し、点字投票の実現に協力する旨の回答を引き出した時の様子が克明に描かれています。（墨字訳は筆者）

憲政の神と仰がれ畏敬された巨人咢堂《がくどう》尾崎先生である。なかなか面会は簡単には許されなかった。「約束は」「紹介は」「何の用か」とやりとり30分。押しと粘りが奏功したか、「では5分間」と（中略）5分の約束は1時間余に及び、山内《やまのうち》さんと私からこもごも運動の趣旨を述べ、最後に「明日の大会の決議」として「盲人の点字投票を認めよ」の一項を入れてくれと懇請した。尾崎さんはしばらく目を閉じて考えていたが、やがて大きくうなずいて「よし、よく分かりました。ご要請通りやりましょう」と言われ（後略）（＊3）

23（同12）年11月30日、「東海普選民衆大会」前夜のことです。大会では、約束通り附帯決議に「盲人の点字投票を認むる事」とする一項が盛り込まれました。普通選挙運動の隆盛に合わせた先人たちの活動が、世界初と言われる点字投票を実現させたのです（53章参照）（＊4）。その結果、点字は25（同14）年、衆議院議員選挙法で「文字とみなす」と定められました。施行令別表として点字の五十音表が明記されました。

それに先立ち、衆議院議員選挙法調査会が『選挙ノ方法ニ関スル調査資料』を冊子にまとめました（＊5）。冊子は国会図書館に保存されています。「盲人其ノ他身体上ノ故障アル者ノ投票方法ニ関スル調査」として、当時のイギリスやアメリカの視覚障害者の選挙権や投票方法が紹介されています。外国の状況も研究したうえで日本の選挙法が変えられたのです。

点字投票啓発の動き

　点字投票は公認されました。急いで点字の書ける人を育て、点字の読める選挙管理委員会を増やさねばなりません。そこで大阪毎日新聞慈善団は「模擬点字講習会」を開催し、併せて「点字読方一覧表」を4万数千枚作って選挙管理委員会などに配りました。25（同14）年には、尾関彦人が『日本訓盲点字 独《ひとり》案内』を出版しました（＊6）。この中で尾関は「選挙ニ参与セラレル当局者ハ、此点字ヲ知得」する必要があると訴えました。その翌年、都《みやこ》新聞社が『我が選挙制度』を出版（＊7）。点字の一覧表も掲載されていました。さらに1年後、東京盲学校が『ブレーユ点字沿革の概要』を発行しました（＊8）。

　点字と点字投票の理解、啓発の成果として、27（昭和2）年の浜松市議会選挙では点字での投票がすべて有効票として扱われました。福岡県では視覚障害者の投じた一票をめぐり、当落の結果が逆転したケースもありました。

　点字投票の歴史を伝える貴重な資料として、京都府立盲学校には、28（同3）年の衆議院選挙に向けて用いられた点字器が保存されています（写真）。野球のホームベースを小さくした独特の形をしています。一方、大阪毎日新聞慈善団が大正末期に発行した「点字読方一覧表」は、中央選挙管理会や点字毎日編集部などを探してもまだ見つかっていません。ぜひとも発見したい資料のひとつです。

まだ残る問題と課題

　点字投票が認められるようになった一方で、選挙公報の点訳版の発行は不十分にしか保障されていません。また、投票で使う点字の種類を定めた公職選挙法の施行規則では「ヴェ」など一部の特殊音の使用が認められていません（＊9）。これらの問題を解決するとともに、点字の位置づけを「文字とみなす」から「文字である」に変えていくことが必要ではないでしょうか。このことは、「手話言語条例」制定運動にも学び、繰り返し繰り返し、実現するまで強く主張しつづけねばなりません。

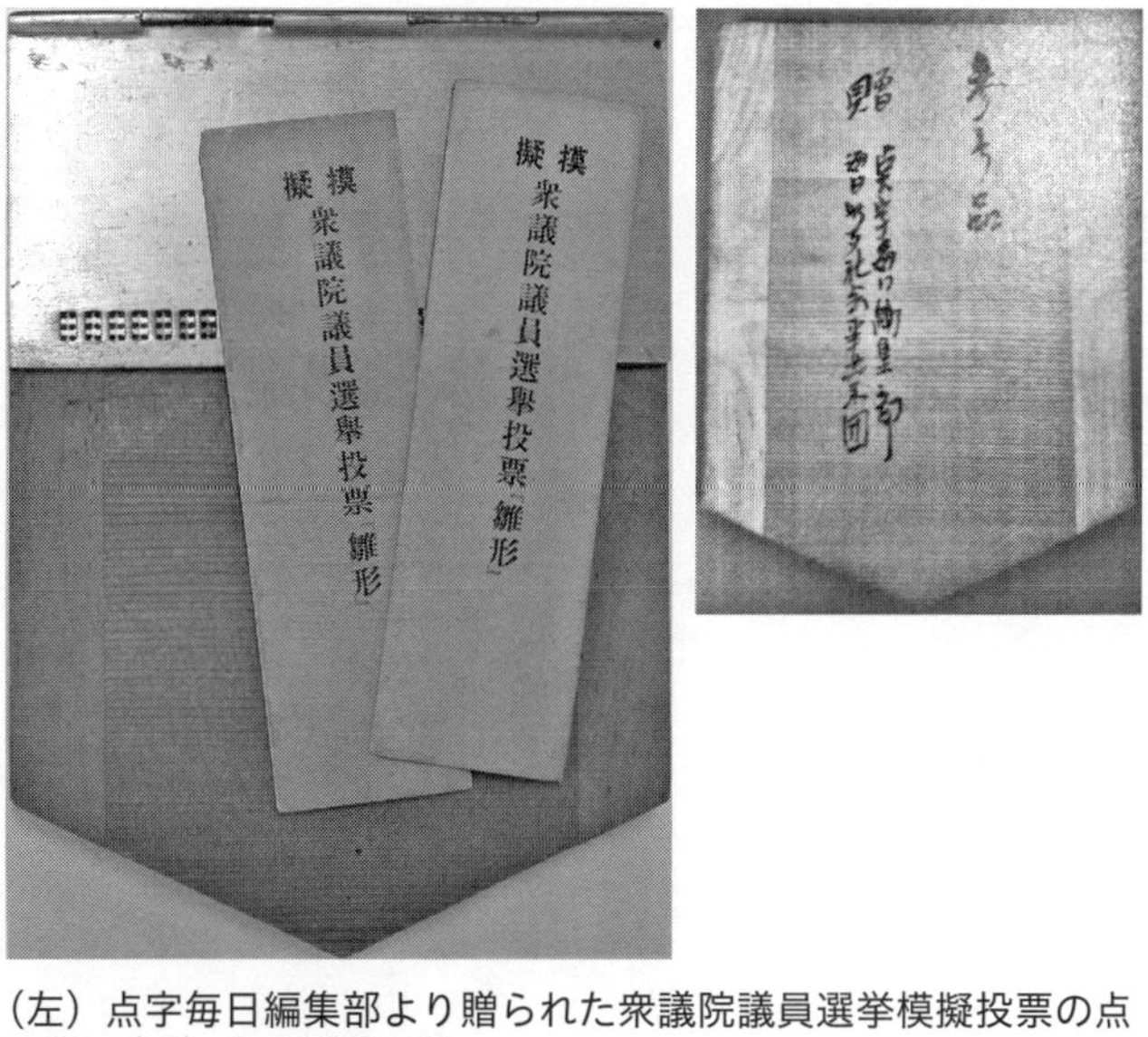

（左）点字毎日編集部より贈られた衆議院議員選挙模擬投票の点字器、（右）点字器裏の銘
（京都府立盲学校資料室所蔵）

53 点字公認運動

高木正年衆議院議員の請願

点字投票の公認運動には、１９２１（大正10）年の町田則文《のりぶみ》による建議に先立って行われた例もありました。

盲人として初めて衆議院議員となった高木正年《まさとし》は、盲人保護法や婦人公民権の実現に力を尽くしたことで知られていますが（＊1）、その高木代議士が20（同9）年に点字投票の公認を求める請願を行っていたのです。

さらに、点字投票に関連する史料を探すうち、国立公文書館所蔵の文書から、明治時代の点字公認運動について知ることができました。文書は同館のホームページで読めます。

まず、09（明治42）年3月23日付で衆議院議長・長谷場《はせば》純《すみ》孝《たか》が桂太郎総理大臣に宛てて書いた「意見書」です（＊2）。「点字公認ニ関スル請願ノ件」と題して、法学博士杉亭二《こうじ》などから提出されたとあります。意見書には「衆議院ハ其ノ趣旨ヲ至当ナリト認メ之ヲ採択スヘキモノト議決セリ」と書いてありました。明治時代にすでに視覚障害者が自書や署名に点字を用いることを法令で認めようと考えられていたことに驚きます。

請願書も保存されていました。紹介議員は、高木正年ら二人。標題は「点字公認ニ関スル請願書」です（写真）。請願理由はこうです。

盲者ハ普通文字ヲ手記スルコト難シ　幼時ヨリノ盲者ニアリテハ特ニ然《しか》リトス　然ルニ諸種ノ法令中自書又ハ署名ヲ要スル場合少ナカラス　例へハ議員選挙法及民法等ニ於テ点字使用ノ公認ヲ得スンハ当然享有セル権利ヲ行使スルコト能《あた》ハス　我国盲者ノ数ハ約十万ノ多キニ及ヒ且《かつ》其教育ノ進歩セル今日ニ於テ斯《かく》ノ如キハ頗《すこぶ》ル遺憾トスル所ナリ　幸ニ之ヲ諒トシ願意ヲ容レラレンコトヲ切望ス。

提出は同年2月、杉亭二、山岡熊治、森恒太郎、桑田鶴吉、高岡清次によって行われました。山岡は日露戦争で失明した元軍人、森は盲天外とも名乗った盲人村長です。桑田は『むつぼしのひかり』に「盲人図書館設立の一手段」を書いた東京盲唖学校同窓生（＊3）、高岡は東京帝大を卒業後に失明した法学徒で、東京盲学校教員・高岡ミツの夫です。

5人は同年、「日本盲人協会」（月刊点字雑誌『日本盲人』や点字教科書を発行）を結成します。「点字公認に関する請願」が同会の活動の一環として推進されたことがうかがえます。この文書は、これまであまり知られていない同協会の姿を明らかにするうえでも、貴重な史料となるでしょう。

たらい回しとたなざらし

さて、せっかく提出され、衆議院が同意した請願でしたが、結局日の目を見ませんでした。では、その後、どんな推移をたどったのか。答えを示す二つの文書（写真）が残されていました。

一つは、同年4月1日付けで内閣総理大臣が文部大臣に宛てて出した依頼書（＊4）。衆議院での議決と請願書を別紙として添え、「点字公認の件は文部省が所管する事項だから文部省に検討を求める」という内容でした。文部省にこの文書が届けられたのは6日後の4月7日であったと書かれています。

次は、それを受けた小松原英太郎文部大臣から桂太郎総理への返答です（＊5）。ごくあっさりと、「右ハ本省ノ主管ニ無之ト認メ」云々と記してあるばかり。「文部省の主管ではないので、別添の書類も含めて返す」というつれない内容です。しかも9月7日付けです。たらい回しとたなざらしの見本と評さざるをえません。

さらに同年12月13日の閣議決定です（＊6）。「点字は文字ではない」とする法制局長官の見解を全大臣が承認し、サインにあたる花押を捺してあるのです！　法制局見解は次の通り。

点字ハ盲教育ノ為ニ設ケラレタル特別ノ符号ニ過キ《ぎ》ス《ず》シテ一般ニ慣用スル国語ニ非ス《ず》　之ヲ公認スルニハ之ニ関スル教育モ亦《また》普通ノモノト為シ官公吏ハ直ニ之ヲ知了シテ庶務ヲ為シ一般人民モ亦之ヲ理解シテ取引ヲ為スコトヲ得ルモノト為サ《ざ》ルヘ《べ》カラス《ず》　此ノ如キハ現今文運ノ状態ニ照シ不必要ノ事ト思考ス。

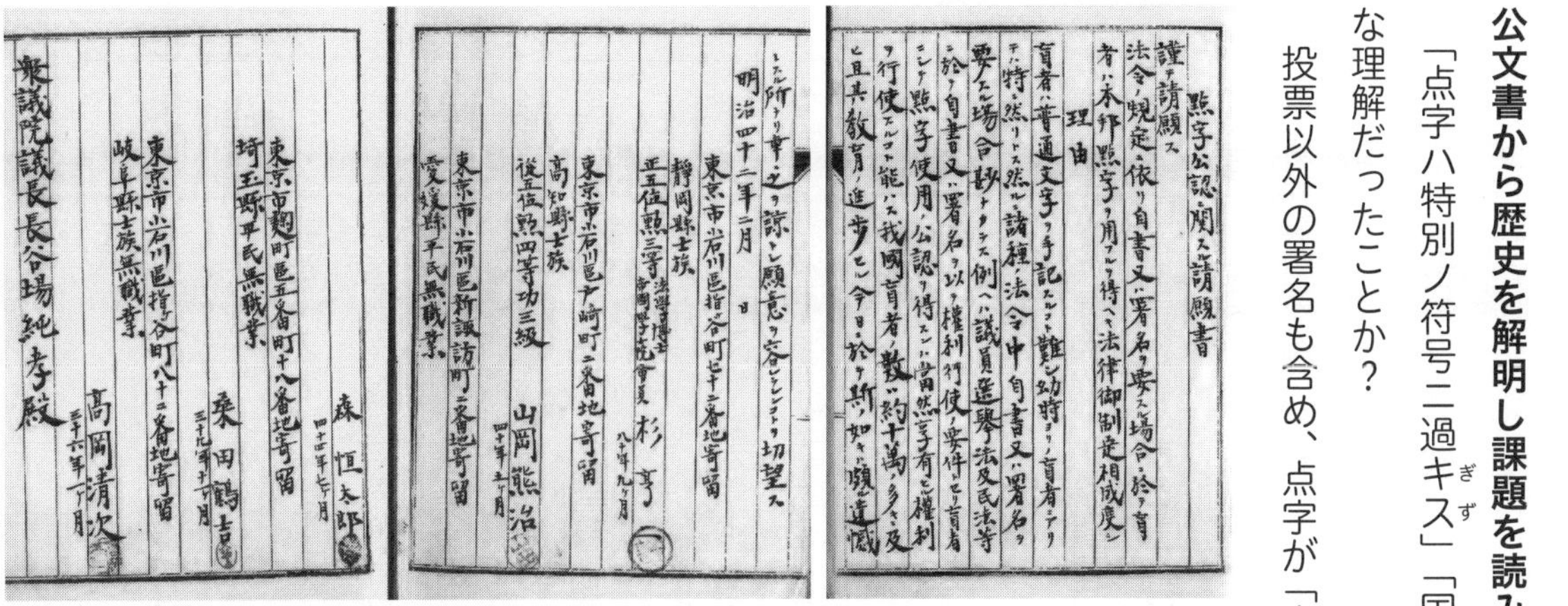

点字公認請願書（国立公文書館所蔵）

公文書から歴史を解明し課題を読みとるために

「点字ハ特別ノ符号ニ過キ《ぎ》ス《ず》」「国語ニ非ス《ず》」とはなんと未熟な理解だったことか？

投票以外の署名も含め、点字が「文字とみなす」ではなく、「文字だ」と断言されるための今日的な課題の原点がここに読み取れるのではないでしょうか。明治の先人たちの時代を切り開こうとした果敢さに学ばされます。

それにしても、歴史を解明しようとするとき、公文書の保存と公開がいかに欠かせないものであるか実感させられます。２０１０年代に入ってからのずさんな公文書取り扱いにずるずると慣らされたくはないものです。

54 岡山の盲人青年覚醒会

読書と組織化を重視

大正期の岡山で葛山覃《かつらやまひろし》らが結成した盲人青年覚醒会と、昭和に入ってからの眼病検診事業をなぞってみましょう。

岡山県視覚障害者協会の沿革をひもとくと、その結成に先立って「盲人青年覚醒会」が存在しました。『道ひとすじ　昭和を生きた盲人たち』に、阿佐博氏（岡山県立盲学校に在職した履歴あり）は「大正十年に盲人青年覚醒会が組織された」と記されました〔＊1〕。

盲人青年覚醒会（以下、覚醒会）は、年4回、点字雑誌『覚醒』を発行しました。岡山県立図書館に第14号が保存されています。この号は1926（大正15）年2月の刊行です。表紙には、活字でなく、ガリ版刷りの細い筆跡で「覚醒」「発行所　岡山盲唖学校内」などとあるのみ。簡素であり、質素です（写真）。

しかし、内容は、①明治天皇の和歌②内村鑑三の「修養論」③樋口長市の『欧米の特殊教育』〔＊2〕の抜粋④本会記事⑤地方盲人懇話会など豊富です。

②と③は、墨字《すみじ》出版物を点字に写したものです。内村に紙面が割かれているのは、葛山がキリスト教に従ったことの反映でしょう。樋口は、名古屋盲学校長として、当時の特殊教育をけん引しました。この号に載っているのは、墨字本『欧米の特殊教育』の150ページから155ページに当たります。アメリカで見聞きした盲児の統合教育の様子をリアルに報告したくだりです。

ふつーじと　きょーがく。（中略）だい1がくねんより　だい3がくねんに　いたる　3がくねんかん　くらいに　てんじで　よみかきする　じゅつを　さづけ　だい4がく　ねん　いじょーに　なれば　ふつーじどーの　がっきゅー　に　こんにゅーして　きょーがく　せしめる　もっとも　だい4がくねん　いかでも　みみに　うったえる　がっ　かわ　ふつーじと　きょーがく　せしめる　たとえば　はなしかた　れきし　ものがたりとーの　ごときが　これ　で　ある

統合型の教育への共感とともに、それを担当する教員の専門性にも関心を寄せる文章になっています。危惧も示しつつ、この方式の可能性を認めています。

④では、図書部に備えられた点字本の142タイトルが列挙されています。⑤では、倉敷その他の地における有力な盲人との会合がいくつも報じられています。読書と組織化を通じて、岡山の盲人を目覚めへと導き、教育や福祉・文化をめぐる苦境を打開しようという方針が読み取れる編集ぶりです。

点字図書館づくりの揺籃《ようらん》

揃えられた点字本としては、普通教科や理療・社会学・論理学の教科書が多く、盲人史・盲人立志伝、信仰・エスペラント、訓盲楽譜、『徒然草』、『天路歴程』などがあったと分かります。斎藤百合（68章参照）の小説『荒野の花』もあり、各盲学校同窓会が発行していた点字雑誌も、『むつぼしのひかり』『ひかり』『ほしかげ』などが並んでいます。

ほんかい じぎょーの 1たる としょぶにわ もっとも おもきを おき つとめて しんかん としょの こーにゅー ならびに きそーを あおいだ けっか げんざいでわ すでに 140ぶ 200よさつの おおきに たっしたり いかに おおくの しょせきを しょゆーするとも りよーしゃ すくなき ときわ あたかも たからを しぞーするの かたちと なるゆえ つねに しょくんに ごりよー の ほど を すすむ

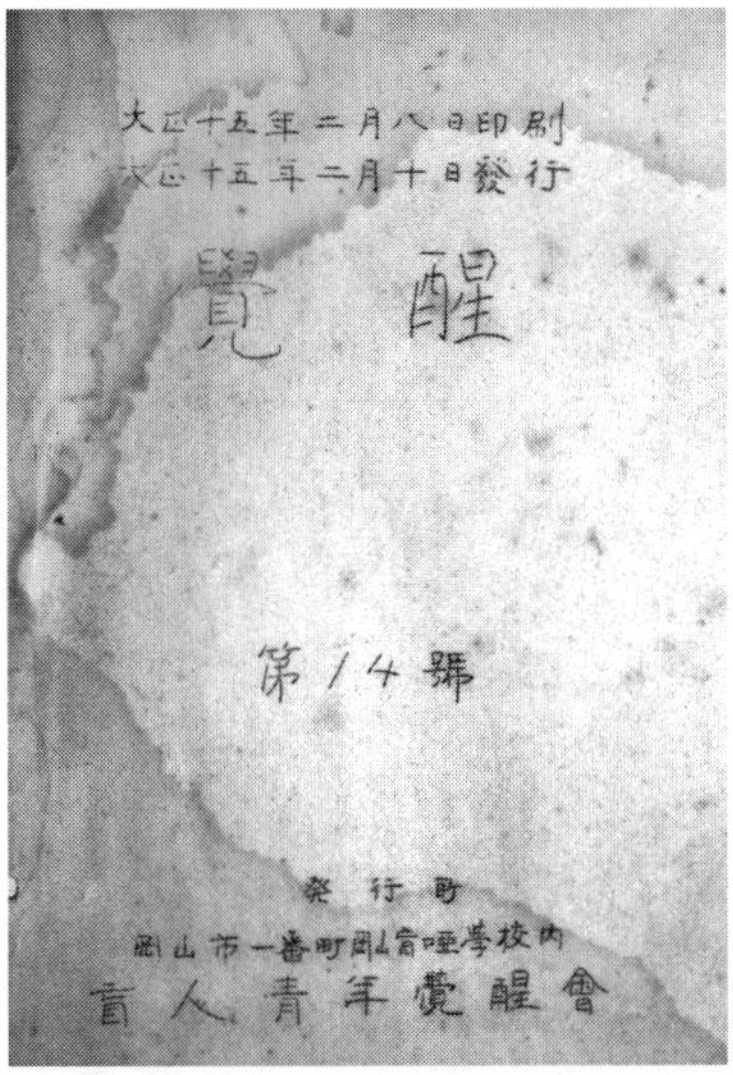

『覚醒』第14号（岡山県立図書館所蔵）

と、積極的な読書が呼び掛けられています。岡山市内の巡回、遠方への郵送も行いました。蔵書数、活動内容からみて、これは点字図書館づくりの揺籃となった貴重な取り組みだったと評価できます。

盲人の眼病検診にも力を尽くす

覚醒会は、1924（同13）年末に「岡山県盲人調査表」も公表し（＊3）、翌年の『帝国盲教育』（＊4）にその概略が掲載されました。昭和に入ると、岡山県盲人協会を結成して事業を継承、盲人の眼病検診にも力を尽くしていきました。眼病の悪化を防ぎ、開眼の可能性を追求する目標を掲げたのです。

大阪府立大阪北視覚支援学校の資料室には、この調査に関連する著作物や資料が複数残っています。『岡山県第1回盲人検診状況』（＊5）、『失明予防読本』（＊6）などなど。「失明予防開眼検診　盲人及び目に病ある者はすべて来れ」と呼び掛けたチラシ（1941年）などもあり、これらを総合すると、10年以上にわたって継続された斬新な取組だったとみることもできます。

岡山盲学校は、戦後、「日本盲人十傑」と題する冊子で、明石覚一《かくいち》、杉山和一《わいち》、八橋検校《やつはしけんぎょう》、塙保己一《はなわほきいち》、奥村三策《さんさく》、宮城道《みやぎみち》雄《お》、岩橋武夫、熊谷《くまがい》鉄太郎、鳥居篤治郎《とくじろう》、本間一夫を振り返りました。点字ブロックを生んだのも岡山でした。この地には「覚醒」の精神が脈々と流れています。

55 白杖《はくじょう》安全デー

京都では1967（昭和42）年から毎年、視覚障害者が安心して歩ける街づくりをアピールする「白杖安全デー」（写真）が開かれており、2016年に50回目を迎えました。京都ライトハウスや京都府視覚障害者協会などで作る実行委員会が、目の愛護デー（10月10日〈戦前は視力保存デー〉）にちなんで行っているもので、第1回は京都府立盲学校を会場にして開かれました。その後、円山《まるやま》公園などに場所を移し、私も参加したことがあります。9月や11月になったケースもありますが、10月10日に開かれるのが基本でした。

音響式信号機の設置

第1回の白杖安全デーに参加した櫻田朋子さん（京都府立盲学校同窓会副会長）によると、同校や京都ライトハウスに近い千本北大路交差点に信号機が設置されたのは62（同37）年2月ごろ。その年の夏に音響式信号機が設置されたそうです。

「ブザーのような音が鳴り、音の高低で東西南北のどちらの信号機が青なのか分かりました。しかし、登下校の時に鳴るだけで、それ以外の時間帯は静かなもの」だったそうです。同年10月発行の同窓会報『むらさきの』第6号には、「東西進めは500、南北は1000サイクルの音で2秒置きに1秒間断続的に鳴り1信号は40秒間」と書かれています（＊1）。同じ年の7月3日付の『毎日新聞』に、青信号は『ピーピー』と鳴ったとあります。

当時の同校の職員会議録に、音響式信号機の運用について書かれています。使用時間は午前7時半から同9時10分、午後3時から同5時半（土曜は正午から午後1時半）などと決まっていました。スイッチは同校の職員室にあり、スイッチのオン・オフの操作は、午前7時半と午後5時半に宿直の職員が行い、それ以外の時は日直当番の人が行いました。

登下校の時間帯以外にも音が流れるようになっている今の状況と比べると、その違いに驚かされます。職員室と同交差点は100メートルくらい離れています。交通量が増える中で子どもたちを安全に通わせようとする盲学校の取り組みは、京都ライトハウスの利用者にとっても安心できるものでした。音響式信号機の設置は、千本北大路を「盲人の天国に」と構想した、当時同校の副校長であった鳥居篤治郎《とくじろう》の考えを反映させたものだったのでしょう。

深刻な交通事故の状況

一方、設置から5年後に白杖安全デーが始まってからも、多くの視覚障害者が交通事故にあっています。京都ライトハウスがまとめた「京都府下における盲人の事故調査表」によると、「昭和36年6件、37年8件、38年7件、39年8件、40年19件、41年11件、42年7件」とあります（＊2）。このうち、「死亡せるもの7名」「墜落11名」「骨折8名」「入院加療せるもの16名」。調査からは、交通量の増加とともに事故も増えていったことや、道路整備工事が視覚障害者への配慮を欠いたまま行われたことが読み取れます。65（同40）年には、ひき逃げ事件もあったそうです。

　当時、京都府盲人協会長でもあった鳥居は、白杖安全デーの実施について次のように語っています。「盲人の福祉向上について特に重要なことは、盲人が自ら立ち、盲人が自らのために努力し、茨《いばら》の道を切り拓《ひら》いてすゝむことである。そのためには、盲人の存在を世人《せじん》に示し訴え、世人の盲人への理解を深めてもらうことはまた必要なことである」。

　さらに鳥居は、スウェーデンの盲人デーや、アメリカでは「白杖安全の日」が64（同39）年から行われていることについても触れ、「アメリカ全土50万盲人の安全を全国的にアピールして」と述べています。そして、「我《わが》国においても、従来から眼科医師会が中心となって実施している10月10日の目の愛護デーを期して全国白杖デーを設定し全国25万の盲人の安全を全国的にアピールされるよう考慮されたい」と述べています（＊3）。

　65（同40）年3月13日、総理府で開かれた「第1回交通安全国民会議」に参加した鳥居は、道路設備の改善を求めるとともに、「交通頻繁な道路等では盲人の手を引いてくれたり、話をしてくれると盲人は容易に歩行できる」と発言しました（＊4）。

　社会に訴えるための行動として、白杖安全デーの開催が必要になった深刻な状況と、その解決に取り組む人たちの願いに、改めて思いを馳せたいと思います。視覚障害者にとって道や駅のホームなど、街には危険な場所がまだまだ残っています。死亡事故も起きています。白杖安全デーのメッセージが、広く社会に行き渡ることを願います。ホーム柵の完備が急務です。

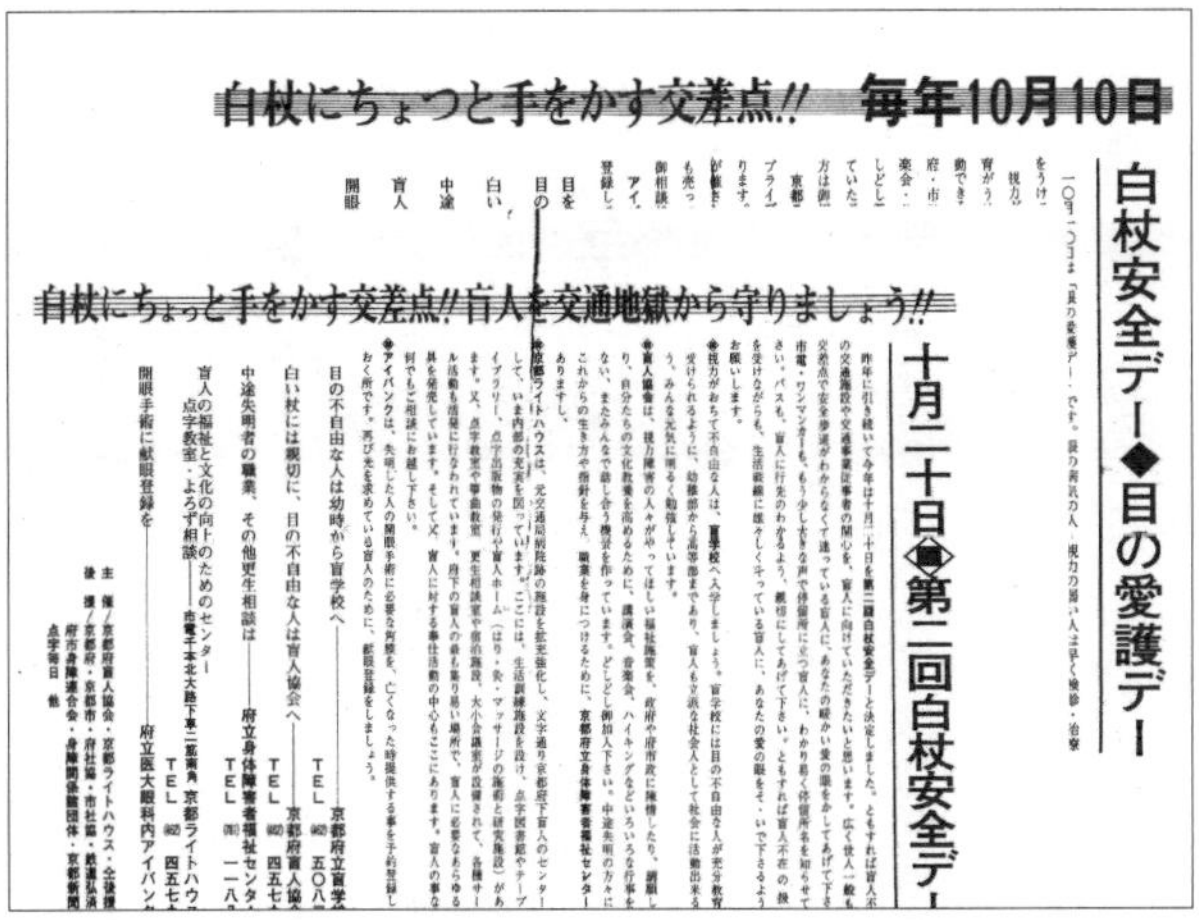

白杖安全デーのチラシ（京都ライトハウス所蔵）

　うおやま著のコミック『ヤンキー君と白杖ガール』（KADOKAWA）は、盲学校に通う弱視の女の子とヤンキーの出会いを描いています。白杖をめぐる機微も暖かい筆致で綴られていておすすめです。

6 盲教育の開拓者たち

56

嶋田秀鱗

明治5年同志社英学校の視覚障害者学生

点字受験を経て大学に入学した最初の人は、1949（昭和24）年に同志社大学生となった永井昌彦氏たちです（＊1）。しかし、それに先立つ戦中や戦前にも聴講生として、1919（大正8）年施行の大学令に沿った大学に籍を置いた視覚障害者は少なくありません。1903（明治36）年の専門学校令に基づく高等教育機関で学んだ視覚障害者も、「大学の前身校に入った」と捉えることができます。

ところで、視覚障害者支援総合センター刊の『点字で大学門戸開放を求めて半世紀』の24ページに興味深い記述がありま す（＊2）。氏名は分からないとしつつ、1875（同8）年11月29日開学の「官許同志社英学校の最初期に視覚障害学生がいた」というのです。また、この学生がいたことは、開学翌年に入学した人の回想録に「盲人按摩《あんま》もあり」と書かれていたことから分かるとあります。同志社英学校は、今の同志社大学の前身に当たります。

著者の菊島和子氏にご教示をいただきながら、この視覚障害者が誰かを調べました。

同志社第2代社長小崎弘道の回想

まず、誰の回想録なのかを特定しなければなりません。なかなか判明しませんでしたが、ある古書店から入手した小崎弘道《こざきひろみち》著『七十年の回顧』に、菊島氏が引用されたものとほぼ同じ記述（「盲人按摩」ではなく「盲人の按摩」という表現）が使われていました（＊3）。この「按摩」が、あん摩業者を意味したのか、視覚障害者の代名詞として用いられたのかは分かりませんでした。

小崎は、同志社英学校の第1期生として、新島襄《にいじまじょう》の薫陶を受けました。卒業後は、霊南坂教会を創設し、同志社の第2代社長（総長）になりました。同書で「盲人の按摩」について詳しく追憶されているわけではありませんが、初期の同志社英学校の様子をよく記憶しうる人物と言えます。

『七十年の回顧』には、明治九年四月撮影と書き添えられた集合写真が載っています。22人の若い男性が3列に並んでいて、最前列の左から2人目が杖を携えています。写真には男性達の氏名が書かれているのですが、杖の持ち主の名前はありません。

小崎の記述を裏付ける資料を探して『同志社五十年史』を読みました（＊4）。しかし、あん摩云々のことは触れられていません。

近世から近代にかけて優れた業績を残した視覚障害者についてまとめた本に『本朝盲人伝』（石川二三造著）があります（＊5）。1919（大正8）年に文部省から刊行され、87（昭和62）年に復刻版も出ています。これにも「同志社の按摩」に当たる記述はありません。

手書き冊子に残された手がかり

ところが、日本点字図書館で古い文献を閲覧させていただいているときに「続本朝盲人伝稿本」という手書きの冊子に出合ったのです（写真）（＊6）。これに次のように書かれていました。

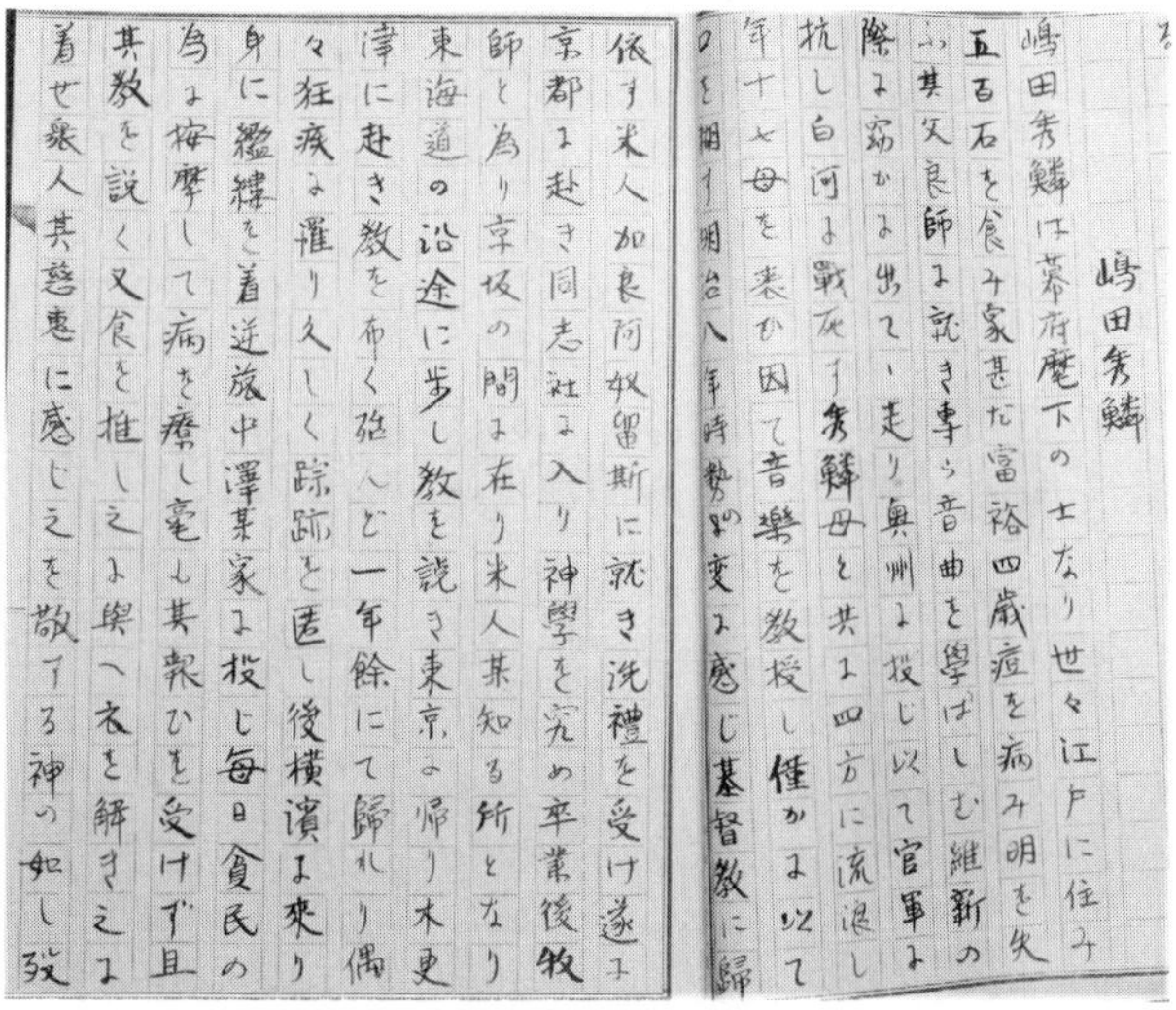

「続本朝盲人伝稿本」（日本点字図書館所蔵）

「嶋田秀鱗は幕府麾下《きか》の士なり　世々《よよ》江戸に住み五百石を食《は》み家甚だ富裕四歳痘を病み明を失ふ　其父良師に就き専ら音《おん》曲《ぎょく》を学ばしむ　維新の際に窃《ひそ》かに出て、走り奥州に投し以て官軍に抗し白河に戦灰す（中略）明治八年時勢の変に感じ基督教に帰依す　米人加良阿奴留斯（岸注：カラードルス）に就き洗礼を受け遂に京都に赴き同志社に入り神学を究め卒業後牧師と為り京坂の間に在り米人某知る所となり」と。

一読して気持ちが高ぶりました。「明を失ふ」「明治八年」「同志社」といった部分が注目されます。これだけで断定できるかは微妙ですが、それでも「続本朝盲人伝稿本」に取り上げられている嶋田が「同志社に入った按摩」である可能性はかなり高いのではないでしょうか。音曲を学んだとあることから、小崎のいう「按摩」は、視覚障害者を指す表現だったのかもしれません。

この一件については、同志社大学にも問い合わせたり、史料を閲覧させていただいたりしながら調査を続けています。これまでのところ分かっていることは「嶋田秀鱗という卒業生はいない」ということです。一方で、在学はしていたようだとする情報もあることから、引き続き、史料の発掘に努めます。

千葉県木更津でキリスト教の伝道に従事した視覚障害者が「嶋田秀林」を名乗っていたことを示す資料にも出会いました（＊7）。前述の嶋田とは漢字一文字が違っています。秀林から察するに秀鱗はしゅうりんと読んだのかもしれません。ちなみにカラードルスは横浜に縁のある宣教師です。

京都盲唖院ができる以前に、同志社英学校に入った盲青年の向学心と社会的なインテグレーションを求めた人生を追い、いつか続編を書きたいと願っています。

57

野村宗四郎《そうしろう》

グラハム・ベルの長崎訪問をめぐって

〝耳の聞こえない妻に音をプレゼントする方法を研究するうちに電話を発明した〟グラハム・ベルは、ろう教育の専門家でもありました。

1898（明治31）年、来日したベルは、長崎盲唖院へと足をのばします。なぜ、長崎だった？ 調べていくと、長崎と京都、東京との縁があぶり出されてきました。

まず、京都と長崎をつなぐキーパーソンは野村宗四郎（惣四郎）（写真）です。

野村宗四郎肖像写真
（京都府立盲学校資料室所蔵）

野村は、長崎生まれ。88（同21）年に京都市立盲唖院に入学し、4年間就学しました。その間における彼の学年進級に関する史料が現存します。野村は同盲唖院を卒業後、92（同25）年6月2日付で按鍼術科教授方助手となり〔＊1〕、後に長崎に戻ります。

京都時代に野村が学んだことの柱は、次の三つだったのではないかと推し量られます。①日本訓盲点字、②鍼灸按摩《しんきゅうあんま》理論と実技、③盲唖教育事業の実態。生き方の「根」の部分では、90（同23）年1月5日に平安教会で洗礼を受けています。鳥居嘉三郎《かさぶろう》院長の薫陶によったのでしょう。

按鍼科の谷口富次郎が発行していた雑誌『按鍼学会雑誌』第2号（明治24年1月発行）には、野村の論文「鍼ノ清潔法ニ就テ」が掲載されています。按鍼術科3年生のころです。

長崎に盲唖院を設立

長崎に戻った野村は、治療院を開業し、私塾・鍼灸講習所も構えました。長崎における盲教育の種になり、それを育てるべく、野村と長崎慈善会との相談が行われました。長崎慈善会は、1893（同26）年に安中半三郎《あんなかはんさぶろう》を中心に、自然災害などによる被災難民の救済を目指して発足していた団体です。そして、98（同31）年には、彼の自宅を仮校舎として「大阪以西で初」の盲唖院が設立されました。

また、『長崎盲唖学校二十周年誌』には、「京都は市立東京は官立にして共に公共の経営なるも本校は実《げ》に長崎慈善会の設立する所なり」と記されています〔＊2〕。そこには、公立であってすら財源確保に苦労する鳥居院長の姿と「京都盲啞慈善会」に接してきた野村の問題意識がうかがえます。京都盲啞慈善会は、1893（同26）年に京都の近代化をリードした人々が盲啞院の財政を援けるために結成した慈善団体であり、政財界の中心メンバーで構成されました。1901（同34）年には「第一期ノ蓄積金一万百四十四円五十銭ヲ本院基本金中ヘ交付」して、盲啞院財政に大きく寄与しました〔＊3〕。

長崎盲啞院の創立に際して、鳥居から祝辞が届きました。東京盲啞学校の小西信八《のぶはち》・石川倉次《くらじ》に宛てて創立を報告した手紙も出されています。ここで重要になるのが長石安治郎《ながいしやすじろう》です。

長崎と東京・京都とのつながり

長石は、創立に先立って京都に派遣され、実地に盲啞教育を「練習」した教員です。期間は98（同31）年6月6日から8月5日までの2カ月間でした。長石にとって幸いしたのは、ちょうどその間に、東京盲啞学校の山野井虎一と奥村三策《さんさく》が共同研究のために入洛していたことです。京都盲啞院「日注簿」に、次のように記されています〔＊4〕。

「七月十九日　午前十二時四十分ヨリ生徒溜室《だまり》ニ山野井、奥村、長石ノ三氏鳥居院長（中略）集会シ東京盲啞学校、京都盲啞院ノ規則ニ付対照討議セリ」。学校の理念、教育課程、教育方法などについて、当時唯一の研究会に同席し、知見を得るとともに、東京との人脈も築いたのです。

実は、石川宛てに創立を報告する書状を送ったのはこの長石でした。その中に「小西信八の動静」を問い合わせる文面もあります。それが発送されたのは、同年10月25日であり、ベルが長崎の地を踏んだのは、1カ月後の11月28日でした。ベル自身長崎の思いをつぶさに知ることはできませんが、長崎が彼を招いたであろうこと、東京がそれを後押ししたことは十分に推定できそうです。

京都と長崎には他にも縁がありました。ルイ・ブライユ生誕100周年の1909（同42）年に、ブライユの生涯を講演した京都市立盲啞院の教員・中尾榮《さかえ》が後に長崎盲啞学校に転任し、教頭にもなったのがその一つです。京都府立盲学校の資料室から1915（大正4）年発行の『長崎盲学校学友会誌』第1号が発見されました。学友会名誉会長・中尾の「初号に題す」が載っていましたので、長崎の関係者にお送りしました。

長崎盲啞院を訪ねたベルは、「視話法」について語ったとされています。かたや、京都盲啞院を卒業したろう者・藤本敏文は17（同6）年に私立長崎盲啞学校を訪ねています〔＊5〕。長崎における手話法、口話法の選択をめぐるどんなストーリーが潜んでいるのでしょうか。

58 南雲《なぐも》総次郎・佐土原《さどばる》すゑ

鹿児島県立鹿児島盲学校・同聾学校の前身、私立鹿児島慈恵盲唖学院の創立者南雲総次郎（写真）は盲教育史上、とてもまれな存在です（＊1）。なにしろ同校のほかに、北海道にも2校、盲唖学校を創立したのですから、そのパワーに圧倒されてしまいます。一方、佐土原すゑもろう教育の草創期に大きな役割を果たした人です。二人の歩みが鹿児島で交差します。

南雲総次郎「鹿児島慈恵盲唖学院」を創立

まず南雲の足跡から見ていきましょう。生まれは山形県米沢。16歳だった1892（明治25）年、2歳年下の少年が誤って発砲した猟銃の散弾を顔面に受けて失明します。翌年から3年間、米沢で鍼灸師に弟子入りして施術技術を学びますが、それに飽き足らず、96（同29）年に東京盲唖学校に入学。ここで小西信八《のぶはち》や点字と出会いました。南雲はわずか2週間で点字の読み書きを覚えたと伝えられています。点字を知って水を得た魚のような勢いで学業に励む姿が思い浮かびます。そして、同校の鍼《しん》治《ち》按摩《あんま》科を卒業し、鹿児島の病院にマッサージ師として就職しました。就職を勧めてくれた小西は「（鹿児島は）気の荒い所と聞いているので、よほどの元気者でなければ務まるまい」と考え、南雲に白羽の矢を立てたのでしょう。このことが南雲にとって人生の大きな転機になりました。

南雲総次郎肖像写真（『鹿児島県立盲唖学校要覧　創立三十年記念』より）

鹿児島の病院で働き始めたのは99（同32）年12月。点字そのものが珍しい時代でもあり、勤務の傍ら彼を慕って集まる盲人に点字を教えるようになりました。これがきっかけとなり、盲学校の設立を考えるようになりました。

学校づくりの詳細は鹿児島や後に移り住む北海道でそれぞれに発行された〝南雲総次郎一生記〟にその任を譲りますが（＊2）、設立資金の調達だけでも並みの苦労ではなかったことでしょう。土地の人たちにすれば「よそ者の若造」ですから、有志の家を歴訪するなかでは「なあんチィ。ここにせ（青二才）が学校どん建つィこっがでくいもんか（できるものか）」と玄関払いを受けました。それでも、2～300円の寄付が集まりました。京都市立盲唖院を卒業して、後述の佐土原すゑの下で働いていた唖生、伊集院《いじゅういん》キクを教員に迎え、盲生の指導は自分が行い、伊集院に唖生の教育を担当させるめどが立ち、1903（同36）年2月2日、「鹿児島慈恵盲唖学院」が開校しました。

北海道でも盲唖学校2校を創立

同校は、資金難から閉鎖や移転の難渋を抱えつつも、着実な前進を見せていきました。しかし、21（大正10）年4月、南雲は突如退職し、北海道へ移住してしまいます。この退職は、さわ子夫人との離別、ヤエとの再婚などが周囲のひんしゅくを買ったためと考える向きもありますが、真相は今も明らかになっていません。

同年7月、ヤエを連れて北海道に移り住んだ南雲は、旭川地方に盲唖教育の芽生えがないことを知ります。役場の職員の勧めもあり、盲唖学校を作ることを決意します。ヤエがろう学校初等部教員の免許状を取得し、夫婦の二人三脚で22（同11）年、私立で旭川盲唖学校を設立しました（＊3）。同校は今の旭川盲学校、同聾学校へとつながります（＊4）。

南雲は47（昭和22）に、さらにもう1校、稚内に私立の「稚内盲唖学院」を設立しました。この時55歳。ついに、一人で盲唖学校を3校も創立するという前代未聞の大仕事を成し遂げました。ちなみに同校は既に廃校となっています。

また彼は、盲教育だけでなく、ろう教育にも一家言を持つ人でした。小冊子『形聲』を発行して「口話教育」のあるべき方向を論じました（＊5）。小西信八の没後には、『むつぼしのひかり』から追悼文を抜粋し、文集を発行します（65章参照）。

佐土原すゑ「佐土原聾唖学校」を創立

一方、佐土原すゑは、元々、東京盲唖学校の教員でした。南雲より3年早く、1900（明治33）年に佐土原聾唖学校（佐土原学院とも）を創立しました。彼女が京都市立盲唖院に教員の派遣を依頼する手紙が残っています（＊6）。伊集院はこの時からすゑに誘われて同学院で働いていました。在任中のすゑが02年（同35）年に編さん・発行した『聾唖教授手話法』（写真）（＊7）は日本最古の手話テキスト（54ページ、528語）として、ろう教育や手話の歴史研究家に注目されています。

彼女は21（大正10）年に学校経営から身を引きます。南雲と佐土原が鹿児島につくったこの両院は29（昭和4）年に合併して県立鹿児島盲唖学校になり、その歴史をつむいでいきます。

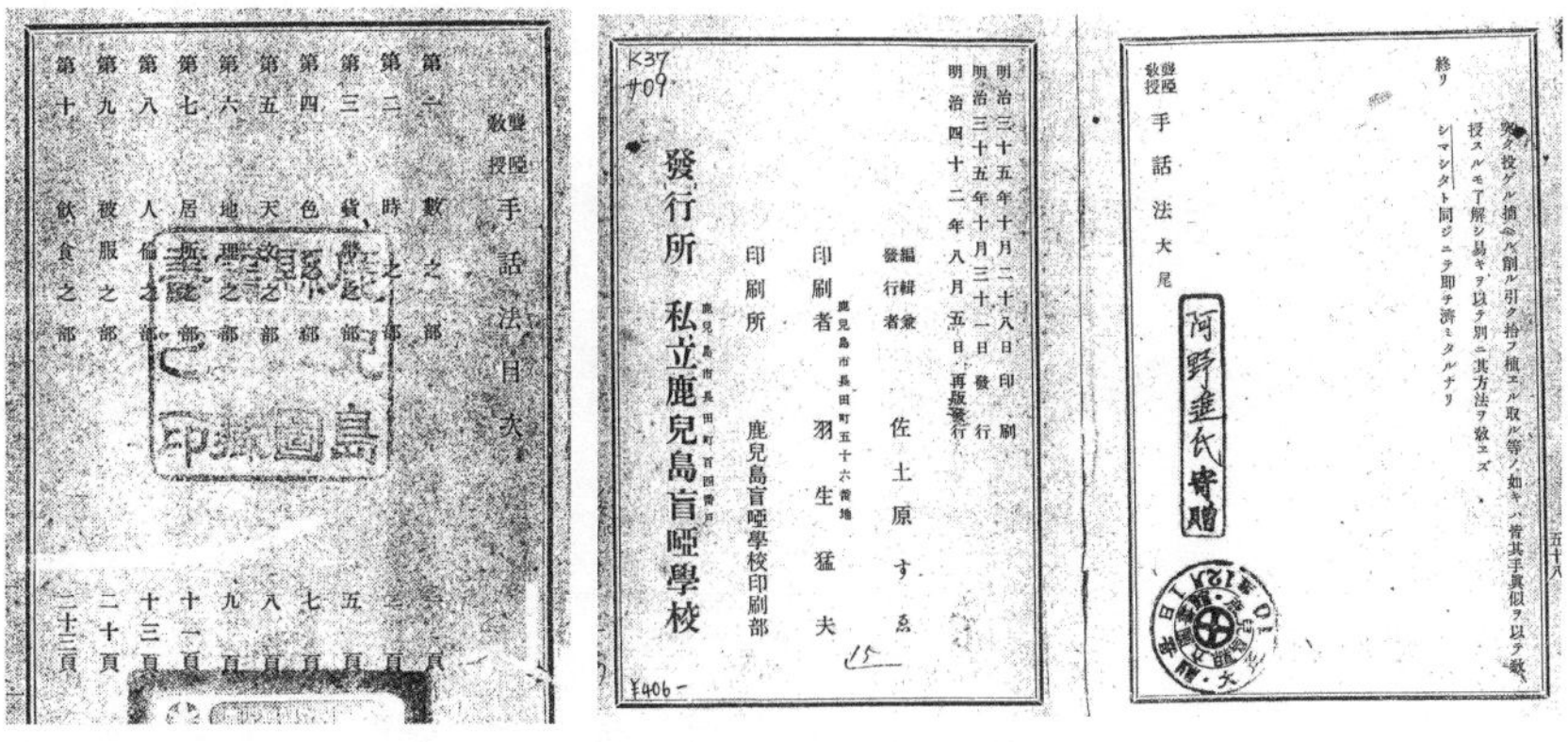
『聾唖教授手話法』目次・奥付（鹿児島県立図書館所蔵）

59 光村弥兵衛

点字について取り上げる教科書が増えてきました。私の手元にも7冊そろっています。出版社別にまとめると次の4社4教科の7冊です（2018年現在）。

光村図書出版『国語四（上）かがやき』の「手と心で読む」（＊1）

学校図書『みんなと学ぶ小学校国語四年下』の「さわっておどろく」（＊2）。

学校図書『TOTAL ENGLISH 英語1年』の「Lesson8 Braille」（＊3）

実教出版『高校数学A』の「順列と組合せ（点字）」（＊4）

教育出版『中学社会（地理、歴史、公民）』の「点字のしくみ」（＊5）

いち早く点字を取り上げた光村図書出版

このうち、いち早く点字を取り上げたのは光村図書出版。岡山県立盲学校の先生だった大島健甫《けんすけ》さんが書いた「手と心で読む」（＊6）を掲載しました。1996年度から全国の小学校、小学部で読み継がれて、四半世紀を超えました。私は大学でも授業をしてきましたが、この教科書で点字を知ったという学生が少なくありません。

「手と心で読む」には、点字の考案者ルイ・ブライユの名前も出てきます。ここ数年、小学生がインターネットで調べる人名で最多がブライユだという現象につながっています。

調べ学習・平和学習の素材となる優れた教材

1995（平成7）年3月26日付の『点字毎日』に「大島さんの作品、教科書に採用」と題した記事が載っています。「手と心で読む」以前にも、教科書で点字が紹介される例はありましたが、大島さんのこの作品は点字を使う視覚障害者本人によって書かれたことが特徴です。記事には「子どもたちが点字、視覚障害者、ひいては障害者全体に理解を持つきっかけになることも期待」とあります。

大島さんは盲人創作クラブの会長も務めて、多くの小説などを残されました。『大島健甫短編集』『この道』『青い表紙の画帳』などです。

教科書向けに「手と心で読む」を書くことになったのは、大島さんの作品を読んだ知人に教科書の選定に携わる大学教授がいたことがきっかけでした。

大島さんは「手と心で読む」の中で、ご自身が点字と出会ったいきさつを「十九歳のとき」「急に目を悪くして」としか説明なさっていません。略歴などによると、陸軍士官学校に籍を置き、「演習中に受けた傷により失明が確定的となった」と明かしておられます。

『青い表紙の画帳』のあとがきには「失明してから、盲学校教師を終えるまでの（中略）ある時は自分自身を、またある場合には周囲の誰彼や、事象をオブジェと」して作品をつづったと書いてあります。そして、小説「玄海二号」には、次のせりふが続きます。

「戦争はいかんなあ」「戦争はだめだ」「あんたも犠牲者だ」「誰だって戦争じゃあ何かを無くしたわけだ」

ここには、大島さんが体験なさった歳月への抜き差しならない思いが込められているのではないでしょうか。

「手と心で読む」は、点字の意義を鮮やかに語っています。そして、子どもたちを「調べ学習」に誘う優れた教材だといえます。さらに大島さんのご経歴を知った上で読むと、この作品は平和について考える教育の素材にも位置付け得るのではないかと気付かされます。

光村弥兵衛の痛切な思い

視覚障害者が書いた文章を初めて教科書に採用したのが光村図書出版であることについて、私には一つの感慨があります。

それは、同社のルーツにあたる光村印刷の創業者、光村利藻《としも》の父を巡る秘話が記憶に刻まれているからです（＊7）。利藻の父は、神戸を拠点に海運業を営んだ実業家でした。「西の光村弥兵衛、東の岩崎弥太郎」と称されたほどの人物でした。

弥兵衛（写真）について、1882（明治15）年11月28日の『朝日新聞』の記事があります。それによると、弥兵衛は中途失明者同士として小林如雲《じょうん》と協力して神戸に「盲育院」を開設するための募金に取り組んだというのです。

光村弥兵衛肖像写真
（『従六位光村弥兵衛伝』より）

神戸市や兵庫県の公文書などで探しても、弥兵衛たちの計画が成就したという痕跡は認められません。しかし、関連する資料が他にもいくつか見つかりつつあります。次章で紹介します。

光村図書出版の編集部にお尋ねしたところ、弥兵衛が眼病を患っていたということと大島さんの「手と心で読む」を教科書に採用したことに直接の関係はないそうです。

それでも私には、弥兵衛の痛切な思いが伏流となり、100年をへて、教科書『かがやき』として現れたのだと思えてなりません。

2020年には、「中途失明者・光村弥兵衛の生涯」を追う新しい論考が発表されています（＊8）。

60 小林如雲《じょうん》ら

1882（明治15）年、小林如雲と光村弥兵衛は神戸で盲育院づくりの募金に着手しました。

当時、既に京都には1878（同11）年に盲唖院が創立されており、東京には1880（同13）年創業の楽善会《らくぜんかい》訓盲唖院がありました。その他の地域でも盲唖院を作ろうとの試みがありましたが、神戸盲育院のことは今まで知られていませんでした。左近允孝之進《さこんじょうこうのしん》が創立した私立の神戸訓盲院（1905年）より23年も前です。如雲と弥兵衛の努力は注目を要します。

これまでのところ神戸盲育院が創業に至ったとわかる新聞記事や公文書は見つかっていません。実現しなかったとも考えられます。それでも、彼らの事業について、できるだけの掘り起こしをしておきたいのです。わかっていることを以下4点にまとめます。

①二人とも中途失明者だった

如雲は会津地方の出身で、兵庫県勧業課に勤務して、日本海に面した二方郡《ふたかた》などの郡長職に就きました。主に酪農の発展に寄与しました。在職中に視力を失っていきます。如雲の辞職を郡内の人々が惜しんだと伝えられています。弥兵衛は山口県出身で、海運と貿易業を営み、豪商に上り詰めました。後に楽善会訓盲院をリードする山尾庸三《ようぞう》ら、いわゆる長州ファイブの「密出国」を黙認した人でもありました。病により失明します。

明治期の盲学校づくりにおいて、視覚障害者が先頭に立って事業を進めたケースは他にもありますが、全く異なる領域で、それぞれに社会的な地位を築いた二人が意気投合して開学を目指した点が特長の一つです。

神戸盲育院に託した二人の思いは、「責《せめ》てハ幼年者だけなりとも助け」ることでした。

②二人とも江戸期の当道座を体験していない

「当道時代の繁栄よ再び」と求めるのではなく、行政や経営の体験に基づく近代的な考え方から盲育院を作ろうとしました。東京や京都の事例からも学んでいます。いろいろと話し合った末、楽善会訓盲唖院の規則などの問い合わせを県に依頼したという新聞記事もあります（＊1）。京都盲唖院の古河太四郎《たしろう》がした調査と同じように「県下の盲人の数を取り調べ」、その人数が現に2000人以上に及ぶことを把握しました。データをふまえて盲育院の構想を練ったわけです。

③学校経営のための資金づくり

明治前期としては合理的な考え方と手法を選びました。近世以来の古文書などを収めた「兵庫岡方文書《おかかたもんじょ》」の中に、小林如雲が記した「盲唖院設立補助願」と題する書状が含まれています（＊2）。それには神戸や湊川《みなとがわ》の役場に補助を依頼する考えが述べられています。盲育院創設には公的な支えが必要、盲教育の拡充には行政が力を発揮すべきものだと考えていたのです。

同時に、如雲は弥兵衛とともに自己資金づくりにいそしみました。1883（同16）年7月の『朝日新聞』に複数回、「盲唖学校設置維持の資金一万余円の半ハ《なかば》」は募集済みと報じられています（写真）（＊3）。同年11月21日の同紙は「神戸港にて小林如雲氏の発起なる盲唖院は此頃 愈《いよいよ》設立の運び」とまで書いています。ただし、その後どうなったかが、現時点ではわかっていません。創立できなかったとしたら、なぜなのか。原因を含めて、経緯を解明しておきたいものです。なお、弥兵衛は、その伝記『従六位光村弥兵衛伝』によると、1881（同14）年に「大阪盲唖学校」に36円を寄付しています（＊4）。これは大阪摸範盲唖学校を後継した日柳政愬《くさなぎせいさく》の経営した学校（33章参照）に宛てた寄付と推定できます。

④如雲はクリスチャンだった

神戸の多聞《たもん》教会と縁が深い人です。岡山に孤児院を作った石井十次《じゅうじ》の「日誌」1888（同21）年7月23日の項に、多聞教会を訪れた際に「小林如雲氏父子を尋ね」たと記録されています（＊5）。この時、如雲は「心の雑草を抜くには祈祷より他あるなし」と語ったそうです。

神戸盲育院の小林如雲、「盲唖教育」をも志した慈善会の石井十次、神戸訓盲院の左近允孝之進。多聞教会とかかわりのある、これらの人たちの胸にキリスト教の精神が脈々と流れていたのは間違いありません。

石井十次は、如雲と会う前の7月21日にライオン歯磨の小林富次郎から義捐金《ぎえんきん》を得たとも記しています。小林も多聞教会に縁の深い宗教人でした（61章参照）。

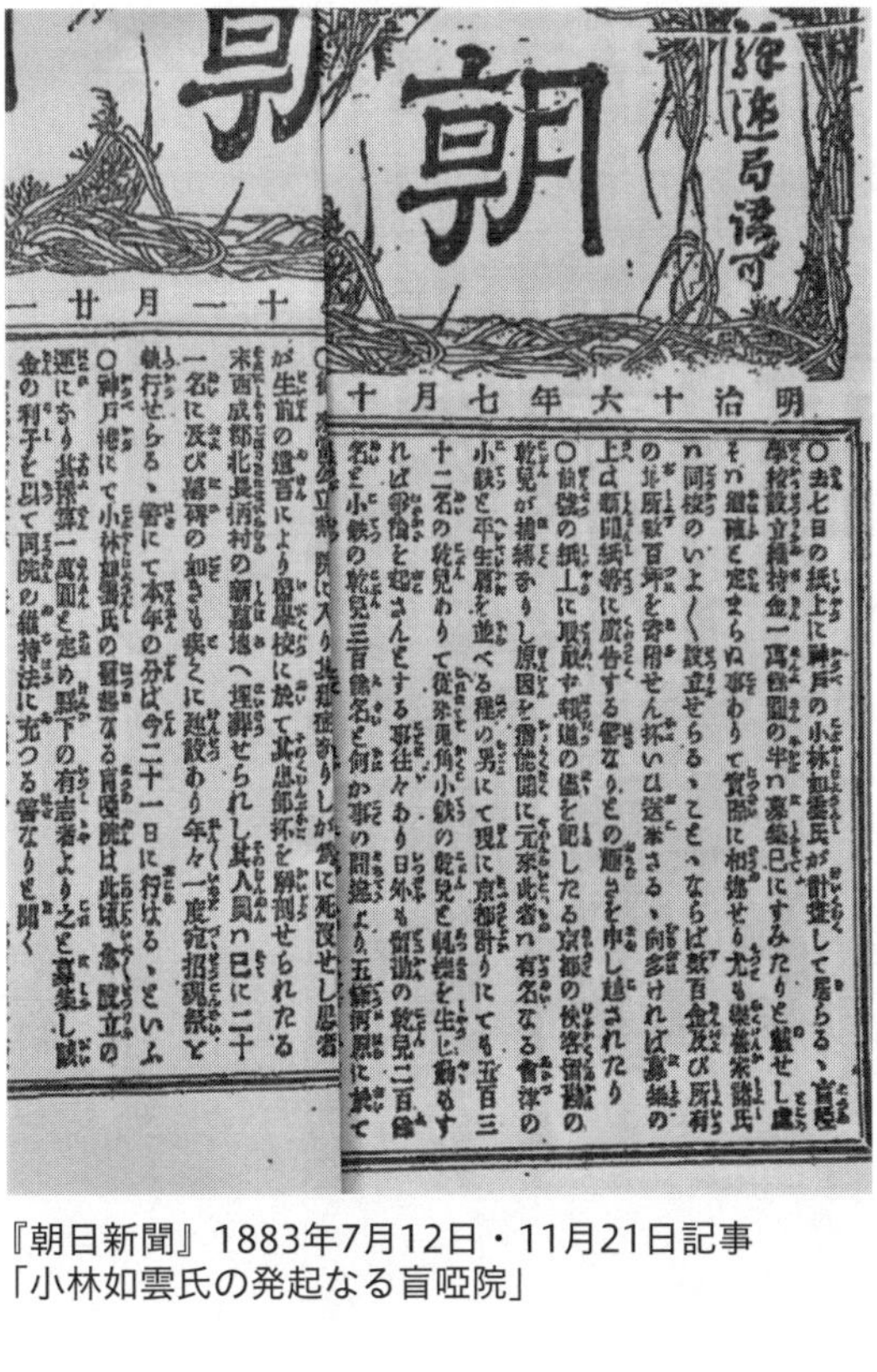
明治十六年七月十

『朝日新聞』1883年7月12日・11月21日記事
「小林如雲氏の発起なる盲唖院」

61 小林富次郎

京都府立盲学校の資料室に、眼鏡をかけた男性の大判写真が残っています（写真）。教員でも卒業生でもありません。これが誰なのかなかなか分かりませんでしたが、やっと、ライオン株式会社を興した小林富次郎氏だと判明しました。『小林富次郎伝』の冒頭に同じ肖像写真が載せてあったのです（＊1）。

富次郎も、小林如雲《じょうん》、左近允孝之進《さこんじょうこうのしん》と同じく神戸の多聞《たもん》教会に縁を持つ、熱心なクリスチャンでした。経営者としても成功し、「そろばんを抱いた宗教家」と評されます。埼玉出身の富次郎は神戸に住まいを移し、1888（明治21）年に多聞教会で洗礼を受けます。その後、石鹸などの原料を商う「小林富次郎商店」を開きました。東京の本郷教会にいた有名な牧師、海老名《えびな》弾正《だんじょう》から歯磨き粉の作り方を教わり、93（同26）年に「ライオン歯磨」を発売しました。

小林富次郎肖像写真
（京都府立盲学校資料室所蔵）

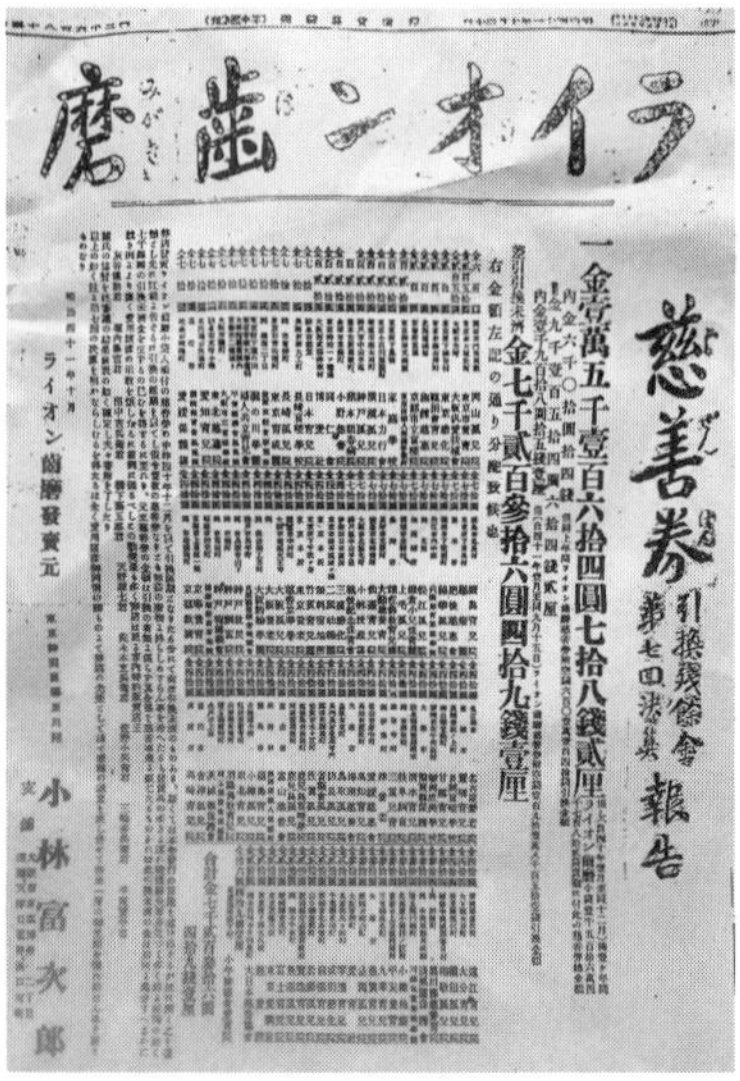

慈善券報告の新聞広告

空の袋を一厘で買い戻す慈善券活動

ライオン株式会社の公式ウェブサイトに、富次郎のことが紹介されています。そこには、彼が慈善活動を始めた背景や活動を広げたねらいが記されています。要約すると、「同じクリスチャンの石井十次《じゅうじ》が始めたばかりの岡山孤児院に月々1円を寄付したことを発端に、「もっと多くの人たちの善意の心を集めて継続的に社会貢献できる方法」を求めたのでした（＊2）。

こうして、1900（同33）年10月20日付の『東京朝日新聞』に「ライオン歯磨慈善券」の計画を発表しました。それは「ライオン歯磨慈善券付」の空の袋を1厘で買い戻すというものでした。ベルマークと似ていますが、ベルマークが多くの企業による協賛事業であるのに対し、ライオン1社で実施したのが特徴です。アメリカの石鹸会社の例に学んだ手法だそうです。

慈善券活動は「満20年間にわたる大事業」として続けられ、「寄付金の総額は33万6554円50銭7厘」に上ったと記されています。この活動の収支については、新聞1面を使った詳しい報告が繰り返し行われました（写真）。

慈善券活動の寄付先

例えば、1908（同41）年10月20日付の『横浜貿易新聞』には、その前年分、第7回の決算報告が掲載されています。それによると、140の学校・施設・団体に計7236円余を分配したとあります。それぞれにいくら寄付したか、金額も書かれています。社会事業として営まれた各地の孤児院や育児院などの名前が列挙されています。筆頭には岡山孤児院が挙げられていて、同院には600円が送られました。

この年の分配先には、京都市立盲啞院、長崎盲啞学校、大阪市立盲啞学校、神戸訓盲院、長岡盲啞学校、岐阜訓盲院、鹿児島盲啞学校が含まれています。寄付額は、最も多いところで200円、少なくても40円でした。

1914（大正3）年には、小樽、豊橋、福島、郡山、岡崎の盲学校などが加えられました。一方で、京都は選ばれていません。東京盲学校や京都市立盲啞院は官立・公立として財政基盤が比較的、安定しつつあったことを考慮する選定が行われたのではないかと推測されます。

もちろん、障害児教育の具体化や維持は、国や地方行政が責任を持って進めていくべきものです。それが十分ではなかった時代に、慈善事業を興して支えてきた善意をたたえるとともに、その頃の国の予算のあり方がどうだったのかを改めて検証吟味しておく必要があるでしょう。

富次郎は「慈善券の趣旨」を次のように説明しています。「多くの人々に慈善の思想を普及させたならば、その結果として慈善事業に恒久的な基礎を与えることができる。そして、孤児院その他の慈善団体は財政上の基礎がいずれも不安定であるので、慈善券の発行によって、その一端を補える」。慈善券の活動は、1921（大正10）年に幕が引かれたものの、代わりに「ライオン児童歯科院」の開設などが進められました。

重要文化財の映画フィルム

ちなみに、初代小林富次郎は10（明治43）年12月に亡くなりました。その葬儀を撮影した35ミリフィルムは、日本で最も古い記録映画の一つとして、2011（平成23）年に国の重要文化財に指定されています（＊3）。京都府立盲学校資料室には、冒頭で触れた富次郎の写真とともに、1937（昭和12）年以前の京都府立盲学校の校舎とそこでの生活や勉学の様子を撮影した約10分間のモノクロ映画フィルムが残されています（81章参照）。2018年、冒頭に挙げた富次郎の写真もこのフィルムも、文化庁によって「京都盲啞院関係資料」の一環として重要文化財に加えられました。

62 天橋《てんきょう》義塾——自由民権運動と盲唖教育①

自由民権運動家たちが自主的に運営

日本各地の盲学校の創立者や初期の教員には、視覚障害者や宗教家、その土地の名士、教育者がいました。あまり知られていませんが、それらと潮流を異にする一群の人々が存在しました。自由民権運動に加わった闘士に、盲唖教育に力を注いだ人たちがいたのです。ここから3章は、各地でのその動きを紹介します。

まず、京都府宮津市にあった私塾「天橋義塾」（写真）。

ついては、自由民権運動史をごく手短にさらっておきましょう。要するに「明治時代に、人々が自由と権利を求めて行った政治活動」を指します。リーダーだった板垣退助が征韓論争に敗れて政府の要職から去ったのは1873（明治6）年（＊1）。翌年、板垣は高知に立志社を作り、国民が選んだ議員によって政治を行うことを唱えます（＊2）。運動は日本各地に広まり、京都府北部、天橋立《あまのはしだて》に近い宮津地方にも波及しました。

宮津市立宮津小学校の敷地内に「天橋義塾跡」という記念プレートがあります。義塾は75（同8）年、この地の自由民権運動家たちによって開かれました。84（同17）年に閉塾しましたが、国などから補助を受けず、有志によって自主的に運営される「学校」が存在した意義は小さくありません。

明治17年の天橋義塾（『目でみる舞鶴・宮津・丹後の100年』より）

この義塾が耳の聞こえない子どもを受け入れ、教育を試みました。このことは『京都府盲聾教育百年史』や『近代盲聾教育の成立と発展　古河太四郎の生涯から』などに記されています。78（同11）年に開設された京都盲唖院とともに、近代京都における障害児教育幕開けの一翼を担ったと言えるでしょう。

ろう教育に取り組む

義塾でろう教育に取り組んだ教師は小室信介たちでした。75（同8）年、東京の新聞『日新真事誌』が義塾のろう教育に関する小室（記事では改名前の「小笠原長道」として掲載）の投稿を2回にわたって載せています（＊3）。

1回目のタイトルは「問《とう》聾唖教育方法」。本文中には「京ヨリ郷《さと》ニ帰リ義塾ノ事ニ従事シ、一聾唖ノ年齢十一許《ばかり》ナル小児ヲ求メ、コレニ発音セシメントシ頻《しき》リニ思力ヲ費シタリシガ（中略）遂ニ唖児ヲシテ発音セシムルノ端緒ヲ開キタリ」とあります。また、母音を発声させることは簡単だが、カ行以降の発声方法を教えることは難しいとも書いています。2回目の投稿記事では、子供たちの発音が上達し、「あみ（網）、いへ（家）、うを（魚）、いし（石）」なども「不分明ナガラ言ヒ得ル」ようになったと書いています。一方で、「会話等ハ中々六《む》ツカシ（難し）」ともあります。

耳が聞こえない子を対象にした発語の指導法として、いわゆる口話法に近い指導を行っていたものとうかがえます。指導の糸口を探り当てたものの、どうすれば発音や会話を上達させられるのか苦慮していたようです。小室は自身の投稿記事の中で、指導法については『文部省雑誌』に掲載された西欧のろう教育事情に学んだと書いています。

京都盲唖院の教育実践と呼応

ちなみに、京都盲唖院創立までの時期に、同院創立者の古河太四郎《たしろう》とともに旧待賢《たいけん》小学校で働いた佐久間丑雄《うしお》（＊4）も義塾のメンバーでした。また、開業間もない京都盲唖院で、教頭にあたる立場で古河を支えた鈴木需《もとむ》、さらには彼の後任を務めた松本秀三郎も義塾にいたことがあります。

義塾のろう教育がどこまで花開いたのか、詳しいことは分かっていません。しかし、古河太四郎の教育実践と呼応して、義塾がろう教育に取り組んだ意義は特筆できます。待賢小にまず開設されたのは、耳の聞こえない子を対象にした瘖《いん》唖教場でした。続いて目が見えない子どもも教えるようになりました。そのためか、同院創立の準備段階の文書には、「盲唖院」ではなく「唖盲院」と呼ばれています。盲唖教育のきっさきは、ろう教育から切り拓かれたとも言えます。その実践を行った人々のネットワークが盲教育にも広がったのです。「唖盲院」から「盲唖院」へと呼称が変わったのはなぜか？　これも盲とろうの教育史の研究で明らかにしていきたいことの一つです。

ところで、天橋義塾から数十年を経て、1925（大正14）年には、私立の宮津盲唖学校が開校しました（＊5）。52（昭和27）年には、京都府立の盲学校とろう学校に舞鶴分校が設けられ、69（同44）年には、養護学校義務化の先駆けをなした与謝の海養護学校が産声を上げました。これらの最初の芽を植え、根付かせた義塾への思慕が丹後地方には今も息づいています（＊6）。

なお、京都府立総合資料館（現・京都府立京都学・歴彩館）の職員として自由民権運動を研究なさった原田久美子さんによると、京都盲唖院の創業を伝えた『大坂日報』の記事（15章参照）を書いたのは小室信介その人だったそうです（＊7）。また、板垣退助は、政治家であるだけでなく、千葉勝太郎（千葉周作の孫たちの興した盲人医学協会の総裁に就任しています（＊8）。

63 楠瀬《くすのせ》喜《き》多《た》——自由民権運動と盲唖教育②

民権婆さんと盲唖学校

１９４７（昭和22）年４月11日付『点字毎日』の裏表紙に、住谷悦治の随筆「民権婆さんと盲唖学校」が墨字《すみじ》で印刷されています。この「民権婆さん」こそ、楠瀬喜多。高知で立志社を創立した板垣退助らとともに自由民権運動を広めた女性です。

住谷は、随筆の中で晩年の彼女について次のように記しています。

「今の高知県立盲唖学校の前身の盲唖学校を引き受け、全私財をことごとく投じて苦心経営したが大正九年八十八歳を以て南海の陋屋《ろうおく》（岸注：せまくてみすぼらしい家）でこの世を去つた」

ここに出てくる県立盲唖学校は、今の県立盲学校のことです。同校の『創立三十周年記念誌』（＊１）などによると、同校の創立は２９（同４）年。創立に先駆けて、高知には０８～２８年にかけて県立師範学校附属小学校盲唖部がありました。また視覚障害のある宇藤栄とその同志が作った私立の盲学校も２４～２９年にありました（44章参照）。しかし、そのどちらにも喜多の名は見当たりません。県立盲学校の創立40周年を祝って発行された記念誌によれば、宇藤らが盲学校建築に取り掛かったのは２２（大正11）年とのこと（＊２）。これも喜多が亡き後の出来事です。

楠瀬喜多肖像写真
（高知市立自由民権記念館所蔵）

喜多が盲唖学校の経営をしていたことを示す手がかりを求めて、調査範囲を盲学校史から喜多の伝記へと広げました。その際に見つけたのが、『千代の鑑　土佐名婦』です（＊３）。高知県にゆかりある女性たちについて書かれており、喜多と彼女が生きた時代の高知の様子が記されています。

戸主として参政権を求めて運動

高知は「自由は土佐の山間より」とも言われるほど、自由民権運動が活発な土地でした。全国から論客が集まり、花柳界の女性も自由や権利を求めて、「破れ障子と　わたしの権利　張らにゃなるまい　秋の風」「よしや南海　苦熱の地でも　粋な

自由の　風が吹く」などの唄を残したそうです。

そんな時代に生きた喜多はどんな女性だったのか。『千代の鑑』は民権媼《ばあ》さんと呼び、「新しい女だった」と評しています。

喜多は夫を亡くした後、自分が戸主となって納税しているのに、女であるという理由で選挙権が与えられないのはおかしいと考え、実際に県や国へ果敢に働きかけました。これは京都盲唖院が誕生したのと同じ1878（明治11）年のことです。2年後に高知の区町村会は、20歳以上の戸主に男女の別なく選挙権を与える規則を定めました。

その後、国によって、選挙権を定める権利が区町村から奪われ、高知の女性戸主が得た選挙権は失われます。婦人解放を唱えて平塚らいてうが雑誌『青鞜《せいとう》』を創刊したのが1911（同44）年です。その30年以上も前に、喜多の運動があったことに驚かされます。

盲唖学校設立のために奔走

では、喜多と盲唖学校の関係について『千代の鑑』はどう描いているでしょうか。「晩年の彼女」という項に「しかも老いてなほ意気衰へず、当時はまだ高知になかつた盲唖学校を設立しようと思立ち、種々奔走したが力が及ばなかつた」とあります。また、「大正四年に一計を案じ、昔の縁故を思出して上京し、すでに天下に名を成して政界に隠然たる地位を占めて居る頭山に相談し」とも書かれています。

この頭山とは、自由民権運動を経て後に国家主義に移った頭《とう》山満《やまみつる》のこと。相談内容は、人気を博していた浪曲師の桃中軒《とうちゅうけん》雲右衛門に高知で浪曲の興行を行ってもらい、収益を盲唖学校の資金にしようというものでした。

喜多の頼みを雲右衛門は「即座に快諾」したそうです。喜多はどれほど喜んだことでしょう。ところが、不幸にも雲右衛門は間もなく病死してしまいます。『千代の鑑』には「興業も、学校建設もついに実現に到らなかった」と書かれています。

『千代の鑑』にある「実現しなかった」旨の記述と、住谷の「盲唖学校を引き受け」「苦心経営した」という説明は一致しません。実態はどうだったのか。今後、さらに資料の掘り起こしを進める必要があります。

盲・ろう教育にとって高知の楠瀬喜多の存在は、大変貴重であり、興味をそそられます。盲唖教育の分野では無名の人ですし、盲唖教育の実践における業績は乏しいものの、その行動力や熱意は、土佐の浜に寄せる波のように力強い印象を受けました。その人物像や業績について研究が進むことを期待します。高知市立自由民権記念館友の会発行のブックレット『「民権ばあさん」楠瀬喜多小論』（公文豪著）が導きの糸になりそうです（＊4）。同館は2020年秋に楠瀬喜多没後100年を記念した企画展「民権ばあさんと女性参政権」を開きます。

64 平塚盲学校——自由民権運動と盲啞教育③

天橋《てんきょう》義塾は短命に終わり、「民権ばあさん」の足取りには、まだ分からない点があります。しかし、今回取り上げる相模地方の自由民権運動家たちと神奈川県立平塚盲学校（＊1）とのつながりについては、史料によっていきいきとわかることがたくさんあります。確かな歩みです。

同校の前身は私立中郡《なかぐん》盲人学校。1910（明治43）年4月9日に中郡金目《かなめ》村に設立されました。38（昭和13）年には設立に尽力した12人の名を刻んだ頌《しょう》徳碑が建立されました。同年6月8日発行の冊子『頌徳碑成るまで』（写真）が京都ライトハウスに保存されています（＊2）。碑文は文部大臣を務めた木戸幸一に書いてもらったそうです。

創立の中心的存在、秋山博

12人には宮田寅治ら自由民権運動家らの名前もありました。中でも注目したいのは秋山博です（写真）。自身も全盲の鍼《はり》医者で、同校創立の中心的存在になったことが知られています。鍼やあん摩を広めようと講習会を開くだけでなく、「盲人教育機関ノ必要ヲ痛感シ普《あまね》ク同志ヲ語ラヒ寝食ヲ忘レテ奔走尽瘁《じんすい》遂ニ私立中郡盲人学校ヲ金目村ニ創立」したのです。

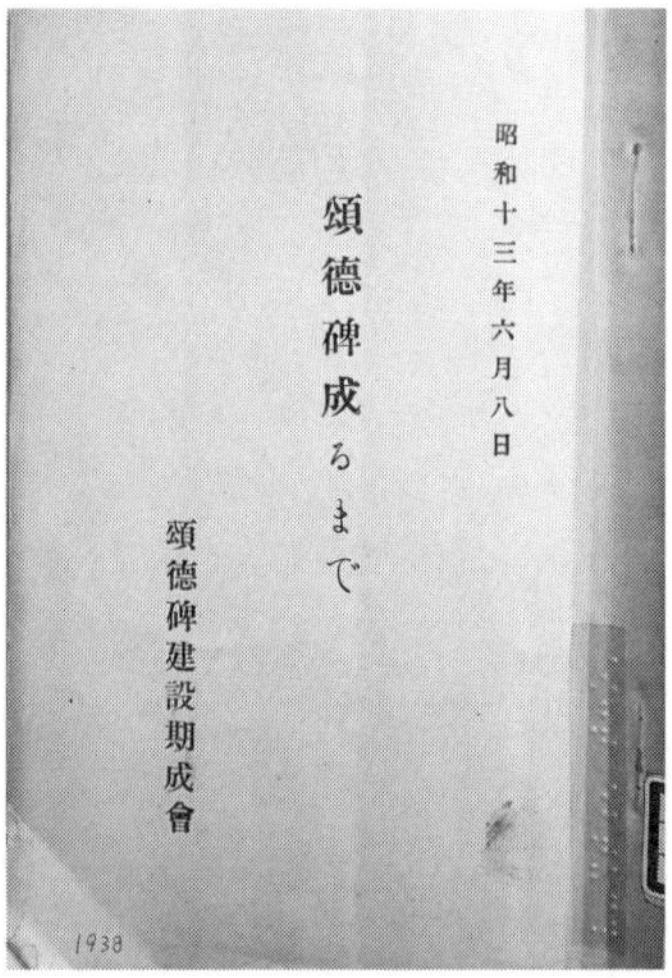

（左）秋山博肖像写真、（右）『頌徳碑成るまで』（岸博実所蔵）

頌徳碑建設期成会長・清水徳造は「頌徳の辞」で言葉を尽くして秋山博の業績をたたえています。筆者は平塚を訪れて、秋山のお墓参りをしました。そして平塚盲学校で同校創立などに関する史料を拝見しました。それらを通じて分かったことや、『平塚市史』、大畑哲《さとし》氏の『相州自由民権運動の展開』などから得た情報も加えて（＊3）、秋山の人となりや自由民権運動家としての姿に迫ってみましょう。

自由民権の理念に基づき政府要人の寄付で経営

秋山博は１８６３（文久3）年10月14日に現在の平塚市岡崎に生まれました。13歳の時に疱瘡《ほうそう》（天然痘）にかかり、視力を失ったとされています。この年、東京では楽善会《らくぜんかい》訓盲院建設のための募金運動が行われていました。失明した秋山は南金目村にいた鍼医者に弟子入りし、自身も20歳のころ、金目村で開業します。盲人たちの自立に役立てようと、１８８９（明治22）年、同業者と鍼灸按摩《しんきゅうあんま》講習会設立運動を始めます。これに賛同し、力を貸したのが宮田寅治、猪俣道之輔、伊達時《とき》ら自由民権運動家たち。医師・比企喜代助らも設立に協力し、１９１０（同43）年に旧金目日本キリスト教会の一部を借りて、私立中郡盲人学校の開校にこぎつけました。

『平塚市史』第6巻には「私立中郡盲人学校設立計画」や「盲人学校設立の趣意」が掲載されています（＊4）。それらの資料によると、学科は尋常科と技術科で構成され、職業教育として鍼灸マッサージを取り入れました。学校経営の財源となった寄付金は、約２００人が「夫々《それぞれ》出入先きに向つて」働きかけて集めました。東海道筋の別荘地に近いという地の利もあり、伊藤博文夫人や西園寺公望侯爵らの協力も得られたそうです。

同年2月20日付の『横浜貿易新聞』に、同校の開校を知らせる記事があります。そこには、大磯や平塚にある別荘の所有者らも同校の趣旨に賛同して創立を後押ししたことが記されています。また当時の様子として「生徒の募集人員は二十名にして学科は国語、算術、講話、体操、技術科は鍼治灸点按摩等なり」「賛助員の寄付金も少なからざれば、入学金授業料等は一切要せず、寄宿生は一ケ月約三円五十銭の食費を要するよし」と記されています。自由民権の理念と政府の要路にあった人々からの寄付とを結び付けて、当時としては比較的潤沢な学校経営が試みられたようです。

今も地域で「墓前祭」が開かれる

その後、同校は2度の校舎移転を経て、１９３３（昭和8）年の県立移管を機にろう学校と合併し、名称を県立盲唖学校に改めます。更に４８（同23）年の盲・ろう分離によって県立平塚盲学校になりました。

秋山は１８（大正7）年3月22日、54歳で世を去ります。すでに一世紀が過ぎたにもかかわらず、金目地域では今も彼をしのぶ「墓前祭」が毎年3月に行われています。『神奈川新聞』によると、２０１６年には3月20日に同校関係者や地元住民ら約70人が参加して行われたそうです。創立者をしのぶ催しを校内で行っている盲学校は多くあるでしょうが、地域の人たちとともに絶やすことなく、墓前祭を続ける平塚の地には、自由と民権を求めた時代の熱が、今も保たれているのです。

65 小西信八《のぶはち》追悼本

点字雑誌『むつぼしのひかり』より転写

東京盲唖学校や東京聾唖学校の校長として日本の盲・ろう教育史に大きな足跡を残した小西信八が亡くなったのは1938（昭和13）年7月5日でした。

同年12月に刊行された墨字本《すみじ》『恩師故小西信八先生追悼号』（以下、追悼本）があります（写真）（＊1）。2016年2月、桜雲会《おううんかい》から刊行され始めた『むつぼしのひかり　墨字訳』に関連があるので、ご紹介します。

追悼本の本文は、手書き、いわゆるガリ版刷りです。ろうを塗った紙を小さな凹凸のあるヤスリの上に置いて、点筆ならぬ鉄筆で線を引き、インクを塗ったローラーを押し付けて、別の紙に文字や絵を刷ります。表紙には活字でタイトルと発行年月、さらに「点字雑誌六ツ星の光より転写」と刷られています。

当時、旭川盲唖学校長をしていた南雲総次郎《なぐも》（58章参照）が序文を書き、そこに小西の追悼特集号として発行された点字雑誌『むつぼしのひかり』（9月号）を、そのまま書き写したのがこの一冊だと記されています。南雲は、点字を知らない「普通の人に是《こ》れを見てもらふのに甚だ不便」なので、謄写《とうしゃ》に取り組んだとし、「御希望の方がありましたなら（中略）無料にて残余の部数丈《だ》けお頒致《わけ》します」と書いています。

目次には、南雲のほかに東京盲学校長の片山昇、大分盲学校長の森清克、小西の四女よしよ、斉藤百合の夫・武弥、日本点字を考案した石川倉次《くらじ》、兵庫県立盲学校長・今関秀雄、点字毎日初代編集長・中村京太郎、桜雲会代表・川原直治の名が並び、十数名の教え子らによる追悼文や挽歌も添えられています。

本文は1ページあたり約400字で、80ページ近くあります。印象深い記述のいくつかをピックアップしてみます。

片山昇は、美文調で「実行の人」たる小西をたたえています。森清克は、自らが日露戦争に従軍して失明した後、「元東京盲唖学校を訪問した」ことに触れて、小西から盲唖教育を志すよう、助言されたと書いています。森が、後に帝国盲教育会の会長になる、最初のきっかけが小西から与えられたというのです。石川倉次は「小西先生は私一家の大恩人」と題して、小西が自分を東京盲唖学校の教員に迎えるために送ってくれた有名な書簡を引用します。今関、中村、南雲らも大先輩である小西を哀悼する胸中を記しました。

娘が伝える小西信八の最期の様子

小西よしよは葬儀で喪主を務めました。東京文京区の伝通院にある小西信八の墓の側面にカタカナで「ヨシヨ」と彫られています。追悼本に「帰らせ給はぬ父」と題して父親の長い闘病

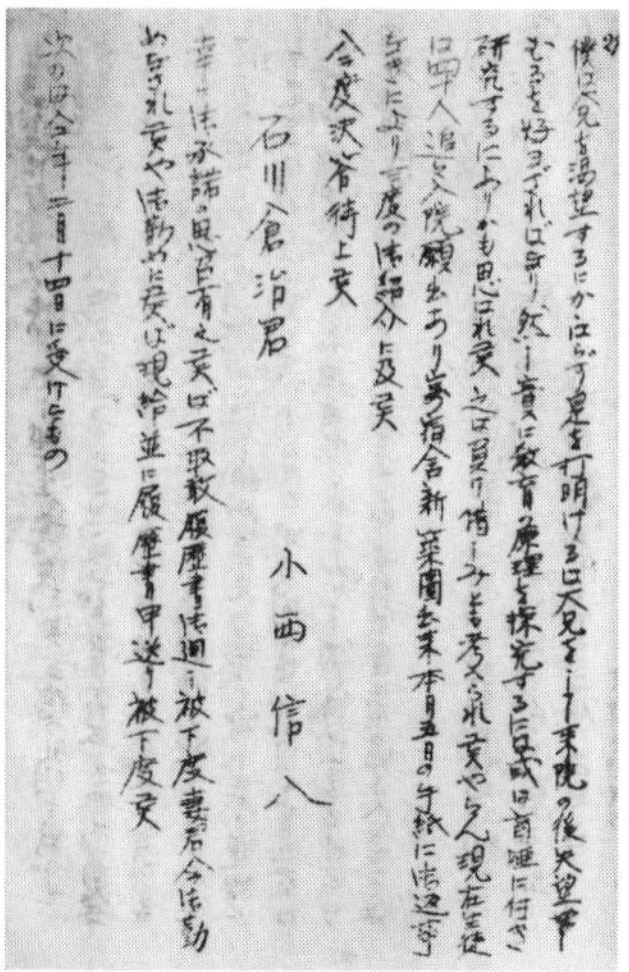

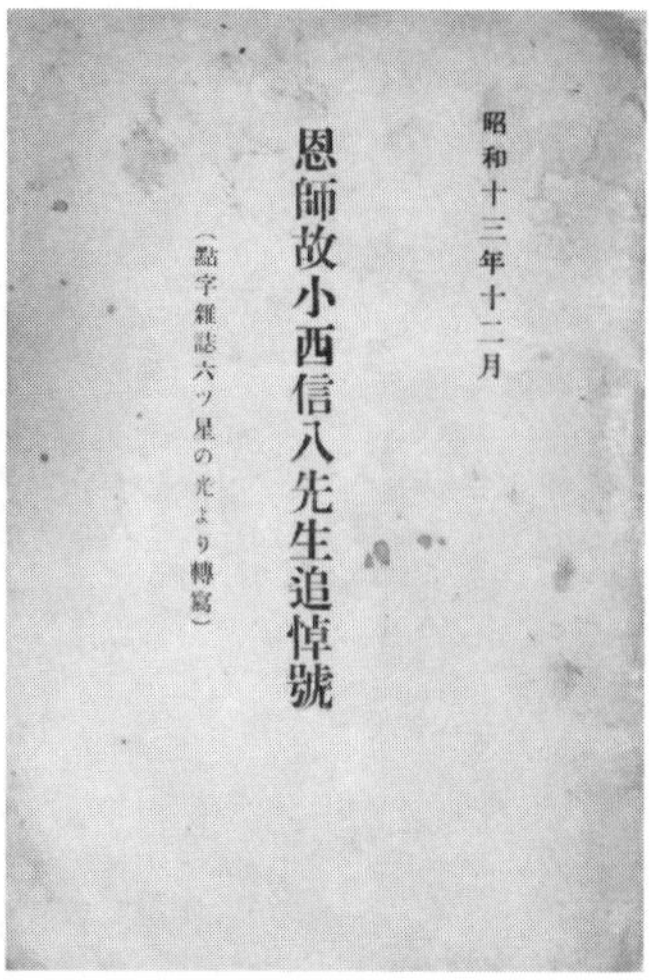

『恩師故小西信八先生追悼号』（岸博実所蔵）

と最期の様子を寄せており、他の人々の追悼文とは一味も二味も異なる感慨を、読む者の心に起こさせます。

「父は最後の呼吸をされる十数間前（原文ママ）には目を大きく開かれ何かものを申された様でしたが、私共には聞きとりますことができませんでした　日頃から父の好物のメロンを桜雲会より頂きましたので其のメロンの汁を姉妹三人と側に居られた皆様からかはるがはる口にしやつてもらわれ何の苦痛もなく眠る如く安らかに亡くなられました　時計は午前十時五分を指して居りました。新しい年を迎へれば本年も何事もなく過せます様にと祈り、年末になれば無事に過させて頂いてよかつたといふ感謝をもつて年を送りゐました。」

筆者は、この貴重書を盲教育史の熱心な研究者から贈られて身近に置いていつでも手にとれる幸せに浴しています。ただただ感謝しています。

実は、点字雑誌『むつぼしのひかり 追悼号』については、元筑波大学附属盲学校教員の下田知江さんによる墨訳が行われて、1994年発行の『治療教育研究紀要第15号』に掲載されています（＊2）。しかし、誤訳もあります。例えば「興国」という漢字を当てた箇所は誤りです。追悼本には、正しく「皇《すめらぎ》」の字を使った「皇国」として墨訳されています。当時よく使われた語句の墨訳に際して、追悼本が参考になりそうです。

国会図書館からダウンロードできる追憶の本も

なお、追悼本より2カ月早く、墨字本の『盲啞教育の師父小西信八先生小伝と追憶』が発行されました（＊3）。日本聾啞教育会や東京聾啞学校同窓会などが発行し、追悼本と同じ文章が載っている箇所もあります。

小西よしの「父逝く」も載っており、東京盲啞学校の前校長・秋葉《あきば》馬治《うまじ》、京都盲啞院の前校長・鳥居嘉《か》三郎《さぶろう》、東京聾啞学校教諭・川本宇之介、ろう者では吉川金造、岡藤園《とうえん》、藤本敏文、三浦浩らが寄稿しています。いずれも著名な人ばかりです。

『盲啞教育の師父小西信八先生小伝と追憶』は、国立国会図書館からデジタルデータをダウンロードできます。

66 猪田《いのだ》すて

猪田《いのだ》すては京都市立盲唖院の卒業生です。彼女は1877（明治10）年生まれ。1906（同39）年に同院鍼按《しんあん》科を卒業して、京都市内で治療院を営みました。さらに視覚障害のある女性に、自らすすんで点字やあん摩を教えて、彼女たちの自立を助けました。

同院同窓会などによって保存されてきた史料を通して、猪田すての生きざまに迫ってみます。

視覚障害のある女性の自立を手助けし育てあげる

すては、自分の人生を振り返って「ここ4、50年間に育てて来た門下生は25人、みんな女ばかりです」と語っています（＊1）。視覚障害のある女性あん摩師が偏見にさらされて、理不尽な目にあうことも少なくなかった時代が背景にありました。すては後輩たちを懸命にかばって、育てようとしました。また、盲唖院ではもてあまされていたような娘が、すての下で学んで数年もたてば、「どうにか技術も出来るようになって名ざしの客も出来る」ようになったとする鳥居篤治郎《とくじろう》の証言も残っています（＊2）。

1953（昭和28）年にすて自身による回想がレコードに録音されており、それをコピーしたCDもあります。これによると、彼女が引き受けたのは卒業後の女性だけではありませんでした。「目の悪い娘さんがありますということを聞きますと、なにほど遠方でも走って行きまして、（中略）両親のない人、片親よりない人、不幸に終わらねばならんというお方をお預かり」したと述べています。こうした女性を訪ねて、すては京都の丹後、滋賀や岡山、さらには富山、四国といった遠方にも出かけました。

盲学校入学さえ、かなえてもらえない子を「年齢は13、14くらいから」預かって、「おやつをあげつつ、点字をぼつぼつ教えます。そして解剖、生理の講義をして（中略）鍼按マッサージ3枚の免状を持たせて一人前、これで独立して生活のできるとこまでし、それぞれに皆家を持たせ」たというのです。

猪田すて肖像写真
（京都府立盲学校資料室所蔵）

京都市立盲唖院による感化

すての、こうした生き方は何によって育まれたのでしょうか。持ち前の資質もあり、家庭で受けた教えも基になったのでしょうが、盲唖院による感化も見逃せません。

すての在学中、院長を務めていたのは鳥居嘉三郎《かさぶろう》でした。第2代院長として、京都市立盲唖院を財政面でも教育実践の上でも改革して、明治期末の黄金時代を築いた人です。彼は1905（明治38）年春の卒業式で、生徒たちに「精神ノ修養ヲナサレ」「盲人トシテ社会ニ立タズ　人トシテ立ツ」よう呼びかけました（＊3）。在校生として会場にいたすての耳にも響いたことでしょう。翌年春に彼女が卒業するときには、初代院長古河太四《たし》郎《ろう》も来賓として出席しました。古河は盲唖教育を通じて、深い思いやりにあたる「惻隠《そくいん》の情」を大切にした人でした。

また、すてが生徒時代の教員に福田与《よ》志《し》がいました（69章参照）（＊4）。後に私学の松江盲唖学校を創始した人です（＊5）。与志も「惻隠の情」を自らのバックボーンに据えて生きた女性です。さらに、すての同級生や前後の世代には、盲唖院を巣立った後、各地で盲学校の創立に参画した人が多くいます。奈良の小林卯《う》三郎《さぶろう》、滋賀の山本清一郎、鳥取の上田ツナらです。

社会は全ての人間がお互いに助け合わねば死滅する

すては、自らの来し方を振り返って、視覚障害のある女性あん摩師の社会的な立場が低いという現実を知り、「自分というものを捨てて、人の為に尽くす」決心をしたと述べています。恩師や同輩から学び取った神髄を貫いた生き方は「地《ち》の塩《しお》」にも例えられるものではないでしょうか。「地の塩」とはキリスト教の聖書に出てくる言葉で、「物が腐るのを防ぐ塩のように、社会や人々にとっての模範」を意味します。京都盲唖院には、明治10年代に聖書の凸字本があり、すてが学んだ頃には点字本もありました。

すては盲唖院について語るとき、必ずといっていいほど「ベルコルド、バットワムハッド」という言葉を口にしたそうです。それは英語の「ベリー／コールド／ハンド、バット、ウォーム／ハート」。「ワム／ハッド」とは「ウォーム／ハート」「温かい心」を指す言葉でした。また「社会は全ての人間がお互いに助け合わねば死滅する」とも口癖のように語ったそうです。

彼女の逝去を報じた京都府立盲学校の同窓会報には、同窓会を物心両面にわたって支えた生前への謝辞も捧げられています（＊6）。生徒の頃、すては多くの短歌を詠みました。その中に次のような一首を残しています。

ゆき　つもる　やまぢの　たびは　ふみわけし
あしあとのみぞ　しるしなりける

盲唖院卒業後の生き様への決意がこの歌に深々とこめられています。

67 鳥居嘉三郎《とりいかさぶろう》

「私を顕彰するな」と言い置く

これまでに何度か、鳥居嘉三郎の名を挙げました。京都市立盲唖院第2代院長として、3校長による牧野文部大臣あての建議を執筆した人です（48章参照）。

しかし、彼の人柄や足跡は古河太四郎《たしろう》、小西信八《のぶはち》両校長に比べると、ほとんど知られていません。古河や小西には、評伝や著作集がありますが、鳥居にはそうした書物が1冊もないからでしょう。鳥居本人が「私を顕彰するな」と言い置いたことが、その大きな要因だと考えられます。

盲唖院の同窓会が京都の東山に彼の墓を建立した際、彼の愛弟子だった鳥居篤治郎《とくじろう》は墓の建立を主導したことについて「恩師に背く行いだが」と釈明しています（＊1）。

だが、その業績からいえば、嘉三郎は彼に関する評伝や資料集が作られるべき人です。禁を犯すことを承知の上で、私なりに書いておこうと思います。

財政を立て直し、東西協力を推し進める

嘉三郎は、1882（明治15）年に京都府盲唖院の訓導《くんどう》（教諭）となり、89（同22）年から1916（大正5）年までに第2代、第5代の院長として、その重責を担いました。学校経営上の責任を問われて職を辞した古河の後任として東奔西走し、盲唖院の財政を立て直しました。嘉三郎が結成した「京都盲唖慈善会」は、行政からの支援が乏しい状況下にあって、どうすれば運営費を確保できるか、そのモデルとなりました（＊2）。

また彼は、「日本訓盲点字を学び、導入したい」とする中村望斎《もちまさ》を快く後押ししました（5章参照）。嘉三郎自身が凸字《とつじ》への執着や、東京に対する無益な対抗心を持たなかったためです（＊3）。その結果、日本では、アメリカで生じた「点字抗争」のような混乱は起きませんでした。嘉三郎は米国製点字製版機【源流152頁】を輸入し、教科書や点字雑誌の出版を重ねました。

そして、明治20～30年代に嘉三郎は、小西らと提携して点字や盲・ろう教育に関する研究の東西協力を推し進めます。併せて、渡辺平之甫《へいのすけ》に盲・ろう教育文献の日本語訳を行わせ、諸外国の到達から学ぼうとしました。中村、渡辺をして、わが国で最初の盲・ろう教育書『盲唖教育論』をまとめさせ、出版にこぎつけました。京都市立盲唖院が通常校との「共同教育」に踏み出したのも、嘉三郎が院長をしていた時期です。

次代の育成に力を入れる

また、嘉三郎は次の時代を担う教員の育成にも力を入れました。代表例として、島根に盲唖教育を根付かせた福田与志《よし》が

鳥居嘉三郎・こう写真（京都府立盲学校資料室所蔵）

います（69章参照）。教え子にも、同盲啞院を卒業後、各地に盲学校を設立した俊英たちを輩出しました。生徒会（盲学生にとっての篤交会《とくこうかい》、ろう学生にとっての院友会）、や同窓会の結成を促し（49章参照）、盲人やろう者が自らつながり、交流し、お互いの力量を高め合う「基礎」を固めたのも嘉三郎だったのです。彼は1906（明治39）年の「日本盲人会」の結成にも参画し（＊4）、視覚障害者の全国的な連絡や運動にも新たな条件を切り開いていきました。盲啞教育をさらに刷新するための構想を持ち、大正期の発展を期すための清新なスタッフとして、京都大学を出たばかりの英才を相次いで教員に採用しました。

毎日、卒業生一人一人に向かって語りかける

一方、敬虔なクリスチャンとして新島襄《にいじまじょう》夫妻と親しく交わり、京都平安教会の役員も務めました。鳥居篤治郎などを洗礼に導いています（＊5）（篤治郎は後にバハイズムに身を移します）。就職や開業が困難な生徒たちのために、再教育と共同作業を兼ねた「京都盲啞保護院」を創設し、妻・こう（写真）とともに住み込んで、その運営に尽力しました。盲啞院を退職した後も、卒業生と親しい交わりを保ち、その一人一人の人生の岐路にあたって、しみじみと心の通った手紙を交わしたといいます。晩年、東京に転居した後も、卒業させた（中途退学者も含む）生徒の「祷告簿」（祈りのための名簿）を作り、毎日、それを手に一人一人に向かって語りかけていたそうです（＊6）。

これでも、まだ嘉三郎について、その要点すら書ききれてはいないでしょう。京都府立盲学校や旧大阪市立聴覚特別支援学校などが保存する史料を読み込む必要を感じています。大正期には若手教員から老いを責められた一幕もあったようです。

最愛の教え子藤本敏文に宛てた書簡に「余は罪人なり　しかも罪人の中の其頭なり」「空の空　空の空なる哉　都《すべ》て空なり　嗚呼《ああ》皆空《くう》の空《くう》ニして風を捕ふるが如し」と、嘉三郎は書き残しています。「顕彰は無用」とする謙虚さのみにとどまらない、奥深い思念があったに違いありません。

（敬愛する鳥居先生。どうか破戒と拙文をお許しください）。

68 斎藤百合

新書や映画でもとりあげられる

陽光会を興し、「盲女子の母」として敬愛される斎藤百合は『点字倶楽部』の執筆・編集に携わりました。同誌は「謹啓　各位のご指導とご鞭撻によって我が点字倶楽部発行を中心とする事業の新陣容が別紙の通り陽光会規約並びに趣意書によって公表しうるの運びに至りました」という書き出しで始まります。

百合の人となりや足跡については、粟津キヨ氏が『光に向って咲け――斎藤百合の生涯』（岩波新書）で詳しく書いています（＊1）。同書を読み、百合の考えや行動に感銘を受けた方が多いのではないでしょうか。また、1994年に完成した映画『視覚障害者に光を！　盲目の斎藤百合の生涯』で百合の存在を知った人も多いのでしょう（＊2、＊3）。この映画は世界盲人連合の総会でも紹介されました。このほか、2011年に桜雲《おううん》会《かい》が「盲女子の母・齋藤百合」生誕120年記念の講演会を開き、その存在に再び光が注がれました。

2012年、百合の出身校にあたる岐阜盲学校の元校長（元日本盲教育史研究会副会長）東海良興《とうかいりょうこう》氏の著書『斎藤百合の故郷』を拝読しました（＊4）。没落していく百合の生家が山林を売り渡したときの証文など貴重な史料に基づいて書かれています。百合の生まれ故郷を訪ねて、丹念に聞き取り調査と史料発掘をなさった熱意に心打たれます。百合に関する研究には、まだまだ探求の「鍬」が必要だと痛感させられた一冊でした。

陽光会設立趣意書から

そこで今回は、私なりに百合について調べた点を補うことにしました。直接手にすることができた資料のうち、点字で書かれた「陽光会設立趣意書」や同会の規約（いずれも筑波大学附属視覚特別支援学校所蔵）を通して、百合の足跡を垣間見ることにします。

設立趣意書が書かれたのは1935（昭和10）年8月付。この中で百合は「我が国の盲人に対する保護施設と言えば、未だわづかに盲学校の設立のみにとどまり、他に何とて見るべき施設はない」と指摘しています。一方、「私のこの小なる企てが皆様のご援助によって相当の成績を収むることができましたならば、やがて全国各地第2第3の陽光会の施設を見る日も遠いことではなかろうと存じます」と、彼女自身の願いと同会の構想についても記しています。

また、会の目的について「盲人なかんずく女子及び少年失明者に対し社会事業を行い兼ねて盲人教育の振興を図る」と記すなど、百合の関心は盲女子だけでなく人生の半ばで失明した少年や中年にも及ぶほど広かったこと、盲人教育の振興に大きな関心を寄せていたことが如実です。

実際に同会は、点字出版とホーム（寄宿舎）を事業の柱に位置付けていました。趣意書を書いた時点では、点字出版のための設備・備品費の総額を５００円と見込み、その3分の１しか準備できていないことを訴え、募金への協力を呼び掛けています。蓄えも何もないに近い状態からの苦難の出発であったことが分かるこの文書は、３５（同10）年9月5日の日付で書かれています。夫・武弥との連名でした。

史料の新しい掘り起こしが必要

百合の代表的な業績は陽光会という盲女性のための教育、福祉施設を作り、盲女性の尊厳を高めたことですが、調べるほどに単にそれだけにとどまる人ではないとの思いが強まりました。彼女について一層深く知り、その足跡を正確に伝えるためには「史料の新しい掘り起こし」がますます必要です。

中でも、『点字倶楽部』（写真）のバックナンバーを探し出すことと、その翻刻を急がねばなりません。今のところ、現存していることが確認されているのは、４１（昭和16）年1月の第77号、そして４２（昭和17）年1月から4月に発行された第89号から第92号までの5冊のみです。

このうち第77号には、武弥の「盲界の新体制」や百合の「盲女子青年に寄す」などの論説、東京盲学校の澤田慶治が翻訳したドイツの短編小説「盲人」、歌人・吉井勇《いさむ》のエッセー「去年《こぞ》今年《ことし》」などが掲載されています。

また他の号には、敗戦後、ＧＨＱによる盲人の鍼灸《しんきゅう》禁止通達の撤回運動で中心的な役割を果たした小川源助、日本点字図書館創立者の本間一夫、元点字毎日編集長の長岡加藤治《かとはる》など、そうそうたる人たちの若かりし頃の胸中を記した記事もありました。

百合の書いた小説や評論が『点字毎日』や『主婦之友』などに載っています。先に紹介した粟津キヨの岩波新書では、歴史小説「荒野の花」の掲載を『主婦之友』の大正12年3月号としていますが、正しくは翌年の4・5月号です。

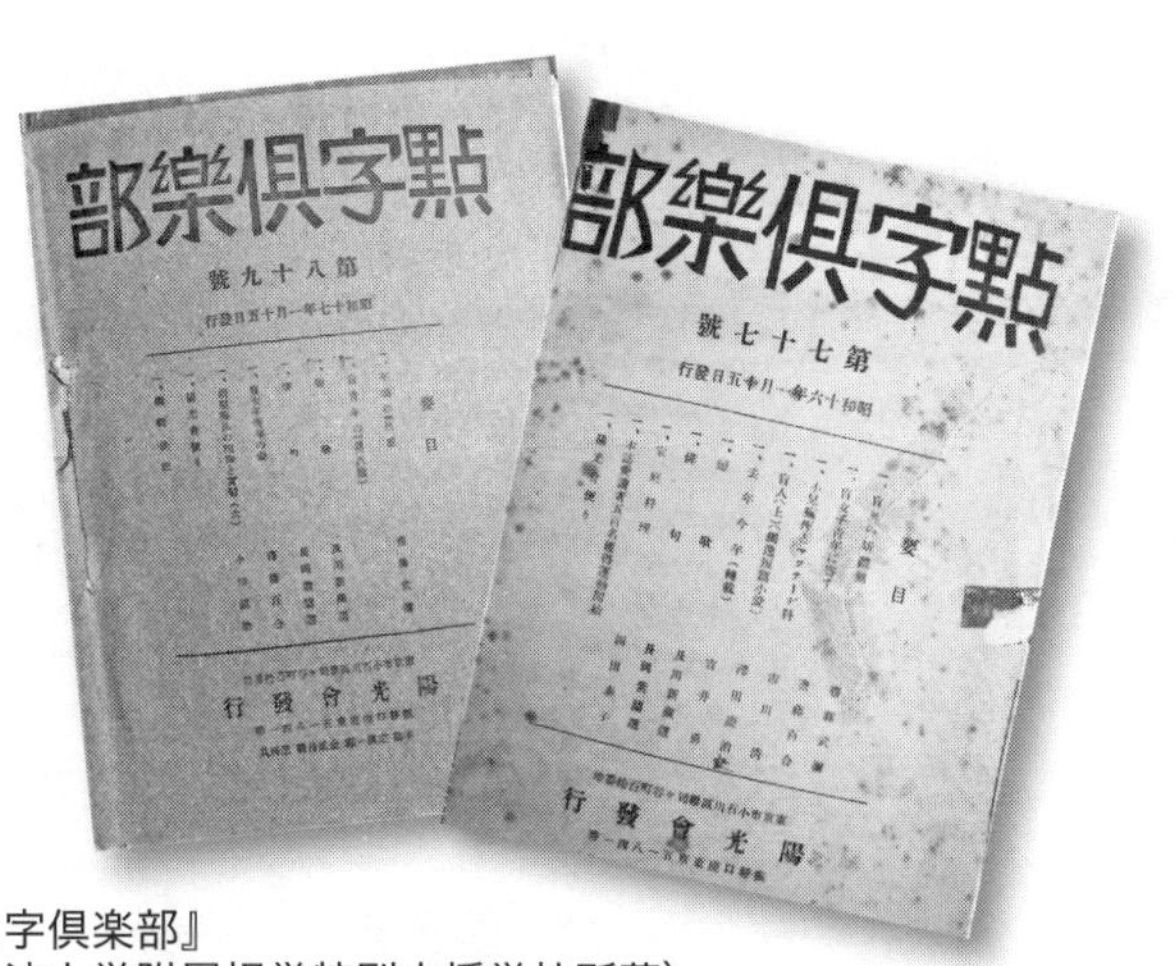

『点字倶楽部』
（筑波大学附属視覚特別支援学校所蔵）

輝きも挫折も、そして、交友の彩りも含めて、百合の全体像に迫る、清新で気迫のこもった研究を心待ちにしています。百合にくらいつく若々しい研究者よ、出でよ。

69 福田与志《よし》など女性たち

福田与志に対する献辞

島根県立盲学校、同松江ろう学校の前身、私立松江盲唖学校は1905（明治38）年に開校しました。創立関係者として、福田平治・与志兄妹や山本茂樹の名が挙げられます。与志は、学校づくりに先立って盲唖教育を学ぶため、京都市立盲唖院に赴き、鳥居嘉三郎《かさぶろう》院長のもとで修業しました。往復書簡も保存されています。小学校の職を辞め、京都に着いたのは1899（昭和32）年ですが、その前にも入洛しています。97（同30）年の京都市立盲唖院の日注簿に、次の記述が見られます（＊1）。

六月十七日　島根県八束郡本庄村尋常高等小学校訓導福田ヨシ氏盲唖教育研究ノ為メ来院セラレタリ但八月中滞京取調ラルヽ予定ノ由

与志は寄宿舎に寝泊まりし、昼夜わかたず生徒と触れ合って、自らの基礎を固めます。98（同31）年には、盲唖院で行われたグラハム・ベルの講演を聴きました。「権利としての教育」の考え方、米国における盲・ろう分離の進み様に胸を躍らせたことでしょう。記念写真に与志も収まっています。「色の黒い田舎娘」として都大路に現れた与志は、着実に自分を磨いていきます（＊2）。

その後、1900（同33）年には東京盲唖学校に移り、小西信八《のぶはち》が欧米で見聞してきた知識や伊澤修二の視話法を吸収しました。そして翌年、京都に戻って来ると、渡辺平之甫《へいのすけ》とともに「聾唖教育の双璧」とたたえられる実力を備えるに至ります。

京都府立盲学校資料室が所蔵する与志に関する史料のなかに「聾唖視話学級福田ヨシの授業」と題した写真があります（写真）。03（同36）年に撮影されたと見られるこの1枚は、盲唖院の誇りとして選ばれたシーンだったと思われます。後にろう唖運動のリーダーとなる藤本敏文や三島邦三をここで育てました。故郷に戻ってからの業績と喜び、その哀しい最期については『福田与志伝』（＊3）、『故福田女史回想録』（＊4）や諸研究にすべて譲り、ここではオマージュとして一つだけ述べておきます。

それは、彼女が学校開業までに8年もの準備期間を持ったこ

福田与志の授業写真
（京都府立盲学校資料室所蔵）

とです。教員の異動が慌ただし過ぎる現況に照らせば、なんと腰の据わった人事であったか！ 今こそ、与志の誠実な姿勢に学びたいものです。それを支える教育行政でもあってほしい。

創立者・実践家たち

１８８９（同22）年、横浜に盲人福音会を起こし、９５（同28）年には函館訓盲会を設立した米国人、シャーロッテ・P・ドレーパーも偉大でした〔＊5〕。ドレーパーの亡くなった後、函館訓盲院長に就任したワドマン夫人の写真が１０７年ぶりにみつかったと、函館聾学校のウェブサイトに発表されています〔＊6〕。近年、史実を掘り起こそうとする動きが広がっていることを頼もしく感じます。

南雲《なぐも》総次郎が中軸となり、初代院長に就いた鹿児島慈恵盲啞学院は、１９０３（同36）年に創立されました〔＊7〕。京都市立盲啞院を卒業した啞生の伊集院キクが聾啞部の指導を担当しました。キクは当時27歳。佐土原《さどばる》聾啞学校（佐土原学院とも）でろう啞教育に従事していたのを引き抜かれたかたちです（58章参照）。初任給は5円。物品販売や慈善事業によって経営費を工面する草創期の困難をくぐりました。同様に、京都市立盲啞院を卒業した盲生の上田ツナは、１９（同43）年創立の鳥取盲啞学校に招かれて盲部教員になりました〔＊8〕。寺院を寄宿舎にあて、ツナの母親がその世話にあたったそうです。当時の盲啞学校には、公的な施策の乏しさを家族ぐるみの辛苦でカバーすることを余儀なくされた例が少なくありません。

１９０４（同37）年に初の触地図「内国地図」を亜鉛版に打ち出し、１４（大正3）年には辞書『言海』の膨大な点訳を成し遂げた東京盲学校訓導《くんどう》の高岡ミツの足跡ももっと知られてほしいと願います〔＊9〕。ミツの旧姓は大森。高田訓矇学校長、大森隆碩《りゅうせき》の次女です（37章参照）。

０３（明治36）年に東海訓盲院を卒業した小杉あさは、母校の助教を経て、東京盲啞学校教員練習科で教員資格を取得します〔＊10〕。晴れて静岡に戻り、盲・啞分離のために文部省に乗り込んで直談判したりしました。物おじせず、りりしく闘った女性です。彼女については、美尾浩子著『六枚の肖像画』に、近代を拓いた人としての、そのパワフルな行動が描かれています〔＊11〕。

名古屋に私立盲学校を興した長岡重孝（9章参照）の妻・タミ（旧姓 河端《こうばた》）は、重孝の死後、０７（同40）年から２８（昭和3）年までの長きにわたって故郷新潟の高田盲学校で音楽教師として働きました〔＊12〕。

長岡タミ肖像写真
（『高田盲学校人物誌』より）

70 ロシア皇太子ニコライ

ニコライ皇太子は京都盲唖院を訪れたか？

1891（明治24）年5月11日、訪日中のロシア皇太子ニコライが大津で警察官に斬りつけられ負傷する、暗殺未遂事件が発生しました（＊1）。大津事件です。大逆罪を適用するかどうか、難しい政治問題になりました。

「ニコライ皇太子」と「京都盲唖院」のキーワードでインターネットを検索すると、ロシア政治史の講義資料に「ニコライが京都盲唖院を訪れた」とする記述が見つかります（＊2）。（2020年1月現在）その根拠として『京都府誌　上』（1915年）が挙げられています。『京都府盲聾教育百年史』（78年）にも「五月九日ロシア皇太子ニコライ来院参観（中略）。五月十一日大津事件、鳥居は院を代表して常盤ホテルに皇太子を見舞う。また九月七日卓掛等を献じて謝意を表した」という記述があります。『近代盲聾教育の成立と発展―古河太四郎の生涯から』にも「来院」という言葉が使われています。しかし、これらは誤りを含みます。

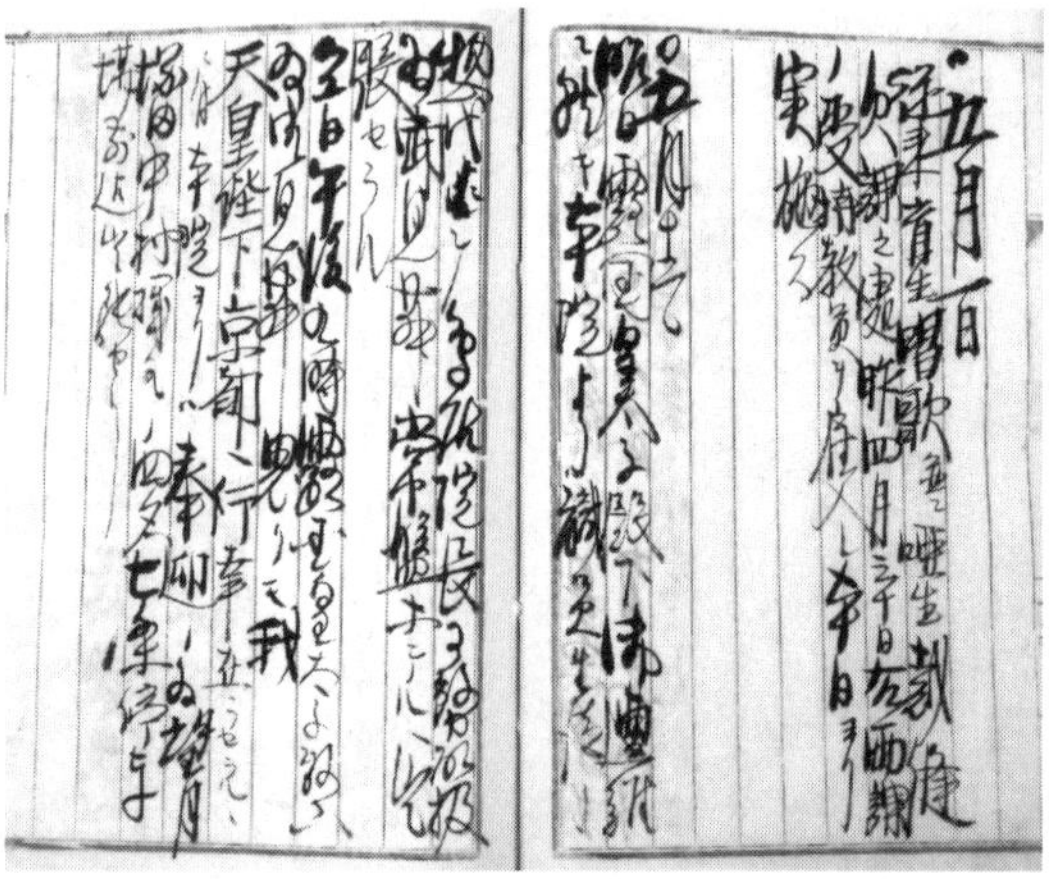

1891年5月の「日注簿」（日誌）
（京都府立盲学校資料室所蔵）

史料が語る真実

まず、京都府立盲学校の資料室に保存されている同年5月9、10日の学校日誌に、ニコライに関する記載は全くありません（写真）（＊3）。12日の項で、初めて「昨日露国皇太子殿下御遭難ニ就キ本院より職員生徒ノ惣代トシテ鳥居院長事務取扱為御見舞ニ常磐ホテルへ出張セラル」とあるのみです。

京都盲唖院がニコライに「卓掛等」を贈ったのは、デザイン画や送り状が現存することでも確認できます（＊4）。卓掛は唖生の作品。「等」とあるのはこより細工です。「日本紙ヲ細ク裁チ両手ノ指頭ヲ以テ撚リ木型ニ拠リ下部ヨリ漸次組立ルモノナリ右ハ塗ヲ除クノ外全ク盲生ノ手工ナリ」がそれに当たります（14章参照）。この献上は9月。

問題は、ニコライが同院へ実際に立ち寄ったかどうか。当時の『日出《ひので》新聞』によると、5月9日のニコライのスケジュールはこうです（＊5）。七条停車場に到着した後、常磐旅館（現・京都ホテルオークラ）に着き、夜は祇園の中村楼に遊んだとされます。翌日の動線はさらに詳しく伝えられています。「常磐旅館→寺町→丸太町→京都御苑→寺町→常磐旅館→寺町→丸太町→境町御門→中立売→油小路→元誓願寺通→堀川→川島織物→元誓願寺→油小路→二条→二条離宮→堀川→三条→大宮→七条→東本願寺→七条→烏丸→大谷派本願寺→東洞院→三条→寺町→常磐旅館」と。

この経路では京都府庁前にあった盲唖院の門前は通りません。京都府立京都学・歴彩館が所蔵する京都府の行政文書でも、ニコライが同院へ立ち寄ったことは確認できません。ただし、文書には、京都を巡る馬車の中でニコライが「この地には育児院・貧窮院があるか」と知事に尋ね、「それはないが、盲唖院がある」と答えたとは伝えられています（＊6）。以上から、ニコライが京都盲唖院の存在を知ったのは確かだとしても、来院はしなかったと考えるのが妥当です。ニコライ自身の日記にも京都盲唖院を訪ねたとは書かれていません。

伝言ゲームのように表現が変わっていった

では、なぜ、ニコライが盲唖院を訪ねたことになったのか。表現の違いに気をつけながら、史料を追ってみました。

まず1895（明治28）、96（同29）年の「京都市立盲唖院概況」を見ると、「露国皇太子殿下ヨリ金貳千円寄付ナレリ其砌《みぎり》唖生ノ製作品ヲ同殿下ニ贈呈ス」とあります（＊7）。来院とは書かれていません。1903（同36）年の『創立二十五年紀年京都市立盲唖院一覧』には「露国皇太子殿下京都へ御来遊ノ際」とあり、「来遊」という表現が使われています（＊8）。表現自体に誤りはありませんが、来院の有無までは分かりません。『京都府誌　上』』でも、「露国皇太子京都に来遊せられ金貳千円を寄附」とあり、来院とは限定されていません。一方、『日本盲唖教育史』（1929年）には「ロシア皇太子（二十四年五月）の来臨」と書いてあり、これ以前の史料に比べると、より盲唖院に近付いたような表現が使われています。そして、『創立七十五年記念誌』（57年）では、「露国皇太子の来院及び二千円の寄付」とあり（＊9）、ついに「来院」へと変身します。

つまり、「来遊」から「来臨」、「来臨」から「来院」へと、伝言ゲームのような過ちが起きたのではないでしょうか。読み方ではinとrinが似ていて、点字表記上「らいりん」と「らいいん」の違いは、点一つの有無といったわずかな差です。歴史史料の読み解きには慎重さが求められます。

ちなみに、36（昭和11）年版の『京都府立聾学校沿革』には、「ニコラス殿下京都御来遊ノ際金貳千圓ヲ御寄附アリ」と、適切に記されています（＊10）。

なお、この来日の際、ニコライは東京盲唖学校にも500円を寄付したそうです（＊11）。

71 諸外国の知見

啓蒙家たちの見聞

江戸の末から明治の初めまで、西欧に旅した啓蒙家たちが様々な見聞を伝えました。

山尾庸三《ようぞう》が盲・唖学校の設立を建白したのは、イギリスでろう者が造船所で働く姿を見たのがきっかけだと言われます（＊1）。楽善会《らくぜんかい》の中村正直《まさなお》はイギリスの著述家サミュエル・スマイルズの『自助論』を訳し、日本人のものの考え方や盲・唖教育に影響を残しました。また、宣教師たちは、障害を前世の報いとする因果応報の宿命観から盲人を解き放ち、紙製凸字《とつじ》の技法を日本にもたらしました。

外国語を解さないと語る古河太四郎《たしろう》でしたが、1880（明治13）年に京都府盲唖院は、京都府が開設した外国語学校欧学舎卒の英語に秀でた教員を迎え、ろう生のための米国製聴音器（オージホン）を輸入しました（＊2）。明治末の蔵書には、多数の洋書も含まれています。

わが国は、明治期にスイスの教育家ヨハン・ハインリヒ・ペスタロッチが唱えた教育理論を取り入れ、いわゆる「実物教育」が盛んになります。盲教育でも、実物、または模型や剥製を教材として活用し、感覚に訴える教授法が行われるようになりました。盲児のための遊戯が考案され、社会見学も盛んになります。

京都でも、「直観」や「推知法」の教材として、模型やはく製を備えます。蒸気船、小船、人力車、大砲、箪笥、長持、重箱、提重《さげじゅう》、鼠、雀、文鳥、鳩、インコ、豚、虎。これらはほんの一部にすぎません。

小西信八の外遊

一方、明治20年代では、ブライユ点字を日本語に適合するよう翻案した石川倉次《くらじ》らの仕事が白眉です。その背景に世界の教育資料を蒐集した教育博物館と手島精一が存在した意義は計り知れません（第1部参照）。

このころになると、盲・唖教育や社会事業の従事者による遊学・留学も次第に広がっていきます。1895（明治28）年からの小西信八《のぶはち》の外遊は、「英語力」に不安を抱えたまま実行されたようですが（＊3）、盲・唖教育を実践してきた目と耳で米英独仏から掬い取った知見は、それ以前と比べ、はるかに具体性と深みを帯びました。「権利としての盲・ろう教育」を先見的に唱えた所以がそこにあります（72章参照）。

小西との出会いが契機となって、1898（同31）年にグラハム・ベルの来日が実現します。ベルは、東京、京都で講演し（＊4）、長崎でも指導を行いました（57章参照）。米国の盲・ろう教育の実況を詳しく伝え、日本の制度や指導法に踏み込んだ提言をしました。それは、盲・ろう教育の義務化であり、その分離です。ベルの口話法（この来遊以前に伊澤修二に教えた視話法）が、手話との確執を生じさせたとされてきましたが、昨今、ろう史の研究者による再検証が進みつつあります。

ヘレン・ケラー

ヘレン・ケラーが日本で熱狂的に迎えられるようになるのは1937（昭和12）年の来日です。しかし、それ以前にもさまざまなメディアで活字になっています。

小西信八からの葉書の写真（72章参照）
（京都府立盲学校資料室所蔵）

墨字《すみじ》の単行本としては1907（明治40）年の『楽天主義』（＊5）と『わが生涯』（＊6）の翻訳出版が最初でした。『わが生涯』はその年に日本盲人会から点字本も出されました。

雑誌や新聞でいちばん初めにヘレンを紹介した記事は、いつ、誰によって書かれたか。探索中です。

筆者が知り得た中で最も古いのは、1897（同30）年の『女学雑誌』第441号にある青柳猛《あおやぎたけし》の「ヘレン、ケレル」です（＊7）。前年にヘレンと面会した「大須賀氏」からの衝撃的な伝聞として書かれています（章末付記参照）。

女子教育の先駆者・津田梅子も1898（同31）年に米国で当時18歳のヘレンに会いました。『女学講義』にその驚きを回想した「談話」が載っています（＊8）。

モンテッソーリ教具が京都市立盲啞院時代に導入された理由、谷本富《とめり》を通じてヘルバルト教育学も流入した経緯、東京盲学校の町田則文《のりぶみ》や岸高丈夫の海外派遣が時代を画した事実も注目されます。

大正期に入ると、ロシアからやってきたワシリー・エロシェンコがエスペラントの普及を勢いづかせ、鳥居篤治郎《とくじろう》や岩橋武夫らを輩出しました（74章参照）。

【付記】ヘレン・ケラーの日本への紹介については、現在では、米国で彼女を知った小西信八がそのことを記録に表したのが最も古い紹介だと岩崎洋二氏によって明らかにされています（＊9）。

掲載誌は1888年11月刊の『東京茗渓会雑誌』第70号で、アメリカ留学中の篠田利英からの報告の形でヘレンの文字学習の様子を述べています（＊10）。

72 ドイツからの点字ハガキ

京都府立盲学校の資料室には、外遊中の小西信八《のぶはち》から送られた手紙やハガキが何通か保存されています。1898（明治31）年と翌年に投函された写真や挿絵付きのハガキです。うち2通には日本語の点字が書かれています。

日本訓盲点字の翻案から10年に満たない時期に書かれたものですから、このハガキは点字郵便物としては最も古い部類に入るでしょう。これらのハガキについて、印刷された事物や小西が文字に込めたメッセージに思いをはせながら、歴史資料としての意義を考えてみましょう。

「手字」でのコミュニケーションを目撃した驚き

1通目は、欧米の障害児教育を視察する旅のさなか、滞在中のドイツから京都市立盲啞院に宛てた国際郵便（71章写真）〈＊1〉。ベルリン市のろう啞保護会を創立したフールステンベルグの肖像写真が載った記念ハガキです。これには点字はありません。ドイツ語でPOSTKARTEなどと印字されています。郵便局のスタンプを見ると、ベルリンで投函され横浜を経て京都に届けられたと考えられます。

宛名などはアルファベットで書かれていますが、小西は平仮名で「にほん　きやうと　もうあいん　とりゐかさぶろうさま」と書き添えています。裏には「明治卅一ノ四ノ三〇伯林《ベルリン》小西信八」と書かれています。

本文は漢字仮名交じり文で、伯林聾啞保護会の50周年を記念する式典や会食に出席した感想を綴っています。会食で「演述」した人のほとんどが今日の手話か指文字にあたるかと思われる「手字」を使ってコミュニケーションをとり、声を発して会話する人は僅かに3人であったこと、舞踏や体操の場でも「七百名ノ会衆ニコニコトシテ笑イ歓ブモ聲ハナシ」であったことなどが印象深かったようです。

帰国後、小西はこの旅の最初にアメリカで出会ったグラハム・ベルを日本に招き、盲・ろう教育に関する講演会を催しました。その目に、ベルがアメリカで唱えた「視話法」とドイツの「手話中心」で行われるコミュニケーションの実態との違いは、どのように映ったのでしょうか。

ろう啞関係者が700人も集う現場を目撃したことは、1906（同39）年に東京で聾啞教育講演会と第1回全国聾啞大会を開き、翌年、盲教育の教員大会（現在の全日本盲学校教育研究会につながるもの）を開く営みを促したとも考えられます。

絵葉書に点字を打つ

2通目もドイツから送られたものです（写真）〈＊2〉。日付ははっきりと読み取れませんが、ギムナジウム（学校）などの建物の絵が印刷されています。これには点字で「めしいらが　さちを　すすむる　つどいにて　われ　まづ　うくる　さちが　うれしき　こにし　のぶはち」と書いています。盲人たちの集会に参加し、収穫を得たことを喜ぶ内容です。どんな点字用具を使ったのでしょうか。

デザインの凝りように自負がにじむ

3通目は、帰国した翌年、京都盲唖院に送った年賀状です（表紙カバー参照）〔＊3〕。大日本帝国政府印刷局製造の「郵便はがき」が使われています。

小西信八からの点字葉書の写真
（京都府立盲学校資料室所蔵）

送り先と宛名は、片仮名で「キョウトモウアイン　トリヰ　カサブロウサマ」と書いてあり、「武蔵東京小石川三十二年一月五日」付のスタンプが押されているのみです。これだけで無事に配達される時代だったのです。裏面には、当時の東京盲唖学校の校舎を描いた銅版画が印刷され、シカゴの「オフシ」（唖者）の作品だという説明が毛筆で書き添えられています。版画以外にも「めいぢ三二　一の一　1ST. JANUARY　1899　こにし　のぶはち　N. KONISHI」という文字が印刷されています。いかにも仮名文字論者であった小西らしい演出です。他にも「N　KONISHI」に当たるアルファベットの指文字が印刷してあり、点字でも「N　KONISHI」と書いてあります。点字の形をインクで印刷したものではなく、突起した点字そのものです。ただし、外字符は書かれていません。このデザインの凝りようからも、盲・唖分離に先立つ時期、盲教育とろう教育に精通した小西の姿が思い浮かびます。

また、短歌1首が毛筆を使って、片仮名で書かれています。「トキ　シラヌ　タニノ　ウグヒス　イマサラニ　ナニト　ナカマシ　キミガ　ミソノニ」と詠んでいます。このハガキを書いたしばらく後に、小西は京都に招かれて講演をすることになっていました。歌は、「2年もの間、国を離れていた私は、時勢の移り変わりも知らない谷底のうぐいすのようなものです。その間、あなたを中心に発展している京都市立盲唖院でいまさら何を語ることができましょうか」と読み取れます。欧米に向かう前から、盲・ろう教育の義務化などを主張していた小西のことです。吸収してきたものへの密かな自負とともに、鳥居への敬意を込めたのではないでしょうか。

73 好本督《よしもとただす》

日本の盲人に衝撃を与えた斬新な内容

古書店を通じて、『真英国』（言文社、墨字《すみじ》本）を入手できました（＊1）。著者は「日本盲人の父」と敬せられた好本督。『点字大阪毎日』の創刊を促した弱視の偉人です。

好本については、関西学院大学研究員の森田昭二氏が精力的に研究なさっています（＊2）。中村京太郎らへの援助、「日本盲人会」結成への寄与等については森田論文をお読みいただくこととし、好本と盲教育との関わりのいくつかのエピソードを掘り起こしてみましょう。

『真英国』は、1902（明治35）年の出版、墨字153ページ。これに収められた「英国の盲人」は、教育・福祉・点字出版・職業の諸分野でイギリスがいかに進んでいるかを活写し、日本の〈盲人諸君〉への旺盛な期待が盛り込まれています。こぶりな本ですが、この1冊が日本の盲人に衝撃を与えました。とりわけ青年たちに熱気をもって迎えられたといいます。

その一部に手を加えた『日英の盲人』が世に出たのは1906（同39）年です（＊3）。早速、左近允孝《さこんじょうこう》之進《のしん》によって点訳され、全国の盲学校・盲唖院に配布されます。内容があまりに斬新であったため、生徒の間に日本の盲学校や点字出版などに対する不満の気持ちを抱かせる危険な書物であるかのように扱われたとも伝えられます。それでも、反響は着実に拡がり、大局的に捉えれば、同年秋の「3校長による文部大臣への上申」（48章参照）と響きあって、1923（大正12）年の盲学校及び聾唖学校令へと結実したのです。

実態とかみ合った盲教育改革の方向性を示す

『真英国』には、イギリス盲教育の権威・カムベル博士の言が引用されています。曰く「盲人教育で最も注意すべきものは体育である、体育を基礎とせざる盲人教育はその効を奏しない」と。

『真英国』が出版されたわずか2週間後に、京都市立盲唖院は初めての体育専科教員を採用しました。学校日誌に「四月十五日　岡本駒太郎本院嘱託教員拝命（体操科ヲ受持）セリ」と記されています（＊4）。

同院では初代院長古河太四郎《たしろう》の時期から体育や遊戯を重んじていました（23章参照）。明治30年代には、東京でも京都でも「体育がきちんと指導できてはじめて、盲学校は完全な盲学校になる」と唱えられるようになっていたのは先にも記したとおりです。

出版間もない本の内容がすぐに実現したと二つの出来事を直接の因果関係で結ぶのは行き過ぎだとしても、盲教育の専門家ではなかった好本が盲教育において何が大切かを鋭く感じ取っていたことが読み取れます。彼は、実態とかみ合った盲教育改革の方向性を示し、後押しする役割を果たしたと評せます。

京都盲唖院との縁

この年、七月、好本は京都市立盲唖院を訪れています。体育科の岡本と、内外の盲人体育について会話を交わしたのかもしれません。

1911（明治44）年、好本は京都盲唖院の鳥居嘉三郎《かさぶろう》院長を再訪し、「いい学生がいれば一人英国へ寄越して貰えば一切を引き受けて教育したい」と提案しました。鳥居篤治郎《とくじろう》がその候補に挙がりました。鳥居の英語力がまだ充分でなかったなどの事情でこの留学話はさた止みとなりますが、次の世代を育てようとした好本の意思が感じ取れます。

大正期に盲人基督《キリスト》信仰会が発行した点字新聞『あけぼの』に、しばしば「ある基督を信ずる日本紳士から寄贈されて来る、イギリスから着いた点字書」が案内されます（＊5）。その紳士こそが好本でした（51章参照）。

最後に、1968（昭和43）年、オックスフォード在住の好本が京都府立盲学校長馬淵一夫に宛てた書簡の一節を紹介します（写真）（＊6）。同校創立90周年への祝文です（原文は英語）。

「数年前英国盲人福祉会議が開かれました際、精神教育の重要性を強調し、精神教育の中でも最も重要なものは博愛の教育であるという結語を採択いたしました。」

「私は以前鳥居嘉三郎先生が校長であられた時に御校をお訪ねし、先生の盲人に対する深い深い愛情に感動致したのであります。」

「永遠に盲人を愛し援助する人々のために道を示す光でありますようお祈りいたします。」

この言葉は京都のみに向けた祈りではなく、わが国の視覚障害教育への期待と信頼が込められたメッセージとして受け取りたいと思います。

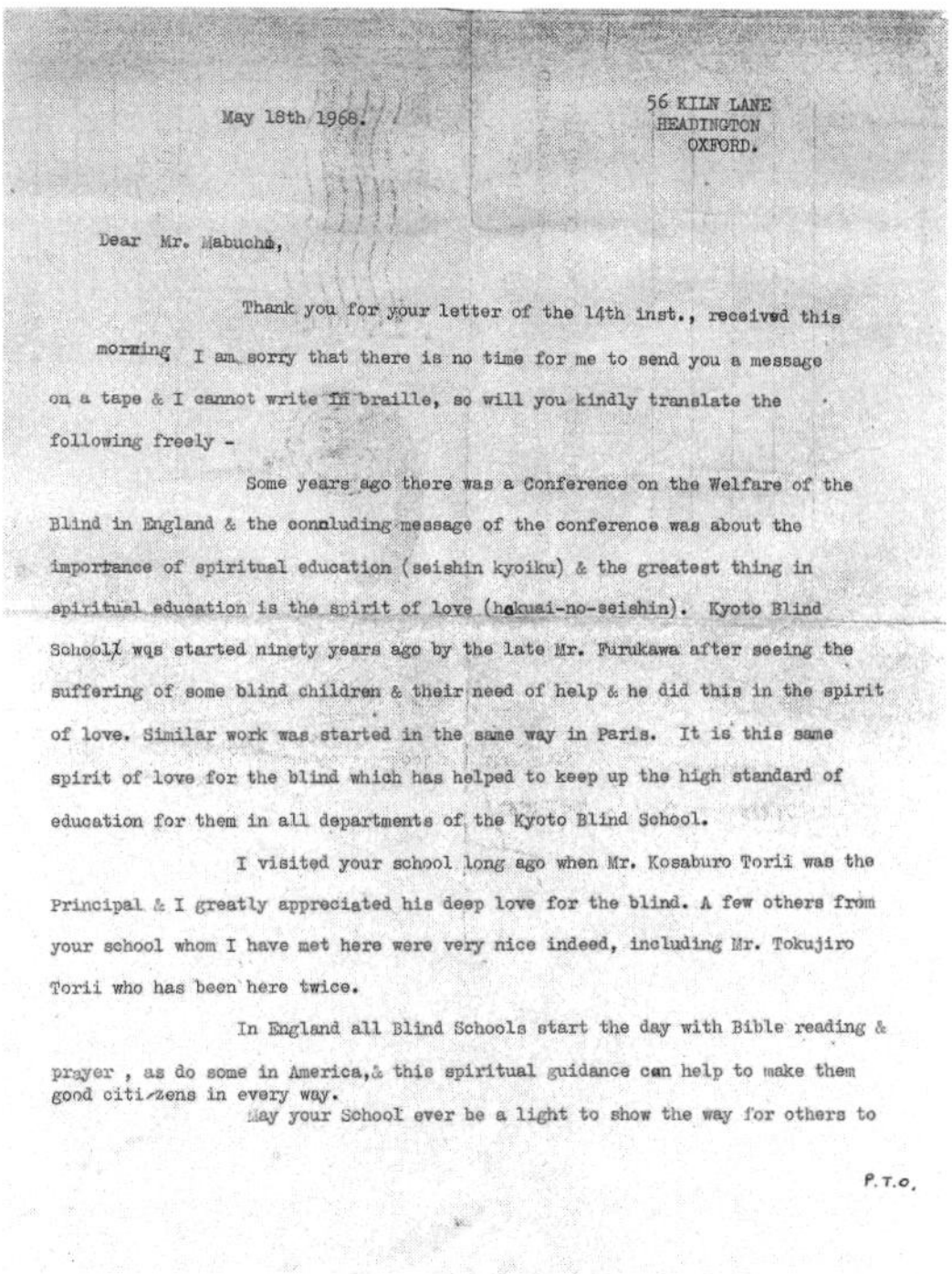

May 18th 1968.

56 KILN LANE
HEADINGTON
OXFORD.

Dear Mr. Mabuchi,

Thank you for your letter of the 14th inst., received this morning I am sorry that there is no time for me to send you a message on a tape & I cannot write in braille, so will you kindly translate the following freely -

Some years ago there was a Conference on the Welfare of the Blind in England & the concluding message of the conference was about the importance of spiritual education (seishin kyoiku) & the greatest thing in spiritual education is the spirit of love (hakuai-no-seishin). Kyoto Blind School wqs started ninety years ago by the late Mr. Furukawa after seeing the suffering of some blind children & their need of help & he did this in the spirit of love. Similar work was started in the same way in Paris. It is this same spirit of love for the blind which has helped to keep up the high standard of education for them in all departments of the Kyoto Blind School.

I visited your school long ago when Mr. Kosaburo Torii was the Principal & I greatly appreciated his deep love for the blind. A few others from your school whom I have met here were very nice indeed, including Mr. Tokujiro Torii who has been here twice.

In England all Blind Schools start the day with Bible reading & prayer , as do some in America,& this spiritual guidance can help to make them good citizens in every way.

May your School ever be a light to show the way for others to

P.T.O.

好本督からの馬淵一夫宛て書簡
（京都ライトハウス所蔵）

74 ワシリー・エロシェンコと鳥居篤《とく》治《じ》郎《ろう》

無二の親友

2015年11月1日から3日まで東京都墨田区で「サイトワールド2015」が開かれました（サイトワールドは視覚障害者のための総合イベント）。最終日に筆者は、エロシェンコ生誕125周年記念事業実行委員会の企画で「エロシェンコと鳥居篤治郎」と題する講演を行いました（＊1）。

ワシリー・エロシェンコ（1890～1952）は、大正時代にあん摩を学ぼうとしてロシアから来た盲人です。国際補助語エスペラントを日本に広める役割を果たしました。童話や詩も書いて一世を風靡しましたが、社会を乱す危険分子とみなされて、1921（大正10）年、日本を追放されます。

『Vivis・Vojaĝis・Verkis 生きた・旅した・書いた（エロシェンコ生誕125周年記念文集）』表紙写真

後に京都ライトハウスを創立する鳥居篤治郎は、エロシェンコに教わったエスペラントを駆使し、世界各国から情報を得て日本の盲人福祉を構想しました。二人は「無二の親友」だったと伝えられています。

講演では、鳥居が点字で書き残した日記（＊2）を基にお話ししました。日記は京都ライトハウスに保管されています。エロシェンコとの交友に関して、従来の文献を裏付ける内容や、通説を見直させる記述もありました。

若い二人は1914（同3）年に東京で出会います。ともに東京盲学校の生徒となったからです。では、初対面は何月何日だったか？ 残念ながら、鳥居の日記にその年のものが見当たりません。

彼らの親密さがはっきりと読み取れるのは、例えば16（同5）年1月の日記です。この月だけでエロシェンコに関する記述が15回もあります。二人は一緒にエスペラントの会合に出かけるなど、仲を深めていきました。

エスペラントを学ぶ

翌2月の日記からは、エスペラントの学習をめぐって、東京盲学校の町田則文《のりぶみ》校長らと対立があったと分かります。

4日、校長が「この中でエスペラント語をやってゐるのは誰です」と聞く、「なんのためにやるんですか？ あんな言葉が何になるんです」

町田が開明的な人だったので、突然やってきたエロシェンコも日本の盲学校で学ぶことが許されたのですが、ことエスペラントについては否定的だったようです。

3月11日には横浜でエスペランティストの会が催され、鳥居も招かれました。当時のエスペラント界を代表する錚々たるメンバーに混じる二人の盲青年。エロシェンコの演説に続いて、鳥居はエスペラントの歌を独唱しました。その様子を振り返って、鳥居は「私も、とうとうひとかどのエスペランチストになりすましたのが自分ながら可笑しかった」と書いています。この日、初めてナイフとフォークを使う料理も体験しました。気持ちの高ぶりとちゃめっ気が読み取れます。

クリスチャンだった鳥居がハワイから来たアレキサンダー女史に導かれてバハイズムに傾倒していく心境や、キリスト教をめぐる秋元梅吉らとの論争についても記しています。彼らの一致点は、「信じる宗教は違っても、盲人の幸せのために力を合わせよう」ということだったようです。

論争・絶交・友情

大正デモクラシーの風潮のなかで、革命・社会主義・無政府主義などをめぐる議論も活発に行われました。鳥居とエロシェンコとの間でも、諸々の論争が繰り返されました。ヨーロッパ生まれのエロシェンコの日本人論が手厳しすぎるのではないかなど、日記のそこここに二人のずれがかいま見えます。

筆者の講演で、格別の情報として紹介したのは、二人の間に実は絶交していた時期があったという点です。

20（同9）年3月2日の日記に鳥居が書いていました。

エローさん、先月12日での貴方からの絶交状確かに受け取りました。一人の友を思いがけなくも失うという残念さのほか、僕の心には何らの怒りも不快も感じなかったことをお知らせしておきます。そしてまたいつの日かあなたがあなたのしたことを反省してみる時までは、それではこれで僕も貴方にさよならを言います
また次のようなメッセージも残しています。

ただ最後に。まだ頭の固まっていない人たちの思想や信仰の萌芽を鋭い批判の刃で根こそぎ刈り取ることは耐えきれぬ痛手のほか、その人たちに何ものをも与えないことを悟って下さるよう、日本の盲人のために願っておきます。貴方の反省悔恨の時までさようなら。エローさん。僕も男です。

形成過程の青年の心が衝突し、こんな別れに立ち至りました。しかし、この絶交は一時的なものだったと、鳥居の妻・いとが書いています。鳥居自身も「エスペラントを通じて自分の世界を開いてくれたのは、エロさんであった」と、自伝的なテープ「私の人生」に吹き込んでいます。鳥居に「坊っちゃん」というニックネームを与えたのはエロさんだったとのこと。

ともあれ、最後の「僕も男です」の一句に込めた強がりが笑いを誘います。

75 田守《たもり》吉弘

英文点字週刊誌に挟まれた手紙

京都府立盲学校には英文の点字週刊誌『Volume X Sept. 7. 1936 Number36 THE WEEKLY NEWS』（ボストン）があります。

発行は1936（昭和11）年。同校は、その翌年、京都府庁前から現在の場所に移転しました。その祝賀と創立60周年記念を兼ねた「盲人文化展」が38年3月23日に開かれました（＊1）。国内外から寄せられた盲教育と盲人の生活に関する書籍・用具など1000点以上が展示されました。この書籍などの収集に協力したのが、アメリカ在住だった田守吉弘でした。

『THE WEEKLY NEWS』には、田守が点字でしたためた手紙が挟まれていました。内容は、アメリカの盲人を巡るレポートです。冒頭に「てんじしょ　きゅーほーの　がくり」を受け取ったことへの謝辞が記されています。木下和《わ》三郎《さぶろう》著『灸法の学理』が京都から田守の手元に届いたのでしょう。

さて、本題です。

アメリカ盲人協会を中心に一般盲人団体が共同して盲人の新職業開拓のため奔走中の「国立建築物内に盲人の売店を設ける」懸案がいよいよ一般に認められ上下両院を通過し大統領の署名を得て開設することになりました（中略）サクラメント市に開場中の共進会場で盲人事情紹介の1デパートメントを設け盲人教育の一般、職業、失明防止事業、そのほかを公開しております。また、来月中旬にはカリホルニア州全般にわたって「盲人週」を1週間催されることに決定して既にそれぞれ準備中でございます。盲人のマッサージ師として日本マッサージのデモンストレーションを試みることになっております

アメリカの事情に詳しく、マッサージを軸に啓発活動などにも食い込んでいる様子が伝わってきます。

サンフランシスコで鍼灸院を経営

田守は福岡盲唖学校を1917（大正6）年に卒業したようです。インターネットで、その名を検索すると、ヒットするのはほとんどがアメリカで発行されていた日系人向け邦字新聞のバックナンバー（写真）です。彼がサンフランシスコで経営した鍼灸《しんきゅう》院の広告がしばしば掲載されています。

例えば『Shin Sekai』22年9月22日（＊2）には、「福岡盲唖学校按摩鍼灸卒業　田守吉弘　随時往診あんま術治療　ゲリー街一五二一　電ウエスト四一七」とあります。筆者が調べたところでは、この広告が最も古いものです。福岡盲唖学校を卒業して、わずか5年後には渡米して新聞に広告を出していた

ことになります。

確かめられた中で最も新しい広告は、『Shin Sekai Asahi Shinbun』40年9月8日に掲載されたものです〔＊3〕。「福岡盲学校卒業　田守吉弘　鍼灸揉療院　桑港〔サンフランシスコ〕ゲリー街一五二一　電話ウエスト四一七四」とあり、少なくとも18年間、同じ場所で開院していたようです。往診もしたとありますが、一人でしていたのか、ガイドを雇っていたのかは定かでありません。

『点字毎日』の北米通信員としても活躍

アメリカ時代の田守については、鈴木力二《りきじ》の『中村京太郎伝』にも記述があります〔＊4〕。

その120ページに、中村京太郎が盲女子の問題〔＊5〕で終生苦悶していたと評した上で「在米中の田守吉弘氏を通して米国における盲女子の生活をさぐり、盲女子の向上に資すると思われるものをとりよせて紹介し、そして盲女子ホームを経営するなど如実にこれを物語っている」と書かれています。

また131ページには、1931〔昭和6〕年にニューヨークで催された世界盲人社会事業会議をめぐって、「田守氏は点字毎日の北米通信員である〔中略〕。秋葉《あきば》東京盲学校長を始め、橋村名古屋市立盲唖学校長、木村台北州立盲唖学校長、木村東洋点字新聞主幹、熊谷日本メソジスト宇部教会牧師、福岡盲唖学校の卒業生で、サンフランシスコにいる田守吉弘氏と私、それに傍聴者としての馬淵横須賀聾唖学校長等総計八名」が出席したと中村談として書かれています。

戦後、田守は、福岡盲人協会の設立に際して役員に選ばれています〔＊6〕。しかし、その後についてはつまびらかでありません。

真珠湾攻撃以後、米国で生きようとする日本人には、難しく辛い局面もあったと聞きます。どこで、どのように暮らし、生き延び、いつ帰国したのでしょう。想像を絶するドラマが秘められているのかもしれません。

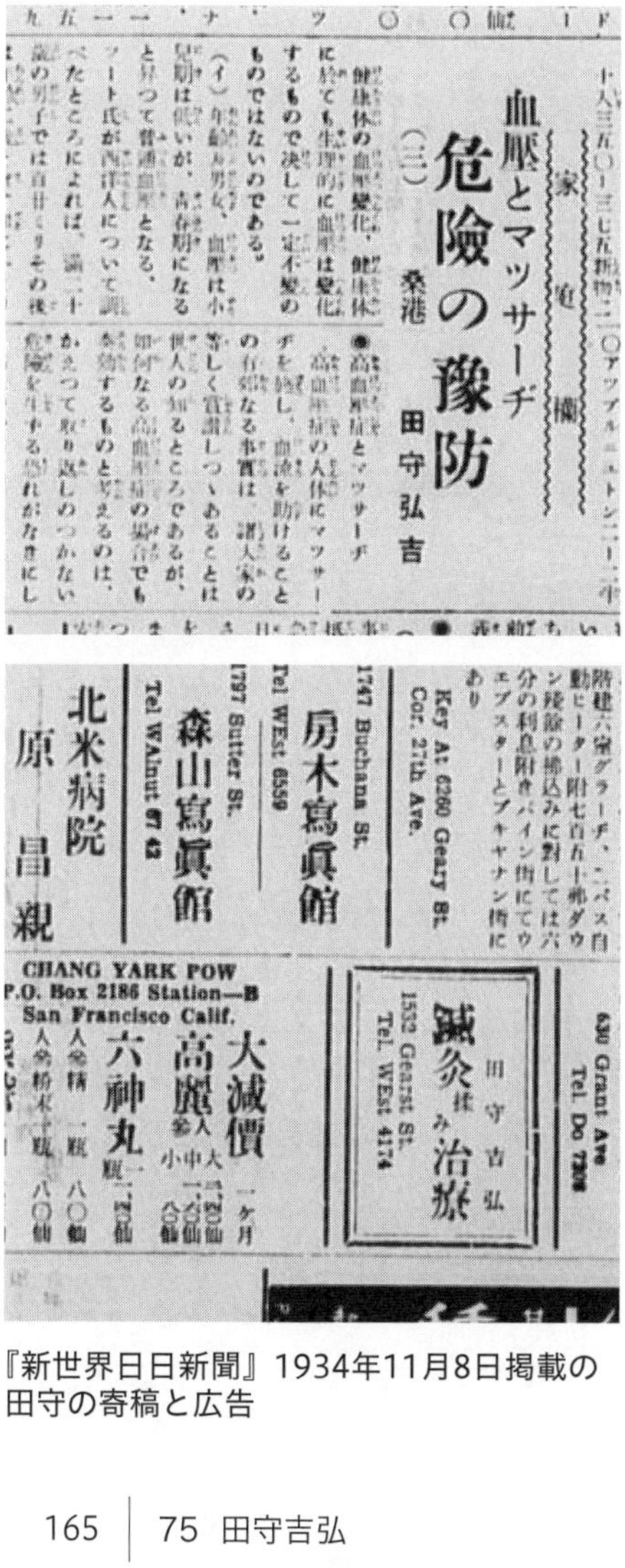
家庭欄
血壓とマッサージ
危險の豫防（三）
桑港　田守弘吉
北米病院　原昌親
森山寫眞館
房木寫眞館
CHANG YARK POW
P.O. Box 2186 Station—B
San Francisco Calif.
大減價
高麗參人
六神丸
鍼灸揉み治療
田守吉弘
1532 Geary St.
Tel. WEst 4174

『新世界日日新聞』1934年11月8日掲載の田守の寄稿と広告

76 ドゥードゥル

古河太四郎《たしろう》生誕170年を記念

インターネットの検索サイト・グーグルをお使いの方も、ドゥードゥル（Doodle）にはなじみが薄いかもしれません。ドゥードゥルは、グーグルのロゴマーク（Google）を、何らかの記念日などにちなんだデザインに変えたもの。英語で「いたずら書き」などを意味しますが、デザインがおしゃれだと人気を呼んでいます。

（上）ドゥードゥル、（下）木刻文字と手勢の一覧表

そのドゥードゥルに2015年3月27日、京都盲唖院の創立者・古河太四郎が取り上げられました。この日が古河の生誕170年にあたるのを記念して、彼が盲教育に用いた凸字《とつじ》と、ろう者との意思疎通に生かした指文字の一種「手勢《しゅせい》」（てまねとも）を模したデザインのアニメーションが作られました（写真・上）。ろう者の間で評判を呼び、ツイッターやフェイスブックで手勢の解釈などについて活発な意見交換が行われました。

木刻凸字《もっこくとつじ》と「手勢」でロゴを表す

ところで、同院が創立された1878（明治11）年ごろは、日本語に対応した点字がありませんでした。東京盲唖学校で教えていた石川倉次《くらじ》が点字の日本語表記を完成させたのが90（同23）年。京都市立盲唖院で点字が導入されたのは、その翌年です。日本語の点字がまだなかった頃、生徒の背中や手のひらに文字を書いて覚えさせる方法が試みられましたが、それでは書いた文字を残すことができません。そこで古河は、文字の形を立体的に表現した教材を作りました。その一つが、「木刻凸字」です（写真・下）【源流42頁】。5センチ四方の木片の表と裏に文字を彫ったもので、一方の面は字が凸出し、もう一方の面は文字がくぼむように彫っています。1個の木片に1文字ずつ仮名や漢字を彫り、これを組み合わせて単語や短文を作ることができました。向きが分かりやすいよう、一つの辺の中央に小さな切り込み（ノッチ）があり、並べやすいよう専用の木枠も作られました。

ドゥードゥルの動画では、木枠にアルファベットの木片を六つ並べて「GOOGLE」のロゴを表しています。枠の周りには、漢字で「百」「七」「十」「年」と書かれた木片があり、古河の生誕170周年を記念したものであることを示しています。木片の切り込み（ノッチ）も忠実に描かれています。

手話のアニメーションは2種類あります。一つは古河が考案した手勢を使ったもの。画面下部に現れる4本の手が「くうくる」の4文字を、画面上部にある2本が濁点を表しています。もう1種類は、現代の指文字を使ったもの。こちらは4つの手で「グーグル」と表しています。このほか、見た目の特徴は、全体に茶色や緑をベースにした落ち着いたデザインです。現在はドゥードゥルアーカイブのページ（https://www.google.com/doodles/tashiro-furukawas-170th-birthday）で見ることができます。アーカイブページには、古河に関する英語の説明文があり、筆者が資料探しに協力したことも書かれています。ろう教育に携わったことがない身にとって、手勢での文字の表し方を資料で確認することは、とても難しいものでした。

古河の手勢の謎に迫る

頭を悩ませたのは、長音と濁点をどう表すかということでした。現代の指文字では、指の形や手の動きで「グーグル」と同じ文字の通りに表せます。一方、古河の考案した手勢には長音がないのです。このためドゥードゥルでは「グウグル」と表されています。

それ以上に難題だったのは、濁音の位置をどこにするかということでした。手勢の一覧表（写真・下）で濁点の指遣いは分かったのですが、どのタイミングで示すかについて解説がなかったためです。清音を先に示してから濁点を示すと、それを見た人はいったん清音として認識した文字を、改めて濁音だと認識し直さねばなりません。この問題に対し、日本語の点字は、濁点を先に書くといった妙手を採用しています。

さて手勢はどうだったのか。点字の表記法同様に濁点を先に書きたくなりますが、古河にその発想があったかどうか。裏付け資料がないのです。一マスずつ追って読む点字と違い、指の形や手の動きで意味を伝えるなら、片手で清音、もう一方の手で濁点を一緒に示しても良さそうです。しかし古河がその方法を採用したかしなかったか、断言できません。

今回のドゥードゥルは清音と濁点をそれぞれ一文字として描いており、現時点での絶妙な解決策だったと思います。これを機に古河の手勢やろう教育への関心が高まり、より一層研究が進むよう願っています。

なお、NHKのテレビ番組「ろうを生きる難聴を生きる」も2015年5月9日の放送で、古河を取り上げました。「教育に捧げた人生―古河太四郎生誕170年」と題し、障害児教育を志した経緯や彼の生涯を紹介しました。

77 パリセミナー

日本の盲教育史を海外に伝える

2013年、視覚障害者の歴史をテーマに開かれた国際セミナー〔＊1〕への参加と点字の考案者、ルイ・ブライユの生家への訪問のため、6月24日から7月2日まで、フランスに旅する機会を与えられました。

セミナーには、歴史研究者、学芸員などが集まり、視覚障害者に関する歴史資料の保存や活用方法を探ろうというのが狙いです。欧米を中心に14ケ国から80人が参加し、27日からの三日間各国の視覚障害者の歴史について発表〔＊2〕と意見交換を行いました（写真）。

パリにおけるセミナーで発言中の筆者（左から２人目）

〈日本で最も古い視覚障害者のための教育機関は1693年、はり治療の名人として知られた全盲の杉山和一《わいち》が、後進指導のために開いた「鍼治《しんち》講習所」（本所一ツ目）です。口述と実技指導が中心であったようですが、はり・あんま各3年の教育課程を作り、「杉山三部書」と呼ばれる教科書も作りました。講習所が開かれたことにより、職業自立を果たす視覚障害者を増やすことにつながりました。世界最初の盲学校といわれるパリ訓盲院が、ヴァランタン・アウイによって設立されたのは1784年だった〉と発言してみました。

イギリスBBCラジオの記者が「アウイのパリ訓盲院より100年近くも早く杉山の学校ができていたのか」と表情だけでなく、声に出して驚きを表現している姿に手ごたえを感じました。

〈近代日本の盲教育の特徴として、盲学校を福祉施策ではなく、文部省管轄の教育機関に位置づけて発展させてきたこと、またイギリス経由で伝わったルイ・ブライユの点字を応用し、日本点字を完成させた〉ことなども紹介しました。司会者からは「私達は西洋やアメリカの視点で歴史を捉えがちだが、今日は異なる視点から話を聞くことができて良かった」とのコメントを聞くこともできました。

世界の盲教育史の中に日本の史実を学問的に、どう位置づけるか。その布石としてはささやかなものでしたが、日本の盲教育が視覚障害当事者の主体的努力によって展開されてきたことを伝えることはできたと思います。

歴史学や博物学の研究者にはもっと盲人史に関心を持ってほしいものです。資料を通して、それが実際に使われた「現場」を思い描くことを大切にしてほしいと思います。また、収集家はいるものの、集めたものを保存する公的機関がないなど、各国に共通する悩みの解決には、もっと多くの研究者や視覚障害当事者の連携が必要です。日本では２０１２年10月、日本盲教育史研究会が発足しました。全国的な研究団体として、この会の果たすべき役割の大きさを改めて感じました。

フランス盲教育ゆかりの地を訪ね歩く

セーヌ河畔の盲教育ゆかりの地を歩くのも楽しみでした。滞在中に万歩計のカウントは12万を超えました。

フランスの偉人が祭られている霊廟パンテオンには、ルイ・ブライユの遺骨を納めた棺が安置されています。ブライユの胸像に触ることができました（写真）。無機物とは思えない、人肌に近いぬくもりを感じました。

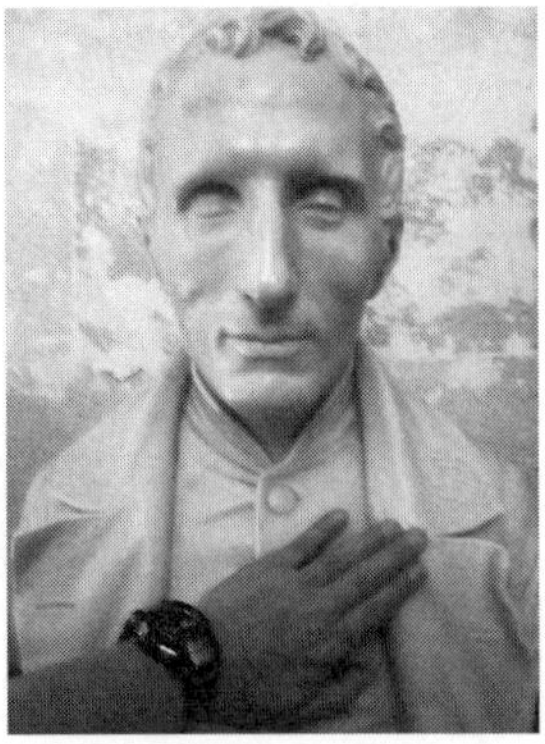

（左）ルイ・ブライユの墓碑にて、（右）パンテオンにて

パリ盲学校の隣にあるヴァランタン・アウイ博物館（Musée Valentin Haüy）も訪れました。凸字《とつじ》や点字に関する史料が充実しており、12点式の点字器で点字を打つ体験は貴重でした。シャルル・バルビエについても学べる展示です。

セミナー終了の翌日は、パリから東に約40キロ離れたクーブレ村を訪ねました。ここにはブライユの生家があります。ブライユは3歳の時、ナイフで誤って目を傷付け、その怪我が元で5歳の時に両目を失明しました。失明のきっかけとなった事故で使われたナイフを見せていただき、村にあるブライユの墓参りもしました。この地には１９５４（昭和29）年、京都ライトハウスの創立者・鳥居篤治郎《とくじろう》が訪れています。鳥居は著書『すてびやく』でそのことを回想しています。ブライユと鳥居。尊敬する二人にゆかりある地に立った感慨はひとしおでした。

アウイ博物館では、現在も同館の史料管理や調査などに携わっているMireille Duhenさんと知り合いました。以来、自動翻訳頼みのメール交換を続けてきました。様々な点字器などのほか、明治時代の日本製盲人用計算器や京都市立盲唖院時代の点字一覧表が保有されていると、写真つきで教えていただきました。２０１９年には、戦後まもなくの頃、高田《たかだ》盲学校の児童がアメリカ人女性に宛てた手紙がMireilleさんから届き、上越の高田盲学校検証コーナーに取り次ぐこともできました。２０２０年10月には、中村京太郎（51章参照）が１９５０年にパリで開かれたユネスコ世界点字統一会議に出席したときの置き土産と思われる「雛人形を描いた点図」も見つかっています。

私からは拙著などを届けてきました。片隅の国際交流です。

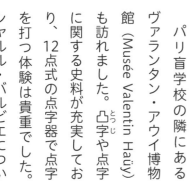

8 盲史の手ざわり

78 雨宮《あめみや》史料は語る

雨宮中平《ちゅうへい》は、楽善会《らくぜんかい》訓盲唖院の事務職員でした。明治10年代後半、同会が経営難のため訓盲唖院の運営を国へと移管する頃、山尾庸三《ようぞう》会長のもとで実務を担いました。

雨宮が所蔵していた二十数点の史料には、盲教育史研究上、希少な情報が含まれます。思いがけず入手できたので、その写しを訓盲唖院を後継する筑波大学附属視覚特別支援学校に贈りました（35章参照）。

「雨宮史料」から、1885（明治18）年の訓盲唖院の保有財産が記されたものなどを紹介しましょう。

『東京盲学校六十年史』とは異なる表記も

まず、注目したいのは文部大臣大木喬任《たかとう》宛ての「直轄願」です（写真）。全文は、『東京盲学校六十年史』や中野善達、加藤康昭の『わが国特殊教育の成立』に掲載されています。後者は漢字表記を変えた以外は、前者のものをそのまま引用しています。

なぜ、そう断っておくか。実は、これらに見られる「直轄願」には、文意が分かりにくい箇所があるからです。楽善会の建物や資本金などを文部省に委譲する旨を表明したくだりに「別紙取調書之品ニ御引上ゲ」とあるのですが、文脈上、助詞の「ニ」がしっくりしません。一方、雨宮史料では、次のように書かれています。「別紙取調書之品ゝ御引上ケ」。これなら、「別紙の品々を文部省に引き取り」という意味になり、この後に続く「御省直轄ノ盲唖教場ニ御定メ」へと、文章がスッキリとつながります。『六十年史』では、踊り字（ゝ）と助詞の「ニ」を、形が似ているために取り違えたのかもしれません。

「私設訓盲唖院御直轄願」（雨宮史料、岸博実所蔵）

なお、雨宮史料によると、その書類には、標題として「私設訓盲唖院御直轄願」（写真）と書かれています。「私設訓盲唖院御」の7字は、『六十年史』にはなく、後者の表題は「直轄願」の3字のみです。これ以外にも、雨宮史料と『六十年史』では、文字表記の異なる箇所があります。どんな経緯でそうなったのか、さらなる史料の発掘によって、より詳らかになる日が待たれます。

楽善会の財政状況を物語る史料

ともあれ、その願書が提出されたのは、85（同18）年10月。雨宮史料がとても貴重な史料であるのは、その直前の同会の保有財産が記されているからです。「明治十八年九月三十日現在調」と題する書類から、一部を抄出してみます。それぞれの項目の内訳は省きます。

一　金千四百拾五円三拾五銭五厘（但書略）

（中略）

一　壱割利付金禄公債証書　拾七枚　此額面金千四百弐拾円

（内訳略）

一　日本鉄道株券　八枚　此券面金壱万千六百五拾円（内訳略）

（中略）

一　訓盲啞院并附属建物　一式　担廉面図面之通リ

一　院中備品一式　但追テ明細帳調整て差出分

一　教授用器具一式　但同断

一　消耗品一式　但同断

当時、同会がどれほどの現金を保有していたか分かり、学校経営のために公債や株の運用も行っていたことが読み取れます。これらの数字は『六十年史』には見当たりません。断言はできませんが、これが「直轄願」の文中に出てくる「別紙取調書」の素材であったと推し量れます。もっとも「一式」というのはあまりに漠然としており、細目が付け加えられたかもしれません。

また雨宮史料には同会初期の年報類が含まれています。84（同17）年の金利所得、受け入れた慈恵金の額などが記されています。さらに85（同18）年の学資納入状況や教職員の出勤日数一覧、年末に文部省から届いた「新年の虚礼」を省く旨の通知文などもあります。86（同19）年1月22日付の日記に「木材請求凸字《とつじ》木刻製造致ベシ」とあり、点字導入以前の教材調達の様子も垣間見えます。

雨宮の名は『六十年史』にも登場しますし、所蔵印も押されていて、この史料価値は信頼できます。雨宮文書は、網羅的・体系的とは言えないものの、国の直轄運営へと移管する前後の動きについて、これまで不明だった部分を肉付けするものと言えるでしょう。

筆者は、雨宮の子孫にあたる方と連絡を取り、2014年9月に、雨宮家の菩提寺である東京・浅草の長遠寺を訪ねました。お孫さんと共にお墓参りをさせていただきました（写真）。

雨宮中平とは、どんな人だったのか。どういったつながりで楽善会に採用されたのか。また、同校の官立後、どんな働きをしたか。祖先には江戸末期に韮山《にらやま》で活躍した兵学家・江川太郎左衛門との縁もあるそうで（＊1）、知るほどに興味深い人物です。

雨宮家の墓碑

79 東北地域に盲教育史を探して

2015年9月19日から21日まで、東北大学（仙台市青葉区）で日本特殊教育学会の第53回大会が開かれました。さまざまな研究発表が行われる中、大会2日目には教育や福祉に関する歴史資料の保存などをテーマにしたシンポジウムがあり、発表者の一人として参加しました。また、大会参加に当たり、仙台、郡山、いわきを旅し、視覚障害教育ゆかりの地を訪ねました。

「目録情報」の整備を

視覚障害教育の歴史に関する書籍として、2014年、日本盲教育史研究会が桜雲会《おううんかい》から『盲学校史・誌類目録――年史編――』（以下『盲史目録』）を発行しました（＊1）。「明治以降の盲学校史を調べたいが、全国の学校史の目録がない」との声に応えようという試みです。

筆者はよく、神戸市立盲学校編『盲教育関係研究業績一覧』（1954年）（＊2）や日本点字図書館資料室編『視覚障害関係図書・資料目録』（81年）（＊3）を参考にします。しかし、盲学校の歴史に関する情報はそれほど多くありません。『世界盲人百科事典』（72年（＊4））の編さんに先だってまとめられた『世界盲人百科事典稿本1』（63年、非売品）や『世界盲人百科事典稿本2　国内図書編追補（1）』（64年、同）は、収集の幅が広く、盲学校の歴史本も含んでいます。それでも、発行後、今日までに刊行された学校史に関する情報は盛られていません。今回の目録はささやかな一歩に過ぎないとはいえ、これまでの状況に一石を投じるものだというのは手前みそに過ぎるでしょうか。どうぞご活用ください。

財源や人的な裏付けを

シンポジウムでは、学校や福祉施設における資料の保存と活用法に話題が集まりました。現在、「資料室を置き、所蔵品の目録を作っている盲学校・視覚支援学校の数」を把握する調査が進められています。

学校も福祉施設も、歴史資料の管理や目録作成まで手が回らないというのが現状です。しかし、そんな状況が続けば、多くの盲学校などが積み上げてきた100年にもなんなんとする歴史に関する資料が散逸してしまいます。日本の文化の奥行きが問われる話でもあるでしょう。財源や人的な裏付けをしっかりと行い、各機関が有する「宝」が大切に保存され、活用される日を心待ちにするばかりです。それに向けた一歩として、この度、学会開催を期して新たな図書が発行されました。『学校・施設アーカイブズ入門』。この中で、私は京都府立盲学校資料室の歩みについて書かせていただきました（＊5）。

秋の東北で豊かな出会い

大会参加に合わせて、東北を旅しました。現存する盲学校のルーツや古い盲唖学校の残り香を求めて、仙台市内、福島の郡山といわきを訪れました。慌ただしいフィールドワークでしたが、予想を上回る豊かな出会いがありました。

まずは、JR仙台駅から歩いて10分ほどにある日本基督教団仙台東六番丁教会（写真）。宮城県立視覚支援学校の前身で、全盲の鍼灸《しんきゅう》師、折居松太郎が創立した私立の東北盲人学校ゆかりの教会です。空襲の折に教会の歴史に関する資料は失われてしまいましたが、外国人宣教師の手元にあった記録がアメリカの大学に保管されており、克明な教会史を編むことができたということでした。教会の歴史が詰まった分厚い『百年史』（＊6）に折居の写真や東北盲人学校設立の申請書などが掲載されているのを拝見しました。

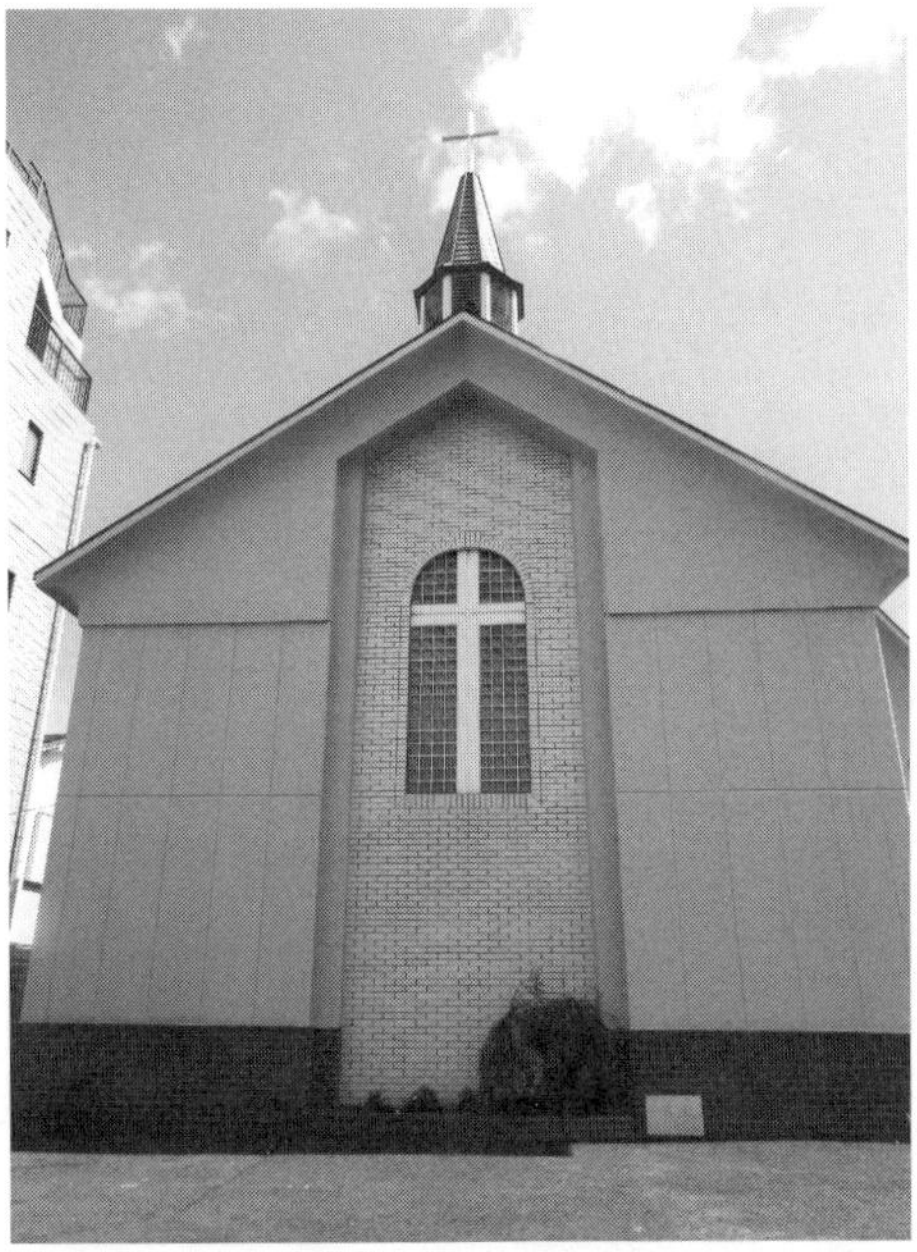
仙台東六番丁教会（岸博実撮影）

福島では、かつて存在した盲学校の跡地を訪ねました。昔は福島、郡山、会津、喜多方、平にそれぞれ盲学校が存在しました。今回は、戦後の一時期、県立福島盲学校郡山分校の寄宿舎があった郡山市堂前町14番地に立ってみました。さらに、磐越道経由で、いわきに向かい、かつて磐城訓盲院があった場所を確かめることができました。２０１１年の震災では、すぐ近くまで津波が押し寄せたのだそうです。

空には、山村暮鳥《ぼちょう》の詩（＊7）さながらに、白い雲が悠々と浮かぶ秋の東北でした。社会や自然の荒波に耐えて歴史と資料を守る方策に思いをはせる旅になりました。

目録については、「もっと、こんなのがあったらいいな」という意見もあります。過去に点字や拡大文字で発行された出版物の総覧や、視覚障害者の歴史に関する文献、視覚障害教育について書かれた論文・著作の総目録などです。情報化時代が訪れたとされるものの、誰もが読めて、使いやすい「目録情報」の整備と史料のアーカイヴズ化をもっと進めなければなりません。２０２０年8月には金沢文圃閣から、戦前に活動した「中央盲人福祉協会」の会誌等を集めた復刻が刊行され始めました。

80 移転と資料

移転を巡って府と対立、大問題に

１９３５（昭和10）年の京都府議会は「盲学校の新築」予算案を決定しました。老朽化していた校舎が、前年に関西を襲った室戸《むろと》台風で致命的な損壊を被ったための緊急措置でした。ただし、移転計画は、京都府庁前にあった校舎を、当時農村地帯だった松ヶ崎に移すというもので、同校関係者の反発を招きました。移転計画を巡って府と対立し、大問題に発展します。

２年後、実際に移転したのは松ヶ崎ではなく、現在、京都府立盲学校高等部がある千本北大路の西南でした（18章参照）。『京都府盲聾教育百年史』は、この２年間に「大揺れ」があったと伝えています。同校の資料室には、当時の新聞報道を克明に追った切り抜き帳が残されています。『点字毎日』にも記事があります。

移転の経緯は府議会の議事録や職員会議録などで分かりますが（＊１）、同校の同窓会陳情委員の連名で出された「陳情書」を見ると、より詳しく当時の様子が分かります（＊２）。３５年４月16日付です。

「今回小生等の母校京都府立盲学校を洛北松ヶ崎方面に移転の儀決定相成り（中略）莫大なる費用を投ぜられ広大なる地域に立派なる校舎を御建設賜はる事を深謝奉り候」と、感謝の言葉から始められています。

しかし、当時の松ヶ崎は、盲生たちにとって不便な土地でした。市電の停留場から離れており、「正眼者には決して遠隔の地とは申されず候へども吾々盲人より見る時は其の労苦は到底正眼者の比」ではなかったそうです。また道幅が狭く、すぐ横に川が流れているし、「バスの通行、牛車《ぎゅうしゃ》の往来頻繁を極め盲人の通学に頗《すこぶ》る危険」と指摘しました。

さらに、夜遅くまで都心部であん摩のアルバイトをしている苦学生にとっては往復の負担が増えること、府庁前と比べて学校周辺に人口が少なく、臨床患者が十分に集まらないので、生徒の鍼灸《しんきゅう》、あん摩などの実力を養いにくいことなども問題だとしました。

その上で、松ヶ崎に移転すれば「素養低き鍼灸按摩マッサージ術師の濫《らん》造」につながり、「既に飽和状態にある処《ところ》の当業界を攪乱《かくらん》し剰《あまつさ》へ療術類似行為業者の跋扈《ばっこ》」をもたらすと主張。「卒業生（盲人）の困窮を招き救済事業等の必要をさえ生ずる迄に到らしめ却つて莫大の費用を要するに至る」として、府や府会議員に計画の再考を求めました。

通学の利便に関する主張が容れられる

しかし、府議会もいったん採決した事案をそうたやすく変えるはずがなく、同窓会との緊張は次第に強まっていきました。戦雲たれこめ、「お上の決定にたてつきにくい」時代だったにもかかわらずです。

同年6月21日付の『京華日報』には、「突如刑事課動く　同窓生二名を取調べ」という見出しの記事があり、対立の激化を報じています。この点について京都府警に問い合わせましたが、この時の取り調べの結果がどうなったかなどの資料を確認することはできませんでした。

結局、同校の移転を巡る問題は、1年半ほどの推移を経て、愛国婦人会や文部省も巻き込み、事態の収拾が図られました。「円満解決」策として松ケ崎移転は断念され、大阪在住の方が所有していた現在地を得て、新校舎建設の槌音《つちおと》が響き始めました。千本北大路は、新たに市電の停留所が敷設される予定の土地でした。つまり、通学の利便に関する同窓会の主張が容れられた決着であったことを意味します。

統廃合や移転を乗り越えて、資料の収集、継承を

ところで、京都府立盲学校には、府庁前に校舎があった時から、教材や盲教育史料を収めた「参考室」がありました（写真）。移転に際しても、その「参考室」が維持され、史料の収集を続けられます。それは、戦後の「資料室」に引き継がれており、貴重な資料の数々を今日に伝えてきたことの意義は計り知れません。

一般に、学校の統廃合や校舎の移転などは学校史の資料の破棄や散逸につながりがちです。それを防ぐ知恵の働きをつい最近も実感しました。２０１５年6月29日、日本盲教育史研究会の第3回ミニ研修会が北海道で開かれました。会場は、札幌視覚支援学校。道内の2校を移転・統合し、4月に開校したばかりでした。併せて校舎見学もさせていただき、参加者は「資料室」というプレートを掲げた1室がしっかりと確保されているのを現認しました。資料の収集、継承活動が行われていることを心強く思ったのは私だけではなかったことでしょう。

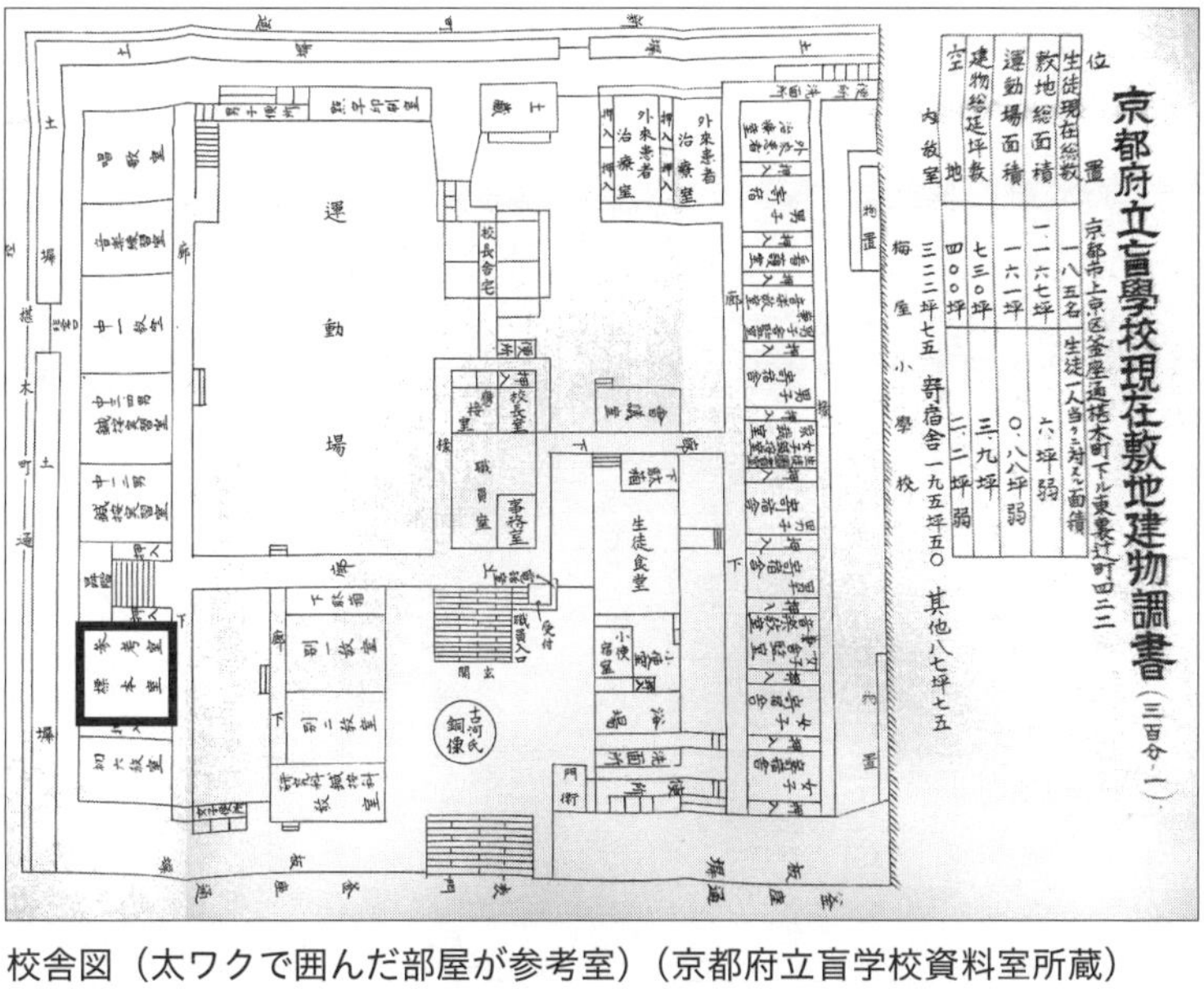

校舎図（太ワクで囲んだ部屋が参考室）（京都府立盲学校資料室所蔵）

81 映画フィルム

1937年頃の様子を伝える貴重な記録映画

京都府立盲学校には、1本の16ミリフィルムが残っています（＊1）。白黒・無声、10分19秒間の1巻です。京都市北区の現在地に移転する前の、上京区（府庁前）にあった校舎を撮影したものと思われます。

府庁前に校舎が建てられたのは1879（明治12）年でした。1934（昭和9）年の室戸《むろと》台風で重大な損壊を受け、37（同12）年に現在地へ建て替えられました。移転をめぐる騒動については、前章に書きました。

戦前・戦中の盲学校の様子を撮影した動画は大変珍しいものです。日本の盲学校教育に関する最古の記録映画に当たるかもしれません（同じ頃、高知盲唖学校でも映画が作られたようですが現存はしないもよう（＊2））。映像にナレーションをつけてみましょう。

朝礼の様子

映像は「日本最初盲啞院」と墨書きされた扁額《へんがく》【源流15頁】を映して始まります。第2代府知事、槇村正直《まきむらまさなお》が筆を執ったものです。その次に映されるのは、創立者古河太四郎《たしろう》の銅像で、これは戦時中の金属供出で無くなりました。（現在は石像が置かれています。）続いて、銅像越しに釜座《かまんざ》通りが映ります。高みから見下ろすような撮り方もしています。通りを行く歩行者や自転車に乗った人が見えます。ほうきで道を掃いているのは、盲学校の職員でしょうか。

この後、カメラは子どもたちの様子をしばらく追いかけます。まわし姿で相撲を取る男子生徒たち。四股《しこ》を踏み、上半身を手のひらで叩いて体を鍛えています。どの生徒も骨格がしっかりしており、投げが見事に決まる取り組みもあります。場面は、子どもたちが校庭を行進するところへ変わります。電柱ほどの太さがありそうな棒を斜めに何本もあてがわれた校舎が映っています。台風で傷んだ箇所を補強しているのでしょうか。行進を止めて整列。朝礼のようです。廊下に並ぶ教師。訓示を聞く子どもたちの姿も映っています。女子生徒はセーラー服を着ています。中等部には制服があったのでしょうか。次の場面では、一斉に体操を始めました。ラジオ体操に似た動きをしています。当時、同校が創作した「自校体操」かもしれません。教師の列には、鳥居篤治郎《とくじろう》もいます。

授業の様子

この後、8時14分あたりを指す時計が映し出され、場面が変わっていきます。初等部の子どもたちがそろばんを練習しています。男女が同じ教室で授業を受けています。五つ珠のそろばんです。両手を巧みに動かしています。続いて、点字タイプライターを使っている様子。使われているのは、同窓会が国産第1号として製造・販売した「アイデアルタイプライター」のよう【源流viii頁】（＊3）。点字印刷の様子も撮影されています。亜鉛板にパンチと金づちで凹凸を付ける製版作業や、原版に点字用紙を挟む様子も映っています。あん摩・マッサージの実技に取り組むシーンも映っています。

16ミリフィルムの中の遊戯シーン（京都府立盲学校資料室所蔵）

次に場面は屋外に変わります。初等部の男女が体操をしたり、遊んでいます（写真）。体操はまだ覚えきれていないのか、身体の動かし方にぎこちなさがあります。遊んでいる場面では、前の人の腰を両手で持ち、1列に並んでいます。男子はひざ丈のズボンに半袖シャツ、女子はエプロン姿も見えます。

教師・子どものさまざまな活動を活写

子どもたちが点字の触読と朗読をしています。スピーディーでハキハキとよく揃っている感じです。ピアノのような鍵盤楽器の伴奏で合唱する様子も映ります。

この後も、カメラは校内の様子を映していきます。大型の点字タイプライターが見えます。外国製のようです。点字を読み、地図を触察する子どもたち。教師は手をそえて、手の動かし方を教えています。続いて、小魚か何かの生物観察や粘土造形の授業の様子が映ります。粘土造形では、犬を作っている子も。弱視生徒も混じっているようです。

セーラー服姿で琴をつま弾く女子生徒の手指や、マッサージの様子を映した後、フィルムはいよいよ終盤に入ります。小松宮彰仁親王の書「聴於無声視於無形」や（＊4）、創立関係者・歴代院長らの額装写真を映していきます。写真の人物は古河や槇村のほか、半井《なからい》真澄《ますみ》・熊谷《くまがい》伝兵衛《でんべえ》・鳥居嘉三郎《かさぶろう》・室田《むろた》有《たもつ》・岸《きし》高丈夫《たかたけお》。どれも現存します。職員室の教師たちを映した後、フィルムは釜座通から見た校舎と石垣の場面で終わります。

フィルムはすでにデジタル化を済ませてあります。それに音声や字幕を加えることを検討したいものです。

ちなみに『大阪市立聾学校七十年史』に、1924（大正13）年10月31日「大阪毎日新聞が運動会の模様を映画に撮影」とあります（＊5）。

82 先人たちの伝記集

盲教育史について調べる上で、秀でた視覚障害者を掲載した人名事典がたいへん役に立ちます。

代表的なものとして、名古屋ライトハウス愛盲報恩会編『視覚障害人名事典』（＊1）や日本ライトハウス発行の『世界盲人百科事典』（＊2）があります。晴眼者も含めて、前者には約700人、後者には約200人が掲載されています。

障害者や福祉関係者を広く取り上げた伝記や叢書の類を利用なさる方も多いことでしょう。そういった有名無名の盲人に関する情報を集めた本（写真）を紹介しましょう。盲教育史に分け入ろうとする際の手掛かりになるでしょう。

明治～大正の出版物

まず、知っておいていただきたいのが広沢安任《やすとう》が1889（明治22）年に出した『近世盲者鑑《かがみ》』（＊3）。わずか16ページながら、江戸時代の国学者 塙《はなわ》保己一《ほきいち》や杉山和一《わいち》検校《けんぎょう》らに加えて、同志社の創立者・新島襄《にいじまじょう》を助けた明治期の盲人、山本覚馬《かくま》ら7人を取り上げています。

この種のものとして量と質ともに本格的な出版物として最古のものと見られるのは、1890（同23）年に石川二三造が書いた『本朝瞽人伝《こじん》』です（＊4）。初版に掲載されたのは42人でしたが、2年後に発行された増補版では142人にまで増えています。さらに石川が編さんに携わって文部省から1919（大正8）年に発行された『本朝盲人伝』には、283人の盲人が載っています（＊5）。

石川は、文荘《ぶんそう》とも号した盲人で、東京盲学校の教員でした。87（昭和62）年に再刊された『本朝盲人伝』で解説を書いた津曲《つまがり》裕次は、石川の仕事を「詩文、漢籍の知識」を生かして盲人の事跡を集めた「快挙」とたたえる一方で、同書には「出典が明示されていない」ため、注意が必要だと指摘しています。

この石川とも交際があり、彼から贈られた資料や草稿を生かして、国内外の高名な盲人たちを網羅し直したのが柴四郎でした。柴は、政治の世界に身を置きつつ、東海散士《とうかいさんし》というペンネームで小説を書いた人です。自らが眼病を患ったのをきっかけに古今東西の盲人の伝記をまとめて『世界盲人列伝』を書きました（＊6）。大正期に書き終えていたものの、出版がかなったのは死後10年たった32（昭和7）年でした。295人もの伝記が記されています。

昭和の出版物

盲人に関する伝記集は他にもあります。43（同18）年発行の『盲唖人物伝』（＊7）は、強度の近視だったという村上久吉が「内外、古今の盲啞の方々の努力のあと、事蹟の数々」を集めたもので、300人を超えたと序文にしたためています。実際に掲載されたのは、そのうちの約50人。「資料は一々お断りはせぬ」とされているので残念ですが、本文278ページ、1人当たり平均5ページ以上を当てていて読み応えがあります。

昭和の前半に秋田、千葉、神奈川で盲教育に携わった宮沢栄晴は、盲人用の円周走を考案したり、計算用の点字器を開発したりした人です。彼は『明治以後の盲人傑出者伝』という本を残しました（＊8）。明治以降の時代を代表する盲人182人に関する伝記を240ページ弱を使って紹介しています。1人当たりは1・3ページほど。近代の盲教育、盲人福祉・文化のそれぞれの分野で活躍した人が網羅されています。同書には奥付が付いておらず、出版社の名前も記されていません。自費出版だったようです。

まだある貴重な道標

他にも先人たちをしのぶ労作として、川野楠己《かわのくすみ》の『人と業績 盲先覚者の偉業をたずねて』（＊9）や高橋實監修の『先達に学び業績を知る～視覚障害先覚者の足跡』（＊10）を覚えておくと良いでしょう。『道ひとすじ──昭和を生きた盲人たち』（＊11）や谷合侑《すすむ》監修の『盲人たちの自叙伝』シリーズ（＊12）も非常に参考になります。

分野を絞ったものもあります。邦楽については、中塩幸祐著『先師の足跡』（＊13）、理療分野に関するものでは、松井繁の『鍼灸医学を築いた視覚障害者の研究者たち』が特筆されます（＊14）。

既に絶版の本も多いので、手に入れるのは困難かもしれませんが、どれも貴重な道標になります。国会図書館も役立ちますし、大学や地方公共団体の図書館の蔵書も活用したいものです。

伝記類の表紙写真（岸博実所蔵）

83 足跡を子どもたちに

先人の姿を小学生が演じる

京都市北区京都府立盲学校から200メートルの場所に楽只《らくし》小学校がありました。その創始に携わった益井《ますい》茂平は京都盲唖院に幾度となく寄付をした眼科医です（18章参照）。楽只小の真向かいには鳥居篤治郎《とくじろう》が創立した京都ライトハウスがあります。そうした関係から、同校では2年に1度、益井茂平と鳥居篤治郎を取り上げた劇を子どもたちが演ずる催しを続けていました（2019年4月、楽只小学校は紫野小学校と統合されました）。

京都ライトハウスでも上演された、2016年の劇は鳥居の自伝などに基づいたものでした。『京都新聞』（1月19日付）によると「約30分。3、4年生約20人が出演」した本格的な作品だったようです。

各地の盲学校や視覚支援学校でも、先人をしのび、その先駆的な姿を後世に伝える取り組みが行われています。創立者などの銅像や石碑を建立したり、なんらかの記念日に創立者のお墓参りをしたりする学校が少なくありません。卒業生や教職員が、自校の歴史を巡る講話をするケースもあります。

創立者の人生や開学の経緯を、子どもたちにも読みやすい文章とボリュームでまとめた脚本や図書があれば、子どもたちにとって「偉人に学ぶ」だけでなく、「自分のキャリアをイメージする」手がかりになるでしょう。

京都盲唖院開学を劇に

1982（昭和57）年秋、京都府立聾学校高等部の学習発表会で「盲唖院開学」と題した劇が上演されました。台本が残っています（＊1）。

いかにもろう学校らしく、写真や地図をふんだんに盛り込んであり、「盲唖院がどうして生まれたか、みなさんにお目にかけたい」という説明で始まります。第2幕の舞台は、牢獄です。京都盲唖院の創立者、古河太四郎《たしろう》が「お百姓さんたちを助けて、政府の工事許可書を偽造した」という罪で囚われています。獄窓からいじめられている二人のろう児を見た古河が、盲唖教育を発起したという言い伝えがモチーフになっています。

続く第3幕では「待賢《たいけん》校いん（瘖）唖教場」における、ろう教育の試みを描いています。盲生の半井緑《なからいみどり》がその教室に生徒として加わるところまで、場面は展開します。そして盲院と唖院の開設にむけて知事に働きかける関係者の努力が描かれた第4幕を経て、第5幕の「盲唖院開業式」へと進んでいきます。

ハイライトシーンは、槇村正直《まきむらまさなお》京都府知事を迎えた場面でしょう。

半井「（国語読本巻一、朗読）古河先生はじめ皆様のお陰にて、私のような盲人でも怠りなく勉強しますれば読本を読むことも出来まする。本日は有難うございます。（手を合す）」
槇村知事　「（ハンカチで目をおさえる）」
古河　「山口善四郎、山川為次郎、前に出なさい。（板書する）
　動物の中で、なぜ人間はすぐれているか」
山口　「（手話で）人は万物の霊長であり、体付き、精神、感覚、
　全ての点で他の動物より優れているからです」

この劇には、71（同46）年から聴覚障害生徒を受け入れるようになっていた、京都府立山城高校手話サークルの生徒も特別出演しています。

先輩たちの生き様を子どもたちに伝える多様な試み

2008年には、岐阜県立盲学校の文化祭で「明治の光　森巻耳伝」が職員劇として発表されたそうです。13年には滋賀県立盲学校で、学校史と創立者・山本清一郎に関する調べ学習を行い、中高生が劇に仕上げたと同校ホームページで紹介されています。京都府立盲学校でも14年に、生徒たちがタイムスリップして古河太四郎に出会うというストーリーの劇が創られました。

筆者は、京都ライトハウスの創立者・鳥居篤治郎を次代に伝えたいという思いから、『ぼっちゃんの夢――とりい・とくじろう物語』を自費出版しました（写真）（＊2）。「新しき本を買い来てこの本がみな読めたらと匂いかぎおり」という歌にこめられた切ない望みを入り口に、児童向けの点字雑誌づくり、点字図書館の建設へと突き進んだ鳥居を甦らせたいと考えました。最初は、京都ライトハウス情報ステーション発行のデイジー雑誌『京まる』に連載していただきました（＊3）。少しずつ読者が増え、点字データ版や会津弁版を作ってくださる方まで現れました。各地の盲学校などに点字版を寄贈してくださる動きも広がろうとしています。

ちなみに京都ライトハウスは、2019年に絵本『京都ライトハウスの創立者　鳥居篤治郎の生涯』（筆者監修）を発行し、京都市内の小学校などに配布しました。

視覚障害児者の教育、福祉や文化の「みじめな」状況を変革してきた、先輩たちの生き様を子どもたちに伝える多様な試みが全国各地で繰り広げられることに期待しています。それに寄与しうる盲教育史研究でありたいものです。

『ぼっちゃんの夢―とりい・とくじろう物語』

84 私立大阪訓盲院から「大阪北」校へ

大阪訓盲院草創期の一次資料が多く残される

大阪には1879（明治12）年、大阪摸範盲唖学校が作られました（＊1）。しかし翌年、大阪府議会で予算が否決され、存立が難しくなりました。私学として存続が図られましたが、足取りは途絶えます（33章参照）。明治20年代に試みられた鍼按《しんあん》教育もそのまま発展するには至りませんでした。

この状況を大きく変えたのが、盲人・五代五兵衛です（＊2）。彼は1898（同31）年に来日したグラハム・ベルの講演を聞いて、大阪に訓盲院を作る決心をしました。講演内容はアメリカの盲・ろう教育について。この講演で、ベルは日本の京都で、盲唖教育の創始者・古河太四郎《たしろう》を讃えました。五代は財政面から訓盲院を支え、教育実践は古河に任せることにしました。1900（同33）年3月19日に私立大阪訓盲院が創業。これが今の大阪府立大阪北視覚支援学校（略して大阪北）です。

その資料室にたくさんの資料が保管されているとは知られていませんでした。筆者は2018年4月から、その整理に携わっています。主なものを紹介させていただきます。

まず一番に貴重なのが、私立大阪訓盲院の草創期に関する一次資料。五代や古河の名が記された公文書として、募金のための慈善組織の趣意書や大阪市への移管を願う文書などがあります。私立大阪訓盲院に関する資料は京都府立盲学校にも残っています。開校にむけて五代や古河が京都市立盲唖院に問い合わせや依頼をした文書などです。両校の資料を付き合わせれば、史実を一層多角的に掘り下げられそうです。

盲教育の歩みを物語る貴重な資料

日本点字誕生から10年後に創業した私立大阪訓盲院でしたが、古河が院長だったことから、日本語の点字がなかった頃に使われた、木刻凸字《もっこくとつじ》や凸字本も残されています。東京や京都、高田（新潟）などの盲学校にしかないとされてきた「カタカナ凸字の聖書解説本」がここでも見つかりました。

教具では、フランスの盲人・マルチンが考案した金属製の計算器が残されていました（写真）。社名の「Garin（ガラン）」が刻印されていて、すこぶる貴重なものです。京都府立盲学校には、こ

ガラン社製マルチン式計算機
（大阪府立大阪北視覚支援学校所蔵）

の計算機を模して作ったと見られる木製の計算機しかありません（＊3）【源流112頁】。

点字教育の歩みを物語る品では、左近允孝之進《さこんじょうこうのしん》らが発行した『点字独習書』などがあります（10章参照）。墨字《すみじ》本のそれとは別の点字版『盲人点字教科書』は、大阪北にしかないかもしれません。

帝国盲教育会や全日本盲学校教育研究会など、その時代ごとの盲教育研究誌も系統的にまとめられていました。外国の盲教育事情に通じた宮島茂次郎校長の外遊記録や、全国に名高い室井庄四郎校長ゆかりの資料もたくさんあります。

戦後のある年、卒業式後に撮影された記念写真は、毎日新聞の写真コーナーで特選に選ばれました。壇上の生徒たちが室井校長の禿頭《とくとう》に手を当てて爆笑している場面の写真です。戦時の重苦しい空気が取り払われた新しい学校を象徴する１枚です。

中江義照教諭の功績

資料収集に関しては、なんといっても中江義照教諭の存在が大きいと言えます。中江氏は戦中から長崎で盲教育に従事し、戦後、大阪に移って小学部で教えながら盲教育史の研究に取り組みました。今の資料室の所蔵品のうち、かなりの部分が中江氏の収集によるもの。「中江文庫」と名付けられた冊子だけでも少なくとも70冊あります。中江氏が編集に協力した『世界盲人百科事典』の基礎資料となった（＊4、＊5）膨大な古書やノート、下書きも書棚に保管されていて、何段分もあります。

中江氏は、温故学会にも属し、塙保己一《はなわほきいち》に関する論考もたくさん書いておられます。またヘレン・ケラーの来日を巡っては、関連図書や新聞記事を収集し、当時点字版しかなかった『点字毎日』の墨字訳にも取り組まれました。日本ライトハウス創立者・岩橋武夫が博士号を取得した研究の対象であるジョン・ミルトン関係の図書も１００冊近く集められています。

視覚障害者が描かれた小説も古典から現代の純文学や大衆小説まで、幅広く、戯曲や視覚障害者自身が書いた小説、コミック、詩歌、随筆、自伝など、紹介しきれないほど膨大です。これほど質と量を備えた資料を持つ盲学校はまれだと思います。これらの資料の整理を通じて、杉江泰一郎《たいいちろう》が開いた「洋楽科」が後に「音楽科洋楽部」になったことなども分かりました（29章参照）。

これらの資料を教育実践や研究に生かしていただくとともに大切に残してほしい。かけがえのない有形文化財だと思います。

２０２０年度も資料整理の業務に就いています。新型コロナウィルス禍に対応するテレワークを活かして「五代五兵衛」の伝記や『古川氏盲啞教育法』のＰＤＦ化やＷＯＲＤデータ化さらに点字訳を進めています。

85 視覚障害教育史を磨くために

高まる関心と注目

盲教育史の調査と研究が各地で進められています。日本の近・現代史への関心が高まる中で、戦後の社会とそこでの障害者教育の展開をどう評価するかが問われているのでしょう。

特別支援教育制度への展開を機に、永い歴史を持つ盲学校の歩みが改めて注目されています。点字の考案者、ルイ・ブライユや日本点字の生みの親、石川倉次《くらじ》に思いをはせる機会も増えているのではないでしょうか。『点字大阪毎日』や『むつぼしのひかり』の翻刻によって、研究素材が豊富になりつつあるのは喜ばしいことです。日本盲教育史研究会の活動も、「視覚障害者とその教育の歴史」を詳しく知ろうとする動きのきっかけになったのかもしれません。

京都盲唖院の関係資料が国の重要文化財に指定され、歴史的価値に耳目が集まっています。収集・保存・活用をめぐる営みを振り返り、今後への期待を述べておきましょう。

京都盲唖院関係資料の収集・保存・活用の営みを振り返る

京都盲唖院を創立し、初代院長を務めた古河太四郎《たしろう》は、実践成果の普及に積極的でした。国内外の博覧会で、自らが開発した凸《とつ》字教具などを披露しました。盲生が鉛筆で書いた習字作品なども出品しています。世の中に盲教育の必要性を訴えると共に、後に続く世代に伝えたいと意識したのだと思われます。重要文化財指定で、教材教具193点、生徒の作品84点の多数が選ばれました（写真）。

第2代院長の鳥居嘉三郎《かさぶろう》を含め、後に続いた教職員たちも「日本で最初の盲唖院」として、その教育実践を書き残していきます。1903（明治36）年には創立25周年を期して『京都市立盲唖院一覧』と『盲唖教育論（附　瞽《こ》盲社会史）』が作られました（＊1）。創立50周年を記念して『日本盲唖教育史』が作られています。大正ごろの資料によると、校舎の一角に「参考室」があったようです（80章参照）。生徒用の触察教材や学校資料の保管場所でした。また退任後、静岡の英和女学院院長となり、英和辞典を執筆した室田有《むろたたもつ》（19章参照）や、岸高《きしたか》式とも呼ばれる「こはぜ算盤《そろばん》」を発明して理科・数学の盲学校用教科書を出版した岸高丈夫校長時代の学校経営を記した資料も現存します。

15年も続いた戦争の末期、京都府立盲学校の校長は小山荘太郎でした。言い伝えでは、小山が「京都府庁の地下倉庫に眠っていた盲唖院時代の公文書を荷車か何かに乗せて参考室に運び込んだ」（＊2）とのこと。膨大な「京都盲唖院関係資料」を今日活用できるのも、「博物館長をなさってもよいほどの学識をお持ちだった」と伝えられる小山の英断と労力によってなのです。

1945（昭和20）年3月に小山校長が亡くなったあと、京都府立盲学校は休校の時期を迎えました。戦後の困難な時期に校長となった島田俊平の日記などが、近年、ご遺族から京都府立盲学校に寄贈されました（99章参照）。

ほかにも貴重な資料はまだまだあります。1957（同32）年には『創立七十五周年記念誌』が作られました（＊3）。68（同43）年には『語り告ぎ言い継ぎ往かむ──わが学び舎九十年の歩み──』（＊4）が刊行されました。後者の編集には、京都ライトハウス創立者、鳥居篤治郎《とくじろう》が力をふるいました。

90（平成2）年には、京都府立盲学校の所蔵資料、735点が府の有形文化財になりました。その前段階で、教材室とは別に、独立して設けられ資料室の担当だったのが水野サダ子氏でした。軍手をはめた手で、資料についたほこりをきれいにぬぐいとっていかれました。そして78（昭和53）年には、府立聾学校の岡本稲丸氏らと共に『京都府盲聾教育百年史』の刊行に取り組みました。

また創立125周年には、資料室の担当者であった安田隆氏が同窓会で学校史の記念講演をされています。

新しい時代を展望する各地での取り組み

そして今。旧大阪市立盲学校の資料の整理、山梨の盲ろう重複障害教育の資料のデジタル化、足利市での旧盲学校校舎の保存運動などが進められています。それぞれの盲学校・視覚支援学校にとっての具体的な課題になっています。

そのための施設・設備、専門スタッフの確保、財政面の裏付け、関係機関のネットワークづくりなどが進むよう期待します。新しい時代を展望し、視覚障害教育史をいっそう磨き上げたいものです。

児玉渓堂「京都市立盲啞院校舎図」
（京都府立盲学校資料室所蔵）

86 凹字《おうじ》・凸字《とつじ》から点字へ

視覚に障害のある子どもに科学の面白さを知ってもらうための体験型の授業が注目されています。代表的なのが「科学へジャンプ」です。学校の枠を超えて盲学校をはじめ、地域の通常校からも視覚障害児を集めて、全国各地で開かれています。子どもたちは数人ずつのグループに分かれて理科の実験などを行い、同じ障害のある仲間と集団のなかで学びます。教員にとっても貴重な機会です。

国語科の筆者も講師の一人として授業を行ったことがあります。文系とされる国語ですが、説明文や観察文を読解することを通じて科学的認識を高めることも内容とします。講座のタイトルは「文字の宝箱《歴史》へジャンプ！」〔＊1〕などとしました。

レプリカの触察を通じて文字の歴史を体験

人類の編み出した文字が、凹字から始まったのはなぜか、それが平らなものに代わった理由は？　のちに、視覚障害者のための工夫として凸字《とつじ》から点字へと発展してきたいきさつをふまえて、点字の魅力に気づこうというのがコンセプトです。

会場が京都府立盲学校である場合、校内の資料室を借りました。盲唖院時代の凸字教材等、独特の教材があります。

例えば、古代中国の甲骨文字やエジプトのヒエログリフのレプリカ、さらに自作の楔形《くさびがた》文字を触らせます。どれも「凹んだ文字」です。「それはなぜ？」と問うと、子どもたちは、「硬い物に刻むには、削るほうがやりやすかったから」と言い当てました。

つぎに、粘土の表面に割り箸の端を斜めに押し付ける方法で楔形文字を書いてみようと提案すると、子どもたちはがぜん活発になりました。やはり、浮きたたせるよりも凹ますほうがたやすいと実感できます。

パピルス（紙）の発明により、文字による記録は一層盛んにおこなわれるようになりました。人類全体としては利便を得ましたが、視覚障害者は文字から遠ざけられてしまいます。

ここで「点字の導入以前にどんな教材が使われてきたか」というテーマに話を移します。アルファベット凸字の本、イギリスで使われてきたムーンタイプ凸字の見本などを紹介し、明治期に来日した宣教師があつらえた片仮名凸字の聖書解説本にも触ってもらいます。生徒は教師から口伝えで教わることはできても、ノートをとることはできませんし、復習も容易ではありません。自由に読書することもできません。なんとかして墨字《すみじ》を習得させようという試みをせざるをえませんでした。

京都も東京も諸外国の凸字技法を参考にしながら、独創を加えて、木片に刻んだ木刻《もっこく》文字、粘土で造形した瓦文字などを編み出しました。講座では、それらのレプリカを用意し、子どもたちに触ってみようと呼びかけます（写真）。また紙製の、片仮名の凸字で書かれたイソップ童話の本や漢字片仮名交じりで書かれた鍼灸の教科書『杉山三部作』の凸字版の触察にも、できるだけ丁寧に時間をかけます。

書き方の学習用具では、平らに固まった蝋《ろう》の表面に文字を刻む「蝋盤文字」や、鉄筆を強く押しつけて紙に線を刻む「自書自感器」も体験します。これらで練習した明治期の生徒の中には「漢字や仮名」を鉛筆で書けるようになった人もいて、その作品の立体コピーに触れると、子どもたちは、「ここまで書けるようになった人もいるのか！」と驚きます。

点字の魅力を伝える

しかし、墨字を巧みに書けた盲生が現れた一方、それはとても困難な学習方法だったので、授業についていけず、退学した人も少なくありませんでした。この事実も伝えます。そんな状況を根本から変えたのが、フランス発祥の点字を日本語に対応させた日本点字の誕生でした。私の講座では、フランスの軍人、シャルル・バルビエが考案し、ブライユの6点点字の原型になった12点点字も示し（写真）、触読して、現在の6点点字の長所や合理性を体感します。

このワークショップに似た、「文字の旅・点字の魅力」を考える出前授業を、これまでに徳島、滋賀などの盲学校で行わせていただきました。

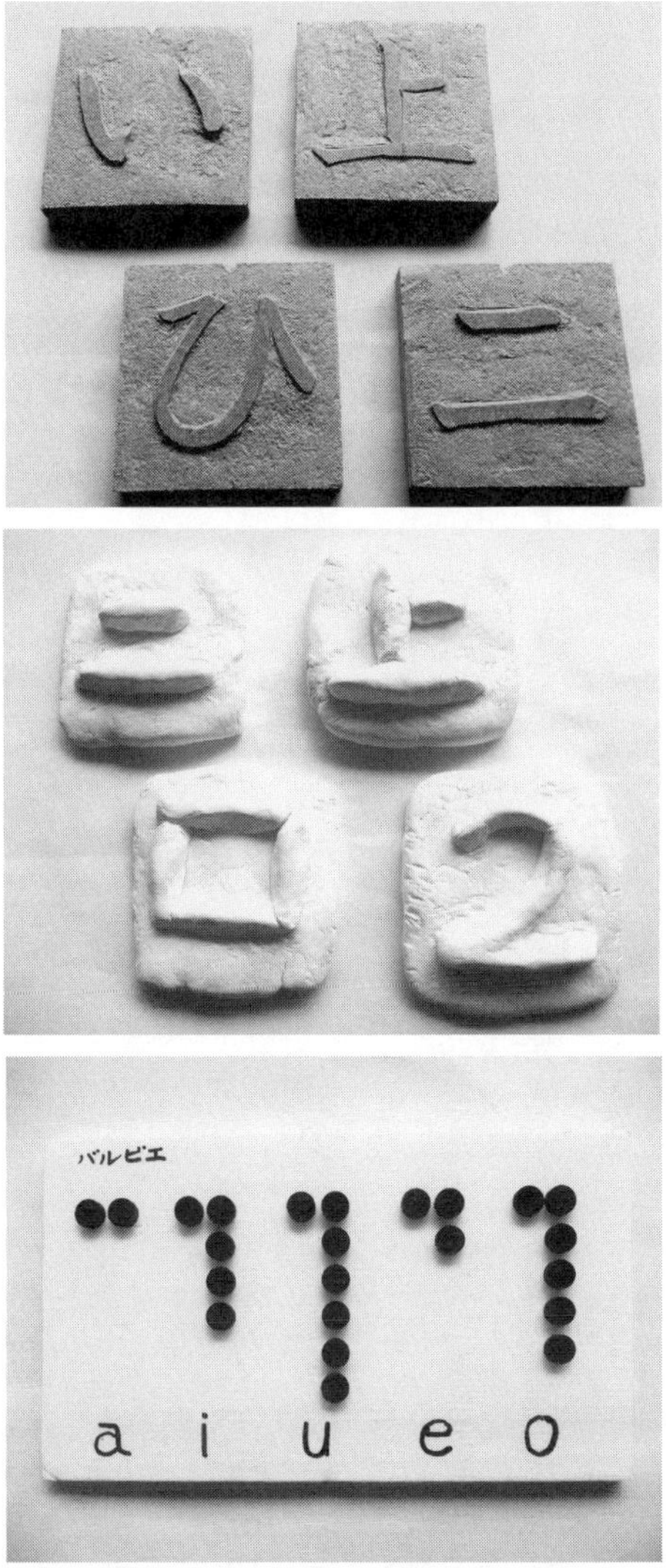

木刻文字・瓦文字・12点点字のレプリカ（岸博実所蔵）

点字は文字の世界の新人です。線をへこませた凹字から点字の導入まで数千年かかりました。点字は視覚障害者が自ら読み書きできる文字です。物事を記録したり、誰かに伝えることが以前より容易になり、読書や点字投票など視覚障害者の文化と社会参加――人としての尊厳――を支えています。これこそ、子どもたちに最も伝えたい眼目です。

87 丹羽善次《にわぜんじ》

『世界盲人百科事典』刊行の中心人物

文庫本よりも小さな、約30ページの歌集があります。作者は丹羽善次。彼が詠んだ1首に、私は引き込まれました。

　わが願い盲人百科事典成り　この一冊を抱きて逝きたし

日本ライトハウス刊『世界盲人百科事典』(＊1)（以下『事典』）にまつわる短歌だと、ピンときました。この『事典』は、視覚障害者の教育や福祉や文化などを巡る総合資料集です。

歌集には、こんな歌もありました。

　ひつぎにはめがねと事典共に入れ　わがなきがらの灰に交えよ

丹羽善次著作物表紙写真（岸博実所蔵）

すさまじいまでの愛着をこの『事典』に寄せた丹羽は、巻末の「編集を終えて」を書きました。そこには、『事典』が計画以上の大作になり、完成までに30年かかったことや、「編集担当者は、全力を尽くしたつもりであるが、何分未経験から出発したため、不十分な点があることと思われる」と綴られています。

丹羽は、日本ライトハウス資料室の室長でした。また数々の著書を残しています。新書サイズの歌集『足音』『夕茜』『一滴』『哀歓』の他に、『私の経歴』(＊2)や『ぐろりあ物語』(＊3)。歌集と『私の経歴』は、退職した１９７２（昭和47）年から、没した９３（平成5）年の間に刊行されました。

短歌は還暦後に始めたそうです。第一歌集『足音』には約１０００首を収めました。第四歌集『哀歓』にある「絶唱と呼ばるる歌をただ一首　遺したきもの哀歓の果て」が切実です。

さまざまな事物を題材にした丹羽でしたが、つむがれる言葉には視覚障害者に対する温かなまなざしや、社会を鋭く見つめる姿勢が貫かれています。『哀歓』から、もう2首。

　視界狭く耳も遠くて不自由なり　されど不幸ならずと爺は笑いぬ

　空襲に焼けて跡なきあの橋も　高架となりて車きしめり

丹羽の著書には『ひとりしずか』という文集もあります(＊4)。これは、亡き妻・丹羽吉子への挽歌が掲載されています。吉子は、日本ライトハウス創立者・岩橋武夫の妹。丹羽と岩橋は義兄弟だったのです。丹羽夫妻と岩橋には、エスペラントを学んだという共通点もありました。文集『ひとりしずか』には、次の1首があります。

細き指わが頬に触れなでるごと　そのいじらしさに涙ぬぐえず

病床の吉子と過ごした切ないひとときが静かに歌われています。

セツルメントに参加、印刷業から日本ライトハウスへ

丹羽善次とはどんな人物だったのか。著書『ぐろりあ物語』を参考に、戦前からの足跡を追ってみました。１９０４（明治37）年生まれで、２３（大正12）年、賀川《かがわ》豊彦に魅かれ、セツルメントに加わりました。３０（昭和５）年に大阪労働学校のエスペラント講習会に参加。吉子も参加しました。その翌年から、丹羽は出版会社に勤務し、その後、印刷関係の労働運動に奔走します。３５（同10）年、謄写《とうしゃ》印刷業ぐろりあ工房を開業。翌年、非合法運動に参加して、特高警察によって船場警察署に連行され、同年中に執行猶予付きの判決を受けました。３８（同13）年、日本初のモンゴル語辞典『和蒙辞典』を発行。４４（同19）年、眼病のため印刷業組合の専務理事を辞任しました。５９（同34）年、白内障手術を受け、同年、印刷業界から引退します。そして、この年に日本ライトハウスへと招かれます。最初の担当は、盲学校弱視用教科書の出版だったと自伝に記されています。

『事典』の刊行事業に参画したのは、６３（同38）年４月からでした。それから10年近い歳月をかけて完成した『事典』は、約２１０万字、項目数２２２２という大作になりました。写真は３０２点、図版80点、表２４４点あり、付録の総合盲人年表には１８３１項目、索引に２９０８項目が盛り込まれました。

編さんに当たっては、岩橋武夫の発案があり、アレキサンダー・メル編の『盲人百科事典提要』（１９００年）を得て、背中を押されたようです。３５（同10）年に、藤本敏文らによる『聾啞年鑑』（＊５）が刊行されたのも、岩橋らの意識に影響したのではないかと、筆者は推定しています。

『事典』編さんの企図を、日本ライトハウス2代目理事長の岩橋英行らと共に結実させたキーパーソンの1人として、丹羽善次の名を記憶に刻み直しておきたいものです。『事典』刊行から、約半世紀。21世紀の道を拓く、新しい事典を待望する声はあるのでしょうか。

和46年(1971年)　10月6日　毎日新聞

盲人百科事典できる

世界の豊富な資料集め

社会の関心を求める

日本ライトハウス　三十年の苦労実る

世界盲人百科事典新聞記事
（『毎日新聞』1971年10月6日、
岸博実所蔵）

⑨ 盲文化の彩り

88 関根熊吉《せきねくまきち》

視覚障害者のためのそろばんを考案

『関根訓盲算盤《そろばん》説明書』（以下、『説明書』）という古書があります（写真）（＊1）。視覚障害者のためのそろばんは、どんな仕組みだったのでしょうか。

一般的なそろばんとはまるで形が異なります。1寸3分（約4センチ）四方の木枠を、縦5列、横13行並べて、その枠の中に算木《さんぎ》と呼ばれる細長い棒を並べます（次ページ図）。数の示し方は1から4までは算木を縦に、その数だけ並べます。5は算木を横にします。6は算木を横に1本、縦にも1本置きます。

関根のフルネームは、関根熊吉。1854（安政元）年生まれ。小西信八《のぶはち》によれば、関根は病気のため24歳で右目の視力を失い、39歳で左目も失明しました。1906（明治39）年の『私立福島訓盲学校報告書第一回』には1901（同34）年12月の入学生として「富岡町　関根熊吉」の名があります（＊2）。卒業は翌年の12月。彼の在学中、石川倉次《くらじ》が同校を訪ねたという記録もあります。

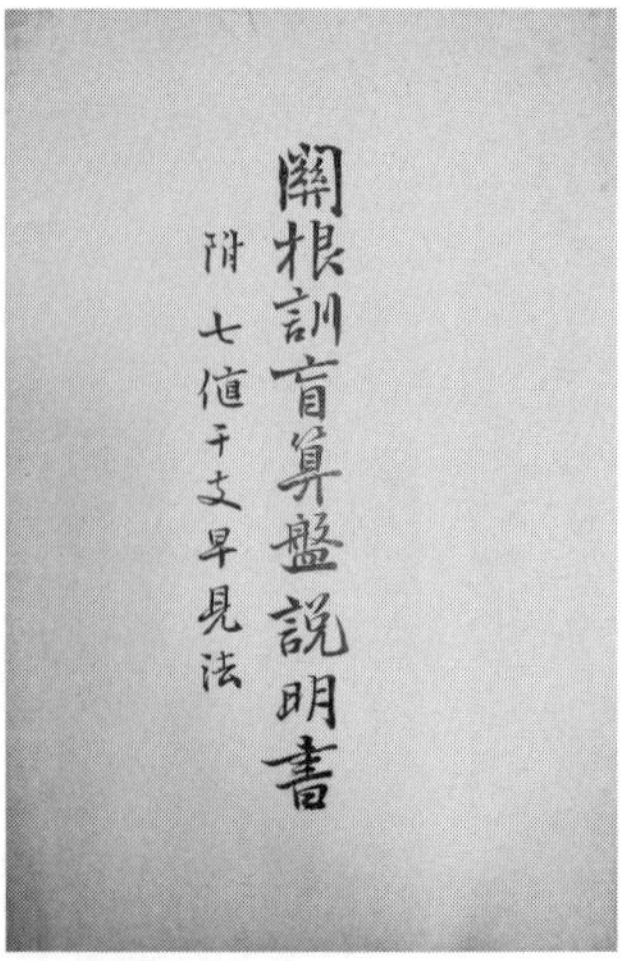

『関根訓盲算盤説明書』
（京都府立盲学校資料室所蔵）

同校の『第二回報告書』には、第5回内国博覧会へ「訓盲算盤（関根熊吉氏ノ工夫）」などを出品するために県庁にその発送を依頼したことが書かれています（＊3）。11月末には出品に対して「褒状」が出ています。当時の校長、宇田三郎は、『説明書』の序文に関根が幼いころから和算を学んだと書いています。関根の師匠は、佐久間庸軒《ようけん》という高名な和算家でした。

福島県楢葉町の北出神社には、1894（同27）年に関根が奉納した算額が復元・保存されています。算額とは、和算に勤《いそ》しんだ人が難問を解決した記念に寺社に奉納した絵馬。この頃、彼はまだ片眼が見えていました。

点字や訓盲地図に刺激を受ける

関根は失明後、点字や訓盲地図を知って感激し、訓盲算盤の研究を始めます。自作の算盤を学友に使わせて、その効果を確信した関根は東京、横浜、東海地方、京都、大阪にも赴いて普及を図りました。

京都盲唖院の日誌には、1902（同35）年の秋、「福島県訓盲院関根熊吉氏盲人教育研究ノ為メ来院」と記されています

（＊4）。滞在は約1週間だったようです。

『図説盲教育史事典』で、この本の著者、鈴木力二《りきじ》は関根のそろばんについて「東京盲唖学校では教室に持ちこむことさえなくて過ぎたようだ」と書いています。しかし『説明書』の序文で小西信八は、「数字の代りに算木を用ひ暗算の労を省き実数を融知せしむ　流石に盲人にして盲人のためにしたる工夫と云ふべし」と高い評価を与えています。盲教育界のリーダーが称賛したのです。私も、関根の発想は優れていたと考えています。京都盲唖院の古河太四郎《たしろう》の考えた盲人用算木【源流96頁】にも似ています。

計算法について詳しい解説は省きますが、関根訓盲算盤は加減乗除はもちろん、代数の計算もできたそうです。国立国会図書館デジタルコレクションでも、画像データ化された『説明書』を読むことができます。

原発事故の影響

「富岡町は、福島第一原発に近い」とお気づきかもしれません。その通りです。避難解除地域が広がってはいますが、関根に関する資料はどう扱われているのでしょうか。

富岡町役場の公式ホームページには、「関根熊吉さんという人がおり、（中略）神社に奉納された算額が残されておりますが、幾何学を勉強した人でもちょっと解けない様な高等数学で、ややもすると忘れられかけようとしている先人の知恵が見事に残されています」と書かれています。

町役場によると、関根関係の資料は、ご子孫から町に寄贈されているそうです。保存のためのくん蒸なども終えているとのこと。しかし、2017年春現在、役場そのものが本格復旧への途上にあるため、目録の作成や閲覧の開始には至っていないとのことでした。原発事故の影響は、盲教育史をめぐる史料にも及んでいました！　一日も早い復興を願わずにはいられません。

関根に関する記述は、福島県立盲学校の百年史などにも見られます。福島県和算研究保存会による『福島の和算』という本には、「いわき、双葉、田村三郡にわたり（中略）熊吉の門人として百三十二名の名が見える」と記録されています（＊5）。

なお、『説明書』の付録に、暦がなくても曜日や干支《えと》を簡単に知る方法が掲載されています。うるう年は別として、「凡《およ》そ某年の某日は其前年に於ける之と同一の日より曜としては一後れ干支としては各〻五つ後るゝものなり」が要点です。

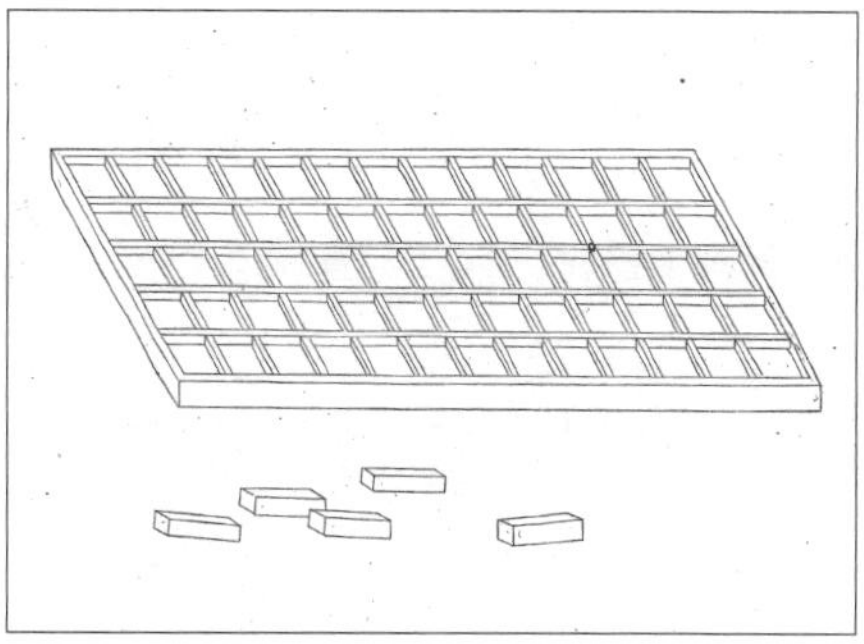

『説明書』掲載の図

89『盲人之友』

東大に1冊だけ残された雑誌

明治の前半、日本の盲人は頼りの綱だった当道座《とうどうざ》の廃止にあえぎ、近代化の中で自らの生計をどう再建するか、かつてなく揺れました。

先年、東京大学に1冊だけ保存されていた雑誌『盲人之友』の複写と閲覧を許されました（写真）（＊1）。『盲人之友』が発行されたのは1891（明治24）年8月22日。どんな目的で発行されたのでしょうか。

第1号は墨字《すみじ》本。縦22センチ、横15センチで、表紙、目次、広告などを除くと本文が40ページ仕立てです。すでに日本点字は制定されていました。しかし、点字製版機が国内にまだなかったことからすると、『盲人之友』の点字本が発行されたとは考えにくい気がします。

発行元は東京の芝区にあった「東向会《とうこうかい》」。奥付のページに掲載されている「社告」によれば、同会の代表者は平野文之助《ぶんのすけ》です。平野と東向会については、当時の新聞にいくつかの記事が見つかります。

『朝日新聞』の1891（同24）年5月10日付に「盲人の友是ハ盲人平野文之助等の設立せる東向会（盲人生活の幸福を保護し増進するを目的とするもの）より其目的を達するの一助として発する」雑誌だとあります。

東向会は同年3月に政談演説会を開いています。同紙8月19日付の記事に、同会は「盲人の為めに独立自営の計をなし教育及営業上の改良発達を謀る」ものと書かれています。また同年10月初旬の記事には「盲人平野文之助外数名ハ近来廃れたる琵琶の曲を再興する為め国風音楽会なるものを設立」「東向会の演説あり出席者ハ盲人平野文之助氏なり」と書かれており、活動が盛んだったことがうかがえます。

また8月19日付の『読売新聞』によると、平野文之助は府川《ふかわ》謙齋《けんさい》、山本覚馬《かくま》、奥村三策《さんさく》らと並んで「盲人中の傑出した十人」に選ばれています。彼は音曲《おんぎょく》界の人だったようです。

文化の香りがただよう内容

『盲人之友』の内容について、目次にあたる「目録」で確かめてみましょう。

創刊の祝辞を寄せた人の中には、政治家の副島種臣《そえじまたねおみ》や楽善会《らくぜんかい》訓盲院を興した大内青巒《せいらん》がいます。副島の祝辞は漢文調で書かれており、平野をたたえて励ます内容です。大内は、『盲人之友』の活字は「眼の見えざる人」には読めないと指摘した一方で、心の目を開いて「高尚なる精細なる遠大なる物事を見徹《とお》」すことへの期待を述べています。

衆議院議員の栗原亮一も発刊を祝う一文の中で、「東洋のホーセット」が誕生する日を待望すると書いています。「ホーセット」とは、イギリスの経済学者で全盲のヘンリー・フォーセットを指します。彼は、イギリス政府の内閣に加えられた偉人として日本の盲人から慕われ、妻のミリセントも女性参政権運動の旗手として知られます。

『盲人之友　第壱号』（東京大学大学院法学政治学研究科附属近代日本法政史料センター明治新聞雑誌文庫所蔵）

『盲人之友』には盲人からの投稿も多くありました。随想や短歌など内容は多彩です。有名な箏曲《そうきょく》家で鍼《はり》師でもあったと言われる松本操貞も梅や桜をめでる和歌を投稿しています。

梅桜ゑみひらけたる花園を　我もの顔に鳥のさえつる

明石検校《けんぎょう》や竹《たけ》内玄々一《うちげんげんいち》など、江戸時代の盲歌人が詠んだ歌も紹介されています。「盲美人」と題する戯作小説の連載も行われるなど、文化を志向する内容だったことがうかがえます。

論説風のものとしては、夜舟生による「将来に於ける日本盲人子弟の運命」もあります。これに「半盲者」という用語が使われています。現在の「弱視」に相当する「半盲」という語の極めて古い使用例と言えるでしょう。ほかにも「自由党三人男」「改進党三人男」などでは、政治家の人物評が皮肉まじりにしたためられています。

巻末近くには、「東京盲唖学校記事」があって注目されます。同校の創立から明治20年に小西信八《のぶはち》が京都盲唖院などに出張したこと、「生理解剖」について教えていたとも記されています。

続けて2ページほどを割いて「訓盲文字」の歴史が紹介されており、ムーンタイプと呼ばれる凸字についても書かれています。盲生の伊藤文吉が卒業にあたって書いた謝辞も掲載されています。「字行《じぎょう》交錯法」と呼ばれる方法で書かれています。奇数行は左から右へ、偶数行は右から左へカタカナを並べていきます。この表記法は、同年に出版された『訓盲雑誌』【源流92頁】という盲児向けの凸字《とつじ》本でも用いられています（＊2）。

『盲人之友』の第2号が刊行されたかどうかさえ分かっていません。この本が生まれた背景や、発行が短命だったとすればその理由なども知りたいものです。

90 盲導犬

「国産盲導犬」の第1号は、戦後の1957（昭和32）年に塩屋賢一氏が訓練したジャーマンシェパード、チャンピィでした。そのユーザーは彦根盲学校の教諭であった河相《かわい》洌《きよし》氏。二人の感動的な記録は本やテレビで紹介されました（＊1）。その画期的な成功に先立つ戦前の経緯をできるだけ遡ってみましょう。

戦時中：失明軍人の社会復帰のため輸入される

44（同19）年、軍人援護会兵庫県支部が紙芝居『盲導犬』を出版しました（＊2）。戦場で失明した兵士が盲導犬を支えに再起を図るストーリーです。当時、盲導犬を取り上げた小説や童話も刊行されましたが、多くは戦争遂行との関係での物語になっていました。

その5年前には、ドイツからリタ、アスター（またはアルマ）、ポドト、ルティという名の盲導犬が日本にやってきました。日中戦争で失明した軍人の社会復帰に役立てようと、ドイツの盲導犬訓練学校から輸入されました。4頭の子孫を育て、日本でも盲導犬の育成が試みられました。こうして育った「日本育ち」の盲導犬、長門、利根、千歳について葉上太郎氏が『日本最初の盲導犬』で詳述しています（＊3）。

しかし、その後、戦局が悪化し、盲導犬育成の試みは、継承・発展させる機関の現れないまま、途絶えてしまいます。この断絶が、後の塩屋氏たちに大変な労苦を背負わせました。

昭和初期：海外の流行が紹介される

ドイツから4頭の盲導犬を輸入する前年、アメリカの盲青年ゴルドン君（以下でも、当時の新聞が親しみを込めてそう呼んだのに倣います）が観光旅行の途中、オルティーＶ・フォーチュネートフィールズという名の盲導犬を連れて来日しました（＊4）。日本にまだ盲導犬がいなかったため、彼らのことが新聞で連日報じられ、日本人の盲導犬への関心がかつてなく広く掘り起こされました。

ゴルドン君来日以前の出来事をもう少し探ってみましょう。36（昭和11）年から、中央盲人福祉協会は、アメリカでザ・シーイング・アイ盲導犬学校を営むＤ・Ｈ・ユスティスさんの講演の日本語訳「盲導犬の訓練」を会誌に掲載しました（＊5）。ゴルドン君来日の伏線が用意されていたことを意味します。前年には、日本ライトハウス創立者、岩橋武夫が滞在先のアメリカで盲導犬との歩行を体験しています。盲導犬と一緒に繁華街を歩き、「実に感心した」そうです。

29（同4）年、中村京太郎は中央盲人福祉協会の「全国盲人保護並失明防止事業会議」で、「ドイツでは盲人の手引犬が

盲導犬を描いた絵画（画：江島安之助、筑波大学附属視覚特別支援学校所蔵）

非常に流行」していると報告しています。ちょうどその年二人の日本人がドイツで盲導犬と出会いました。軍人の桜井忠温《ただよし》と電通の重役・中根榮《さかえ》が、訪問先で「シェパードを連れた失明軍人」を見かけたというのです。そのシェパードこそ、ドイツ政府が失明軍人に貸与した「誘導犬」でした。翌年発行された『犬ものがたり』で、中根氏は「伯林の盲導犬」「盲導犬の仕事」「盲導犬のポスター」「盲導犬の殉死」「盲導犬養育学校」「盲導犬としてのシェパード」「盲導犬グレーメル」と7つの項をたて、30数ページにわたって西欧での盲導犬の姿を伝えました（＊6）。同氏は、その2年前の1928（同3）年にも『サンデー毎日』（3月25日付）で、「ドイツおよびベルギーではシエッパードのよく訓練せるものを盲人の道案内として使用」と記していました。

明治：ドイツの書物を写して絵が描かれる

さらに遡れば、35（大正10）年ごろ、日本陸軍獣医学校がオーストリア軍の軍犬マニュアルを訳した冊子に、「盲人犬」という用語が使われているそうです。これ以外に、大正時代の日本で盲導犬について報じたり、論じたものはどれだけあるのでしょうか。

盲導犬関連の資料で、明治時代のものを1点だけ知っています。話は、一気に1888（明治21）年の東京へと舞台を移します。鈴木力二《りきじ》の『図説盲教育史事典』に「明治二十一年『独訓盲書』の中の画を、唖生江島安之助に依頼して書かせたもの」として、「盲導犬」の挿絵が紹介されています（写真）。絵の上部にある説明文は「元《も》ト獨逸《どいつ》訓盲書中ニ載セタルヲ當校生徒江島安之助ガ寫《うつ》シ画ケルナリ」と読めます。だが、『独訓盲書』という書物が明治時代に日本で出版されたことは確認されていないため、挿絵が『独訓盲書』というタイトルの本から写したものとするのは適切ではないかもしれません。推測ですが、「ドイツの盲教育に関する書物」を唖生の江島に模写させたということではないでしょうか。そのドイツの盲教育に関する本とは何を指すのか。ぜひ明らかにしたいものです。

91 盲人野球

盲ろう者で東京大学教授の福島智氏は、昭和50年頃、兵庫県立盲学校の廊下で、盲人卓球に使うピンポン玉を転がし、「かなづちの柄か何か」の短い棒で打ち返す「ミニチュア野球」を楽しんだと回想なさっています。「消える魔球」（音が消える）を編み出した友もいたとか（＊1）。

野球は、視覚障害者にも身近なスポーツの一つです。

盲人野球のルーツを探る

現在グランドソフトボールと呼ばれる〈盲人野球〉のルーツを探ってみましょう。

『世界盲人百科事典』によると、昭和の初めごろには、すでに盲学校の体育や余暇活動で行われていたそうです（＊2）。1933年（昭和8年）11月、横浜公園運動場で、第9回全国盲学校学生競技大会が開かれ、大会史上初の盲人野球が行われ、東京盲学校と横浜訓盲院の初等部児童が対戦しました。

その大会は、『点字大阪毎日』等などの後援で26（大正15）年に始まっていますが、当初の競技は陸上と相撲だけでした。そこに「野球」が加わったのが第9回大会です。関心を読んだようです。『点字大阪毎日』は「よびものの　とーきょー　よこはまの　たいこー　やきゅー」と報じました（＊3）。北陸大学元学長北野与一氏の研究によると、この時の試合は、バットでボールを打ち返すのではなく、ホームベース上に置かれたボールを打者が蹴飛ばす「キックベースボール」方式でした（＊4、＊5）。翌年の大会も同様でしたが、35（昭和10）年の第11回大会では、バットが使われます。10月23日付の『大阪毎日新聞』によると、ボールは「小型のフットボール用のものに鈴をつけ、打者は転がる音をたよりにバットを振」るとあります。打球を捕ろうと構える選手を撮った写真も載っています。第13回大会のプログラムには「野球」が見当たりません。昭和10年代には「男女混合」で行われた時期もあるようです。

さまざまな試み

競技に用いる道具について、北野氏は「盲学校体育における教材・教具の発達」で、29（同4）年から寄宿舎などで野球を行っていた横浜訓盲院を取り上げています。枕を転がし手掌で打つやり方から始めて新聞紙や点字用紙を丸めたボールに代わり、その後、ゴム製になりました。上級生がバットを使うようになると、ソフトボールからハンドボール、バレーボール、バスケットボールと大きくなります。しかし、バットを使うのは低学年には不適当とされ、キックベースボール方式が考え出されました。東京盲学校との対抗戦がこの方式だったのは、こうした経過があったからでしょう。全国大会でバットが使われるようになったのは、体格の増した中等部でも野球が流行るようになったためでしょうか。さらに調査が必要です。

『大阪府立盲学校四十年誌』には、「昭和八年十月　盲人野球誕生する」との見出しで、「各盲学校で一番人気を博している盲人野球の原型が初めて本校体育部の手で創り出された」として、ルールのポイントが列挙されています（＊6）。進塁用と守備用の二重ベースになっていることなどは今と同じですが、「一塁手のみ半盲生とし、他は全部全盲生」でした。そのもとになったのは、寄宿舎で「誰始めるともなく」始まった空カンころがしだったと「創始者」の一人は回想しています。ラムネ球やピンポン球も使ったそうです。同校は33（同8）年4月にユニホームを揃え、10月には新ルールでの「公開試合」を行いました。

ただ、北野氏は、同校の盲人野球は、前述の初対抗試合を見学したことから生まれたと書いていますので、時間的な食い違いがあります。その経緯は措くとして、盲人野球が今のかたちになるまでに、さまざまな試みがあったことは確かです（写真）。

「開く」から「する」へ

大正時代に盲人野球が行われた気配はありません。この時期、大学野球の盛り上がりが旧制中学に広がり、15（大正4）年、現在の全国高等学校野球選手権大会の前身、第1回全国中等学校優勝野球大会が開かれました。

31（昭和6）年6月23日付『東京日日新聞』に、通常の野球を球場に出かけて耳で楽しむ盲人が描かれています。3年後の4月1日付『大阪毎日新聞』は、母親に手を引かれて甲子園球場に来た盲目の少年が「高鳴るバットのうなり、天を突くナインの掛声」を楽しんだと報じています。「聞く」だけでは満足できず、膨らんでいく憧れこそが盲人野球のルーツでした。

新聞記事写真（京都府立盲学校資料室所蔵）
※「ソフトボール」とあるが、地面をころがしている。

92 盲目の棋士たち

古くから親しまれてきた将棋

　2017年、将棋界では中学生の藤井聡太棋士が29連勝し、ブームを巻き起こしました。将棋は視覚障害者にも古くから親しまれてきました。日本盲人会連合の全国盲人将棋大会はすでに40回を超える伝統を築いています。

　視覚障害者と将棋の縁《えにし》についてさぐってみると、1927（昭和2）年12月4日付の『読売新聞』に「盲人の仲間に将棋が大流行」という記事がありました。雑司ヶ谷の東京盲学校で「素人二段」の舎監が生徒を指導した結果、初段級の盲生が十数名も現れたというのです。「新聞の棋譜を読んで貰って」勉強し、定跡や戦法の研究に熱心だったようです。

音曲にも秀でた活動家・関澄伯理《せきずみはくり》

　明治時代や江戸時代にも、盲目の棋士たちが活躍しました。優れた戦法を編み出した関澄伯理らを通して「将棋に晴盲なし」とされることを確かめてみましょう。関澄については、東海散士の『世界盲人列伝』に略歴が掲載されています（＊1）。

　彼の姓は八島、名は萬之助。常陸の国で生まれて7歳で失明。幼い頃から将棋を好みました。10代で江戸に出て関澄検校《けんぎょう》の養子になり、後にその名を継ぎます。将棋の世界では、師匠から「七段を允《ゆる》すに足る」と評され、東京で広く知られる棋士となりました。将棋以外では、1872（明治4）年に廃止された当道《とうどう》座《ざ》の復活を求める活動を興して、京都府の槇村正直《まきむらまさなお》知事に陳情しました。没年は1899（同32）年。80歳です。

　関澄は杉山和一《わいち》が創始した鍼治《しんち》講習所で学んだ人です。明治期の有力者で楽善会《らくぜんかい》訓盲唖院の教員だった吉見英受らと1890（同23）年に、東京・本所の江島神社境内に和一を祭る祠《ほこら》を建てました。力を尽くしましたが当道座や盲官の復活は叶いません。その悲哀が将棋に没頭させたのでしょうか。彼の棋譜はインターネットをはじめ、『将棋名家手合』などでも知ることができます（＊2）。

　『読売新聞』のバックナンバーから彼の行動をさらに追ってみました。

　1876（同9）年8月31日付に「（伯理の）年八五十七になり（中略）儀太夫ハ上手にやる」、「近頃ハ皇国誌略、地誌略そのほかを暗誦しているのは盲人による学問が盛んになる兆しか」と。翌年8月21日付には「新聞にて評判の盲人関澄伯理といふ人ハどこまでも開化を慕ひ」「昼夜学校新築の事に力を尽くして居る」。この「学校」の詳細は未詳です。

　1879（同12）年5月21日付には「来る二十五日に柳橋の柳屋にて千住の関澄伯理が六段の披露に将棋会を催ほし大橋宗

金も出席するといふ」と書かれています。大橋は、将棋の家元でした。

関澄の人となりやどんな棋士だったかを知るには、天狗太郎著『名棋士名勝負』を読むことをおすすめします（＊3）。この中には種々のエピソードや1882（同15）年2月4日に行われた丸山藤鯉六段との対局（写真）の解説が秀逸です。

歩きながらの将棋

江戸時代、盲目の棋士では、石田検校と石本匂当《こうとう》が強豪でした。石川二三造による『本朝盲人伝』には「石田某は検校にして、将棋を善くす」とあるのみですが（＊4）、石田流三間飛車という戦法を作った人として有名です。王手飛車がいきなり繰り出される「早石田」と、じっくりと攻めあげる「石田本組」の2通りがあるそうです。

石川はこの本の中で、会津出身の石本友益という匂当が将棋の名手だったと記しています。石本は、実力十三段と称えられた天野宗歩に勝ったことがあり、検校でもあったそうです。

菊池寛の小説「石本検校」で、棋士の天野富四郎と石本検校が、ある成り行きから「ならば御一緒に歩いてゐるこそ幸ひ、盤面なしで心眼で、お相手いたしませう」という話になり、夜道を歩きながら戦いを交えます（＊5）。

「其許《そこもと》が、先手番ぢや。お始めなされい」

天野は検校を促した。

「いや違ふ。（中略）其許から、お始めなされい」

そんな枝葉な問題はどちらでもいゝ。さう思つて、天野は高らかに云《い》つた。

「七六歩」。

「三四歩」。検校は、勇気凛然として答へた。

「二六歩」「四四歩」。

勝負の行方は小説でお楽しみください。

盲学校でも、将棋や囲碁、チェスなどがさらに盛んになるよう願っています。

▽後手
関澄伯理
飛1歩4

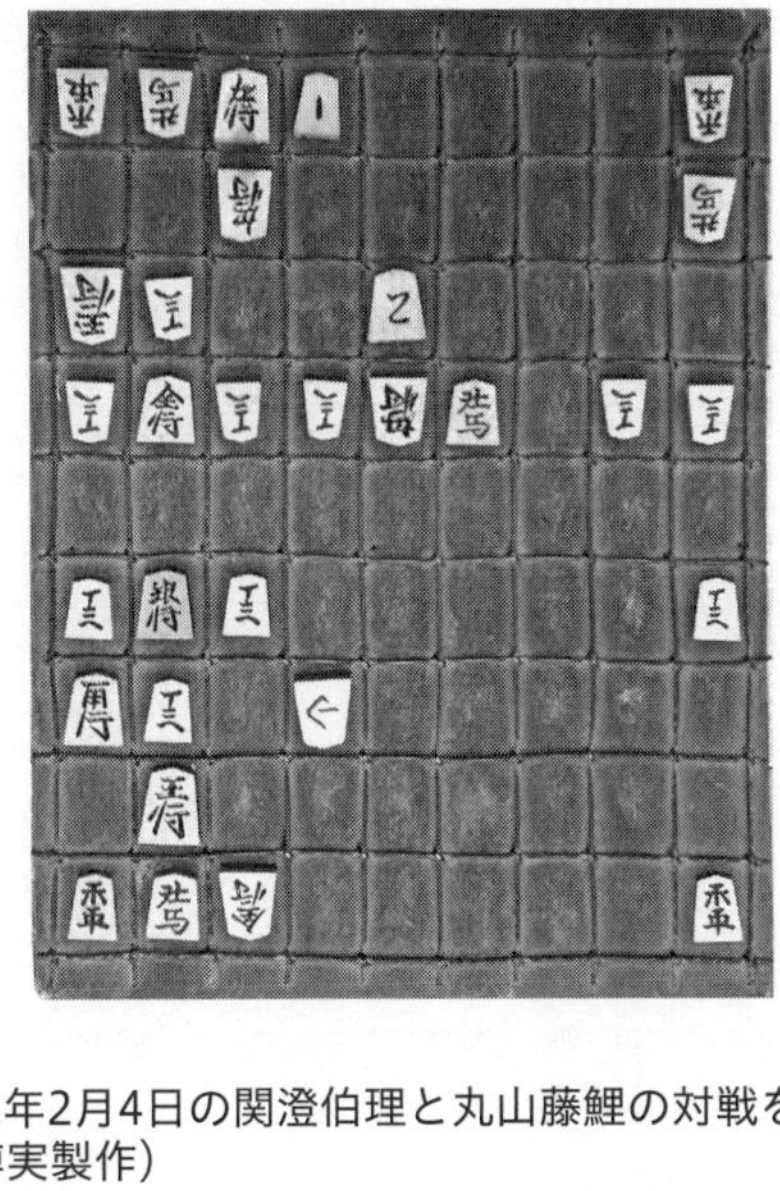

▲先手
丸山藤鯉
金2歩3

1882年2月4日の関澄伯理と丸山藤鯉の対戦を再現
（岸博実製作）

93 寄席芸人

2017年のR-1グランプリで優勝した漫談家の濱田祐太郎さん。ほとんど視力がないという彼の「盲学校あるある話」には一本とられたと思いました。NHKのテレビ番組「バリバラ」でご一緒した桂福点《ふくてん》さんや、出囃子《でばやし》「陽気に行こう」をいつまでも聞かせてほしい笑福亭伯鶴《はっかく》さん。皆さんのご活躍を祈りながら、明治以降を生きた「目の見えない」芸人を取り上げてみます。

なにぶん古い話で、「盲」と書いて、かな3文字で読むなんてえのも混じります。ここはひとつ笑い飛ばしてお付き合い願います。

音曲師・徳永里朝《りちょう》

一人目は音曲《おんぎょく》師の徳永里朝です。1855（安政2）年に生まれ、1936（昭和11年）に亡くなりました。修行を積んで検校《けんぎょう》の位まで上り詰めましたが、明治になって当道座《とうどうざ》が廃止されると、曲弾きの寄席《よせ》芸人になります。最も人気を博したのは「縁かいな」という端唄《はうた》（＊1）。

「春の眺めは吉野山　峰も谷間も爛漫《らんまん》と　一目千本、二千本んー　花が取り持つ縁かいな」というような歌詞で、替え歌もたくさん作られたとか。この「縁かいな」で一世を風靡《ふうび》し、人力車を走らせて「寄席から寄席へ9軒も掛け持ちした」と伝えられています。前座の芸人が20、30銭もらって暮らせた頃に、一晩で20数円もの稼ぎがあったとか。ビクターからレコードが出ていて、デジタル版は国会図書館内で聞けます。

音曲師、落語家・富士松ぎん蝶

二人目は、富士松ぎん蝶。生没年は分かっていません。音曲師であり、落語家でもあったとされています。小説家・色川武《たけ》大《ひろ》（1929〜1989）の『寄席放浪記』にぎん蝶が描かれています（＊2）。子どもの頃、ぎん蝶を見たことがあるそうです。

「くりくりに剃った大坊主で、両眼を黒眼鏡で蓋をしており」、ぎん蝶は「普通の寄席には出ない」「小さな小屋に一枚看板で出ている」「独演で、ひと晩たっぷり彼の高座が楽しめ」た人物。色川氏は「新内《しんない》の畑の人なのだろうが、むしろ表芸は都々逸《どどいつ》だったかも」とみています。新内は浄瑠璃の一派。ぎん蝶は物まねもお題噺もやってのけたようです。

「眼が見えなくたって鼻が一倍利くんだ。今夜の客がどのくらいの身ソ上《しんしょう》で、どんな顔つきだか、ちゃあんと臭うんだからな。ねえ、あんた方、失礼だが、たいした器量じゃないね」などの語り口はひょういつです。晩年には、都々逸坊扇歌《せんか》と名乗りました。

落語家・初代柳家小せん

「トリ」は初代柳家小せんです。落語研究家の今村信雄氏は『落語の世界』の中で「盲《めくら》の小せん」と見出しを立てて、2ページながら滋味あふれる筆致で小せんの人生を描いています（＊3）。

小せんは1883（明治16）年生まれ。「才人小せんは、十五歳で落語家になり、二十七歳で腰が抜け、三十歳にして失明し、三十七才で没した。大正八年」。大正時代の小せんは、天才と称されました。歌人・吉井勇《いさむ》は「小せんあり万太郎ありて浅草は寂しからずよ秋はくれども」と詠みました。万太郎は、『浅草風土記』を書いた久保田万太郎です。

腰が抜けて歩けなくなり、視力を失ったのは、吉原遊郭で道楽を尽くした報いだったそうです。そんな彼に寄り添い続けたおときとの出会いが廓だったというのも縁というべきでしょう。小せんと彼女をモデルにした岡本和明氏の小説『小せんとおとき』（写真）は一読に値します（＊4）。寄席への移動に人力車を使ったのは里朝と同じですが、小せんは妻に背負ってもらって高座に上がり下がりしたそうです。

寄席芸人をめぐる出版物
（岸博実所蔵）

得意としたのは、いわゆる廓《くるわ》ばなし。古書を探せば『廓ばなし　小せん十八番』（＊5）や『新撰小せん落語全集』（＊6）などが見つかるかもしれません。

高座に上がる事も難しくなってからは月謝を取って若い者に落語の稽古をつけました。一席の話を3回ぐらいに分けて覚えさせて、演じさせては直すという丁寧な指導だったそうです。後の名人・六代目三遊亭圓生《えんしょう》なども喜んで稽古に通ったとのこと。小せんの教えは弟子のまた弟子へと伝えられたので、現在の落語にも彼の芸風が受け継がれているといわれます。

小せんの戯文がなかなかの傑作です。人をくっています。「私儀永らく病気の処、愈々《いよいよ》本日死去仕り候　生前中御愛顧を蒙《こうむ》り候各位へ御礼申上候」。生前葬の先駆けかもしれません。

このほかにも森まゆみ氏の『長生きも芸のうち　岡本文弥《ぶんや》百歳』（＊7）などによれば、文弥師匠は、新内の世界で秀でた盲目の富士松紫朝、その弟子の柳家紫朝、さらに中国の盲目芸人阿炳《あびん》と交遊し、豆本『めくらあびん』（写真）を出版しました（＊8）。これにも興味深いエピソードが満載なのですが、字数が尽きました。

お後がよろしいようで。

⑩ いのちと安全

94 災害と盲唖教育

山梨訓盲院の歴史は山梨県立盲学校へと脈々と引き継がれています。山梨には、比較的短期間で姿を消した山梨盲唖学校が併立した時期があります。

その山梨盲唖学校の創立者・中村時次郎は、京都の丹後地方で、宮津盲唖学校を立ち上げた人物です（写真）（＊1）。彼の体験を入り口として盲学校を巡る震災の歴史を振り返ってみましょう。

大地震により避難、故郷に盲唖学校を作る

1927（昭和2）年3月7日、京都北部を大地震が襲いました（＊2）。この「おおなまず」は丹後一帯をみじんに砕き、大正時代末期に誕生してまだいくばくもたたない同校が仮住まいしていたお寺を呑み込んでしまいました。私塾のような小さな学校です。公的援助が得られず、廃校を余儀なくされました。

日本盲教育史研究会の初代会長であった引田秋生氏が山梨県立盲学校史への新たなアプローチとして調査を継続なさっています。その調査過程で、明治末の甲府で盲人・沢登祇往《さわのぼりまさよし》が点字式算数器を発明し、実用新案登録にこぎつけた事実も解明されつつあります。

昭和二年四月十九日
山梨版
生れ故郷に帰り
盲唖教育の歌人
此程創立認可の申請
—中村美穂氏のこと—
峡中の生めるアララギ派歌人中村美穂氏（東山梨郡松里村出身）が桁はづれの篤志家で歌人である事す
ら不思議とされてゐるのによく清貧に甘んじつゝ盲唖教育者として一身を投ずるに至つたのには美穂氏らしい變つた動機があつた

新聞名不詳 1927年4月19日山梨版（＊1所収）

アララギ派の歌人でもあった時次郎（歌人としての名は美穂《びすい》）は、盲児らの手を引きながら逃げ惑った悲惨を歌に詠んでいます（＊3）。

たまゆらはこの世のをはりと思けり唖や盲の手を引き逃げる

唖盲等わが教へ子を探さんと行く焼の原雨けぶるなり

助けてくれる人はおらず、生きていることを知らせるのすらままならない。そんな苦境から発した叫びです。彼は、被災した複数のろう児を伴って故郷の山梨に帰ります。そして、山梨盲唖学校を作るのです（＊4）。

関東大震災にみる情報・通信の壁

1923（大正12）年9月1日、関東が激しく揺れました。『東京盲学校六十年史』に当時の様子が記されています。

例えば次の一節。「午前十一時五十八分関東地方大震災に襲はる、在校員一同庭園藤棚下に避難す。休業中にて残留生徒少く幸に損傷なかりき、職員中全焼せし者萩岡、小出、富岡、本庄等なりき」

また別の一文には「九月三日（中略）不逞鮮人の放火犯あるが為戒厳令布かる、本校は石川教諭指揮の下に師範科普通科主となり残留する盲生と共に徹宵《てっしょう》（夜通し起きていること）警戒す」と記されています。同校は6日から休業に入ります。10月17日には、「焼死卒業生二名並に現在生徒一名の為に追悼会」が行われたと記録されています。

この地震は、朝鮮人の虐殺をもたらした流言飛語の問題を通して、災害時における情報伝達や人権の在り方を世に問いました。視覚や聴覚などに障害のある人々にとっても、生死を分ける情報・通信の壁が浮き彫りになったと言えるでしょう。

当時の京都市立盲啞院の「日誌」には、「九月五日」の欄に「東京方面震災並ニ大火災ノ被害地ニ対シ全校生ヨリ義捐金ヲツノリ府庁ニ送達ス」とつづられています（＊5）。同朋の苦難を聞き、直ちに募金に着手した様子がうかがえます。各地盲学校でも同じような取り組みがあったに違いありません。

ところで「盲啞教育令」が発令されたのは、関東大震災前の8月でした。都道府県任せの規定だったとはいえ、盲・啞分離を定めた法令を具体化しようとする矢先に、その足元を揺るがす地震が起きたのでした。

「いのちと安全」をキーワードに歴史を捉え返す

また1995（平成7）年に阪神・淡路地域を襲った直下型大地震には、近代都市のもろさを認識させられました。一方で、ボランティア活動の質と量が飛躍し、障害者の経験と災害時の盲学校の取り組みの事例を将来に活かすべきレポートや出版物としてまとめるきっかけになりました。改めてそれらをひもとくと、せっかく見出された知見と対策が、その後全国にくまなく広まり、実行されたのかどうかと考えさせられます。

ほかにも室戸《むろと》台風や伊勢湾台風など、例を挙げればキリがないほどです。過去の災害から得た教訓の数々、戦災と復興の体験談などを障害者の視点で検証する。そうした機会を持つことが、改めて必要です。

2011（平成23）年、巨大地震と津波が東日本を襲い、言語に絶する傷跡を残しました。いまだに収束の見通しが立たない原発事故の苦難を抱えて不安な日々を暮らしておられる方々に、心を寄せ続けたいと思います。日本視覚障害者団体連合が呼びかけている「語り部」活動などを通じて、あのような悲劇を繰り返さない社会に一刻も早く近づきたいものです。

盲学校の近代史を「いのちと安全」をキーワードに捉え返してみる必要があるのではないでしょうか。単に年代やできごとを覚えるだけでは歴史を学んだことにはなりません。かけがえのない命を守り、輝かせるために史実から何を学ぶかが大切です。

95 日本盲人号余話

戦争のさなか、全国の盲人たちの献金で、海軍に艦上戦闘機〈ゼロ戦〉（写真）を献納しました。「日本盲人号」と名付けられた、このゼロ戦献納の経緯は『点字毎日』（2006年1月22日付）で報じられました。以下は、その細部を補いながら、知られていないエピソードを紹介します。

「役立つ」ことを示す？

昭和10年代、町内会や企業などで、陸海軍へさまざまな献納が行われました。祇園の舞妓《まいこ》達もゼロ戦を献納しました。「銃後の守り」を担う国民として、何らかの形で戦争に貢献することが当たり前だといった風潮が浸透していました。「日本盲人号」献納の取り組みも、こうした社会状況下で行われました。

発端は、1940（昭和15）年に奈良県橿原市で開催された「紀元二千六百年奉祝全日本盲人大会」でした（＊1）。大会には「百二十一団体、二百六十余名ノ代表者」が集まったとされています。一人の参加者が戦闘機の献納を動議提案し、「軍用機『愛盲報国号』献納ノ実現ヲ期ス」とした募金活動に取り組むことが決議されました。障害があることで「戦力外」の扱いを受ける苦しみから逃れ、「役立つ」ことを示したかったのでしょうか。他方、この大会では「盲学齢児就学義務制ノ実施促進ヲ期ス」として、障害者に対する教育の義務化を要求している点も見逃せません。教育以外にも、主な決議事項として、「鍼《しん》、灸《きゅう》、按《あん》、マッサージ師法制定ノ促進ヲ期ス」や「国立点字図書出版所ノ設立ヲ期ス」「盲人ノ交通安全ヲ計ル為メニ適切有効ナル方策ノ実現ヲ期ス」などがあります。戦時中でも、当時の視覚障害者達が教育や福祉の拡充を目指した切実さが、ここから読み取れます。

献納されたゼロ戦のその後は不明

さて、軍用機の献納が決議された後、全国の盲人関係組織が募金に取り組みました。

京都府立盲学校に残っている文書には、「本校職員及ヒ生徒ヨリ金弐百円献納致シ（中略）本日送金致候」とあります（＊2）。5円以上寄付した人の名前も記されています。募金者の名前や金額を記録した文書は石川県にも残っています（＊3）。そこには、学校関係者だけでなく、県内の盲人団体の名前も記されていました。鉛筆1本15銭、レコード1枚2円といった時代ですから、募金は相当な家計負担になったと思われます。42（昭和17）年3月に、大阪の歌舞伎座で開かれた命名式の報告書によると、全国から集まった募金は4万8545円37銭に上りました（＊4）。この命名式の写真が、岩橋武夫の『海なき燈臺』

日本盲人号絵葉書（岸博実所蔵）

のグラビアに掲載されています。

献納されたゼロ戦は、どこに配備されたのか。敗戦まで、損壊せずにいられたか、あるいは撃墜されたのか。それは分かっていません。数年前、東京都目黒区にある防衛省の戦史研究センター史料閲覧室を訪ねてみました。しかし、「日本盲人号」に関する資料は残っていないとのことで、追跡の道は途絶えてしまっています。ちなみに、敵機の接近を飛行音で察知する「盲人防空監視哨員《しょういん》」に関する資料もそこには残されていませんでした。なお、絵葉書の中の日本盲人号は、空中を飛行しながら車輪を開脚していますが、これはゼロ戦の新性能（空中で車輪を機体に格納できる）を隠すカムフラージュ写真だそうです。

「御国のための募金」が視覚障害者達をがんじがらめに

ところで、「日本盲人号」献納募金後も、さまざまな形で献納が行われました。いくつか史料を挙げておきます。

例えば、44（昭和19）年3月25日付の『毎日新聞』岡山版の記事。「私たちも飛行機を　按摩さん達が献納運動」の題で、「中四国鍼灸按マッサージ師聯《れん》盟事務所では県下三百卅《（30）》会員はもちろん香川、高知、愛媛、広島、山口、島根、鳥取各県会員によびかけて六月末まで一人廿《（20）》円づつを拠出、十万一千円で軍用機「中四国三療報国号」を献納することとなつた」と報じています。この計画のその後の推移は、未詳です。

それとは別に、「大日本鍼灸按マッサージ報国号献納」の動きもあったようです。献納の要項などを含む「趣意書」のチラシが現存します（＊5）。呼びかけ委員長は今関秀雄、副委員長は鳥居篤治郎《とくじろう》、事務監査委員として点字読売新聞編集長、点字毎日新聞主筆、桜雲会顧問などの名前が挙がっています。「決戦日鍼号《にっしんごう》を昭和19年6月末までに陸海軍へ各一機献納致す」と、目標を掲げましたが、実際はどうだったのでしょうか。

この二つは、ほぼ同時期の出来事です。「御国のための募金」が視覚障害者達を四方八方からがんじがらめにしたのかもしれません。また、聴覚障害者達が「聾唖愛国号」と名付けた軍用機の献納に取り組んだ旨の記事も新聞に載っています（＊6）。

96 学童集団疎開

障害者は疎開の対象から外される

2014年8月9日、NHKのETV特集で、全国初の肢体不自由児の学校である光明《こうめい》学校（東京）の学童疎開の様子が放送されました。テーマは「戦闘配置されず」。厳しい時代に生きた障害児と彼らを守った大人たちが活写されました。

戦争末期の1944（昭和19）年6月、政府は都市部の子どもの学童疎開を決めました。決定を受け、親類などのつてをたよる縁故疎開や、学校単位で農山村地域に移り住む集団疎開が始まりました。

子どもたちの安全を確保するという建前の陰に、将来の戦力を確保するという目的があったことは、全国学童疎開連絡協議会が調べ、明らかにしています〔＊1〕。

障害児の疎開は事情を異にします。

そもそも障害者は国から「戦力」として考えられておらず、疎開の対象からも外されてしまいました〔＊2〕。他の国民学校は行政が用意した疎開先に移ることができました。しかし、光明学校の場合、校長自ら疎開先の確保に奔走しなければなりませんでした。なんとか長野県上山田村（現・千曲市）に疎開できたのが45（同20）年5月です。また、戦後の学校再建も他の国民学校からは大きく遅れました〔＊3〕。

疎開するにはしたけれど

障害者の冷遇は、光明学校だけに限ったことではありません。疎開の目的自体、障害児の場合は「空襲の際に足手まといになる者を排除しておく」程度にしか考えられていなかったのではないかと疑われています。例えば、知的障害児が通った大阪市立思斉《しせい》国民学校が大阪府泉北郡に疎開したのは同年4月です。疎開できたとしても、そこでの生活が住みよいものではなかった例も見られます。知的障害児施設の藤倉学園は軍の命令で、伊豆大島から厳寒の山梨・清里村へ追いやられました。厳寒の地で園児10名の尊い命が失われました。鎮魂の碑に「次の世代には二度と戦争が起きない事を願ってこの悲劇を伝えます」と彫られています〔＊4〕

さて盲学校。疎開に関する資料では、富山県・黒部峡谷へ疎開した東京盲学校の文集『黒部は永久に　東盲宇奈月分校体験者文集』などがあります〔＊5〕。全国の盲学校の「年史」も各校当時の様子を知る手掛かりの一つです。食料が乏しいことや疎開によって家族と離れ離れにならなければならなかった辛さが束ねられています。光明学校などと同様、盲学校や盲唖学校が疎開したのは、他の国民学校より遅れました。例えば、高知県立盲唖学校が疎開したのは45年7月15日、徳島県立盲唖学校がようやく疎開を始めたのは敗戦の14日前でした。同様に、戦後の学校再開も一般の学校に比べると遅れました。

集団疎開をめぐる混乱

　敗戦の気配が強まる中、大阪市立盲学校はいったん生徒らを都市部から遠ざけようとしましたが、結局、集団疎開を中止します。その経緯について、卒業生の佐野晃さん（写真）に伺いました。

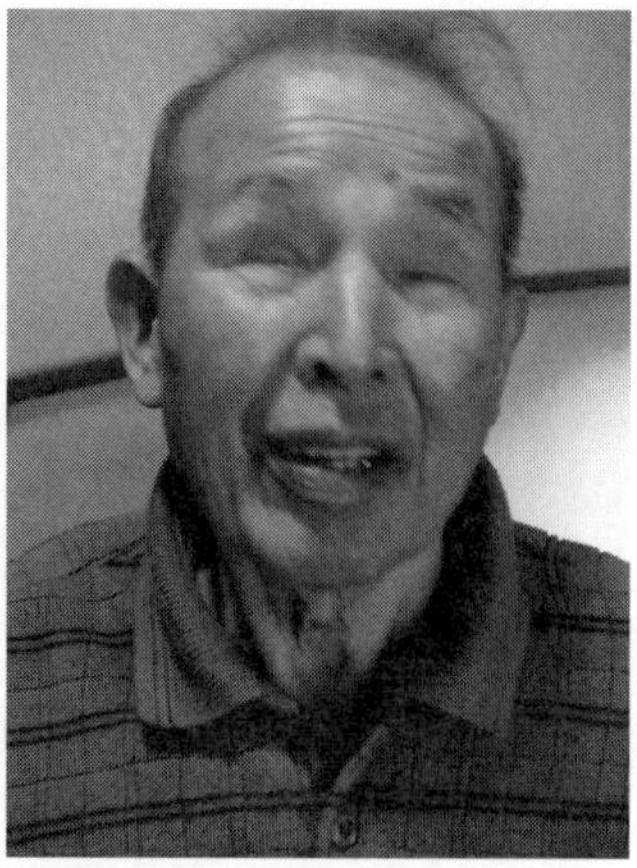
「高槻山寮日誌」（大阪府立大阪北視覚支援学校所蔵）と佐野晃さん（岸博実撮影）

　「大阪市立盲学校は大阪市内からすぐの（大阪府下）高槻に疎開させたんですよ。１９４４年11月に。（中略）アメリカの爆弾が落ちて来にくいような所へ、やらしてあげな、いけんやろが。子どもの命を守るというんであれば」（要約）

　都心から離れたとはいえ、どれほどの意味があったのか。佐野さんの述懐は続きます。

　「僕は、明くる年の昭和20年の5月11日に高槻に行きました。父親が蒲団を持って運んでくれました。自転車で。自転車でね」

　「危ない、危ない。アメリカのB29やらが飛んで来るときに、自転車で行けるような所に疎開させたところで……。そんな近くに疎開させてたからですね。高槻にも爆弾が落ちましてね。焼夷弾攻撃はなかったけど、とにかく怖かった」

　空襲が激しくなる中、同校はついに疎開の中止を決断します。このことは生徒に知らされたのか、漏れ伝わったのか。ともかく、生徒の知るところとなり、佐野さんは「大阪市盲では（昭和20年）7月の10日から20日までの間に重要職員会議がありましてね。子どもを預かっているけど、日本の敗色はますます濃い。もう本土も危ない。高槻ぐらいでは大阪市内におるのと一緒や。同じ死なすんならと思ったのか」と覚えておられます。このことは、高槻での生活を記した教員による日誌にもつづられており（写真）（＊6）、佐野さんの記憶通りだと分かりました。集団疎開を中止し、危険な都心へ戻るという決断を迫られた教員や生徒たち。その切羽詰まった胸中はいかばかりだったでしょうか。

　今、再び戦争が起きたら。私たちに疎開先はあるのでしょうか。かつてのように都市部を離れて地方の町村へ移住したとしても、その近くには原発があります。安心な場所など求め難い時代を迎えているのではないでしょうか。

97 日刊点字新聞もあった！

1922（大正11）年に創刊され、今も続いている点字新聞と言えば、毎日新聞社発行の週刊紙『点字毎日』です（＊1）。世界で唯一、一般の新聞社が発行する点字新聞として歴史を重ねています。創刊当初の題号は「点字大阪毎日」（写真・右）。当時、同社は前身の東京日日新聞と大阪毎日新聞との合併を終えていましたが、『点字毎日』の記事は大阪毎日新聞の記事を基に独自の取材を加えたものでした。今と同じ題号になったのが43（昭和18）年。同年、母体の新聞が題号を「毎日新聞」に統一したことを受け、改題されました。『点字毎日』は2020年に創刊5000号を迎えました。

『日刊東洋点字新聞』と『点字読売』

読売新聞社も一時期、点字新聞を発行しました。日刊の『点字読売』です。同紙は、鉄鋼業を営む木村福《ふく》と義弟の木村柳太郎によって発行された『日刊東洋点字新聞』（1925年創刊）を前身とし、経営難に陥った同紙の発行を42（同17）年に同社が引き継ぎました。

日刊東洋点字新聞に関する書物としては、『十五年の回顧』があります（＊2）。表紙には題号の「日刊」の二文字だけが小さく印字されています。目次に続いて、まずは名士による寄稿。なかでも政治家・永井柳太郎の寄稿の一節、「人間は皆不具者なり　完全なる者一人もなし」が読者を引きつけます。新聞創刊の折には、石川倉次《くらじ》や小西信八《のぶはち》、町田則文《のりぶみ》も祝辞を寄せました。同書には新聞社史のほか、失明防止、盲教育や福祉の充実、視覚障害者文化の向上などについて報じた記事も掲載されています。また、木村福への感謝の気持ちを綴った投書もありました。それは「毎月三百円の欠損を続けつゝ日刊点字新聞を経営する盲者の大恩人」として福の功績をたたえる内容のものです。この投書からは同紙の経営難を知り、行く末を案じる読者の不安な気持ちもうかがえます。

なお昭和10年代のものになりますが、当時の紙面について、盲学校中学部の生徒時代から読んでおられた阿佐博さんが月刊誌『視覚障害』に書いておられます（＊3）。大変貴重な記録です。

経営難を承知で日刊東洋点字新聞の発行を引き受けた読売新聞は、題号こそ「点字読売」と改題したものの、日刊紙であることと発行号数はそのまま受け継ぎました。ただし、日曜日は休刊だったという読者の証言もあることから、発行は月曜から土曜までだったとも考えられます。『点字読売』としての第1号は、42（同17）年8月1日付で発行されました（写真・左）。

『点字読売』の数々の事業

京都府立盲学校には終刊号が保管されています（＊4）。それによれば鋼鉄製の活字を1ページ大に組み上げて版を作り、輪転機と呼ばれる機械で印刷したもので、点字は心持ち大きめです。この号では『点字読売』の行ってきた事業が列記されています。主なものでは、第9回全関東盲学生相撲大会の後援や、「愛盲の日」を設けて愛盲運動を行ったこと、全関東点字競技大会と失明軍人感謝の会及び展覧会、在京盲学校職員による盲教育懇談会、パプワニューギニアのラバウル島、ブーゲンビル島で活躍した海軍技療《ぎりょう》手《て》の座談会などを開催したことが記されています。

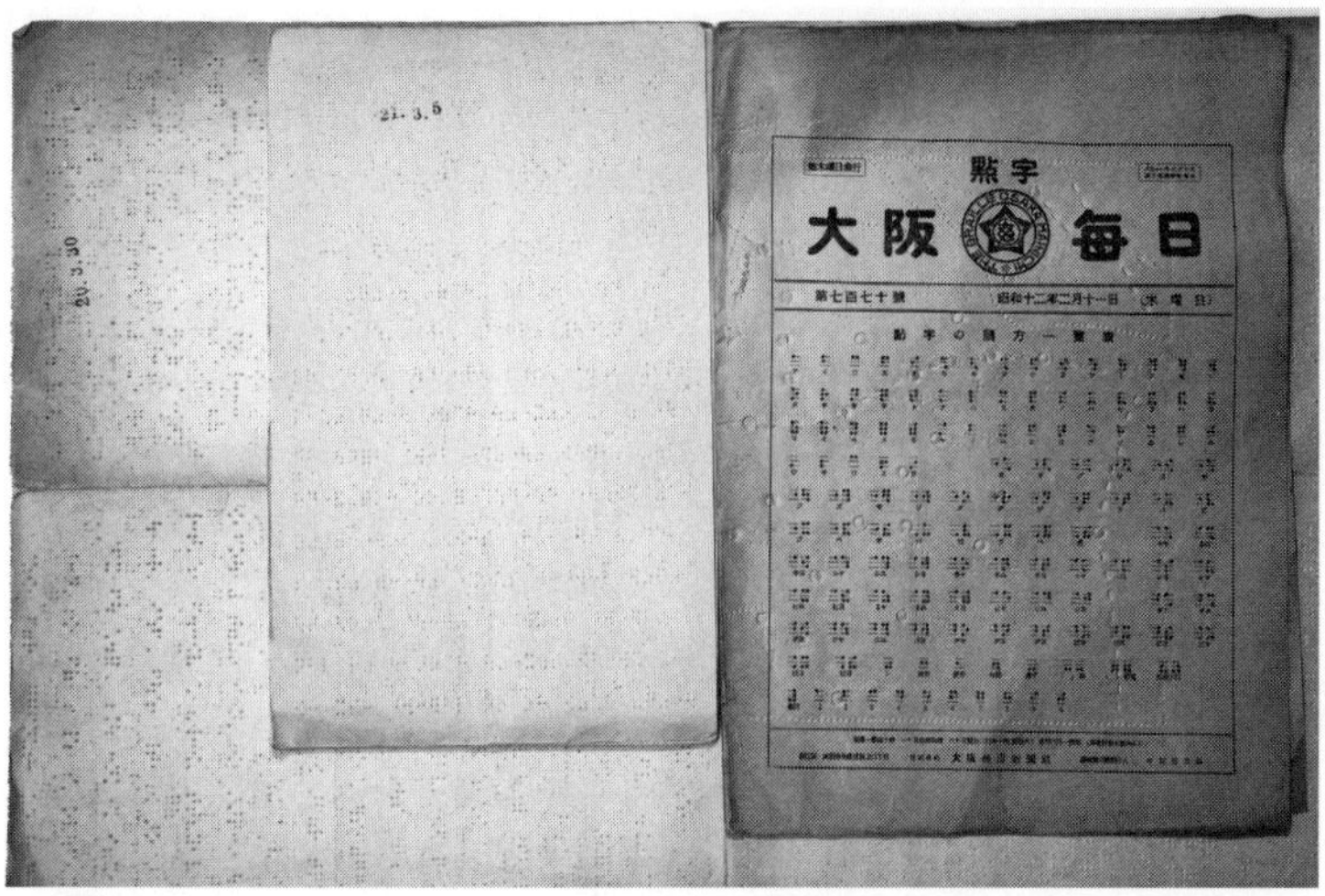

点字新聞3種の写真、左から『日刊東洋点字新聞』（横向き）『点字読売』『点字大阪毎日』（京都府立盲学校資料室所蔵）

戦塵から復興するも終刊

戦時下でも「日刊」をほぼ守り抜いた『点字読売』でしたが、東京への空襲で本社が焼失し、廃刊を余儀なくされます。休刊を経て、いったんは再刊されたものの46（同21）年3月5日、火曜日付、第6791号をもって歴史を閉じました。定価は月額1円でした。

『点字読売』の最後の様子について、終刊号には次のようにつづられています（＊4）。

「『点読』が瀕《ひん》死の状態に陥ったのは昨年5月21日」「この日戦災を被って本社が全焼した」「灰燼《かいじん》の中から（点字の）輪転機の姿を見出した我らは死地から愛児を見出した思いであった」「しかし、鋼鉄製の活字は無残にも灰燼の中に没してしまった」「残り火と灰の山に挑戦し、『活字救出作業』を開始した。小指の頭ほどの活字を残り火の中、灰の中から1本1本探し出すのだ。ひっかきまわす（点字部）部員の指先はささくれだって血さえにじんでいた」「ようやく探し出した活字は半分もない。しかも、どれもが熱のために軟化してしまったのだ。それでも全部員は再発行の希望に向けてこの活字を丹念に磨き上げた。そして病児を扱うようにして今日まで隔日発行の運転をつず（原文ママ）けて来た」「この輪転機に我々は今別れなければならないのである」。

嗚呼！

98 長崎の多比良《たひら》義雄校長の思い

長崎県立盲学校の新資料

1945（昭和20）年、日本の各地が空襲にさらされました。7月4日には、四国の高知、愛媛、香川3県の盲唖学校が全焼などの被害を受けました。8月には広島と長崎に原爆が落とされました。

当時、長崎県立盲学校・同聾唖学校の校長だった多比良義雄氏がどんな思いで仕事に打ち込んでおられたかを、新たに見つかった資料から読み解きます。資料は、大阪市立盲学校の教員であった中江義照氏（84章参照）が集めたものです。

1940（同15）年、長崎県立盲学校の学友会文芸部は『文華No.2』と題する文集を発行しました（＊1）。それには、新たな事業として、校旗や校歌の制定、ブラスバンド部や相撲部の設置が計画されています。いわゆる「紀元二千六百年」キャンペーンと呼応する学校づくりが目指されていたのです。

多比良校長自身が書き、これまでその存在を知られていなかった資料も見つかりました。それは、この文集発行の3年前に、地元の新聞に投稿されたものです。スクラップブックに貼られて、台紙には「民友　崎陽　昭和一二、一、五」と手書きされています（写真）（＊2）。残念ながら、その頃のこの掲載紙は発行元にも長崎県立図書館にも残っていないのだそうです。極めて希少な史料です。ただ、紙面では名字が「高比良」となっています。これは「多比良」とすべき誤植です。

「盲聾唖児義務教育制度実施に就て」と題して、明治初期の学制発布から説き起こしています。盲・ろう児の就学率が「僅に百分の三十に過ぎない」と嘆き、「天真爛漫として楽しかるべき学齢期を暗黒無明の中に呻吟させ」る状況を痛烈に批判しました。その上で、多比良校長は、日本が「盲聾児九千人の義務教育実施に伴なふ国費の負担に堪えないのでありませうか！」とたたみかけます。校長の胸にたぎる思いに共感を覚えるのは私だけでないでしょう。

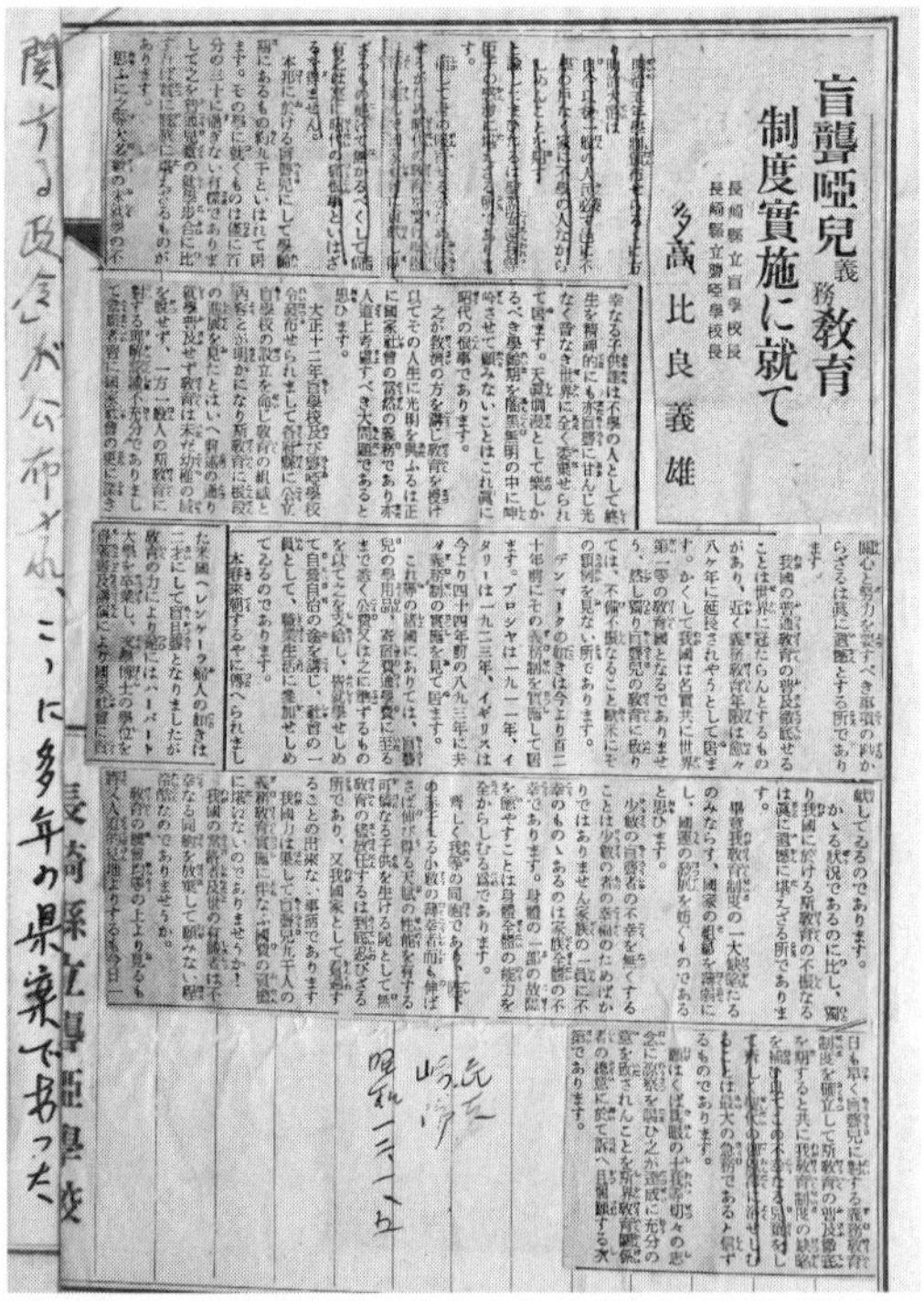
盲聾唖児義務教育制度實施に就て
長崎縣立盲學校長
長崎縣立聾唖學校長
高比良義雄

『長崎民友新聞』1937年1月5日　多比良義雄校長の投書のスクラップ
（大阪府立大阪北視覚支援学校所蔵）

人として、教員としてのひたむきな思い

多比良校長は、教育の機会均等の考え方からも、そして人道的見地からも、盲・ろう児に対する義務教育制度の確立を一日も早くと訴えました。翌1月6日付に載った後編では、「弱きを顧みる心」と題して、さらに指摘を続けています。

「弱者の顧みられない家は次第に奪はれ、団体は遂に頽れて行く　善美壮麗なホテルを建てゝ自慢をしたり外客を喜ばすことも必要であらう、鏡の面のやうな滑かな道路を造つて高級な自動車を走らすこともまことに結構である、オリムピックに国を挙げて準備することもたしかに大切である、しかし此んな華やかなことのみに心を奪はれて内に省みることを知らないことは真に戒心すべきことではあるまいか　不幸な同胞が飢に喘ぎ厳寒に戦《おのの》いてゐるとき晃々たるシャンデリヤの下で飽服暖衣の男女が乱舞してゐることを想へ」と。下手なコメントはつけずに、ご紹介するにとどめます。

これに続く一節にも、多比良校長の人としての、教員としてのひたむきな思いが込められています。「兎角一匹の子羊のために思ひ悩む羊飼ひは物笑ひとなり、弱羊を蹂躙して颯爽として押して行く心臓の強き男を近代人の姿として喝采しようとする」――現代の私たちに大切なことを問いかける名言です。

しかし、多比良校長の提言は、戦時下では実らなかったどころか、延々と先のばしされてしまいます。そして多比良校長と長崎の盲学校・聾唖学校は恐ろしい原子爆弾の犠牲になりました。

最期の日々

「長崎県立聾唖学校」と印字された罫線入りの紙にペンで書き込まれた一次資料から、多比良校長の最期の日々を簡潔になぞっておきます（＊3）。

8月9日、長崎に原子爆弾が投下され、三菱に貸与中の上野町校舎が破壊されます。この日、多比良校長は、朝、県庁に出頭して公務を果たし、さらに県立工業学校内の聾唖学校分教場に赴く途中、浦上駅付近を走っていた電車の中で被爆しました。

顔や頭にけがを負いながらも、翌10日午後3時ごろ、長与の本校にたどり着きました。

治療を受けましたが、18日の午後4時になって息を引き取ります。享年57。公文書では19日に亡くなったとあるのですが。

9月30日には盲聾両校合同で校長他4名の学校葬が執り行われました。亡くなった人たち、そして彼らを送る人たちの胸に、どんなにか無念の思いが渦巻いたことでしょう。

現代を生きる私たちに、そして国連には、核兵器の廃絶へ実際に足を踏み出すのかどうかが問われています。

99 71年目の新事実

空白の当直日誌

２０１６年、戦後71年目の夏が巡ってきました。テレビのニュースや新聞の記事で戦争の悲惨さを知るたび、平和を求める気持ちが強まったのを覚えています。

京都府立盲学校には、敗戦を迎えた１９４５（昭和20）年の「当直日誌」が残っています（＊1）。8月15日付のページには「嗚呼歴史的昭和二十年八月十五日正午十二時」「玉音御放送アラセラル」などと記されています。

日誌は1月2日に始まっていますが、翌日から3月末までは書かれていません。3カ月近い空白は、現職校長の死や戦況の悪化、そうした状況下の休校措置を巡って生じたのでしょう。

4月1日から再び書かれていますが、同17日から8月9日にかけては空白です。8月10日以降の記述についてみると、「8月10日　異状ナシ」「8月11日　異状ナシ」「8月12日　異状ナシ」「8月13日　異状ナシ」「8月14日数回警戒空襲ノ警報アリタルモ異状ナシ」。

「異状ナシ」と書き続けた果てに8月15日の終戦を迎えた。その経緯に、この時代の異常さがうかがえます。「異状」が「異状」と思えなかった日々……。

まったく語り伝えられてこなかった事実

最近になって、敗戦当時、校長の仕事を代行していた島田俊平氏の日記が、ご遺族から京都府立盲学校に寄贈されました（写真）（＊2）。日記には昭和10年代初めから20年代半ばまでのことが綴られていました。個人としての日記なのですが、注目すべきは同校の出来事に関する記述が多いことです。その内容からみれば、公的な記録に準ずるものと言えるでしょう。

次のような記述がありました。

「午前中B29、30機程京都の上空に来襲。盲学校へも機関銃弾3発餘り落下した」。

「当直日誌」では空白だった5月11日のことです。同校でこんなことが起きていたとは、これまでまったく語り伝えられていませんでした。同校の創立75周年、90周年、１００周年に合わせてまとめられた学校史にも記されていません。

島田俊平『日誌　昭和二十年』
（京都府立盲学校資料室所蔵）

島田氏が日記に書き残した事実が、なぜ後世に伝えられてこなかったか。理由として、「当直日誌」の空白期間と重なったこと、学校が休校中で負傷した生徒がいなかったことなどが考えられます。当時の『京都日日《にちにち》新聞』も、このことについて取り上げていません。取材をしなかったのか、または情報統制のために記事にできなかったのかなど、理由は憶測するしかなさそうです。

同校の校舎は、現在鉄筋コンクリート建築ですが、旧木造校舎で学んだ卒業生の中には、「『もしかしたらあれは銃弾の傷だったのでは？』と噂しあった穴に触った」記憶の持ち主もいます。

京都以外の地方では、空襲で校舎が焼けたり、壊れたりした盲学校があります。長崎では校長が原爆のために亡くなりました（前章参照）。それらの被害に比べれば、京都の場合は関係者の印象に残りにくく、思い出されることが少なかったのかもしれません。実際の様子はどんなものだったのでしょう。

急がれる戦争被害や戦時中の出来事の調査

「京都には空襲がなかった」とする風説があります。しかし、京都も空襲に遭った事実は『語りつぐ京都の戦争と平和』（戦争遺跡に平和を学ぶ京都の会編）などの本で明らかにされています（＊3）。研究論文や新聞記事で京都への空襲について調べると、数十名に及ぶ死傷者が出たことや、西陣、馬町などへの空襲の体験談も見つかります。訪米して、アメリカの公文書を閲覧した人によると、京都への空襲についても記録があったそうです。

ただし、5月11日の記録は見つかっていません。一方、京都府立京都学・歴彩館所蔵の「昭和二十年六月　日　事務引継演説書　警防課」には、5月11日の午前10時ごろ、上京区の京都御所、河原町荒神口付近などに「機関砲弾が落下」したことが記されています（＊4）。機関砲の音を聞いたという証言もあります。

「戦争遺跡に平和を学ぶ京都の会」のメンバーは、5月11日のことについて、「京都を目標にした爆撃・空襲というよりも、当日行われた神戸への大空襲の余波として、京都の上空をB29爆撃機が通過し、一部に日本側の戦闘機との銃撃戦があり、その銃弾や薬きょうが京都市内のあちこちに落下した」のが最も真相に近いのではないかと教えて下さいました。

京都府立盲学校が休校でなかったら、生徒や教職員が事故に巻き込まれてけがを負ったかもしれません。同窓会長・白畠庸氏によると校庭には、同年の7月末までに蓋付きの防空壕1つ、蓋無しの防空壕が4つ作られ、鉄兜12個、バケツ10個などが備えられていたそうです。

盲学校の戦争被害や戦時中の出来事で、私たちの知らないことがまだまだあります。更なる調査を急がなくてはなりません。当時のことを知る人がご健在のうちに。戦争に関する資料が散逸しないうちに。

100 福祉の歴史

「福祉」という言葉は、戦後、日本国憲法第25条2項に用いられてから広く一般に普及しました。「福」も「祉」も、どちらも「幸せ」を意味する漢字です。「福祉」という用語の歴史と、それにまつわる視覚障害関連の出来事を振り返ってみましょう。

慈善事業、「厚生」から「社会福祉」へ

1874（明治7）年、公的な貧民救済制度として「恤救《じゅっきゅう》規則」が作られました。明治期の施策は、富国強兵や自助のほころびを繕《つくろ》う慈善事業の色合いが濃いものでした。「命を救う」といった意味の「済生《さいせい》」事業、あるいは「感化救済」事業と呼ばれるようになりました。

大正期には、「社会事業」（＊1）という呼称が用いられるようになります。その背景には、生活困窮者の増加がありました。以前までの慈善的なやり方を見直し、全国統一の基準で行う、新しい取り組みが必要とされました。それが後に、1938（昭和13）年の社会事業法制定へとつながり、養老院、救護所、育児院、託児所、施療所などがようやく法的に規定されました。

昭和になると、さらに「厚生」という考え方が生まれ、厚生省が作られました。しかし、当時の政策の根底には、慈恵・恩恵の考え方が根強くあり、戦時下の厚生事業は戦争のために国民をどれだけ動員できるかといった考えで行われたふしがあります。かたや、戦後は「厚生」から「社会福祉」への転換が進みました。日本国憲法に基づいて社会福祉法が51（同26）年に制定されたのをはじめ、公的責任という社会福祉の考え方を実体化しようと、さまざまな取り組みがなされます（＊2）。

「生存権の保障」を求めて、全盲の堀木文子さんが70（同45）年に起こした「堀木訴訟」はその典型でした（＊3）。障害福祉年金と児童扶養手当の併給禁止は違憲だとする主張は、最終判決では認められませんでした。しかし、憲法15条に基づいて生活保護の打ち切り処分取り消しを求めて行われた「朝日訴訟」とともに（＊4）、「権利としての社会福祉」を求める大きなうねりを生みました。

「福祉元年」といわれた73（同48）年も遠ざかり、21世紀に入った近ごろは、「福祉サービス」や「ソーシャルケア」といった言葉をよく耳にします。「自己決定・自己責任・自助努力」が声高に叫ばれる社会の流れは、どこへと注がれていくのでしょうか。

戦前から「福祉」の名を持つ「中央盲人福祉協会」

ここまで、明治以降の変遷を大まかになぞりました。法制度に「福祉」という言葉が根付き始めたのは戦後と考えてよさそ

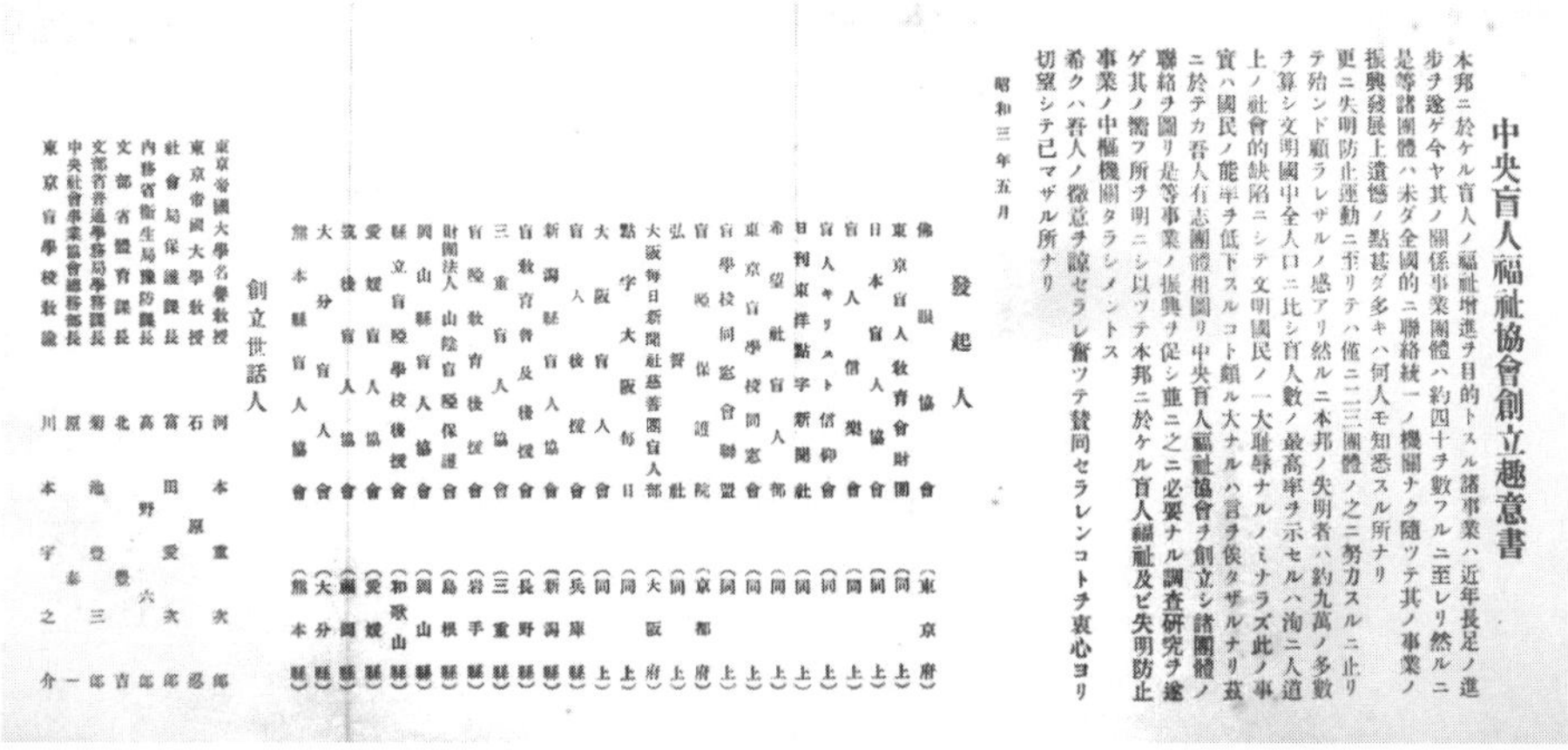
中央盲人福祉協會創立趣意書

本邦ニ於ケル盲人ノ福祉増進ヲ目的トスル諸事業ハ近年長足ノ進歩ヲ遂ゲ今ヤ其ノ關係事業團體ハ約四十ヲ數フルニ至レリ然ルニ是等諸團體ハ未ダ全國的ニ聯絡統一ノ機關ナク隨ツテ其ノ事業ノ振興發展上遺憾ノ點甚ダ多キハ何人モ知悉スル所ナリ

更ニ失明防止運動ニ至リテハ僅ニ二三團體ノ之ニ努力スルニ止リテ殆ンド顧ラレザルノ感アリ然ルニ本邦ノ失明者ハ約九萬ノ多數ヲ算シ文明國中全人口ニ比シ盲人數ノ最高率ヲ示セルハ洵ニ人道上ノ社會的缺陷ニシテ文明國民ノ一大恥辱ナルノミナラズ此ノ事實ハ國民ノ能率ヲ低下スルコト頗ル大ナルハ言ヲ俟タザルナリ茲ニ於テカ吾人有志團體相圖リ中央盲人福祉協會ヲ創立シ諸團體ノ聯絡ヲ圖リ是等事業ノ振興ヲ促シ並ニ之ニ必要ナル調査研究ヲ遂ゲ其ノ需フ所ヲ明ニシ以ツテ本邦ニ於ケル盲人福祉及ビ失明防止事業ノ中樞機關タラシメントス

希クハ吾人ノ微意ヲ諒セラレ奮ツテ贊同セラレンコトヲ衷心ヨリ切望シテ已マザル所ナリ

昭和三年五月

發起人

佛眼協會（東京府）
東京盲人教育會財團（同上）
日本盲人協會（同上）
盲人俱樂會（同上）
盲人キリスト信仰會（同上）
日刊東洋點字新聞社（同上）
希望社盲人部（同上）
東京盲學校同窓會（同上）
盲學校同窓會聯盟（同上）
盲啞保護院（京都府）
弘誓社（同上）
大阪毎日新聞社慈善團盲人部（大阪府）
點字大阪毎日（同上）
大阪盲人會（同上）
盲人校授會（兵庫縣）
新潟縣盲人協會（新潟縣）
盲教育普及後援會（長野縣）
三重盲人協會（三重縣）
盲啞教育後援會（岩手縣）
財團法人山陰盲啞保護會（島根縣）
岡山縣盲人協會（岡山縣）
縣立盲啞學校後援會（和歌山縣）
愛媛盲人協會（愛媛縣）
筑後盲人協會（福岡縣）
大分盲人會（大分縣）
熊本縣盲人協會（熊本縣）

創立世話人

東京帝國大學名譽教授　河本重次郎
東京帝國大學教授　石原忍
社會局保護課長　富田愛次郎
內務省衛生局豫防課長　高野六郎
文部省體育課長　北豐吉
文部省普通學務局學務課長　菊池豐三郎
中央社會事業協會總務部長　原泰一
東京盲學校教諭　川本宇之介

「中央盲人福祉協会創立趣意書」（京都ライトハウス所蔵）

うです。しかし、実は、戦前から「福祉」の名を持つ団体がありました。それが「中央盲人福祉協会」です。

同協会は、47（同22）年に10月10日を「目の愛護デー」に定めました。もっと、さかのぼれば31（同6）年に10月10日を「視力保存デー」に定めています。

28（同3）年に創立趣意書を発表し（写真）、翌年10月に発足。会長は明治から大正にかけて多くの企業設立に携わった渋沢栄一、副会長は明治の元勲、大久保利通の3男で官僚の大久保利武と農学者・教育家として活躍した新渡戸稲造です。

同協会が何に力を注いだか。34（同9）年から発行された『中央盲人福祉協会会誌』などで分かります。第1号の目次には、弱視児童の保護、トラホームの予防や治療、点字図書館事業などとあります（＊5）。以降、教育、労働、福祉、文化へと活動の幅を広げていきました。読本レコードや盲導犬に着目したのも同会でした。昭和になって間もない頃に「福祉」の考え方を掲げたのは誰で、何を構想してのものだったのか。それは日本の福祉の歴史上、どんな意義を持つのか。それを明らかにする研究が待たれます（79章参照）。

『社会事業雑誌目次総覧　第3巻』には、同会会誌の目次が全号分収められています（＊6）。記事内容を見ると、戦争政策には従順だったようです。ちなみに、同協会は後に組織改編し、50（同25）年に失明防止と眼《がん》衛生の向上を追求する「日本眼衛生協会」を発足させます（＊7）。6年後には「日本眼衛生協会50年の歩み」を刊行しました。

21世紀を「よりよく暮らす」ために

日本語の「福祉」にあたる英語は「welfare」です。その語源は、「well」（良い）と「fare」（暮らす）が合わさってできた言葉だといいます（＊8）。21世紀を「よりよく暮らす」とはどんな生き方かということと、それを保障する福祉の在り方は、広く深く考えるべきテーマです。すべての人の尊厳を実現するために。

典拠史料、引用・参考文献一覧

※重要文化財「京都盲唖院関係資料」については、
京盲資料〈文書・記録類〉139
のように、資料名の前に重要文化財指定時の分類と番号を示した

【全般的な参考文献】

丸川仁夫『日本盲唖教育史』京都市立盲学校・京都市立聾唖学校同窓会、1929年

盲聾教育開学百周年記念事業実行委員会編集部会編『京都府盲聾教育百年史』盲聾教育開学百周年記念事業実行委員会、1978年

岡本稲丸『近代盲聾教育の成立と発展：古河太四郎の生涯から』日本放送出版協会、1997年

大河原欽吾『点字発達史』培風館、1937年

文部省『盲聾教育八十年史』同、1958年

中野善達・加藤康昭『わが国特殊教育の成立』東峰書店、1967年

鈴木力二編著『図説盲教育史事典』日本図書センター、1985年

下田知江『盲界事始め』あづさ書店、1991年

古賀副武「千載一遇の年に」（日本点字図書館第49回 随筆随想コンクール優秀作品）、2009年

木下知威『盲・聾の空間：京都盲唖院の形成過程』（横浜国立大学博士学位授与論文）2010年

森田昭二『盲人福祉の歴史』明石書店、2015年

点字雑誌『むつぼしのひかり』データ化・研究プロジェクト編『むつぼしのひかり　墨字訳』桜雲会点字出版部、2016年〜

中村満紀男編著『日本障害児教育史戦前編』明石書店、2018年

【関連拙稿】

「盲唖院時代の教材・教具を活かした文字指導」『京都府立盲学校創立130周年記念実践記録集』京都府立盲学校、2009年

「盲・聾分離をめざした苦闘・90年」第84回全日本盲学校教育研究大会研究発表『視覚障害教育の今後を考えるための史資料集』、2009年

「伝えてみたい、「専門性」につながる言葉たち」全日本盲学校教育研究会事務局編『視覚障害教育』第108号、全日本盲学校教育研究会、2010年

「盲学校における点字教育の過去・現在・未来」広瀬浩二郎編『万人のための点字力入門—さわる文字から、さわる文化へ』生活書院、2010年

『ぼっちゃんの夢—とりい・とくじろう物語』私家本、2013年

「日本盲教育の独自性と普遍性」（国際セミナー「Histoire de la cécité et des aveugles」）2013年

「教育権の獲得をめざした盲〈ろう〉教育の分離・義務化運動」二通諭・藤本文朗編『障害児の教育権保障と教育実践の課題：養護学校義務制実施に向けた取り組みに学びながら』群青社、2014年

「京都府立盲学校資料室」学校・施設アーカイブズ研究会編著『学校・施設アーカイブズ入門』大空社、2015年

「日本における「盲人と芸術」の歴史—記憶する力と触る力—」（国

際シンポジウム「Blind Creations Conference in London」2015年
『視覚障害教育の源流をたどる　京都盲啞院モノがたり』明石書店、2019年

❶-1 凸字版『小学生徒心得』

1 東京盲学校編『東京盲学校六十年史』同、1935年
2 『小学生徒心得』師範学校、1873年
3 『学校読本小学生徒心得』東京府、1878年
4 海後宗臣ほか編『日本教科書大系　近代編　第3巻　修身（3）』講談社、1962年

❶-2 点字の背景

1 岡田摂蔵『航西小記』1866年
2 目賀田種太郎「監督雑報第十三号」文部省『教育雑誌』第89号、1879年
3 Thomas. R. Armitage『The Education and Employment of the Blind』（盲人の教育と職業）HARRISON & SONS、1871年
4 前島密「漢字御廃止之議」1866年
5 明六社『明六雑誌』第1号、1874年
6 ジェームス・カーティス・ヘボン、岸田吟香『和英語林集成』1867年
7 小西信八編、前島密『前島密君国字国文改良建議書』1899年
8 自治館編輯局編『明治文豪硯海録』文明堂、1902年

❶-3 点字事始め

1 『小学校国語四年　上　かがやき』光村図書出版、2017年
2 東京盲学校編『東京盲学校六十年史』同、1935年
3 小西信八「石川君日本訓盲字翻案廿五年祝賀式演説」小西信八先生存稿刊行会編『小西信八先生存稿集』同、1935年
4 Thomas. R. Armitage『The Education and Employment of the Blind』（盲人の教育と職業）HARRISON & SONS、1871年
5 木下知威「点字以前　18－19世紀の日本における盲人の身体と文字表記技術の交差」津山洋学資料館『一滴』第26号、2019年
6 https://books.google.co.jp/books?id=VokBAAAAQAAJ

❶-4 「点字」という日本語

1 教育博物館『教育博物館案内　上』同、1881年
2 小林小太郎ほか訳『教育辞林』文部省編纂局、1880年
3 小西信八「石川君日本訓盲字翻案廿五年祝賀式演説」小西信八先生存稿刊行会編『小西信八先生存稿集』同、1935年

❶-5 中村望斎

1 京盲資料〈凸字・点字資料〉145「『ブレーユ伝』点字印刷原板」
2 「生徒学業進否ノ状況」（京盲資料〈文書・記録類〉139「明治二十五年学事年報」に所収）
3 京盲資料〈文書・記録類〉301「明治三十六年九月　盲生教授用点字印刷器械寄附簿」
4 小林卯三郎「中村望斎先生を語る」京都府立盲学校『語り告ぎ

言ひ継ぎ往かむ―わが学び舎九十年の歩み―』京都府立盲学校、1968年

❶-6 国産点字器

1 島津源蔵「見積書」等（京盲資料〈文書・記録類〉128「諸往復書」に所収）
2 「京都市盲唖院保管財産明細書」（京盲資料〈文書・記録類〉107「所有財産調査類」に所収）
3 京盲資料〈文書・記録類〉139「明治二十五年学事年報」
4 点字毎日編集部編『日本点字器事始　仲村謙次の証言』（点字）毎日新聞社、1985年
5 日本点字図書館「本間一夫と盲人用具の50年展」、2014年

❶-7 古い点字

1 「上野家文書」京都府立京都学・歴彩館所蔵
2 鈴木力二編著『図説盲教育史事典』日本図書センター、1985年
3 「点字答辞」（京盲資料〈文書・記録類〉145「廿五年三月　試検一件書類」に所収）
4 「上第三拾五号京都市盲唖院慈恵函支払ノ義ニ付伺」京都市歴史資料館所蔵

❶-8 点字郵便制度

1 大沢秀雄「我が国の点字郵便制度の歴史―点字郵便無料化50年―」『筑波技術大学テクノレポート』19-2、2012年
2 「上第七号京都市立盲唖院盲生点字郵便物ニ付上申」（京盲資料〈文書・記録類〉151「明治廿六年　同上申書」に所収）
3 内務部からの回答「今般文部省普通学務局長ヨリ盲生点字本郵送方ニ関シ逓信省ニ於テ別記之通達シ相成タル趣通牒有之尤右逓信省達文中ニハ凸字トアレドモ点字凸字何ニテモ差支ナキ趣ニテ此段及御通知申候　廿六年四月八日　内務部第参課　市立盲唖院御中」（京盲資料〈文書・記録類〉6「本院ニ関ル盲唖教育書類」に所収）
4 前島密『郵便創業談』前島密伝記刊行会、1956年

❶-9 点字出版

1 本間一夫『指と耳で読む―日本点字図書館と私』岩波書店、1980年
2 千葉県立盲学校『六十年のあゆみ』1972年
3 『扶桑新聞』1901年4月13日
4 愛知教育会『愛知教育雑誌』第168号、愛知教育会事務所、1901年
5 愛知県聾学校編『愛知県聾学校二十五年史』愛知県聾学校、1940年
6 愛知県立名古屋盲学校記念誌委員会編『創立八十周年記念誌』愛知県立名古屋盲学校、1981年
7 寺脇輝雄「盲聾教育の先覚者長岡重孝」愛知県教育委員会編『教育愛知』22巻8号、愛知県教育振興会、1974年
8 東京盲学校同窓会『六ツ星の光』第六号・第九号、1904年（点字雑誌『むつぼしのひかり』データ化・研究プロジェクト編『むつぼしのひかり　墨字訳第一集』桜雲会点字出版部、2016年所収）

❶-10 左近允孝之進

1 点字新聞『あけぼの』は1906（明治39）年1月1日に創刊された。点字新聞の先行例としては、前章で取り上げた長岡重孝による『ふそう新聞』があるが、発行の継続性などから、『あけぼの』が日本の点字新聞の嚆矢と目されている。

2 山本優子『見はてぬ夢を：「視覚障害者」の新時代を啓いた左近允孝之進の生涯』燦葉出版社、2005年

3 広瀬浩二郎「日本で最初に作られた点字活版印刷機」国立民族学博物館ウェブサイト「みんぱくのおたから」2009年 https://www.minpaku.ac.jp/museum/enews/098otakara

4 左近允孝之進『盲人点字独習書』如泉堂、1905年（1912年再版、六光社）

5 左近允孝之進『盲人之教育』左近允孝之進、1905年

6 左近允マスエ『盲人点字独習書』（点字）神戸六光社 1914年

7 日本点字委員会編『資料に見る点字表記法の変遷』同、2007年

❶-11 江戸川乱歩「二銭銅貨」の点字

1 江戸川乱歩「二銭銅貨」各社版28種を閲読

2 三上延『ビブリア古書堂の事件手帖』第4巻 アスキー・メディアワークス、2013年

3 サピエ https://www.sapie.or.jp/cgi-bin/CN1WWW

❷-12 古河太四郎の挫折

1 京盲資料〈文書・記録類〉3「自明治拾壹年四月至明治十八年 壹月 奉命簿」

2 岸博実『視覚障害教育の源流をたどる 京都盲唖院モノがたり』明石書店、2019年

3 渡辺平之甫『古川氏盲唖教育法』文部省図書局、1913年

4 京都府「按 盲唖院長解職伺義ニ付上申」（簿冊「明治廿二年機密文書類」）1889年、京都府立京都学・歴彩館所蔵

5 文部省「盲唖院教則考按書」（「徳重文書写本第十四巻」）1882年、京都市総合教育センター所蔵

6 古河の子息和田陽三氏談（赤阪一「日本盲聾教育始源」『研究紀要第2集』京都府立盲学校、1956年）

❷-13 遠山憲美

1 山尾庸三「（盲唖学校創立セラレンコトヲ乞フノ書」（東京盲学校編『東京盲学校六十年史』同、1935年に所収）

2 遠山憲美「盲唖訓黌設立ヲ促ス建議意見書」（京盲資料〈文書・記録類〉4「本院設立建議一件」に所収）

3 古河太四郎『教育雑誌第六十四号附録 京都府下大黒町待賢校瘖唖生教授手順概略』文部省、1877年

4 京盲資料〈文書・記録類〉3「自明治拾壹年四月至明治十八年 壹月 奉命簿」

5 水野サダ子「遠山憲美戸籍調査」京都府立盲学校『研究紀要』第5集、1969年

6 鈴木カ二『古河太四郎と京都府盲唖院』あをい会、1968年

7 『朝日新聞』1879年11月13日

❷-14 普通教育と職業教育

1 京都市教育委員会・京都市学校歴史博物館編『京都学校物語』京都通信社、2006年
2 東京盲学校編『東京盲学校六十年史』同、1935年
3 大内青巒「本邦盲人教育に関する講話」『内外盲人教育』第1巻冬号、1913年
4 京盲資料〈文書・記録類〉41「明治十四年十二月学事年報」
5 京盲資料〈文書・記録類〉43「明治十五年中伺上申書」

❷-15 半井緑

1 京盲資料〈文書・記録類〉741、京都市立盲唖院『創立貳拾五年紀念京都市立盲唖院一覧』同、1903年
2 京盲資料〈文書・記録類〉9「明治自十一年到十三年　日記」
3 京都府立京都学・歴彩館所蔵の「利貞日記」に盲唖院開業日の記録があり、惣区長から「参観之衆中へ紅白餅三千組」が配られたとあることに依っている。
4 京盲資料〈文書・記録類〉53「従明治十六年四月　検査一件書」
5 京盲資料〈文書・記録類〉62「従明治十八年四月至同四十一年三月　奉命簿」
6 京盲資料〈文書・記録類〉342「明治三十九年一月　〃四十年　記録簿」
7 半井忠見（梧庵）『愛媛面影』1867年

❷-16 スクール人力車

1 大阪市立盲学校60年史編集委員会編『大阪市立盲学校60年史』大阪市立盲学校、1960年
2 大阪府立盲学校70周年記念誌編集委員会編『創立70周年記念誌』大阪府立盲学校、1984年
3 横浜市立盲学校編『横浜市立盲特別支援学校創立百二十年誌』横浜市立盲特別支援学校、2010年
4 広島県立盲学校編『創立九十周年記念誌』同、2008年
5 三重県立盲学校編『創立五十周年校舎落成記念誌』同、1970年
6 沖縄盲学校創立60周年記念事業実行委員会編『創立60周年記念誌』沖縄県立盲学校、1983年
7 日本盲人会連合「放課後等デイサービスガイドラインの構成案に対する意見書」、2015年
2015年2月26日の厚生労働省第4回障害児通所支援に関するガイドライン策定検討会の資料として意見書が公開されている
https://www.mhlw.go.jp/file/05-Shingikai-12201000-Shakaiengokyokushougaihokenfukushibu-Kikakuka/0000075564.pdf
8 京都府立盲学校七十五周年記念誌編さん委員会編『京都府立盲学校創立七十五周年記念誌』京都府立盲学校、1957年
9 京盲資料〈文書・記録類〉5「明治十一年　諸伺」

❷-17 名刺は語る

1 岸博実『歴史の手ざわり！　新聞・雑誌が描いた盲唖院・盲学校』私家版、2010年
2 京盲資料〈文書・記録類〉274「明治三十四年〜明治四十二年　参観名簿」
3 「伊澤修二名刺」年次不明、京都府立盲学校資料室所蔵

4　京盲資料〈文書・記録類〉9「明治自十一年到十三年　日記」
5　京盲資料〈文書・記録類〉45「従明治十五年一月　日記」
6　京盲資料〈文書・記録類〉65「従明治十八年一月一日至同年十二月　日記」
7　岸博実『資料室だより第39号』京都府立盲学校資料室、2009年
8　京盲資料〈文書・記録類〉270「自明治三十四年一月　至明治三十八年十二月　日注簿」
9　京盲資料〈文書・記録類〉306「明治三十六年十月十四日以降　参観人芳名録」
10　京盲資料〈文書・記録類〉342「明治三十九年一月　〃四十年　記録簿」
11　『無聴の友』第四号、2〜3頁、京都盲唖院聾唖院友会、1906年、日本手話研究所所蔵

❷-18 京都盲唖院探訪マップ

1　京盲資料〈文書・記録類〉274「明治三十四年〜明治四十二年　参観名簿」
2　松尾達也「京都盲唖院における地理教育と地図」（『地理』56-2、古今書院、2011年）所収、松尾達也「京都盲唖院石碑」解説文
3　護王神社御遷座百年祭奉賛会編『和気公と護王神社』護王神社、1987年
4　京都當道会「あゆみ」http://www.kyoto-todokai.or.jp/history/index.html　2020年3月5日現在
5　木下知威、大原一興「京都盲唖院における空間構成と教育プログラムに関する研究—明治期の京都盲唖院における建築設計図面、エスキス、関連資料から」『日本建築学会計画系論文集』第75巻第647号、2010年
6　青山霞村原著、住谷悦治校閲、田村敬男編集『山本覚馬伝』宮帯出版社、2013年

❷-19 室田有

1　京盲資料〈文書・記録類〉370「自明治四十一年四月至大正六年三月　奉命簿　参」
2　室田有『和文英訳自由』培風館、1948年
3　室田有『英語単語集』培風館、1939年
4　室田有『苦難に在る友へ』三一書店、1952年
5　邱大昕「日本統治時代における臺灣盲人按摩の形成過程」、2017年　https://www.academia.edu/32127623/
6　静岡英和女学院八十年史編纂委員会編『静岡英和女学院八十年史』静岡英和女学院、1971年
7　静岡市空襲を記録する会編『静岡市空襲の記録』静岡市空襲を記録する会、1974年

❸-20 盲教育のあけぼの

1　「楽善会広告」『西京新聞』1877年11月30日／12月1日・2日・4日

❸-21 覚り方

1　進和枝「盲教育黎明期における『教科教育』と『覚り方』の関

連（2）」『日本特殊教育学会第48回大会報告集』2014年

2　京盲資料〈典籍・教科書類〉30「明治三十九年九月　尋常科第二第三学年教授案　中村望斎」

❸-22 何を教えるか

1　「仮校則」（京盲資料〈文書・記録類〉7「明治自十一年到十四年諸規則章程書類綴込」に所収）

2　楽善会訓盲唖院「楽善会訓盲唖院規則」1880年、雨宮中平史料、岸博実所蔵

3　「前園昇書状」及川静宛て、1881年、雨宮中平史料、岸博実所蔵

4　東京盲学校編『東京盲学校六十年史』同、1935年

5　楽善会「第二期考課状」1880年、雨宮中平史料、岸博実所蔵

6　楽善会「第三期考課状」1881年、雨宮中平史料、岸博実所蔵

7　東京盲学校編『東京盲学校六十年史』同、1935年

❸-23 体育

1　京盲資料〈文書・記録類〉5「明治十一年　諸伺」

2　鹿田熊八・寺本伊勢松『改正小学体操法』熊谷久栄堂、1898年

3　渡辺平之甫『古川氏盲唖教育法』文部省図書局、1913年

4　京盲資料〈文書・記録類〉270「明治三十四年一月～明治三十八年十二月　日注簿」

5　木下東作「盲唖の体育」帝国盲教育会編『帝国盲教育』第二巻第三号、東京盲学校、1922年

6　「点字毎日主催関西盲学生体育大会」『大阪毎日新聞』、1925年10月12日

7　京都府立盲学校「自校体操」1935年頃、京都府立盲学校資料室所蔵

❸-24 盲児向けの雑誌

1　世界盲人百科事典編集委員会編『世界盲人百科事典』日本ライトハウス、1972年

2　鳥居篤治郎・小林卯三郎『ヒカリノ　ソノ（光の園）』刊行趣意書」1921年、京都府立盲学校資料室所蔵

3　鳥居篤治郎・小林卯三郎『ヒカリノ　ソノ　第二巻第四号第五号合冊』（点字）1922年、京都ライトハウス所蔵

4　鳥居篤治郎・小林卯三郎『ヒカリノ　ソノ　第三巻第九号』（点字）1923年、京都ライトハウス所蔵

5　大阪市立盲学校『点字子供雑誌山びこ創刊号』大阪市立盲学校出版部、1931年

6　『手で見る学習絵本―テルミ』一般財団法人日本児童教育振興財団、小学館発売、1983年

❸-25 半盲・弱視

1　尾上圓太郎『視力愛護に就て』社団法人電気普及会、1936年

2　小林一弘『南山小学校視力保存学級に関する研究』あずさ書店、1984年

3　京盲資料〈文書・記録類〉２１０「明治三十年一月ヨリ明治三十三年二至ル　日注簿」
4　浅山郁次郎「京都盲唖院盲生眼病検査」１８９１年、京都府立盲学校資料室所蔵
5　帝国盲教育会『帝国盲教育』第一巻第二号、東京盲学校、１９２１年
6　鹿野武十「東京盲学校生徒十年間統計表に依る主なる失明原因に就て（三）」帝国盲教育会『帝国盲教育』第二巻第四号、東京盲学校、１９２３年
7　帝国盲教育会『帝国盲教育』第五巻第一号、東京盲学校、１９２５年
8　樋口長市『欧米の特殊教育』目黒書店、１９２６年
9　京盲資料〈文書・記録類〉５７７「昭和七年度　職員会議録」
10　秋葉馬治『欧米に於ける弱視児童教育』東京市教育局　１９３３年
11　京都市児童養護研究会『弱視・近視児童養護』同、１９３６年

❸-26 重複教育

1　梅津八三『重複障害児との相互輔生：行動体制と信号系活動』東京大学出版会、１９９７年
2　京盲資料〈文書・記録類〉１２「自明治十一年至同三十年五月　半途退学生名簿」
3　同右
4　小西信八先生存稿刊行会編『小西信八先生存稿集』同、１９３５年
5　脇田良吉『異常児教育三十年』日乃丸会、１９３２年
6　ヘレン・ケラー著・皆川正禧訳『わが生涯』内外出版協会、１９０７年
7　帝国盲教育会『帝国盲教育』第一巻第二号、東京盲学校、１９２１年
8　「西部盲唖教育協議会報告」１９２３年、大阪府立大阪北視覚支援学校資料室所蔵
9　京盲資料〈文書・記録類〉８９２、全国盲学校長会「第八回全国盲学校長協議会議題」
10　佐江衆一『空は青か』毎日新聞社、１９８０年
11　岸博実「教育権の獲得をめざした盲（ろう）教育の分離・義務化運動」二通諭・藤本文朗編『障害児の教育権保障と教育実践の課題』群青社、２０１４年

❸-27 給食・舎食

1　土屋久美・佐藤理「学校給食のはじまりに関する歴史的考察」『福島大学総合教育研究センター紀要』第13号、２０１２年
2　藤原辰史『給食の歴史』岩波新書、２０１８年
3　京盲資料〈文書・記録類〉４０「明治十四年一月ヨリ至同年十二月　日記」
4　東京盲学校編『東京盲学校六十年史』同、１８９２年
5　同右
6　松崎天民「京都盲唖院を訪ふ」『小天地』２巻６・７・８号、金尾文淵堂、１９０２年
7　兵庫県社会福祉協議会「左近允孝之進」『福祉の灯　兵庫県社会事業先覚者伝』同、１９７１年
8　徳島県立盲学校記念誌編集委員会編『徳島県盲教育史』徳島県

立盲学校、1980年

❸-28 修学旅行

1 星野朗「修学旅行の歴史（戦前の部）」『地理教育』26号、1997年
2 京盲資料〈文書・記録類〉741、京都市立盲唖院『創立貳拾五年紀年京都市立盲唖院一覧』同、1903年
3 京盲資料〈文書・記録類〉366「自明治四十一年至〃四十二年 記録簿」
4「奈良畝傍方面一泊旅行院長引率」（京盲資料〈文書・記録類〉455「大正二年 伺上申」に所収）
5 名古屋市立盲唖学校『創立満拾週年誌』同、1922年
6 愛媛県立松山盲学校編『創立七十周年記念誌』同、1977年
7 大阪府立盲学校編『大阪府立盲学校四十年誌』同、1955年
8 石川県立盲学校『あゆみ 石川県立盲学校六十周年記念』同、1968年
9 群馬県立盲学校『あゆみ 群馬県立盲学校60年史』同、1967年
10 富山県立盲唖学校『富山県盲唖教育三十年史』同、1936年
11 野地繁『盲学校物語』交蘭社、1941年
12 沖縄盲学校編『沖縄盲教育50年のあゆみ』同、1971年
13 沖縄盲学校創立70周年記念事業期成会編『沖縄県立沖縄盲学校創立70周年記念誌』沖縄盲学校、1991年
14 長崎県立盲学校「長崎県立盲学校の歴史」（公式ウェブサイト、http://www.news.ed.jp/mou/gakkou/enkaku/rekisi.html、2020年6月現在）
15 奈良女子大学「第一期生修学旅行」（奈良女子大学公式サイト校史関係史料活字化事業、http://www.nara-wu.ac.jp/nensi/46top.htm）1912年

❸-29 杉江泰一郎

1 京都府立盲学校七十五周年記念誌編さん委員会編『創立七十五周年記念誌』京都府立盲学校、1957年
2『日出新聞』1913年4月5日付
3 大阪市立盲学校60年史編集委員会編『大阪市立盲学校60年史』大阪市立盲学校、1960年
4 杉江泰一郎作曲「柴刈山」矢倉年『坊やの夢・歌集』、紫朗塔社、1934年
5 大阪市立盲学校演奏会プログラム各種、大阪府立大阪北視覚支援学校資料室所蔵
6 宮島茂次郎「盲人洋楽演奏会開催の趣旨」1932年、大阪府立大阪北視覚支援学校資料室所蔵
7「滋賀演奏会」『大阪朝日新聞』1929年4月
8 岩橋武夫「盲バイオリニスト杉江泰一郎」京都府立盲学校七十五周年記念誌編さん委員会編『京都府立盲学校創立七十五周年記念誌』京都府立盲学校、1957年

❸-30 盲学校・点字の歌

1 楠本実・梶本勝史・井谷善則「盲学校の校歌・校章に関する考察—聾学校との関連において—」『大阪教育大学障害児教育研究紀要』第7号、1984年
2『全国盲学校校歌集』（録音テープ）、飯沼録音所、1979年

3 福岡県立柳河特別支援学校「福岡県立柳河特別支援学校沿革」（公式サイト、http：//yana-ss.fku.ed.jp/one_html3/pub/default.aspx?c_id=20）
4 東京盲唖学校『大婚廿五ノ春ヲ祝シ奉ル』（点字・墨字併記）、同、1894年
5 小西信八「古川太四郎先生創業三〇年頌徳の歌」同『日本盲唖教育始祖古川太四郎先生略歴・附教授養護説明』1908年
6 石川倉次「点字普及の歌」日本東洋新聞社編『点字普及歌と標語』日刊東洋点字新聞社、1940年
7 湯浅吉郎「盲唖分離の歌」大正時代
8 『日出新聞』1913年4月5日

❸-31 似通った校歌

1 東京盲唖学校「日本訓盲字」1905年、京都府立盲学校資料室所蔵
2 岐阜盲学校『岐阜盲学校六十年誌』岐阜県立岐阜盲学校、1954年
3 京盲資料〈凸字・点字資料〉49「訓盲点字符（点字）」
4 愛知県立豊橋盲学校校史編輯委員会『世々に残さむ—豊橋盲学校八十年の〝生涯〟』愛知県立豊橋盲学校、1981年
5 創立90周年記念誌出版委員会『福島県立盲学校創立90周年記念誌』福島県立盲学校創立90周年記念事業実行委員会、1987年

❸-32 研究誌

1 青森県立盲学校大会記念誌作成委員会編『全日盲研の歩み—その前史から90年—』青森県立盲学校、1996年
2 鈴木力二編著『図説盲教育史事典』日本図書センター、1985年
3 https://www.osaka-c.ed.jp/osakakita-s-s/ZenNichiMouKen/taikai.html
4 津曲祐次監修『障害者教育福祉リハビリテーション目次総覧』大空社、1993年
5 『木之枝根（後に改題「きのえね」）』甲子会、1931年
6 『盲心理論文集第1巻』日本盲心理研究会、1956年
7 『盲心理研究第1巻』日本盲心理研究会、1959年

❹-33 大阪摸範盲唖学校

1 大波一郎『詩人　日柳燕石』本の泉社、2006年
2 中江義照『大阪府盲教育史資料』私家版、年代不詳
3 『朝日新聞』1879年11月1日
4 『朝日新聞』1879年11月30日
5 大阪市立盲学校60年史編集委員会編『大阪市立盲学校60年史』大阪市立盲学校、1960年
6 「大前ナヲ履歴書草稿」大阪府立大阪北視覚支援学校所蔵
7 大阪市立盲学校60年史編集委員会編『大阪市立盲学校60年史』大阪市立盲学校、1960年
8 五代五兵衛翁頌徳会『五代五兵衛』同、1937年

❹-34 楽善会官立化へ

1 東京盲学校編『東京盲学校六十年史』同、1935年
2 東京盲学校編『東京盲学校六十年史』同、1935年
3 鳥居篤治郎「盲唖教育取調ノ為メ上東京中ノ日誌」（京盲資料〈文

書・記録類〉6「本院ニ関ル盲啞教育書類」に所収）

4　東京盲学校編『東京盲学校六十年史』同、1935年

❹-35 雨宮中平史料

1　東京盲学校編『東京盲学校六十年史』同、1935年

❹-36 高津柏樹

1　鈴木力二『東都盲人教育事始め　高津柏樹の一生』私家版、1983年

2　高津柏樹『まあ坐れ』日本図書出版、1920年

3「何安居士と柏樹老人」『閑話休題』民友社、1908年

4　黄檗宗「十八大家当選者」『黄檗宗教報』第十一号、1894年

5　戸川秋骨『柏樹先生』（原稿）、1924年、岸博実所蔵

❹-37 高田盲学校

1　大河原欽吾『点字発達史』培風館、1937年

2　市川信夫『ふみ子の海―ある全盲少女の青春―』上・下、理論社、1989年

3　高田盲学校『高田盲学校30周年記念』（点字）1921年

4　大森隆碩没後百年を偲ぶ会企画・編集『〝地方〟に初めてできた雪国・高田の盲学校』同、2003年

5　市川信夫「旧高田盲学校資料1〜7」『上越タイムス』2009年4月29日〜6月10日

6　高岡みつ子「盲教育について」『新国民』第十二巻第二号、1910年

❹-38 横浜物語

1　淺水璉太郎『杖の栞』横浜弘道会、1891年

2　伊藤照美「横浜監獄内にあった盲啞懲治療場をめぐって」『日本聾史学会第8集　第12回福岡大会』日本聾史学会、2010年

3　京盲資料〈文書・記録類〉366「自明治四十一年　至〃四十二年　記録簿」

❹-39 横浜訓盲院

1　横浜訓盲院『私学の特長、私立盲学校の保存と其の保護』同、1925年

2　横浜訓盲院・横浜訓盲学院『光を求めて九十年』同、1979年

3　武井イネ『神が書かせた思い出』キリスト新聞社、1975年

4　大河原欽吾『横浜訓盲院文庫第二二号　笛の音』1935年

5　今村幾太『横浜訓盲院の家風』1954年

6　クマガヤエフエム「83年の歴史に幕　熊谷理療技術高等盲学校」2015年4月6日

https://ameblo.jp/kumagayafm/entry-12010776529.html

❹-40 次々と生まれる学校

1　岡本稲丸「わが国聴覚障害教員略史―戦前・戦後を中心に」『ろう教育科学』32-2、1990年

2　文部省編『日本帝国文部省年報　第三十六年報』文部省、1910年

❹-41 知られざる足跡
1 内務省「内務省日誌」明治8年57号、国立公文書館所蔵
2 松村精一郎『万国地誌階梯』江島伊兵衛、1878年、岸博実所蔵
3 京盲資料〈文書・記録類〉9「明治自十一年到十三年 日記」
4 橘勇一・山本靖光・種田忠繁「「日本初のろう者校長！ 松村精一郎」の研究」『日本聾史学会第4集 第8回長岡大会』日本聾史学会、2006年
5 私立訓盲学校「私立訓盲学校規則」1888年、雨宮中平史料、岸博実所蔵

❹-42 消えた盲学校
1 『知的・身体障害者問題資料集成 戦前編 第3巻 1922年–1924年』不二出版、2005年
2 市村壮雄一『続茶の間の土浦五十年史』いはらき新聞社、1968年
3 永山正編『土浦町内誌』土浦市教育委員会、1989年
4 帝国盲教育会『帝国盲教育』第四巻一号、東京盲学校、1924年
5 帝国盲教育会「大正十一年十一月現在内國盲学校並盲啞学校一覧表」1923年
6 市村荘雄一『続茶の間の土浦五十年史』いはらき新聞社、1968年
7 池田裕子「日本統治下樺太における小学校の設置―領有から1910年代前半期まで―」『教育学の研究と実践』第2号、北海道教育学会、2003年
8 岡典子、中村満紀男「私立神都訓盲院（1919–1948）の各種学校としての教育的・社会事業的意義」『社会事業史研究』47号、2015年
9 梶本勝史、楠本実「ある公立盲学校の開設と閉鎖―紀南盲啞学校を通して」『ろう教育科学』第22巻第3・4号、1980年
10 梶本勝史「新聞報道でよみがえった私立佐世保盲啞学校」『発達人間学論叢』6号、大阪教育大学教育学部、2002年
11 大杉豊「手話人文学の構築に向けて―「聾啞教授手話法」を読み解く」日本手話研究所編『手話・言語・コミュニケーション』No.1、文理閣、2014年
12 鹿児島県立鹿児島盲学校『南雲総次郎の生涯：本校創設者・初代校長』同、1981年

❹-43 九州と京都
1 京盲資料〈文書・記録類〉399「明治四十三年一月ヨリ大正四年九月ニイタル 参観名簿」
2 京盲資料〈凸字・点字資料〉145「『ブレーユ伝』点字印刷原板」
3 藤井喜久雄『大分県立盲学校史』大分県立盲学校内校史刊行委員会、1974年
4 森清克「特殊教育に関する所感」『内務省第13回感化救済事業講習会講演集』、1917年
5 『南雲総次郎の生涯：本校創設者・初代校長』鹿児島県立鹿児島盲学校、1981年
6 京盲資料〈文書・記録類〉260「明治三十三年 諸往復」
7 佐土原すゑ『聾啞教授手話法』私立鹿児島盲啞学校（印刷部）、1902年

8　甲斐亮典『創立50周年記念誌』宮崎県立盲学校、1960年
9　福岡県立柳河盲学校編『福岡県立柳河盲学校創立六十年のあゆみ』同、1970年
10　福岡県盲学校『開校85周年記念誌』同、1995年
11　松井繁「先達に学び業績を知る　視覚障害者の地位向上に尽くした「三療の父」三谷復二郎」『視覚障害：その研究と情報』、293号、2012年
12　京盲資料〈文書・記録類〉399「明治四十三年一月ヨリ大正四年九月ニイタル　参観名簿」
13　山本暁得『仏眼』法藏館、1934年
14　赤座憲久『デイゴの花かげ―盲目の先達・高橋福治』小峰書店、1989年
15　佐賀県特殊教育百年記念会編『佐賀県特殊教育史―特殊教育百年記念誌―』同、1978年

❹-44 高知盲唖学校

1　公文豪『「民権ばあさん」楠瀬喜多小論―公文豪自由民権史論集』高知市立自由民権記念館友の会、2006年
2　高知県教育史編集委員会編『近代高知県教育史』1964年
3　高知県立盲学校創立90周年記念誌編集委員会編『創立九十周年記念誌』高知県立盲学校創立90周年記念事業実行委員会、2019年

❹-45 秋田県立盲学校

1　秋田県立盲学校編『創立五十年史』同、1962年
2　秋田県立盲学校創立七十周年記念事業推進委員会編『七十年史：創立七十周年記念誌』秋田県立盲学校、1982年
3　河北新報社宮城県百科事典編集本部編『宮城県百科事典』河北新報社、1982年
4　秋田県立盲学校創立七十周年記念事業推進委員会編『七十年史：創立七十周年記念誌』秋田県立盲学校、1982年

❺-46 はばたく第1世代

1　谷口富次郎「谷口先生72歳」（水野サダ子氏による墨字訳）
2　谷口富次郎『鍼科新書』（点字）年代不明
3　谷口富次郎『鍼科新書』京都府立盲学校同窓会編（復刻・墨字）、2013年
4　日本盲人会「日本盲人会設立趣意書」1906年、京都府立盲学校資料室所蔵
5　『検校山口巌師五十回忌にあたり』琴栄会、1986年
6　京都府立盲学校同窓会『三曲語り継ぎ　京都府立盲学校創立百三十五周年記念　山口巌・菊次郎「三曲」掲載作品集』2013年
7　福田恭子「山口巌の生涯―箏曲界に与えた影響とその業績―」東京芸術大学学位授与論文、2016年
8　東京芸術大学百年史刊行委員会『東京芸術大学百年史』東京音楽学校篇1・2、音楽之友社、1987・2003年
9　聾唖月報社編『昭和十年版聾唖年鑑』同、1935年
10　那須英彰・須崎純一『藤本敏文』筑波大学附属聾学校同窓会、1998年
11　愛知県立豊橋聾学校創立百周年記念事業実行委員会『聴覚障害教師の嚆矢吉川金造先生：吉川金造先生偉業調査報告：日本の

教育史上に異彩を放った：聾者のための聾者による聾教育を百年も前に実践した日本初の聾教師』同、1998年
12 鳥居篤治郎「日記」（点字）1920年、京都ライトハウス所蔵

❺-47 同窓会
1 東京盲学校編『東京盲学校六十年史』同、1935年
2 筑波大学附属盲学校同窓会・後援会『なずれば指に明らけし筑波大学附属盲学校記念文集』2011年
3 京盲資料〈文書・記録類〉119「明治二十三年ヨリ廿六二至ル 日注簿」
4 京盲資料〈文書・記録類〉208「盲同窓会議事録綴」
5 京盲資料〈文書・記録類〉294「篤交会会報関係等草稿類綴」
6 京盲資料〈凸字・点字資料〉109、京都市立盲学校内もうゆうしゃ『てんじせかい（点字世界）』第14号
7 京都市立盲唖院編『瞽盲社会史』同、1903年

❺-48 3校長建議
1 青山武一郎編輯『聾唖教育講演会・第一回全国聾唖大会・日本聾唖技芸会五二会出品 報告』日本聾唖技芸会、1907年
2 京盲資料〈文書・記録類〉342「明治三十九年一月 〃四十年 記録簿」
3 杉野昭博「盲人保護法案に関する帝国議会資料：視覚障害者による「あんま専業運動」」『調査と資料』91号、関西大学経済政治研究所、1999年
4 横山健堂編『高木正年自叙伝』代々木書院、1932年
5 青森県立盲学校大会記念誌作成委員会編『全日盲研の歩み その前史から90年』青森県立盲学校、1996年
6 京盲資料〈文書・記録類〉347「明治四十年一月一日起 宿直簿」

❺-49 京都市立盲唖院篤交会・同窓会
1 京盲資料〈文書・記録類〉178「明治二十七年及び廿八年、廿九年 日注簿」
2 京盲資料〈文書・記録類〉270「明治三十四年一月～明治三十八年十二月 日注簿」
3 京盲資料〈文書・記録類〉119「明治二十三年ヨリ廿六年二至ル 日注簿」
4 京盲資料〈文書・記録類〉208「盲同窓会議事録綴」
5 石松量蔵『盲目の恩寵 盲人牧師の記録』日本福音ルーテル羽村教会、1965年
6 京盲資料〈文書・記録類〉328「明治三十八年度 宿直簿」
7 京盲資料〈文書・記録類〉347「明治四十年一月一日起 宿直簿」
8 京盲資料〈凸字・点字資料〉109、京都市立盲学校内もうゆうしゃ『てんじせかい（点字世界）』第14号
9 京盲資料〈文書・記録類〉361「明治四十一年一月一日起 宿直簿」
10 京盲資料〈凸字・点字資料〉145「『ブレーユ伝』点字印刷原板」

❺-50 青年盲人たちによる点字雑誌
1 京盲資料「日誌類」〈文書・記録類〉415「（明治四拾四年度）

七月廿一日以降　宿直日誌」・〈文書・記録類〉459「大正二年度　盲部宿直日誌」・〈文書・記録類〉472「大正参年四月ヨリ仝四年三月マデ　京都市立盲唖院日誌」
2　岐阜盲学校編『岐阜盲学校百年史』岐阜県立岐阜盲学校創立百周年記念事業実行委員会、1994年
3　世界盲人百科事典編集委員会編『世界盲人百科事典』日本ライトハウス、1972年
4　鳥居篤治郎・小林卯三郎「『ヒカリノ　ソノ（光の園）』刊行趣意書」1921年、京都府立盲学校資料室所蔵
5　東京盲学校編『東京盲学校一覧』同、大正期
6　https://www.hosei.ac.jp/hosei/daigakugaiyo/daigaku_shi/museum/2014/141023/　2020年9月30日確認

❺-51 中村京太郎と『あけぼの』

1　この「東京基督教女子大学」は東京女子大学を指す
2　この件は、立命館所蔵資料では確認できていない

❺-52 点字投票

1　帝国盲教育会『帝国盲教育』第一巻第三号、東京盲学校、1921年
2　帝国盲教育会『帝国盲教育』第二巻第一号、東京盲学校、1922年
3　長崎照義『ピエロ　カンテラに踊る　釈呑空回顧録』同、1974年
4　原田良實「先達に学び業績を知る　点字投票有効運動の父―長崎照義」『視覚障害』261号、2010年
5　『選挙ノ方法ニ関スル調査資料』衆議院議員選挙法調査会、192―年（未確定）
6　尾関彦人『日本訓盲点字独案内』東光社、1925年
7　都新聞政治部編『我が選挙制度』同、1926年
8　東京盲学校編『ブレーユ点字沿革の概要』同、1927年
9　公職選挙法施行規則第七条「点字投票」2019年

❺-53 点字公認運動

1　横山健堂編『高木正年自叙伝』代々木書院、1932年
2　長谷場純孝「意見書第二百八十六号　点字公認ニ関スル請願」1909年、国立公文書館所蔵（簿冊「公文雑纂・明治四十二年・第三十二巻・帝国議会・第二十五回二」　件名番号038「点字公認ニ関スル請願ノ件」　請求番号：纂01136100）
3　桑田鶴吉「盲人図書館設立の一手段」『むつぼしのひかり』第一九号、東京盲唖学校盲部同窓会、1905年
4　内閣総理大臣桂太郎「文部大臣、回付案」1909年、国立公文書館所蔵（同）
5　文部大臣小松原英太郎「官第四三」1909年、国立公文書館所蔵（同）
6　閣議決定「明治四十二年十二月十三日」1909年、国立公文書館所蔵（同）

❺-54 岡山の盲人青年覚醒会

1　「道ひとすじ―昭和を生きた盲人たち」編集委員会編『道ひとすじ　昭和を生きた盲人たち』あずさ書店、1993年
2　樋口長市『欧米の特殊教育』目黒書店、1924年

3　盲人青年覚醒会「岡山県盲人調査表」1924年
4　帝国盲教育会『帝国盲教育』5巻1号、東京盲学校、1924年
5　畑文平『岡山県第1回盲人検診状況』岡山県盲人協会、1928年
6　畑文平『失明予防読本』金原商店、1933年

❺-55 白杖安全デー

1　『むらさきの』第6号、京都府立盲学校同窓会、1962年
2　京都ライトハウス「京都府下における盲人の事故調査表」1967年、京都ライトハウス所蔵
3　鳥居篤治郎「全国交通安全運動連絡協議会における挨拶」点字原稿、年次不詳
4　『点字京都』第76号、京都府盲人協会、1965年

❻-56 嶋田秀鱗

1　京都府立盲学校七十五周年記念誌編さん委員会編『京都府立盲学校創立七十五周年記念誌』京都府立盲学校、1957年
2　菊島和子著・高橋實監修『点字で大学　門戸開放を求めて半世紀』視覚障害者支援総合センター、2000年
3　小崎弘道『七十年の回顧』警醒社書店、1927年
4　同志社五十年史編纂委員会編『同志社五十年史』同志社校友会、1930年
5　石川二三造『本朝盲人伝』文部省普通学務局、1919年
6　執筆者不詳「続本朝盲人伝稿本」年代不詳、日本点字図書館奥村文庫所蔵
7　日本基督教団木更津教会編『宣教百周年記念1880―1980』同、1980年

❻-57 野村宗四郎

1　京盲資料〈文書・記録類〉209「明治三十年五月　職員録」
2　安中半三郎筆記『長崎盲唖学校二十周年誌』長崎盲唖学校、1917年
3　京盲資料〈文書・記録類〉741、京都市立盲唖院『創立弐拾五年紀念京都市立盲唖院一覧』同、1903年
4　京盲資料〈文書・記録類〉210「明治三十年一月ヨリ明治三十三年ニ至ル　日注簿」
5　那須英彰・須崎純一共編著『藤本敏文』筑波大学附属聾学校同窓会、1998年

❻-58 南雲総次郎・佐土原すゑ

1　『南雲総次郎の生涯：本校創設者・初代校長』鹿児島県立鹿児島盲学校、1981年
2　北海道旭川盲学校『復刊一生記南雲総次郎』1975年
鹿児島県立鹿児島盲学校『復刊南雲総次郎一生記』（口述筆記）、1974年
3　佐藤忠道「北海道における盲・聾教育の先達者に学ぶ」（日本盲教育史研究会第3回ミニ研修会発表）2015年
4　伊藤勇「南雲総次郎と旭川盲学校」（同右）
5　『形聲』第1号、旭川盲唖学校口話研究部、1933年
6　京盲資料〈文書・記録類〉260「明治三十三年　諸往復」
7　佐土原すゑ『聾唖教授手話法』私立鹿児島盲唖学校（印刷部）、

1902年

❻-59 光村弥兵衛
1 『国語四（上）かがやき』光村図書出版、1996年
2 『みんなと学ぶ小学校国語四年下』学校図書、2015年
3 『TOTAL ENGLISH 英語1年』学校図書、2017年
4 『高校数学A』実教出版、2017年
5 『中学社会（地理、歴史、公民）』教育出版、2017年
6 大島健甫『大島健甫短編集』手帖舎、1993年
7 中西牛郎『従六位光村弥兵衛伝』同、1894年
8 古谷玲子「中途失明者・光村弥兵衛の生涯―盲人小林如雲と盲唖院設立運動の関わりを通じて」（『聾歴史研究』第83号、近畿聾史研究グループ、2020年）

❻-60 小林如雲ら
1 『朝日新聞』1882年11月28日
2 「盲唖院設立補助願い」『兵庫岡方文書』第一輯第一巻、神戸市教育委員会、1979年
3 『朝日新聞』1883年7月12日ほか
4 中西牛郎『従六位光村弥兵衛伝』同、1894年
5 『石井十次日誌』（明治二十一年）石井記念友愛社、1956年

❻-61 小林富次郎
1 加藤直士『小林富次郎伝』1911年
2 ライオン株式会社Webサイト「ライオンミュージアム」https://www.lion.co.jp/ja/life-love/history/museum/02/
3 吉澤商店撮影映画フィルム「小林富次郎葬儀」1910年、国立映画アーカイブ所蔵

❻-62 天橋義塾―自由民権運動と盲唖教育①
1 宇田友猪『板垣退助君伝記 全4巻』原書房、2009年
2 外崎光広『土佐自由民権運動史』高知市文化振興事業団、1992年
3 『日新真事誌』1875年10月12日及び同年11月18日
4 京盲資料〈文書・記録類〉3「自明治拾壱年四月至明治十八年壱月　奉命簿」
5 新谷嘉浩「中村時次郎と宮津盲唖学校」『五老ケ岳　同窓会設立20周年記念号～京都府北部・聾者の歴史～』京都府立聾学校舞鶴分校同窓会、2003年
6 宮津市文化財保護委員会・「天橋義塾」誌編さん委員会編『資料天橋義塾　上下』宮津市教育委員会、1978／1979年
7 原田久美子「自由民権政社の展開過程―天橋義塾の場合―」『京都府立総合資料館紀要』創刊号、1972年
8 東京都盲人福祉協会編『社団法人東京都盲人福祉協会100年のあゆみ　盲人運動の発祥と今後の展望』同、2003年

❻-63 楠瀬喜多―自由民権運動と盲唖教育②
1 久米田佐敏『創立三十周年記念誌』高知県立盲学校、1960年
2 高知県立盲学校創立四十周年記念誌編集委員会『記念誌創立四十周年』高知県立盲学校、1969年
3 高知県女教員会編『千代の鑑　土佐名婦』冨山房、1941年

4 公文豪『「民権ばあさん」楠瀬喜多小論―公文豪自由民権史論集』高知市立自由民権記念館友の会、2006年

❻-64 平塚盲学校―自由民権運動と盲唖教育③

1 神奈川県立平塚盲学校編『創立五十周年記念誌』同、1960年
2 『頌徳碑成るまで』頌徳碑建設期成会、1938年
3 大畑哲『相州自由民権運動の展開』有隣堂、2002年
4 平塚市博物館編『平塚市史』第6巻、平塚市、1995年

❻-65 小西信八追悼本

1 南雲総次郎等『恩師故小西信八先生追悼号』（点字雑誌六ツ星の光より転写）1938年
2 岐阜大学教育学部治療教育学研究室『治療教育研究紀要第15号』1994年
3 日本聾唖教育会ほか編『盲唖教育の師父小西信八先生小伝と追憶』日本聾唖教育会、1938年

❻-66 猪田すて

1 猪田すて「回想」（録音）1953年、京都府立盲学校資料室所蔵
2 鳥居篤治郎『すてびやく』京都ライトハウス、1967年
3 京盲資料〈文書・記録類〉270「自明治三十四年一月　至明治三十八年十二月　日注簿」
4 藤本敏文『故福田女史回想録』1913年
5 島根県立盲学校『福田与志伝』同、2005年
6 『むらさきの　第24号　京盲同窓会会報』京都府立盲学校同窓会、1971年

❻-67 鳥居嘉三郎

1 鳥居篤治郎「鳥居嘉三郎先生を語る」同『すてびやく』京都ライトハウス、1967年
2 京盲資料〈文書・記録類〉157「本会印刷物綴込并緊要発送書類」
3 京盲資料〈凸字・点字資料〉145『ブレーユ伝』点字印刷原板
4 好本督他「日本盲人会結成趣意書」1906年、京都府立盲学校資料室所蔵
5 鳥居篤治郎『すてびやく』京都ライトハウス、1967年
6 鳥居嘉三郎述「米寿の言葉」（鳥居篤治郎による点字への文字起こし）京都ライトハウス所蔵

❻-68 斎藤百合

1 粟津キヨ『光に向って咲け―斎藤百合の生涯』岩波新書、1986年
2 『視覚障害者に光を！　盲目の斉藤百合の生涯』（映画）斉藤美和製作、1994年
3 『鏡のない家に光あふれ　斉藤百合の生涯』（映画）「斉藤百合の生涯」映画製作委員会製作、1996年
4 東海良興『森巻耳と支援者たち―岐阜訓盲院創立のころ―』岐阜県立岐阜盲学校創立120周年記念事業実行委員会、2014年

❻-69 福田与志など女性たち

1 京盲資料〈文書・記録類〉210「明治三十年一月ヨリ明治三十三年ニ至ル　日注簿」
2 岸博実「京都・東京における福田与志の軌跡」（講演資料）2012年
3 島根県立盲学校『福田与志伝』同、2005年
4 藤本敏文『故福田女史回想録』1913年
5 今村鎮夫『ドレーパー：横浜訓盲院の創設者』教会新報社、1982年
6 http://www.hakoro.hokkaido-c.ed.jp/?page_id=90
7 『南雲総次郎の生涯：本校創設者・初代校長』鹿児島県立鹿児島盲学校、1981年
8 塩田健夫『遠藤董と盲・ろう教育』今井書店鳥取出版企画室、2008年
9 高岡みつ子「盲教育について」『新国民』第十二巻第二号、1910年
10 足立洋一郎『愛盲―小杉あさと静岡県の盲教育』静岡新聞社、2014年
11 美尾浩子『六枚の肖像画―近代を拓いた静岡の女たち』静岡新聞社、1982年
12 新潟県立高田盲学校編『高田盲学校人物誌〈資料編その一〉』同、1981年

❼-70 ロシア皇太子ニコライ

1 我部政男ほか編『大津事件関係史料集　上・下』成文堂、1995・1999年
2 上野俊彦講義資料「ロシア政治・外交A－1」（上智大学オープンコースウェア）https://ocw.cc.sophia.ac.jp/wp-content/uploads/2019/03/20130415FRS65000_5.pdf　2020年1月31日確認
3 京盲資料〈文書・記録類〉119「明治二十三年ヨリ廿六ニ至ル　日注簿」
4 京盲資料〈文書・記録類〉127「露国皇太子殿下へ贈呈品卓掛一件書類」
5 『日出新聞』1891年5月12日
6 京都府行政文書「露国皇太子殿下御来京ニ係ル日記草按」1891年
7 京盲資料〈文書・記録類〉297「京都市盲唖院概況」
8 京盲資料〈文書・記録類〉741、京都市立盲唖院『創立二十五年紀年京都市立盲唖院一覧』同、1903年
9 京都府立盲学校七十五周年記念誌編さん委員会編『京都府立盲学校創立七十五周年記念誌』京都府立盲学校、1957年
10 京都府立聾学校『京都府立聾学校沿革』1936年
11 東京盲学校編『東京盲学校六十年史』同、1935年

❼-71 諸外国の知見

1 久田信行「盲唖学校の成立と山尾庸三」『群馬大学教育実践研究　別冊　第26号』、2009年
2 「オージホン」（聴音器）チラシ、年代不詳、京都府立盲学校資料室所蔵
3 小西信八先生存稿刊行会編『小西信八先生存稿集』同、1935年

4　近畿聾史研究グループ編『ベル来日講演録：東京・京都』同、2013年
5　ヘレン・ケラー著・塚原秀峰訳『楽天主義』内外出版協会、1907年
6　ヘレン・ケラー著・皆川正禧訳『わが生涯』内外出版協会、1907年
7　青柳猛「盲唖才女ヘレン、ケレル嬢と其訓育者アンナ、サリヴァン」『女学雑誌』第441号、巌本善治、1897年
8　津田梅子談話・友人某筆記「盲唖才女ヘレンケラー嬢（米国時代の一大奇観）」『女学講義　第三回前期　第七巻』大日本女学会、1899年
9　岩崎洋二「解説『むつぼしのひかり』第一一号から第二〇号まで」むつぼしプロジェクト編『むつぼしの　ひかり　墨字訳第二集』桜雲会点字出版部、2017年
10　『東京茗渓会雑誌』第70号、高等師範学校同窓会、1888年

❼-72 ドイツからの点字ハガキ

1　京盲資料〈文書・記録類〉735「絵葉書」、小西信八「京都市立盲唖院鳥居嘉三郎宛葉書」（明治卅一ノ四ノ三〇）
2　京盲資料〈凸字・点字資料〉43「点字絵葉書」（点字）、小西信八「ドイツからの葉書」（明治三十一年）
3　京盲資料〈文書・記録類〉737「葉書」、小西信八「鳥居嘉三郎への年賀状」（めいぢ三二　一の一）

❼-73 好本督

1　好本督『真英国』言文社、1902年
2　森田昭二「好本督と「日本盲人会」の試み：盲人福祉事業の先覚者が描いた夢」『社会福祉学』51-2、日本社会福祉学会、2010年
3　好本督『日英の盲人』東西社、1906年
4　京盲資料〈文書・記録類〉270「明治三十四年一月～至明治三十八年十二月　日注簿」
5　『あけぼの』創刊号、盲人基督信仰会、1921年
6　好本督「京都府立盲学校馬渕一夫宛書簡」1968年、京都ライトハウス所蔵

❼-74 ワシリー・エロシェンコと鳥居篤治郎

1　エロシェンコ生誕125周年記念事業実行委員会編『生きた・旅した・書いた―エロシェンコ生誕125周年記念文集』同、2015年
2　鳥居篤治郎「点字日記」（岸博実墨字訳）1916年1～3月、1920年3月

❼-75 田守吉弘

1　京盲資料〈文書・記録類〉619「京都府立盲学校校舎落成盲人文化展覧会記録」
2　邦字新聞『Shin Sekai』1922年9月22日
3　邦字新聞『Shin Sekai Asahi Shinbun』1940年9月8日
4　鈴木力二『中村京太郎伝』中村京太郎伝刊行会、1969年
5　森田昭二「中村京太郎と盲女子の保護問題―「関西盲婦人ホーム」を中心として」『福祉文化研究』Vol.21　日本福祉文化学会、2012年

6 福岡盲人協会「定款」http://fukuoka-kenmou.com/about-us/teikan.html　2020年3月1日現在

❼-77 パリセミナー

1 「視覚障害者の歴史」国際セミナーinパリ　HISTOIRE DE LA CÉCITÉ ET DES AVEUGLES　https//www.singer-polignac.org/fr/colloques-sciences-sc-humaines/sc-sch-saison-2012-2013/1137-histoire-de-la-cecite-et-des-aveugles　2013年
2 岸博実「日本盲教育の独自性と普遍性」（「視覚障害者の歴史」国際セミナーinパリ発表）2013年

❽-78 雨宮史料は語る

1 渡邊愛子「市島春城旧蔵『異疾草紙』が東北大学附属図書館医学分館所蔵になるまで」『東北大学附属図書館調査研究室年報6』、2019年

❽-79 東北地域に盲教育史を探して

1 日本盲教育史研究会編『盲学校史・誌類目録―年史編―』桜雲会点字出版部、2014年
2 神戸市立盲学校編『盲教育関係研究業績一覧』同、1954年
3 日本点字図書館資料室『視覚障害関係図書・資料目録』同、1981年
4 世界盲人百科事典編集委員会編『世界盲人百科事典』日本ライトハウス、1972年
5 岸博実「特別支援学校の事例　京都府立盲学校」学校・施設アーカイブズ研究会編著『学校・施設アーカイブズ入門』大空社、2015年
6 仙台東六番丁教会創立百周年記念事業委員会『日本基督教団仙台東六番丁教会百年史　1893—1993』仙台東六番丁教会、1995年
7 山村暮鳥『雲』イデア書院、1925年

❽-80 移転と資料

1 京都府議会『昭和九年京都府通常府会会議録全』京都府会、1935年
2 京都府立盲学校同窓会「陳情書」1935年、岸博実所蔵

❽-81 映画フィルム

1 京盲資料〈写真・映画フィルム〉30「映画フィルム（昭和十二年以前の盲学校）」
2 「映画撮影　盲唖学園の撮影」『毎日新聞』高知版、1937年
3 京盲資料〈教材・教具類〉51「IDEAL BRAILLE WRITER」京都府立盲学校同窓会
4 京盲資料〈書跡・器物類〉2「小松宮彰仁親王一行書」
5 大阪市立聾学校『大阪市立聾学校七十年史』同、1972年

❽-82 先人たちの伝記集

1 視覚障害人名事典編集委員会編著『視覚障害人名辞典』名古屋ライトハウス愛盲報恩会、2007年
2 世界盲人百科事典編集委員会編『世界盲人百科事典』日本ライトハウス、1972年

3 広沢安任『近世盲者鑑』博聞社、1889年
4 石川二三造『本朝瞽人伝』同、1890年
5 石川二三造編『本朝盲人伝』文部省普通学務局、1919年
6 東海散士（柴四郎）『世界盲人列伝』柴守明、1932年
7 村上久吉『盲啞人物伝』潮文閣 1943年
8 宮沢栄晴『明治以後の盲人傑出者伝』（私家版）、1956年
9 川野楠己『人と業績 盲先覚者の偉業をたずねて』日本盲人福祉研究会、1984年
10 高橋實監修『先達に学び業績を知る～視覚障害先覚者の足跡』視覚障害者支援総合センター、2009年
11 〈道ひとすじ―昭和を生きた盲人たち〉編集委員会編『道ひとすじ―昭和を生きた盲人たち』あずさ書店、1993年
12 谷合侑監修『盲人たちの自叙伝』大空社、1997―1998年
13 中塩幸祐『先師の足跡』箏曙会、1979年
14 松井繁『鍼灸医学を築いた視覚障害者の研究者たち』桜雲会、2008年

❽-83 足跡を子どもたちに

1 京都府立聾学校『盲啞院開学』（生徒劇台本）1982年、京都府立盲学校資料室所蔵
2 岸博実『ぼっちゃんの夢―とりい・とくじろう物語』（私家版）、2013年
3 岸博実「鳥居篤治郎からの手紙」・「鳥居篤治郎スピリッツ」京都ライトハウス情報ステーション『デイジー雑誌京まる』、2014―2015年

❽-84 私立大阪訓盲院から「大阪北」校へ

1 大阪市立盲学校六〇年史編集委員会編『大阪市立盲学校60年史』大阪市立盲学校、1960年
2 五代五兵衛翁頌徳会編『五代五兵衛』同、1937年
3 岸博実『視覚障害教育の源流をたどる 京都盲啞院モノがたり』明石書店、2019年
4 社会福祉法人日本ライトハウス「世界盲人百科事典稿本1（国内図書編）」1963年
5 社会福祉法人日本ライトハウス「世界盲人百科事典稿本2 国内図書編追補（1）」1964年

❽-85 視覚障害教育史を磨くために

1 京盲資料〈典籍・教科書類〉40、京都市立盲啞院『盲啞教育論全』
2 水野サダ子「小山校長についての回想」（草稿）年次不詳、京都府立盲学校資料室所蔵
3 京都府立盲学校創立七十五周年記念誌編さん委員会編『京都府立盲学校創立七十五周年記念誌』京都府立盲学校、1957年
4 京都府立盲学校『語り告ぎ言ひ継ぎ往かむ―わが学び舎九十年の歩み―』同、1968年

❽-86 凹字・凸字から点字へ

1 岸博実授業「文字の宝箱《歴史》へジャンプ!」（『科学へジャンプ』の一環）2015年

❽-87 丹羽善次

1 世界盲人百科事典編集委員会編『世界盲人百科事典』日本ライトハウス、1972年
2 丹羽善次『私の経歴』私家版、1982年
3 丹羽善次『ぐろりあ物語』本音を語る会、1987年
4 丹羽善次『ひとりしずか—丹羽吉子の思い出—』私家版、1988年
5 聾唖月報社編『昭和十年版聾唖年鑑』同、1935年

❾-88 関根熊吉

1 関根熊吉『関根訓盲算盤説明書』宇田三郎、1903年
2 福島訓盲学校編『私立福島訓盲学校報告書第一回』同、1906年8月
3 福島訓盲学校編『私立福島訓盲学校第二回報告書』同、1906年10月
4 京盲資料〈文書・記録類〉270「明治三十四年一月〜明治三十八年十二月　日注簿」
5 福島県和算研究保存会編『福島の和算』同、1970年

❾-89『盲人之友』

1『盲人之友』第一号、東向会、1891年
2 比田虎雄『訓盲雑誌』訓盲社、1889年

❾-90 盲導犬

1 河相洌『ぼくは盲導犬チャンピイ』朝日新聞社、1967年
2 軍人援護会兵庫県支部『盲導犬』（紙芝居）、1944年
3 葉上太郎『日本最初の盲導犬』文藝春秋、2009年
4 公益財団法人日本盲導犬協会ウェブサイト「盲導犬の歴史」https://www.moudouken.net/knowledge/history.php
5 小山正野訳「盲導犬の訓練」『中央盲人福祉協会会誌』第六号、中央盲人福祉協会、1936年
6 中根榮『犬ものがたり』丁未出版社、1930年

❾-91 盲人野球

1 福島智「幻のホームラン」（『兵庫県立盲学校同窓会誌』所収）TRY in HEARTホームページ掲載、2001年、http://www.try-heart.com/essai.htm
2 世界盲人百科事典編集委員会編『世界盲人百科事典』日本ライトハウス、1972年
3『点字毎日』1933年11月9日付
4 北野与一「盲学校体育における教材・教具の発達」『北陸大学紀要創刊号』、1977年
5 北野与一『日本心身障害者体育史』不昧堂出版、1996年
6 大阪府立盲学校編『大阪府立盲学校四十年誌』同、1955年

❾-92 盲目の棋士たち

1 東海散士（柴四郎）『世界盲人列伝』柴守明、1932年
2 小菅剣之助編『将棋名家手合　下』大倉書店、1893年
3 天狗太郎『名棋士名勝負』文藝春秋新社、1965年
4 石川二三造『本朝盲人伝』文部省普通学務局、1919年
5 菊池寛「石本検校」（初出『サンデー毎日』大正12年11月号）1923年

❾-93 寄席芸人

1 徳永里朝他「縁かいな」（レコード）ビクター、1929年
2 色川武大『寄席放浪記』河出書房新社、2007年（初出1986年）
3 今村信雄『落語の世界』青蛙房、1956年
4 岡本和明『小せんとおとき』KADOKAWA、2016年
5 天沼雄吉編『廓ばなし 小せん十八番』三芳屋書店、1924年
6 天沼雄吉速記『新選小せん落語全集』盛陽堂、1917年
7 森まゆみ『長生きも芸のうち 岡本文弥百歳』毎日新聞社、1993年
8 岡本文弥『緑の笛豆本・第二十八集 めくらあびん』弘前・緑の笛豆本の会、1970年

❿-94 災害と盲唖教育

1 新谷嘉浩「中村時次郎と宮津盲唖学校」『五老ケ岳 同窓会設立20周年記念号〜京都府北部・聾者の歴史〜』京都府立聾学校舞鶴分校同窓会、2003年
2 伊津野和行編『日本災害資料集地震編第9巻 復刻丹後地震誌』クレス出版、2013年
3 中村美穂『みづがき叢書第一篇 歌集佛顔』みづがき社、1931年
4 新聞名不詳 山梨版、1927年4月19日付（前掲「中村時次郎と宮津盲唖学校」所収）
5 京盲資料〈文書・記録類〉526「大正十二年度 日誌」

❿-95 日本盲人号余話

1 『紀元二千六百年奉祝全日本盲人大会報告』ライトハウス、1940年
2 「軍用機愛盲報国号献納金送付之件」（学校長から日本愛盲聯盟準備会本部宛）（京盲資料〈文書・記録類〉633「昭和十五年度 往復文書」に所収）
3 石川県盲人報国団『愛盲報国号献納資金簿』1941年か、石川県立盲学校所蔵
4 陸軍省「報国号献納飛行機命名式写真」1942年（岩橋武夫『海なき燈臺—興亜愛盲の栞』国民図書協会、1943年所収）
5 今関秀雄他「大日本鍼灸按マッサージ報国号献納趣意書」1944年か、京都ライトハウス所蔵
6 『毎日新聞静岡版』1943年9月29日

❿-96 学童集団疎開

1 全国学童疎開連絡協議会編『語り継ぐ学童疎開』大空社、1995年
2 松本昌介・飯塚希世・竹下忠彦・中村尚子・細渕富夫編『障害児学童疎開資料集』（全4巻）六花出版、2017年
3 光明学校の学童疎開を記録する会編『信濃路はるか：光明養護学校の学童疎開』田研出版、1993年
4 「ハートネットTV シリーズ戦後70年 ある知的障害者たちの戦中戦後記」（テレビ番組）NHK、2015年
5 小笠原秋一編『黒部は永久に 東盲宇奈月分校体験者文集』宇奈月分校文集製作サークル、2002年
6 大阪市立盲学校「高槻寮日誌」1944—1945年（大阪府

立大阪北視覚支援学校所蔵）

⑩-97 **日刊点字新聞もあった！**

1 点字毎日編集部『激動の半世紀』（点字）毎日新聞社、１９７２年
2 日刊東洋点字新聞編『十五年の回顧』同、１９４０年
3 阿佐博「保存されていた「日刊東洋点字新聞」」視覚障害者支援総合センター編『視覚障害』１７１号、２００１年
4 『点字読売』終刊号、読売新聞社、１９４６年３月５日

⑩-98 **長崎の多比良義雄校長の思い**

1 『文華№２』長崎県立盲学校学友会文芸部、１９４０年、大阪府立大阪北視覚支援学校所蔵
2 『長崎民友新聞』１９３７年１月５日付のスクラップ、大阪府立大阪北視覚支援学校所蔵
3 長崎県立聾唖学校文書「原爆被災記録」１９４５年、大阪府立大阪北視覚支援学校所蔵

⑩-99 **71年目の新事実**

1 京盲資料〈文書・記録類〉６９０「昭和二十年度　当直日誌」
2 島田俊平『日誌　昭和二十年』１９４５年、京都府立盲学校資料室所蔵
3 戦争遺跡に平和を学ぶ京都の会編『語りつぐ京都の戦争と平和』つむぎ出版、２０１０年
4 京都府立歴彩館所蔵文書「昭和二十年六月　日　事務引継演説書　警防課」１９４５年

⑩-100 **福祉の歴史**

1 三好豊太郎『草創期における社会事業の研究』明石書店、１９８９年
2 田中和男・石井洗二・倉持史朗編『社会福祉の歴史：地域と世界から読み解く』法律文化社、２０１７年
3 黒津右次・藤原精吾編『全盲の母はたたかう―堀木訴訟＝日本の社会保障を裁く』ミネルヴァ書房、１９７５年
4 朝日訴訟記念事業実行委員会編『人間裁判―朝日茂の手記』大月書店、２００４年
5 中央盲人福祉協会『中央盲人福祉協会会誌』第１号、１９３４年
6 社会事業史文献調査会編『社会事業雑誌目次総覧　第３巻』日本図書センター、１９８７年
7 日本眼衛生協会『日本眼衛生協会50年の歩み』同、１９５６年
8 尾形健『福祉国家と憲法構造』有斐閣、２０１１年

おわりに

視覚障害教育は、ある意味で常に「曲がり角」に在りました。どの分野も、時代の変化から距離を置きとおすことはできないのですが、盲学校の場合、「盲・ろう分離をどう図るか」「義務化にどう辿り着くか」「軍国主義の政策をどうくぐるか」「対象とする幼児児童生徒のニーズの拡大にどう対するか」「生徒の卒業後の進路をどう拓くか」などを問われ続けてきました。

現在は、ここ数十年続いてきた生徒減と2007年に実施された特別支援教育制度下での実践に目まぐるしい日々を経験しているといってもいいでしょう。無策にとどまったり打つ手を誤ったりすれば、この「曲がり角」は、盲学校にとって「最後の曲がり角」になりかねないという危機感さえ覚えます。しかし、視覚に障害のある子どもたちなどが存在する限り、その成長・発達を支える営みが求められることに変わりはありません。

障害理解や点字・歩行の指導について望まれる水準を保てているか、同じ障害を有する子どもたちの学びあいの機会は柔軟に用意されているか、確かなキャリア教育が展開されているか。あるいは、「なんとなくインクルーシブ」とでもいう状況に大切な日々を委ね、結果として視覚に障害のある子どもたちの発達や自己実現をおろそかにしている要素はないか。急速に進むデジタル化・すでに訪れているIT社会にどんな活路を見出すか。

これらに留意しながら、新しい状況に即した試みを重ねていく必要があるでしょう。

２００９年、第84回全日本盲学校教育研究大会に『盲・聾分離をめざした苦闘・90年』と題する史資料集を提出し報告しました。「盲・ろう分離」の歩みをたどり直し、「何を守り、どう発展させるか」を考える素材を盛り込みました。もとより拙い作品でしたが、「安易な総合化や再合併」に対して、「史実・史料上の決着をつけよう」と試みたものです。翌春の退職を目前に、34年に及んだ盲学校勤務のいわば卒論でもありました。

その後、東京ヘレン・ケラー協会の『点字ジャーナル』に、京都盲唖院以来の教材・教具に学び直すための文章を書く機会を得、昨年『視覚障害教育の源流をたどる　京都盲唖院モノがたり』の上梓に至りました。

私は「点字が好き」です。盲学校の歴史も好きです。盲学校と、視覚に障害のある人々が好きです。本書では、対象とする歴史の範囲を、京都から全国に広げ、教育だけでなく文化や福祉も取り上げました。また、視覚障害当事者の願いと活動の発展を描くことに意を注ぎました。海外へのまなざしも加えました。処方箋としての十分な整理はできていませんが、局面を打開するうえでのなんらかの着想を引き出していただければと願います。

興味の赴くままに四方八方へ触手をのばしたものの、まだそれぞれのテーマの入り口に着いたばかり。「まだわかっていません」「こんなに面白い研究課題があります」と投げ出すばかりとなりましたが、次の世代のどなたかがどれかを拾い上げ、調べを尽くし考察を極めてくださることに期待しています。

この拙い一冊が、社会モデル観に基づいて「障害」概念を捉え直し、「人間の尊厳」を求めて「ともに生きる」未来の側に位置を占めることができるとすれば、それは望外の喜びです。

今回、相当の加筆修正を施しましたが、原形は点字毎日編集部のお力添えによって成立しました。とりわけ、最初の背中を押してくださった野原隆様、「読者に読みやすい文章を」と常に支えてくださった平井俊行様を始めとする点毎編集部にお礼を申し上げます。

本書のなるにあたり、小さ子社の原宏一様に的確な指導・助言を頂戴しました。参考文献等の明示や索引のもつ意義も教えて下さいました。初対面の日から校了を迎えた今日まで、一貫して「安心」を与えていただきました。ご縁をとりもってくださった伊藤太様にも感謝しています。

水野サダ子様、岡本稲丸《いねまる》様をはじめとする盲教育史研究の先輩からも多くを学びました。１８７８年から現在にかけて教職員あるいは生徒であった人々の孫・ひ孫世代などの方々が提供してくださった資料に支えられました。２０１２年以来、盲教育史の学びをともする日本盲教育史研究会の諸氏にお礼を申します。さらに、ひとかたならぬご援助をたまわったあるお方のあの一言も忘れてはならないと、自分を戒めています。

最後に、京都府立盲学校で巡り会った生徒や保護者・教職員の皆さま、そして家族に「ありがとう！」と伝えて筆を擱きます。

２０２０年10月10日
日本点字制定１３０周年の白杖安全デーの日に

岸　博実

索　　引

■凡　例

・盲教育に関連する人名、盲学校・聾学校を中心とした教育機関、その他事項について、出現する章番号を示した

・事項は、盲教育・視覚障害関連の団体・企業、点字雑誌・点字新聞、盲教育関連記事を掲載した媒体を中心に採った

・40章の盲学校の列挙は索引には採っていない

・京都盲唖院から京都府立盲学校にいたる学校、東京盲唖学校・東京盲学校は採っていない

【人　名】

項目名 …… 章

あ

か

さ

た

な

は

ま

や

わ

【盲学校など教育機関】

あ

か

さ

た

な

は

ま

や・ら・わ

【その他事項】

項目名 …… 章

あ

か

さ

た

な

岸　博実（きし　ひろみ）

1949年、島根県生まれ。広島大学教育学部卒業。京都府立盲学校教諭を経て、滋賀大学・関西学院大学・びわこ学院大学の非常勤講師を歴任。現在、京都府立盲学校・大阪府立大阪北視覚支援学校に勤務。2012年より日本盲教育史研究会事務局長を務める。2020年、第17回本間一夫文化賞（社会福祉法人日本点字図書館）を受賞。
主要著書・論文に、『万人のための点字力入門』（共著、生活書院、2010年）、『障害児の教育権保障と教育実践の課題』（共著、群青社、2014年）、『学校・施設アーカイブズ入門』（共著、大空社、2015年）、「盲・聾分離をめざした苦闘・90年」（第84回全日本盲学校教育研究大会研究発表『視聴覚教育の今後を考えるための史資料集』2009年）、「日本盲教育の独自性と普遍性」（*Histoire de La cécité et des aveugles*, Fondation Singer-Polignac, 2013）、『視覚障害教育の源流をたどる　京都盲唖院モノがたり』（明石書店、2019年）などがある。

●テキストデータ提供のお知らせ
視覚障害、肢体不自由、発達障害などの理由で本書の文字へのアクセスが困難な方の利用に供する目的に限り、本書をご購入いただいた方に、本書のテキストデータを提供いたします。
ご希望の方は、必要事項を添えて、下のテキストデータ引換券を切り取って（コピー不可）、下記の住所までお送りください。

【必要事項】データの送付方法をご指定ください（メール添付　または　CD-Rで送付）
メール添付の場合、送付先メールアドレス・お名前をお知らせください。
CD-R送付の場合、送付先ご住所・お名前をお知らせいただき、200円切手を同封してください。

【引換券送付先】〒606-8233　京都市左京区田中北春菜町26-21　小さ子社

盲教育史の手ざわり《もうきょういくしのてざわり》
―「人間の尊厳《にんげんのそんげん》」を求《もと》めて―

2020年11月１日　初版発行

著者　岸　博実
発行者　原　宏一
発行所　合同会社小さ子社
〒606-8233 京都市左京区田中北春菜町26-21
電話 075-708-6834　FAX 075-708-6839
E-mail info@chiisago.jp　https://www.chiisago.jp
装丁　上野かおる（鷺草デザイン事務所）
点字印刷　点字・触図工房Ｂ・Ｊ
印刷・製本　亜細亜印刷株式会社

ISBN 978-4-909782-07-6

テキストデータ引換券
盲教育史の手ざわり
―「人間の尊厳」を求めて―